CM2

Compréhension Lexique Étude de la langue Orthographe

CLÉO

français

Guide pédagogique

Antoine Fetet
PEMF

Isabelle Nallet, Geneviève Ladret
Avec le concours de Patrick Picard et de Philippe Clauzard

RETZ
editions-retz.com

Sommaire

Introduction

Les séquences d'apprentissage

Compréhension

Lexique

Étude de la langue

Orthographe

Cet ouvrage suit l'orthographe recommandée par les rectifications de 1990 et les programmes scolaires. Voir le site **http://www.orthographe-recommandee.info** et son miniguide d'information.

ISBN : 978-2-7256-3801-0

CLÉO

les programmes 2016 et les ajustements 2018 en un clin d'œil

– Est-ce que C.L.É.O. s'apparente à une banque d'exercices ? Je comprends l'importance de l'entrainement, mais si les savoirs ne sont jamais formalisés, est-ce vraiment efficace ?

L'entrainement est déterminant dans les progrès des élèves, mais il doit toujours s'inscrire dans un cadre plus large. L'enseignant a un rôle clé dans l'émergence et la fixation des connaissances et des compétences : si les entrainements permettent peu à peu de comprendre et réussir, des moments de classe spécifiques, situés avant ou après l'activité individuelle, sont organisés afin de repérer et de nommer des faits de langue, des savoirs, des procédures. Sans précipitation, la formalisation aura lieu, et donnera lieu à l'apprentissage d'une leçon dans l'aide mémoire.

programmes cycle 3

Dans des séances spécifiques, [l'étude de la langue] doit permettre un éclairage des textes lus, des propos entendus et un accompagnement des textes écrits. Son objectif est de mettre en évidence les régularités et de commencer à envisager le système de la langue. L'étude de la langue s'appuie, comme au cycle 2, sur des corpus permettant la comparaison, la transformation (substitution, déplacement, ajout, suppression), le tri et le classement afin d'identifier des régularités.

– Les programmes cycle 3 mettent l'accent sur l'oral et la production d'écrits. Comment, dans C.L.É.O., ces domaines sont-ils pris en compte ?

L'oral n'est pas un nouveau domaine disciplinaire qu'on travaillerait de manière décrochée : les programmes recommandent de travailler les compétences orales dans le cadre des diverses disciplines.
Le guide pédagogique donne de nombreuses pistes pour travailler les compétences orales, ainsi que les liens entre production orale et écrite.
Si ces activités ne figurent pas dans le manuel de l'élève, c'est parce qu'il est plus pertinent de travailler sur des objets d'étude en lien direct avec les apprentissages en cours en histoire, géographie, sciences, éducation morale et civique, plutôt que de proposer des séances virtuelles sans rapport avec la vie de la classe.

programmes cycle 3

De manière générale, la maitrise de la langue reste un objectif central du cycle 3 et l'intégration de la classe de 6e au cycle doit permettre d'assurer à tous les élèves une autonomie suffisante en lecture et en écriture pour aborder le cycle 4 avec les acquis nécessaires à la poursuite de la scolarité.
Le champ du français articule donc des **activités de lecture, d'écriture et d'oral, régulières et quantitativement importantes**, complétées par des activités plus spécifiques dédiées à l'étude de la langue (grammaire, orthographe, lexique) qui permettent d'en comprendre le fonctionnement et d'en acquérir les règles.

La régularité et la fréquence des activités orales sont indispensables à la construction des compétences dans le domaine du langage oral. **Ces activités prennent place dans des séances d'apprentissage qui n'ont pas nécessairement pour finalité première l'apprentissage du langage oral** mais permettent aux élèves d'exercer les compétences acquises ou en cours d'acquisition et dans des séances d'entrainement spécifiques mobilisant explicitement des compétences de compréhension et d'expression orales.

De manière plus générale au cycle 3, les élèves accèdent à une réflexion plus abstraite qui favorise le raisonnement et sa mise en oeuvre dans des tâches plus complexes. Ils sont incités à agir de manière responsable et à coopérer à travers la réalisation de projets, à créer et à produire un nombre significatifs d'écrits, à mener à bien des réalisations de tous ordres.

– J'ai appris (à l'ESPE ou à l'IUFM) à construire des séances de plus ou moins une heure, comportant une phase de découverte, suivie de l'institutionnalisation des connaissances, puis d'exercices d'application et d'une évaluation des acquis. Pourquoi, avec C.L.É.O., ne suit-on pas du tout cette organisation ?

CLÉO, s'inspirant des avancées de la psychologie cognitive et des neurosciences, privilégie des séances courtes et fréquentes. En effet, il est plus efficace pour les élèves de multiplier les occasions de conforter des compétences. Les séances trop longues, on le sait, provoquent l'ennui et le désinvestissement des élèves. La durée optimale d'une séance d'apprentissage est de l'ordre de 20 minutes.

– Comment organiser la production d'écrit ?

Pour la production d'écrits, les programmes préconisent de donner une place « régulière et quotidienne » à l'écriture.
Plus que les projets d'écriture, ambitieux et peu nombreux, et le plus souvent en lien avec la littérature, ce sont les tâches d'écriture, nombreuses mais courtes, quotidiennes, intégrées aux séances dans les diverses disciplines, qui sont mises en avant par les programmes.
Dans le guide pédagogique, de nombreuses pistes sont présentées pour mettre en œuvre ces nouvelles orientations.
Les cahiers d'activités C.L.É.O. CM1 et CM2 offrent également une large palette d'ateliers d'écriture stimulants, le plus souvent réalisables en une ou deux séances, et permettant le transfert des compétences travaillées en étude de la langue.

programmes cycle 3

L'écriture est convoquée aux différentes étapes des apprentissages pour développer la réflexion. L'accent est mis sur la pratique régulière et quotidienne de l'écriture seul ou à plusieurs, sur des supports variés et avec des objectifs divers. Elle est pratiquée en relation avec la lecture de différents genres littéraires dans des séquences qui favorisent l'écriture libre et autonome et la conduite de projets d'écriture. Les élèves prennent l'habitude de recourir à l'écriture à toutes les étapes des apprentissages : pour réagir à une lecture, pour réfléchir et préparer la tâche demandée, pour reformuler ou synthétiser des résultats, pour expliquer ou justifier ce qu'ils ont réalisé. Ces écrits font pleinement partie du travail réalisé en classe, qu'ils figurent dans le cahier de brouillon, conçu comme un véritable outil de travail, ou dans les cahiers dédiés aux différents enseignements.

– Quand je travaille sur une notion, je suis habitué à varier les formes d'exercices, de consignes, pour permettre aux élèves de découvrir les savoirs sous des angles divers. Dans C.L.É.O., au contraire, les formats d'activités sont stabilisés : la consigne est la même pour l'ensemble de la série d'entrainements, l'élève s'engage dans des tâches de même complexité et de même structure du début à la fin d'un chapitre. Pourquoi cette particularité ?

Les programmes invitent fortement à la ritualisation des activités proposées aux élèves. En cela, ils s'appuient sur des données de la recherche : pour saisir les enjeux cognitifs d'une tâche, il faut laisser le temps à tous les élèves de comprendre ce qui est attendu, de réussir la tâche sans en changer le format ou la complexité. C'est à ces conditions que l'élève dégage les ressources attentionnelles qui lui permettent de passer à un stade métacognitif : comment réussir cette tâche ? Quels sont les savoirs que je dois mobiliser pour réussir ? La métacognition permet de comprendre en profondeur le fonctionnement et les structures de la langue et facilite le processus d'automatisation des compétences. Le « zapping » perpétuel dans les formats d'activités ne permet pas à tous les élèves de comprendre les enjeux des tâches, de réussir et donc d'automatiser les compétences en cours d'apprentissage.

– Pourquoi les manuels C.L.É.O. CM1 et CM2 ont-ils moins de pages que la première édition ?

Deux raisons à cela. D'abord, l'étude de la langue voit son importance diminuer, en termes de volume horaire. Ensuite, les programmes recentrent les apprentissages sur les notions centrales du français. De nombreuses notions, autrefois du ressort du CM, relèvent désormais de la 6° et ou cycle 4.
Les manuels ont été entièrement repensés de manière à répondre précisément aux exigences des programmes. Les activités d'entrainement ont été généralement condensées, de manière à dégager du temps pour l'oral, la lecture et l'écriture.

programmes cycle 3

Le champ du français articule des activités de lecture, d'écriture et d'oral, régulières et quantitativement importantes, complétées par des activités plus spécifiques dédiées à l'étude de la langue (grammaire, orthographe, lexique) qui permettent d'en comprendre le fonctionnement et d'en acquérir les règles.
L'expression orale et écrite, la lecture sont prépondérantes dans l'enseignement du français, en lien avec l'étude des textes qui permet l'entrée dans une culture littéraire commune.

– C.L.É.O. ne propose pas de différenciation. Pourquoi ?

Il n'est pas exact de dire que C.L.É.O. ne propose pas de différenciation. La différenciation proposée s'adresse en priorité aux élèves les plus avancés : plus autonomes, bons lecteurs, capables de comprendre seuls les consignes et d'appréhender des tâches plus complexes, les activités « Pour aller plus loin » sont conçues spécifiquement pour eux. Ainsi, l'enseignant a le temps et la disponibilité pour travailler avec les élèves les plus fragiles de sa classe. Dans la mesure où les formats d'activités sont stabilisés, les élèves, même les plus faibles, ont le temps de progresser, de réussir, chacun à son rythme.

– On ne trouve pas de littérature dans C.L.É.O. Pour quelle raison ?

Il nous semble important de rappeler que la place de la littérature n'est pas dans un manuel, mais dans les ouvrages eux-mêmes. Pour autant, la littérature n'est pas absente de C.L.É.O. : trois auteurs de littérature jeunesse ont écrit de nombreux textes spécialement pour C.L.É.O., supports d'activité en étude de la langue et en lecture compréhension. Contrairement à des extraits ou des morceaux choisis, ces micronouvelles conjuguent, en quelques lignes, style, qualités littéraires et étude de la langue.

programmes cycle 3

Attendus de fin de cycle
- lire et comprendre des oeuvres de plus en plus longues et de plus en plus complexes :
• CM1 : 5 ouvrages de littérature de jeunesse et 2 œuvres du patrimoine ;
• CM2 : 4 ouvrages de littérature de jeunesse et 3 oeuvres du patrimoine.

– Pourquoi, dans C.L.É.O., travaille-t-on sur autant de chapitres à la fois ? Ne serait-il pas plus simple et plus classique d'aborder les notions les unes après les autres ?

Prenons un exemple : au CM1, le manuel CLÉO comporte 21 chapitres « Étude de la langue ». Si l'on les étudiait les uns après les autres, on ne consacrerait, en moyenne, qu'une à deux semaines à chaque chapitre au cours de l'année. Il n'est pas raisonnable d'escompter que tous les élèves aient acquis un niveau de compréhension, d'assimilation et surtout d'automatisation des compétences en si peu de temps. L'entrainement demande du temps : une organisation sur des temps plus longs de l'étude des notions, conjointement à la réduction significative de la durée de chaque séance, permet de mettre les élèves dans une dynamique d'appropriation progressive des savoirs et des savoir-faire compatible avec la réalité de leurs aptitudes cognitives et des processus d'apprentissage.

1 Présentation générale

Ce guide pédagogique a une double ambition :
• permettre aux professeurs des écoles d'organiser et de préparer leur enseignement au quotidien ;
• constituer un outil d'aide à la formation (initiale et continue) à la fois disciplinaire, didactique et pédagogique.

On sait combien le domaine de l'étude de la langue a donné lieu à controverse au cours des dernières décennies. Cet ouvrage veut aider les enseignants à faire le point sur leurs connaissances des savoirs grammaticaux, lexicaux et orthographiques. Comme pour toutes les disciplines, on sait que ces savoirs, formulés et explicités pour l'enseignant, ne peuvent généralement pas être présentés de la même manière aux élèves. D'où l'importance déterminante de leur transposition didactique qui permet de mettre ces savoirs à la portée des élèves.

Enfin, ce guide constitue un outil pédagogique : il détaille l'organisation des séquences, le rôle joué par l'enseignant dans la mise en œuvre concrète des séances, l'accompagnement cognitif des élèves et le pilotage de leur activité.

Faire progresser tous les élèves, mission impossible ? [1]

L'école peine souvent à réduire les écarts de performance entre élèves, ou même à éviter qu'ils ne s'élargissent.

Pourtant, depuis 2006, le « socle commun », révisé et intégré dans les programmes en 2016, exige de chaque élève l'acquisition d'un certain nombre de connaissances et de compétences, et c'est à l'École que la Nation a confié en priorité cette mission. Il nous faut donc tout mettre en œuvre pour que chacun des élèves, y compris ceux qui sont en très grande difficulté, accède à la maitrise de ce socle commun.

S'agirait-il d'une mission impossible ? Nous pensons l'École et les enseignants capables de relever ce défi, pour peu qu'on les y accompagne. La conception de C.L.É.O. a été guidée en permanence par cet impératif : que chaque activité, chaque séance soit à la portée de chaque élève, et qu'en fin de séquence, on puisse constater un progrès dans la performance de tous.

Avec C.L.É.O., nous vous proposons une démarche pédagogique qui s'adresse réellement à tous les élèves. Elle s'appuie sur des choix didactiques forts, que nous allons détailler maintenant.

Peut-être les options retenues vous interrogeront-elles, mais nous pensons que nos propositions sont compatibles avec les pratiques de la plupart des enseignants.

Quelle est votre priorité ?

D'abord, fixons ensemble une ambition claire : ce sont les élèves en difficulté qui ont le plus besoin de votre enseignement ; sans l'action déterminée de l'École, ces élèves sont voués à l'échec.

Le choix de CLÉO

C.L.É.O. permet d'organiser concrètement les séquences d'enseignement en prenant en compte prioritairement les élèves les plus fragiles.

1 Chapitre coécrit par Patrick Picard et Antoine Fetet.

Comme vous allez le découvrir, cela ne signifie pas réduire la vie de la classe à des séances trop faciles, peu exigeantes, d'où la complexité serait absente. Cela signifie que le rythme des apprentissages, l'explicitation des procédures, la présentation des nouveaux savoirs, l'installation des savoir-faire sont patiemment construits pour tous les élèves, y compris les plus faibles.
La démarche spiralaire de C.L.É.O. permet à tous les élèves, conformément aux programmes 2016, d'avoir « le temps d'apprendre ».

Comment gérer l'hétérogénéité ?

On sait désormais que la seule conception d'activités simplifiées, plus courtes, moins réflexives ne permet pas aux élèves les plus faibles de progresser suffisamment. Cette pratique risque même de creuser les écarts de mois en mois, d'année en année, allant jusqu'à l'impossibilité pour l'enseignant de garder des objectifs communs à toute la classe, et d'installer chez lui un sentiment d'échec durable.

Le choix de CLÉO

Gérer l'hétérogénéité, c'est d'abord identifier chez les élèves les plus faibles les obstacles à la compréhension de ce qui est enseigné, et organiser les conditions d'apprentissage en fonction de ces obstacles.
Corolaire de ce qui précède, il est souvent nécessaire de prévoir des activités complémentaires, plus exigeantes, pour les plus avancés (voir ci-dessous).

Comment prendre en compte les élèves les plus avancés ?

Il ne serait pas raisonnable d'oublier pour autant les élèves les plus habiles. S'ils se sentent négligés, ils poseront rapidement des problèmes de gestion de classe. Ils sont demandeurs de situations résistantes, plus complexes, qui constituent un défi à relever, un obstacle à surmonter. Si ces élèves sont capables de davantage d'efforts, de constance, de réussite, c'est parce qu'ils ont gagné une autonomie précoce dans la gestion et le contrôle de leur activité. Autrement dit, ils sont généralement à même de lire seuls une consigne puis de s'organiser dans leur travail de manière efficace.

Le choix de CLÉO

C.L.É.O. propose aux élèves les plus avancés des activités à leur mesure, qu'ils pourront généralement gérer en autonomie. C'est pour eux qu'ont été conçues les activités « Pour aller plus loin ».

Ainsi, vous serez en mesure de donner la priorité aux élèves fragiles, tout en répondant à « l'appétit » de vos élèves les plus avancés.

Quels supports de travail pour l'étude de la langue ?

Une récente étude de grande ampleur[2] a montré que les élèves les plus faibles sont pénalisés dans leurs apprentissages par des textes (supports d'activité) au contenu difficilement déchiffrable.
Par ailleurs, les difficultés des élèves tiennent souvent à un facteur rarement pris en compte à sa juste mesure, celui de la lisibilité[3]. Dans les activités d'étude de la langue, de compréhension ou de vocabulaire, il est essentiel de ne pas trop « charger la barque ». Si les difficultés s'accumulent (déchiffrage, longueur du texte, complexité de la syntaxe), les élèves faibles lecteurs seront dans l'incapacité de centrer leur attention et leurs efforts sur la notion en cours d'apprentissage.

S'il est souvent nécessaire, au CM2, de continuer à développer les compétences de déchiffrage, les stratégies de compréhension ou le bagage lexical de ces élèves, ce serait les mettre dans

2 « Lire et écrire », étude de l'influence des pratiques d'enseignement de la lecture et de l'écriture sur la qualité des premiers apprentissages, sous la direction de Roland Goigoux, 2016, IFÉ/ université de Lyon / ENS de Lyon.

3 Merci à Jean Mesnager, qui nous a fait bénéficier de son expertise dans ce domaine. Son ouvrage *Évaluer la difficulté des textes* (accompagné du logiciel « Lisi »), coécrit avec S. Bres, est disponible aux Éditions Nathan (2008).

une situation impossible que d'essayer de tout faire en même temps. Si, par exemple, vous leur demandez de relever les adjectifs dans un conte de Perrault, vous soumettez les faibles lecteurs à une double complexité : non seulement ils ont des difficultés à déchiffrer et à comprendre le texte support de l'activité de grammaire, mais, en plus, leurs efforts de lecture seront tellement lents et improductifs qu'ils ne pourront consacrer que peu de ressources cognitives à l'objectif principal de la séance, à savoir le repérage des adjectifs.

Le choix de CLÉO

La lisibilité des phrases et des textes supports des activités dans C.L.É.O. a été systématiquement prise en compte pour qu'elle soit compatible avec les capacités d'un élève de 10/11 ans.

Au CM2, tous les élèves n'ont pas encore acquis toutes les stratégies nécessaires à la compréhension, ou accumulé un bagage lexical suffisant. Outre l'utilisation quotidienne de C.L.É.O., il est nécessaire de travailler ces aspects dans toutes les situations de lecture rencontrées dans les différentes disciplines.

Selon quelle organisation présenter les notions à apprendre ?

Bien souvent, les élèves sont soumis à un apprentissage « atomisé » : les connaissances, morcelées, leur sont présentées jour après jour et défilent à trop grande vitesse. À peine ont-ils le temps de se saisir des savoirs et savoir-faire en jeu qu'on passe à la notion suivante. Chaque jour, une nouvelle leçon, une nouvelle page de manuel tournée...

Cette manière de faire, trop souvent présentée comme un découpage rationnel[4] des notions à enseigner dans le programme, peut, à la rigueur, convenir aux élèves les mieux adaptés à l'école, mais a des effets désastreux sur les plus fragiles qui s'essoufflent à essayer de suivre le rythme, qui peinent à faire des liens entre les divers savoirs, et finalement se désinvestissent d'apprentissages sans cohérence ni continuité à leurs yeux.

Par exemple, la compétence « Reconnaitre un verbe » exige des situations d'enseignement et d'entrainement réitérées. On sait qu'il est très difficile, pour les élèves les plus distants de la culture de l'École, de prendre la langue écrite comme objet d'étude et d'apprentissage, et non comme simple outil de communication. Parce que ce type de compétences se met en place très lentement, il est impératif de ne pas bruler les étapes pour que les élèves les plus faibles prennent du pouvoir sur l'écrit.

Le choix de CLÉO

C.L.É.O. laisse le temps à tous les élèves de saisir les enjeux des savoirs et savoir-faire en cours d'apprentissage et les entraine jusqu'à la performance attendue.
Le fichier privilégie le principe de la réitération des entrainements sur une période longue.
Plus précisément, le choix a été fait de s'éloigner résolument de la succession des traditionnelles « leçons », suivies de leurs exercices d'application.
Dans C.L.É.O., le chantier ouvert à la première séance sera repris quelques jours plus tard, puis la semaine suivante, etc., avec la volonté de créer un « espace de sécurité » aux élèves, favorable à leur apprentissage : « Vous n'y arrivez pas encore bien, mais c'est normal, c'est plutôt difficile de reconnaitre le verbe, on y travaillera encore, et petit à petit, vous y arriverez. »
Ce faisant, on met en place les conditions pour qu'un double mouvement se produise : la compréhension de plus en plus fine des notions en jeu, pour un accès progressif aux concepts, et l'automatisation des procédures.

Y a-t-il un pilote dans la classe ?

L'idée d'entrainement évoque peut-être pour vous celle d'exercices répétitifs, individuels et écrits, qu'on donne aux élèves jour après jour mais qui ne nécessitent finalement pas d'enseignement à proprement parler.

4 Découpage inspiré du *Discours de la méthode* de Descartes.

Si les activités d'entrainement sont effectivement au cœur de la démarche de C.L.É.O., elles s'articulent systématiquement avec des ***situations collectives d'apprentissage*** pour réguler, affiner et rendre plus efficace l'activité des élèves. Il ne s'agit pas de simples moments de correction où l'on écrit au tableau les « bonnes réponses », aussitôt recopiées par les élèves sans réelle réflexion.

C'est au cours de ces moments collectifs que la classe a besoin d'un véritable pilote qui assure de multiples fonctions :

- il repère les obstacles à la compréhension ;
- il aide les élèves à déconstruire les procédures erronées et à comprendre en quoi elles ne sont pas valides ;
- il régule les échanges, donne la parole à tous, recentre au besoin le débat ;
- il compare et contraste les points de vue ;
- il aide les élèves à expliciter leurs stratégies ;
- il reprend pas à pas des procédures pour rendre visible par tous les élèves ce que seul.e.s les plus avancé.e.s ont saisi à cet instant ;
- il reformule ce qui mérite de l'être ;
- il répète ce qui n'a pas été entendu par tou.te.s ;
- il aide à discerner ce qui est essentiel de ce qui ne l'est pas ;
- etc.

Le choix de CLÉO

C.L.É.O. met l'accent sur le rôle essentiel de pilotage, par l'enseignant, de l'activité de l'élève pour que l'entrainement soit efficace. La mise en mots à haute voix par l'enseignant permet d'expliciter les enjeux de l'apprentissage et de construire progressivement le sens des mots spécifiques de l'étude de la langue, pour favoriser la secondarisation (voir la définition de Ph. Clauzard, p. 16).

Pour résumer

Il y a quelques années, le ministère de l'Éducation nationale évaluait tous les élèves de CM2 au mois de janvier. Voici (ci-contre) le résultat de l'évaluation des acquis des élèves en français pour 2010.

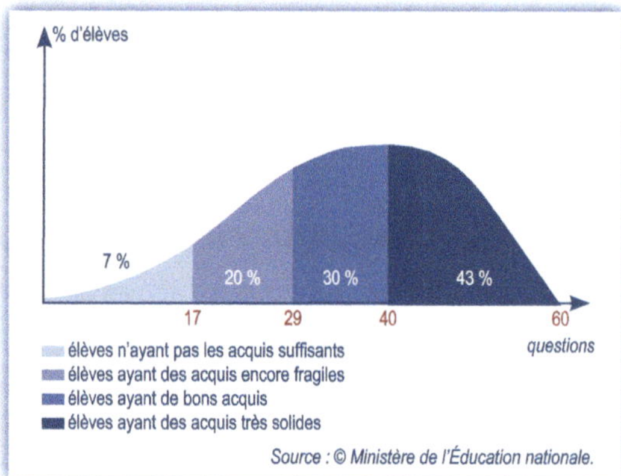

Source : © Ministère de l'Éducation nationale.

On s'aperçoit que la répartition des élèves selon leurs scores est assez similaire à celle obtenue lors de l'évaluation diagnostique que passaient, jusqu'en 2007, les élèves de 6e en début d'année :

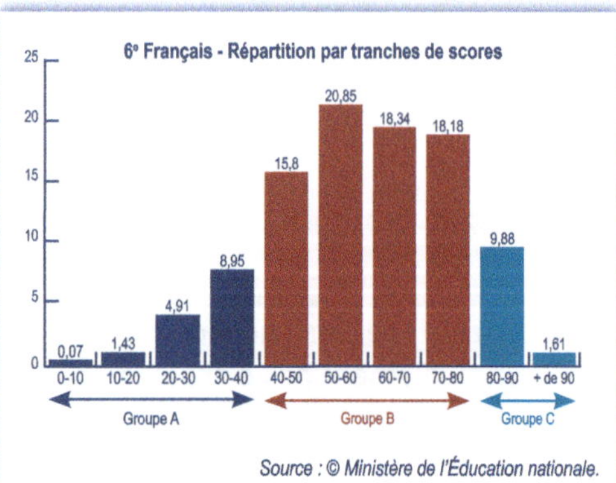

Source : © Ministère de l'Éducation nationale.

– **Groupe A** (environ 20 % des élèves – élèves en difficulté) : Souvent, la conduite des séances n'est pas adaptée à leurs capacités : elles demandent des compétences de lecture qu'ils n'ont pas, et accumulent des tâches diverses ; ces élèves ne finissent pas le travail, ne saisissent pas les enjeux, ont tendance à mettre en place des stratégies d'évitement de la tâche.

– **Groupe B** (70-75 % des élèves). C'est pour ce groupe que la séance est généralement ciblée : ils suivent, participent, comprennent ce qui est attendu d'eux, leur performance correspond aux exigences de l'enseignant.

– **Groupe C** (environ 10 % des élèves – élèves experts) : ils sont à la fois rapides et fiables, ils exécutent les tâches beaucoup plus vite que la plupart des autres élèves.

Généralement, l'enseignant ajuste la préparation des séances plus ou moins consciemment aux compétences du groupe B. De fait, cet ajustement exclut fréquemment d'emblée les élèves du groupe A[5]. Dès le début de la séance, ces derniers sont aux prises avec des savoirs et des savoir-faire non maitrisés, des textes dépassant leurs compétences de déchiffrage et de compréhension, des consignes et des tâches trop peu explicites dans lesquelles ils se perdent.

Très rapidement, la gestion de la séance devient problématique car les élèves du groupe A et ceux du groupe C, pour des raisons très différentes, perturbent le déroulement prévu : les premiers ralentissent le rythme quand les seconds ont tendance à vouloir l'accélérer. Ces deux groupes accaparent l'attention de l'enseignant (maintien d'une ambiance de travail sereine, demandes d'explication, organisation d'activités supplémentaires pour le groupe C, etc.).
Dans ces conditions, l'enseignant se trouve souvent écartelé entre les besoins des élèves les plus faibles et ceux des plus forts. Il en découle une frustration professionnelle car à vouloir s'occuper de tous, on finit par ne s'occuper de personne !

Comment sortir de ces contradictions ? Nous allons « redécouper » la classe en deux groupes :

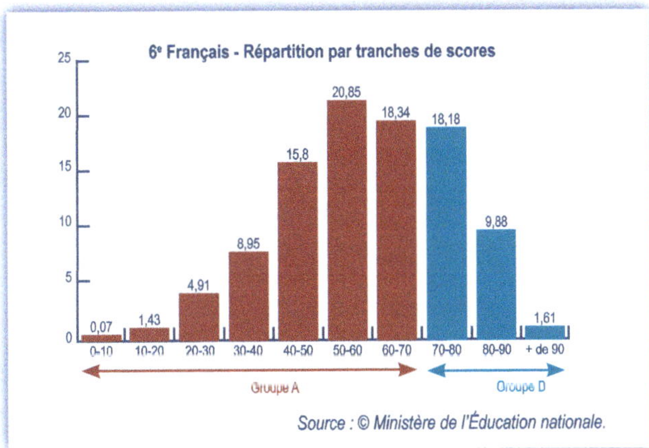

Groupe A (environ deux tiers des élèves)
Groupe B (environ un tiers des élèves)

Avec C.L.É.O., il s'agit de systématiquement concevoir les séances à destination de tous les élèves, en commençant par les élèves prioritaires, c'est-à-dire ceux qui ont le plus besoin de l'école pour réussir. Tous seront capables de comprendre les enjeux des activités, et de réaliser les tâches en faisant preuve de réflexion. Même si, bien sûr, des écarts de performance sont constatés au cours de la séquence et à l'issue des entrainements, tous les élèves, sans exception, auront progressé. Si ce n'est pas le cas, l'enseignant prendra en compte ces difficultés particulières de compréhension et/ou d'apprentissage en organisant une nouvelle séquence de travail.

Les élèves du groupe B, bons compreneurs et bons déchiffreurs, sont pratiquement autonomes dans l'exécution des tâches. Ils sont capables généralement d'un autocontrôle satisfaisant de leur activité. C'est pour ces élèves que sont conçues les activités « Pour aller plus loin » (voir p. 45) : plus exigeantes, plus ouvertes, elles sont également de nature à stimuler les élèves les plus vifs qui aiment relever des défis. De plus, ces activités permettent de s'assurer que les élèves consacrent effectivement le temps imparti à la maitrise de la langue à des activités de ce domaine, et non à des activités dites de « délestage », qui peuvent perturber et déconcentrer le reste de la classe.

5 Voir à ce sujet : Audrey Murillo, *Le Choix du niveau de difficulté des tâches scolaires : des marges de manœuvre limitées pour les enseignants in Carrefours de l'éducation* n° 29, janvier-juin 2010. Lire également l'interview de l'auteur dans *XYZep* n° 37, septembre 2010. L'auteure explique que pour gérer l'hétérogénéité de sa classe, l'enseignant tend à caler son action sur le groupe des moyens-forts, ce qui contribuerait à expliquer la moindre progression des élèves fragiles.

« LA TECHNIQUE CONTRE LE GÉNIE[6] »

Nous empruntons à Bernard Lahire cette opposition qu'il a contribué à mettre en lumière. Selon ce sociologue, l'école a tendance à négliger l'entrainement et la transmission de techniques intellectuelles au prétexte que le génie ne saurait s'enseigner. À vrai dire, quand nous observons dans nos classes les élèves les plus brillant.e.s, nous avons souvent une impression de facilité, d'aptitude naturelle, voire de don inné, n'ayant rien à devoir à un apprentissage et encore moins à un entrainement réitéré. Mais il s'agit, dans l'immense majorité des cas, d'une fausse impression. En réalité, ces élèves ont bénéficié, dans leur milieu familial, d'une acculturation qui a largement conditionné ce talent soi-disant « naturel ». Leur « don » est en fait constitué d'un faisceau d'automatismes, de techniques intellectuelles, de compétences acquises au cours d'expériences non scolaires mais riches d'interactions langagières, de contacts culturels, de multiples découvertes du monde, de réflexion soutenue et accompagnée par le milieu familial, d'habitudes de rigueur, de jeux stimulants et exigeants sur le plan intellectuel, etc. Ces élèves sont capables de mobiliser vite et bien ce bagage intellectuel et nous ne devons pas nous laisser tromper par cette illusion de facilité naturelle. Au contraire, l'école, si elle est bien là pour donner plus à ceux qui ont moins, doit tout faire pour offrir à tous les élèves le type d'expériences d'apprentissages dont certains élèves ont bénéficié dans leur milieu familial. Faute de quoi, elle ne pourra pas répondre aux accusations d'élitisme qui ne manqueront pas de se multiplier à son endroit. Dans la lignée des travaux de Bernard Lahire, nous avons conçu C.L.É.O. comme un outil favorisant le travail explicite sur les techniques intellectuelles, permettant de rendre visible l'invisible, d'expliciter l'implicite, de favoriser une action pédagogique réaliste qui contribue à réduire les inégalités face aux savoirs écrits. Il ne s'agit pas de faire de tou.te.s les élèves des petits génies, mais de faire sentir à tous que le pseudo « génie », celui qui semble hors de portée, réservé aux élèves doué.e.s, est en réalité le produit d'attitudes et de gestes intellectuels longuement entrainés.

Dans un renversement de point de vue qui semblera audacieux à certains, Sylvie Cèbe[7] affirme que « ce n'est pas parce que les élèves sont inattentifs qu'ils n'apprennent pas, c'est parce qu'ils ne comprennent pas qu'ils ne sont pas attentifs ». Il nous faut donc faire notre deuil d'une motivation préexistante aux apprentissages, sur laquelle nous aurions finalement peu de prise… Considérons cela comme une bonne nouvelle car, dans cette perspective, c'est l'enseignant qui reprend la main et qui a donc une carte maitresse à jouer ! Les élèves qui ne posent pas de problème sont d'abord ceux qui participent, qui savent s'organiser dans leur travail, qui sont persévérant.e.s. Ce sont bien leurs capacités à raisonner, à réfléchir qui sont déterminantes, plus que leurs connaissances pures. C'est pourquoi nous vous engageons à expliciter tous les facteurs contribuant à la réussite d'une activité :

- Ai-je bien compris ce qu'il faut faire ?
- Ai-je saisi et retenu les différentes étapes de travail ?
- Suis-je capable de m'autoévaluer ?
- Quels outils, quelles aides sont à ma disposition en cas de besoin ?

Comparez et contrastez systématiquement les attitudes et choix possibles face aux tâches d'apprentissage ; aidez les élèves à percevoir ce que fait (ou ne fait pas) celui qui réussit, celui qui échoue. Vous les aiderez ainsi à gagner en clarté cognitive. Les élèves fragiles s'enferment souvent dans des systèmes de croyance ne reposant aucunement sur la réalité : ils attribuent la réussite et l'échec à la chance, au fait que l'enseignant a des « chouchous », à des procédures qui leur échappent, relevant plus ou moins de la pensée magique. Il faut absolument les accompagner dans le dépassement de ces croyances : notre action d'enseignement doit leur permettre de mieux réguler leur activité. Sylvie Cèbe nous rappelle qu'il faut certes leur « apprendre à faire, mais surtout apprendre à comprendre comment faire plus tard, tout seuls »[8].

---

6 Bernard Lahire, « Savoirs et techniques intellectuelles à l'école primaire », in *L'École, l'état des savoirs*, Éditions La Découverte, 2000.

7 Aux rencontres nationales GFEN, 31 janvier 2009, compte rendu sur l'excellent site du Café pédagogique.

8 *Idem*.

Construire le savoir grammatical[9]

La grammaire est une discipline scolaire que chacun a connue pendant sa scolarité. Pourtant, nous sommes nombreux à ressentir une difficulté à cerner précisément ce domaine d'enseignement. Elle présente en effet de redoutables ambigüités que Bernard Combettes a relevées lors de la journée de l'ONL en 2006[10].

Pour lui, le mot latin *grammatica* aurait pu être traduit en français par **grammatique** (sur le modèle de mathématique, linguistique ou phonétique – étude de...). Le terme de **grammaire** (comme annuaire, syllabaire, dictionnaire) évoque plutôt l'idée de collection, de manuel. L'étude de la langue renvoie-t-elle à une « science » ou à un « recueil » ?

LA GRAMMAIRE, UN OUTIL POUR LA CLARTÉ DE L'EXPRESSION

Voici, trouvé sur le web, un exemple de confusion dans l'expression, liée à un problème d'organisation syntaxique :

« Écrire un livre après la perte de quelqu'un est un acte extrêmement courageux, car il faut revenir sur des évènements, des souvenirs qui sont toujours douloureux, même s'ils ont été de grands bonheurs. »[11]

En l'occurrence, ce qui est douloureux, ce ne sont pas les évènements eux-mêmes, mais leur évocation... Plutôt que de vérifier sa syntaxe, (car il a dû sentir que sa phrase n'était pas claire...), l'auteur de cette phrase préfère ajouter la subordonnée concessive « même s'ils ont été de grands bonheurs », ajoutant le pléonasme (ou le contresens, selon l'interprétation plus ou moins bienveillante de la phrase !) au manque de clarté grammaticale.

Le mot « grammaire » est largement **polysémique** :

- c'est un **principe d'organisation** interne propre à la langue ;
- c'est une **description** du système linguistique ;
- le terme renvoie aussi à un savoir plus ou moins méthodique sur la langue avec **des régularités, des normes**. Il évoque une école de pensée, une théorie spécifique, **un point de vue particulier** sur le savoir grammatical ;
- il peut être synonyme d'**ouvrage** dans lequel sont gravées des règles, ou encore de **moment pédagogique** au cours duquel on enseigne la grammaire en classe.

GRAMMAIRE ET LINGUISTIQUE

On ne sait pas toujours très bien ce qui distingue grammaire et linguistique.

La **linguistique** est avant tout une science descriptive : elle décrit la langue telle qu'elle est, sans jugement de valeur ni prescription.

On peut dire, en revanche, que la **grammaire** est un peu l'arbitre de la langue ; elle juge si une phrase est grammaticale ou non, acceptable ou non, en s'appuyant sur un ensemble de règles qui permettent à chacun de partager un langage commun, et à tous de se comprendre selon un code partagé. Ces règles sont, pour la plupart, organisées dans un ensemble cohérent, formant système. Parfois pourtant, elles relèvent davantage de la convention, de l'usage, voire de l'arbitraire.

Pour autant, les deux disciplines ne sont pas étanches : les apports de la linguistique à la grammaire sont nombreux. La linguistique a permis de comprendre la langue en termes de structures (groupes sujets, groupes verbaux, etc.). Elle a parfois introduit une nouvelle classification des structures de la langue (comme les déterminants, qui englobent les articles et les adjectifs démonstratifs, possessifs, etc.) et de nouveaux concepts (par exemple les compléments essentiels ou non) afin de permettre de mieux saisir la grammaire d'une phrase et d'un texte, de l'envisager d'une manière plus cohérente, d'en comprendre les structures profondes.

9 Chapitre coécrit par Philippe Clauzard, Patrick Picard et Antoine Fetet.

10 Journée ONL du 8 mars 2006. http://www.cafepedagogique.net/lesdossiers/Pages/ONL_Journee080306_index2.aspx

11 http://www.purepeople.com/article/filip-nikolic-la-mere-de-sa-fille-raconte-leur-histoire-et-l-envers-du-decor_a54654/1 article signé E.U.

LA GRAMMAIRE EST-ELLE LOGIQUE ?

Au Moyen Âge, on pensait que la langue était organisée de manière parfaitement cohérente, qu'elle constituait un système immanent dont il s'agissait de mettre à jour la logique cachée. Une école de pensée, le scolasticisme, se préoccupait avant tout de principes théoriques et abstraits : la langue devait refléter la nature du monde, quoi qu'il en coute.

Pour ne citer qu'un exemple, le latin classique se préoccupait fort peu de l'ordre d'apparition des mots dans la phrase : le complément pouvait tout à fait précéder le sujet ou le verbe ; l'adjectif pouvait se trouver très éloigné du nom dont il était l'épithète.
Dès le Moyen Âge, de nombreux grammairiens se consacrent à l'étude de cette question. En s'appuyant sur des considérations théoriques et extralinguistiques, ils en viennent à prescrire le respect d'un ordre canonique qu'ils qualifient de « naturel » :
– le sujet doit précéder le verbe ;
– l'adjectif ou l'adverbe, en revanche, doivent suivre les éléments qu'ils modifient.

Que le latin classique ou que certaines langues européennes constituent des contrexemples patents à ces principes ne troublait en rien ces érudits : puisque leurs théories étaient, à leurs yeux, fondées en logique et en raison, les langues n'avaient plus qu'à s'incliner !

Ils oubliaient pourtant un point fondamental : aucune langue naturelle n'est une création déterminée et réfléchie : elles sont toutes le résultat (et encore, provisoire !) d'une lente évolution, et leur organisation n'est en aucun cas le produit de principes définis à l'avance et strictement respectés. Ce mythe d'une langue idéale, rationnelle, construite de toutes pièces, d'après les règles et les besoins de l'esprit humain, est une utopie[12]. C'est pourquoi la grammaire n'est pas une branche de la logique ; c'est une science d'observation, qui se fonde sur l'induction et non sur la déduction. C'est en observant la langue qu'on parvient à en distinguer peu à peu les principes organisateurs, aux contours à jamais fuyants et changeants.
C'est bien l'usage qui a fixé ces particularités, et autant il est utile d'insister sur ce qui relève du systématique et du logique en grammaire, autant il serait illusoire et sans doute néfaste de laisser penser que la grammaire rend compte logiquement de la totalité des faits de langue. Toute langue est un système foisonnant, imparfait, merveilleux, mouvant, subtil et bancal, bref… humain !

Souvent envisagée en priorité pour ses enjeux orthographiques (« l'orthographe grammaticale »), la grammaire laisse par ailleurs perplexe un certain nombre d'entre nous : à quoi bon enseigner la grammaire si elle n'est pas au service de la lecture et de l'écriture ?
Sauf exception, nous n'avons en effet pas besoin de connaissances grammaticales poussées pour comprendre la langue écrite : notre connaissance implicite de la grammaire, acquise en même temps que la langue elle-même, est presque toujours suffisante pour la compréhension en lecture.

En revanche, des connaissances explicites (le repérage des classes et des fonctions grammaticales notamment) sont indispensables à la maitrise de l'écriture et de la lecture fine de certains textes complexes. Sans cela, impossible par exemple d'assurer les accords au sein du groupe nominal, ou entre le sujet et le verbe.

Selon André Chervel[13], l'histoire de la grammaire scolaire, ainsi que son importance croissante au fil du temps ont été fortement conditionnées par un point précis d'orthographe, à savoir l'accord du participe passé, véritable Everest des difficultés du français ! En effet, la complexité redoutable (et redoutée) de cet accord dans tous les cas de figure exige des écoliers la maitrise experte de savoirs savants et très abstraits…
Pour beaucoup, la grammaire évoque des savoirs opaques, marqués par l'arbitraire et les exceptions, et faisant souvent remonter des souvenirs liés à la dictée ou à l'analyse grammaticale ; les controverses et les brusques changements de direction dans son enseignement (de l'application stricte et hasardeuse de théories linguistiques dans les années 1970 à « l'Observation Réfléchie de la Langue » qui a souffert d'un déficit d'accompagnement fatal dans les années 2000), la grammaire peine à trouver, dans la pratique de beaucoup d'enseignants, la place qu'elle mérite en classe. D'autant que les concepts grammaticaux manquent de stabilité, les repères théoriques

12 Les langues artificielles (telles que les langages informatiques ou l'espéranto) constituant des exceptions.

13 Historien de la grammaire, lire notamment *L'Orthographe en crise à l'école : et si l'histoire montrait le chemin ?*, Éditions Retz, 2008.

sont parfois brouillés (complément essentiel/non essentiel, déterminant/article, complément d'attribution/d'objet second... la liste des variations dans la nomenclature est longue).
Cela étant, raisonner la construction des phrases puis des textes en termes de structures (micro et macro structures, un peu selon les théories de la grammaire générative et transformationnelle) emboitées (tel un système de poupées russes) peut donner une cohérence à cette masse de savoirs grammaticaux.

Faisons donc le point !

Pour reprendre la terminologie de Jean Piaget, quand l'élève apprend la grammaire, il passe du statut de « sujet capable » (celui qui parle ou écrit en respectant implicitement les règles de la syntaxe) à celui de sujet « épistémique » (celui qui est capable de contrôler sa propre activité d'écriture en utilisant des savoirs explicites sur la syntaxe, capable d'avoir une « réflexion sur », une posture d'observateur et de juge éclairé de ses propres écrits).

C'est pourquoi, face aux tâches scolaires, les élèves peuvent tout à fait réussir sans comprendre : un élève de CP peut écrire « une petite fille » sans prendre conscience ni de l'accord entre nom et adjectif, ni de la place et de la fonction de l'adjectif par rapport au nom ; il utilise des connaissances implicites qui lui permettent une première entrée dans l'écriture sans avoir recours à des savoirs grammaticaux formalisés.

Cependant, la compréhension ne mène pas toujours immédiatement à la réussite de la tâche. Prenons l'exemple d'un élève de CM2, qui écrit « un ruisseau où *s'amuse les enfants » ; bien qu'il ait assimilé l'essentiel des caractéristiques du concept de « sujet », il n'est pas encore capable d'activer en toutes circonstances les connaissances lui permettant d'assurer l'accord sujet-verbe.

Quelles explications peut-on donner à ce manque de réussite ?

- On peut souvent l'expliquer par une surcharge cognitive : les ressources attentionnelles de l'élève n'étant pas extensibles, il arrive fréquemment que la vigilance orthographique soit prise en défaut, l'attention de l'élève étant monopolisée par d'autres aspects de l'activité d'écriture (geste graphique, mémorisation à court terme en vue de la copie, etc.).
- On peut également y voir le signe d'une compréhension partielle, voire d'une illusion de compréhension. Essayons de cerner précisément ce que recouvre la maitrise totale du concept de sujet, dans toutes ses dimensions :
  – dimension sémantique : le sujet fait ou subit l'action ;
  – dimension morphosyntaxique : le sujet impose sa marque de conjugaison au verbe ;
  – dimension discursive et textuelle : le sujet indique le thème de la phrase ;
  – dimension syntaxique : le sujet est un constituant obligatoire de la phrase.

Les diverses descriptions grammaticales envisagent le système de la langue sous des angles complémentaires, et c'est la prise en compte de ces dimensions qui assure l'accès au concept.
C'est pourquoi, tant que la conceptualisation n'est pas achevée, l'apprentissage de procédures diverses pour assurer l'accord sujet-verbe est utile, puisque ces procédures permettent la réussite orthographique dans de nombreux cas.

Utiles, certes, mais insuffisantes pour assimiler les savoirs grammaticaux dans leur complexité : elles ne dispensent pas d'une étude plus réflexive, qui permette d'affiner et d'approfondir la connaissance de la langue.

Cette conquête du système de la langue ne se fait pas *ex nihilo* : toute réflexion grammaticale est conscientisation d'une connaissance implicite, d'une pratique qui n'était pas formellement exprimée, qui peut devenir une prise de conscience par l'activité grammaticale en permettant le passage d'un implicite à un explicite.

La grammaire porte d'abord en effet sur la pratique quotidienne du langage. Les psycholinguistes (notamment J.-É. Gombert[14]) établissent à ce titre une différence entre *épilinguistique* et *métalinguistique*.
L'activité épilinguistique recouvre une utilisation de la langue non contrôlée consciemment ; c'est la dimension « outil » de la langue, la maitrise fonctionnelle de règles et d'usages langagiers dont la connaissance est implicite.

En revanche, l'activité métalinguistique recouvre une utilisation contrôlée et planifiée de la langue, c'est la dimension « objet d'étude » de la langue, qui permet une attitude réflexive, un contrôle délibéré et une planification de l'usage des règles de grammaire. Le caractère conscient de l'action est le critère majeur pour différencier les comportements *méta* des comportements *épi* : tout se joue dans la prise de conscience de l'élève.

L'apprentissage grammatical favorise le **passage**, le **glissement** entre une connaissance *épi*, non consciente et implicite, et une connaissance *méta*, explicite et consciente. Comprendre le langage et produire du langage sont une chose, adopter une attitude réflexive sur les objets linguistiques et savoir contrôler la manipulation des faits langagiers en sont une autre.

Pour sortir de l'implicite et assurer un contrôle de sa propre activité, surtout à l'écrit, l'enseignement de la grammaire est un passage obligé : il n'y a pas d'appropriation « spontanée » de la grammaire française, bien trop complexe pour être assimilée sans apprentissage. Cet enseignement de la grammaire, assuré à l'école élémentaire et au collège, a donc pour objectif essentiel de provoquer une prise de conscience des classes et fonctions grammaticales, ainsi que des relations particulières entretenues par certains mots, de manière à rendre les élèves capables d'assumer la posture d'observateur éclairé de leurs propres écrits et de ceux d'autres.

Il convient alors qu'un « **glissement conceptuel** » se produise !

GLISSEMENT CONCEPTUEL ET SECONDARISATION

Philippe Clauzard[15] définit le « glissement conceptuel » comme le passage d'un état à un autre dans la manière d'appréhender la langue, le passage d'une analyse sémantique puis discursive de la langue (stade « épilinguistique ») à une étude morphosyntaxique puis syntaxique de langue (stade « métalinguistique »). Ce saut conceptuel (encore appelé « secondarisation ») qui est demandé à l'élève est bien sûr accompagné par l'enseignant. Secondariser est un geste professionnel assuré par chaque maitre plus ou moins implicitement. Les élèves ne doivent pas se contenter d'appliquer la tâche scolaire demandée (compléter un texte à trous, par exemple) ; il convient également qu'ils exercent des activités de pensée sur ce qu'ils font, qu'ils en saisissent la signification.

De la sorte, les élèves doivent aller au-delà du côté conjoncturel de la tâche, dépasser le stade du faire. Le discours d'explicitation en est un instrument facilitateur, avec un questionnement du type : « Qu'ai-je fait ? Comment ai-je agi ? À quoi ça sert ? Qu'est-ce que je retiens ? » Si l'élève cherche à réussir une tâche sans s'interroger sur l'objet dont la tâche n'est que le support pour apprendre, la visée de secondarisation sera manquée et l'apprentissage improbable. L'objectif est de faire en sorte que l'élève, centré sur la tâche en cours et sur son activité concrète, saisisse l'enjeu de la tâche scolaire, qu'il comprenne qu'au-delà des phrases sur lesquelles il travaille à cet instant précis, il y a un objectif plus vaste, une dimension supérieure qu'il s'agit d'atteindre, à savoir l'organisation interne de la langue qu'il utilise tous les jours. Le glissement conceptuel est ainsi un geste professionnel d'étayage essentiel à notre métier.

14 Jean-Émile Gombert, *Le Développement métalinguistique*, PUF, 1997.

15 *La Médiation grammaticale en école élémentaire, éléments de compréhension de l'activité enseignante*, Thèse de doctorat du Conservatoire national des Arts et Métiers, de Philippe Clauzard, dirigée par Pierre Pastré, 2008.

2 Organisation générale

Le dispositif C.L.É.O. CM2 comprend un manuel, un cahier d'activités, un aide-mémoire pour l'élève, ce guide pédagogique pour l'enseignant et un site compagnon (www.cleofrancais.fr).

Le manuel de l'élève

Il est organisé en **quatre domaines** :
- **Compréhension** : repérer l'implicite, s'assurer de la cohérence d'un texte, adapter sa représentation au fil de la lecture, repérer la chronologie d'un récit, comprendre les sentiments et intentions des personnages, etc.
- **Lexique** : maitriser les processus de formation des mots (affixation, dérivation), explorer leur signification en contexte (sens propre et sens figuré), constructions verbales, termes génériques, etc.
- **Étude de la langue** qui englobe la grammaire et la conjugaison : reconnaitre les classes de mots et les fonctions grammaticales ; étudier les temps au programme, etc.
- **Orthographe** : maitriser l'orthographe des accords dans le groupe nominal et dans la relation sujet-verbe, écrire sans erreur les homophones grammaticaux, renforcer l'orthographe du système verbal, etc.

Les quatre domaines sont aisément repérables grâce au bandeau en haut de page :

orange pour la compréhension | rose pour le lexique
bleu pour l'étude de la langue | vert pour l'orthographe

Chaque domaine est constitué de **séquences d'apprentissage**, présentées généralement sur deux ou trois pages. **Une séquence** comporte systématiquement :
- la rubrique « *Pour commencer* », entrée en matière dans la nouvelle notion ;
- la rubrique « *Pour s'entrainer* », composée d'activités d'entrainement partageant la même consigne, la même structure et de complexité équivalente ;
- la rubrique « *Pour aller plus loin* », prévue pour les élèves les plus avancés.

Le cahier d'activités

Le cahier d'activités contient :
- des **activités « Pour commencer »** qui sont une adaptation des activités du même nom signalées dans le manuel par le picto dans le manuel ;

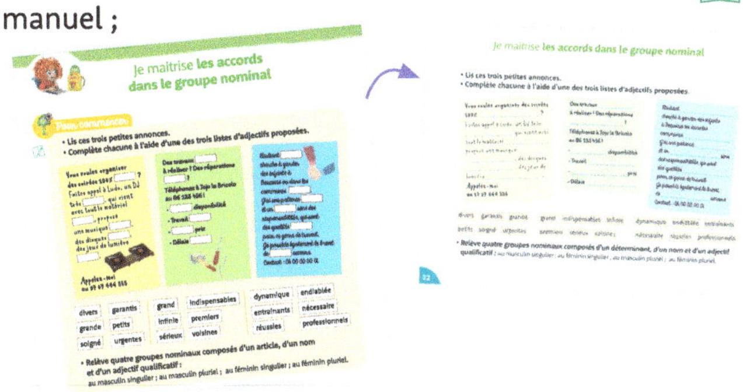

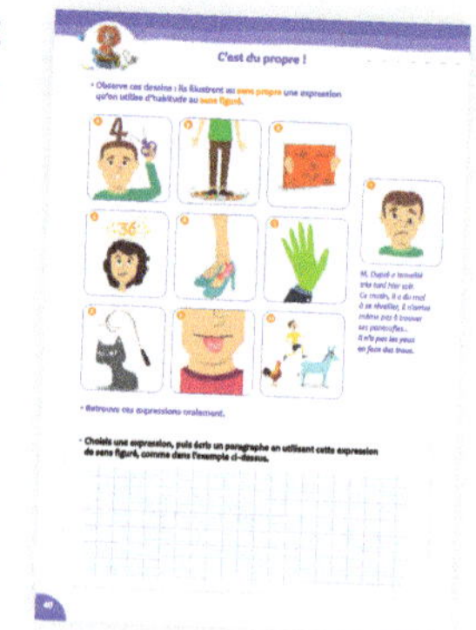

– des **ateliers d'écriture, courts, nombreux et variés,** qui sont conformes aux programmes du cycle 3 : « L'accent est mis sur la pratique régulière et quotidienne de l'écriture, seul ou à plusieurs, sur des supports variés et avec des objectifs divers. »

Certains de ces ateliers d'écriture sont en lien direct avec un chapitre du manuel ; d'autres sont plus autonomes et peuvent être proposés indépendamment des apprentissages en cours. Ils ont tous été conçus pour stimuler l'envie d'écrire et accompagner l'écriture elle-même.

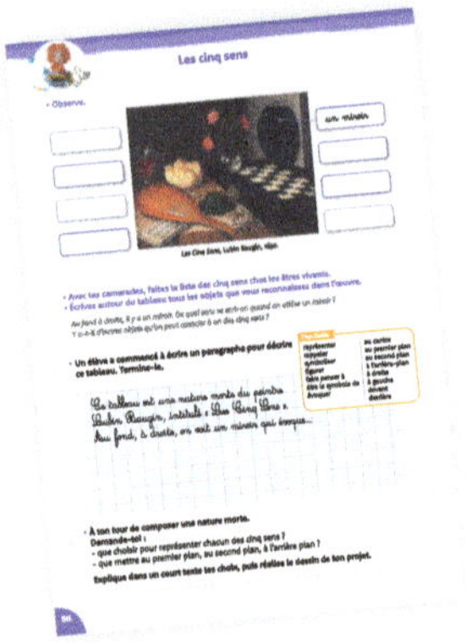

À la fin du cahier d'activité, ce sont des œuvres d'art qui servent de supports d'écriture.

Ces œuvres (ainsi que celles autour desquelles sont organisées les propositions d'ateliers d'écriture, voir p. 235) sont également disponibles en version vidéoprojetable sur le CD-Rom.

L'aide-mémoire

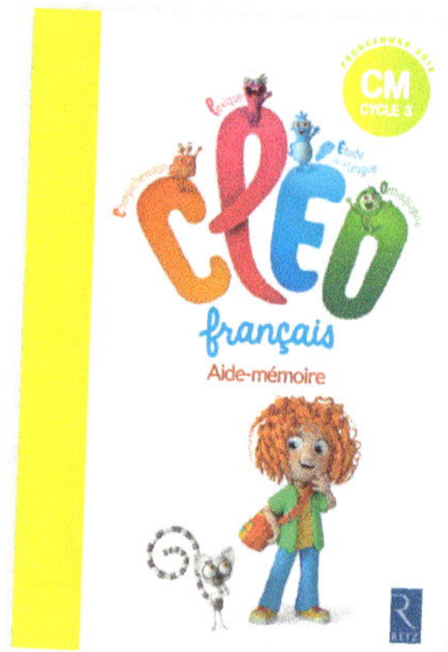

Commun au CM1 et au CM2, l'aide-mémoire rassemble les connaissances et compétences essentielles des deux premières années du cycle 3. Destiné à l'apprentissage et à la mémorisation des leçons à la maison, il est également l'outil de référence toujours disponible quand l'élève a besoin de vérifier un savoir, une notion ou une procédure en classe.

Les séquences d'apprentissage

Ce guide pédagogique, outre une **présentation générale** de la démarche de C.L.É.O. (choix didactiques, organisation des apprentissages, etc.), propose une **description détaillée de toutes les séquences** (objectifs, déroulement, compléments pour l'enseignant) ainsi que des **activités supplémentaires** (pour prolonger les entrainements en cas de besoin).

Ces activités supplémentaires sont disponibles sur le CD-Rom.

COMPRÉHENSION

- Je comprends **ce qui est « caché » dans un texte** : 5 activités
- Je fais attention **à la logique des textes** : 1 activité
- Je comprends **la chronologie d'un récit** : 3 activités
- Je comprends **les sentiments et les intentions des personnages** : 1 activité
- Je repère **les différentes désignations des personnages** : 5 activités
- J'adapte **ma lecture au fil du texte** : 6 activités
- Je repère **les « sauts dans le temps » d'un récit** : 2 activités

LEXIQUE

- Je comprends **comment les mots sont fabriqués** (1) - Les suffixes : 3 activités
- Je sais **repérer les familles de mots** : 1 activité
- J'utilise **avec aisance le dictionnaire** : 1 activité
- Je comprends **comment les mots sont fabriqués** (2) - Les préfixes : 3 activités
- Je comprends **comment les mots sont fabriqués** (3) - Les familles de mots : 1 activité
- J'utilise **des mots de sens contraire** : 1 activité
- Je **comprends le sens d'un mot inconnu** : 1 activité
- Je sais **utiliser des termes génériques ou spécifiques** : 3 activités

ÉTUDE DE LA LANGUE

- Je conjugue **les verbes au présent** : 1 activité
- Je distingue **les compléments du nom et les compléments du verbe** : 1 activité
- Je repère **les compléments de phrase et les compléments du verbe** : 2 activités
- Je conjugue **les verbes à l'imparfait et au passé composé** : 1 activité
- Je distingue **l'attribut du sujet et le complément d'objet direct** : 2 activités
- Je maitrise **les déterminants** : 2 activités
- Je révise **toutes les fonctions grammaticales** : 1 activité
- Je conjugue **les verbes à l'imparfait et au passé simple** : 1 activité

ORTHOGRAPHE

- Je maitrise **les accords dans le groupe nominal** : 6 activités
- Je comprends **la présence d'un *-e* muet à la fin de certains mots** : 2 activités
- Je choisi **l'infinitif en *-er*, le participe en *-é* ou l'imparfait en *-ais*, *-ait*, *-aient*** : 1 activité
- Je maitrise **les finales verbales : cas particuliers** : 3 activités
- Je maitrise **les déterminants et les pronoms qui commencent par *s* ou *c*** : 2 activités

Vous pouvez les utiliser :
– quand vous estimez que vos élèves ont encore besoin d'entrainement à l'issue des activités prévues dans le manuel ;
– en tant qu'activités d'évaluation, en fin de séquence.

Activités « Pour commencer »

En ouverture de chaque séquence, ces activités sont conçues comme des situations-problèmes, déclenchant chez l'élève un questionnement, un intérêt pour la notion à étudier. Elles sont conduites au sein de moments de travail collectif, individuel ou en groupe. Une description détaillée de la mise en œuvre de ces séances d'entrée en matière est proposée dans ce guide pédagogique. L'entrée dans la notion permet naturellement une première découverte, mais constitue également une préparation aux activités « Pour s'entrainer » : quelles procédures seront à mettre en œuvre ? Sur quels points l'attention devra-t-elle porter ? Quelles seront les difficultés à surmonter ou les obstacles à franchir ? Etc.

Il ne s'agit pas ici de présenter des savoirs trop tôt ou trop vite et d'en exiger l'acquisition instantanée : C.L.É.O. promeut une vision plus réaliste des processus d'apprentissage. L'élève doit être conscient qu'apprendre n'est ni forcément facile, ni forcément rapide, mais qu'un entrainement méthodique et régulier, une appropriation patiente des procédures sont nécessaires à une véritable acquisition des compétences. Le principe des entrainements réitérés donne le temps à tous les élèves de progresser et de maitriser peu à peu les difficultés rencontrées.

Activités « Pour s'entrainer »

Les activités de la rubrique « Pour s'entrainer », qui font l'objet des séances suivantes, constituent le cœur de l'apprentissage. Elles s'appuient généralement sur la manipulation concrète des notions étudiées, et non sur la présentation à priori des savoirs. D'un format stable (une consigne commune, une complexité similaire sur l'ensemble d'une série), elles donnent le temps aux élèves de se saisir de la notion en cours d'apprentissage et de progresser, chacun à son rythme.
À l'issue d'un temps de travail individuel écrit, un temps de mise en commun et de correction est organisé. Il permet d'expliciter les procédures, de rectifier les erreurs, de verbaliser les savoirs en cours d'appropriation, de dégager peu à peu les caractéristiques essentielles d'un savoir ou d'un savoir-faire.
Plutôt que de proposer la correction intégrale de l'activité, il est souvent préférable de travailler en profondeur sur une partie seulement de l'activité d'entrainement. Ainsi, la correction ne se focalise pas uniquement sur le résultat de l'activité, sur les « bonnes réponses », mais elle s'intéresse en priorité aux procédures, au rappel des savoirs, à l'élaboration et à la verbalisation de règles stabilisées.
Après un nombre variable de séances d'entrainement de ce type, quand tous les élèves sont parvenus à une performance convenable dans la tâche proposée, il est alors temps de procéder à l'institutionnalisation de la notion en cours d'apprentissage : la leçon de l'aide-mémoire est donnée à apprendre à la maison.

Activités « Pour aller plus loin »

Ces activités sont destinées en priorité aux élèves les plus rapides et les plus avancés : elles leur permettent de travailler sur les mêmes notions mais sous un angle différent, généralement plus complexe, ou encore d'aborder une notion nouvelle en lien avec celle qui est étudiée. Elles constituent donc un moyen efficace de gérer l'hétérogénéité dans la classe. Notez que ces activités ne font pas l'objet de séances à part entière, puisqu'elles ne concernent pas l'ensemble des élèves.
Pour une présentation plus détaillée, voir p. 45.

Corrigés des activités

Vous trouverez les corrigés des activités « Pour commencer » et « Pour aller plus loin » dans ce guide pédagogique.
Les corrigés des activités « Pour s'entrainer » se trouvent dans la version numérique du manuel.

Autres activités

Les activités « 5 minutes chrono » (voir présentation, pp. 28 et suiv.), les activités de copie et de dictée (voir pp. 52 et suiv.) peuvent venir renforcer les séances précédentes afin de favoriser l'appropriation à long terme des connaissances et des compétences.
Ces activités « périphériques » sont généralement proposées à distance de la séquence d'apprentissage proprement dite.

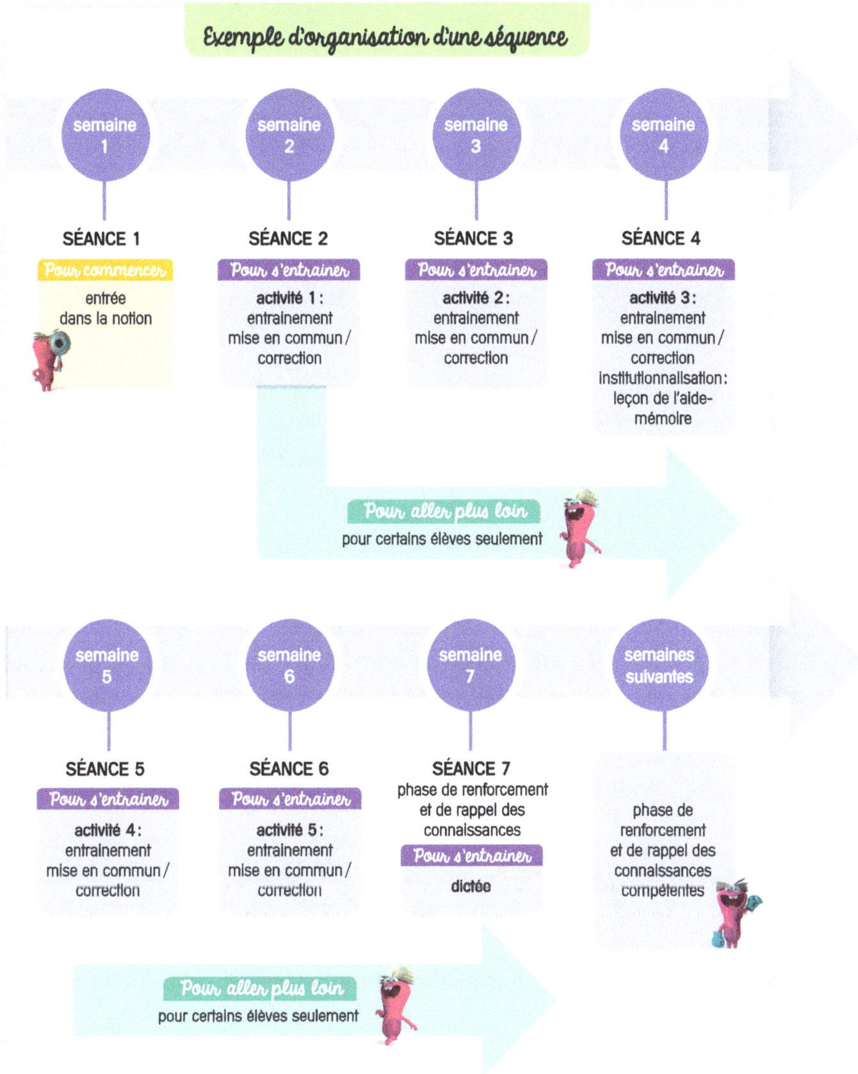

Le site compagnon et le CD-Rom

Le site compagnon : www.cleofrancais.fr

Les utilisateurs de C.L.É.O. CM2 trouveront sur le site compagnon toutes les ressources dont ils ont besoin :
– quelques activités d'entrainement supplémentaires ;
– les affichages référents (affiches « Classes grammaticales » et « Conjugaison »),
– les outils pour l'évaluation (le Scoromatic ; les planches et le livret A5 « Je maitrise mes progrès ») ;
– une grille vierge pour la programmation des activités ;
– un outil spécifique pour planifier sa programmation à l'aide d'un agenda organiseur (voir p. 27 pour plus de détails).

Le CD-Rom

Le CD-Rom qui accompagne ce guide contient :
– tous les éléments disponibles sur le site compagnon (voir ci-dessus), sauf l'outil de planification de la programmation ;
– de nombreuses activités d'entrainement supplémentaires ;
– des supports pour travailler l'oral ;
– des activités d'écriture.

3 Programmation et planification des activités

Vous trouverez, p. 26, une proposition de programmation pour les deux premières semaines de l'année, et, sur le site compagnon (www.cleofrancais.fr), une grille vierge vous permettant de constituer votre propre programmation.

La programmation annuelle des séquences, proposée pp. 6-7 du manuel, permet de répartir l'ensemble des séquences de manière équilibrée. Elle n'est bien sûr qu'indicative et devra être adaptée à la réalité de la classe.

Une programmation spécifique pour les cours multiples CM1-CM2 est proposée en ligne (www.cleofrancais.fr) et sur le CD. Elle permet de travailler en parallèle sur de nombreux chapitres, facilitant ainsi la préparation de la classe au quotidien.

Comment organiser le travail des élèves ?

En moyenne, les élèves auront trois à quatre moments de travail quotidiens avec C.L.É.O., de nature et de durée diverses :

- 1 activité « 5 minutes chrono » : activité ritualisée comparable dans son déroulement à une séance de calcul réfléchi, qui doit se limiter effectivement à 5 minutes ;
- 1 activité « Pour commencer » : séance d'entrée en matière dans une nouvelle notion (suivie parfois, dans la foulée, de la 1re activité « Pour s'entrainer »), de 30 à 40 minutes ;
- 1 à 2 activités « Pour s'entrainer » choisies dans des domaines différents, sur des notions en cours d'apprentissage : de 15 à 25 minutes.

N.B. : En fonction de la programmation des séances, une journée peut parfois comporter deux activités « Pour s'entrainer ».

Au total, les activités avec C.L.É.O. occupent donc environ 60 à 70 minutes chaque jour. Conformément aux programmes 2016, cette durée est volontairement limitée afin de consacrer tout le temps nécessaire à la lecture/littérature, à l'écriture et à l'oral.

On veillera autant que possible à composer le « menu » d'une journée en choisissant des activités dans trois domaines différents parmi les quatre domaines de C.L.É.O. (compréhension, lexique, étude de la langue, orthographe).

Quand vous programmez l'étude d'une nouvelle séquence d'apprentissage, commencez par déterminer le nombre de séances que vous pensez utiles d'y consacrer, puis indiquez sur votre planning les jours où vous travaillerez sur cette notion. Prévoyez également, le cas échéant, des activités « 5 minutes chrono » (voir p. 28 et suiv.) en rapport avec l'objet d'étude dans les semaines et les mois suivants.

À quel moment de l'emploi du temps prévoir les séances avec C.L.É.O. ?

Du fait des contraintes pesant sur votre emploi du temps (classe à cours multiples, intervenants divers, travail à temps partiel, etc.), il n'y a pas de réponse unique à cette question. Cependant, il semble préférable de prévoir une ou plusieurs plages quotidiennes régulières :

- Les élèves apprécient une certaine dose de régularité dans le déroulement de la journée, qui leur apporte un sentiment de sécurité, favorable aux apprentissages.
- La régularité apporte rapidement une réduction sensible des temps improductifs : temps de préparation du matériel, temps de passation de consignes, temps de mise au travail, temps de correction collective…
- La régularité des entrainements assure enfin une meilleure efficacité des apprentissages.

Comment gérer les différences de rythme de travail de vos élèves ?

Ces différences de rythme font partie intégrante de la vie de la classe.
L'organisation du travail quotidien avec C.L.É.O. apporte cependant plusieurs pistes pour minimiser ces écarts :

- Les séances d'entrainement sont généralement beaucoup plus courtes que les séances traditionnelles (de 15 à 40 minutes). Le rythme auquel se succèdent les séances est donc plus rapide, et les élèves sont sensibles à ce rythme soutenu. Au début de chaque séance, annoncez aux élèves le temps qu'ils ont pour faire leur travail, inscrivez l'heure de fin au tableau (la présence d'une horloge murale dans la classe facilite naturellement cette prise en compte du temps par les élèves).

- Dans une séance traditionnelle (durée 60 à 75 minutes), les élèves ont habituellement 2 à 4 exercices différents à réaliser : les plus lents n'ont fait qu'un ou deux de ces exercices… quand les plus rapides ont déjà fini ! La répétition de ce type de situations pose un double problème :

    – elle est de nature à décourager les élèves en difficulté, qui se sentent condamnés à l'avance à ne jamais finir le travail demandé ;
    – plus grave peut-être, elle sous-entend que les exigences sont moindres pour les élèves les plus lents, qui s'habituent à ne pas achever leur travail et qui finissent par trouver ça normal.

Avec C.L.É.O., dans la mesure où les séances sont relativement courtes (entre 15 et 40 minutes), les élèves accumulent proportionnellement moins de retard à la fin de chaque séance, ce qui les encourage davantage. De plus, la réitération d'activités de même format et de complexité similaire autorise l'enseignant à se montrer plus exigeant à mesure que l'on avance dans la séquence. Par exemple, il pourra dire à un élève : « La semaine dernière, tu n'as pas réussi à finir l'activité n° 1 de cette séquence ; nous avons corrigé ensemble cette activité, et j'ai l'impression que tu as mieux compris ce qu'il faut faire. Aujourd'hui, il me semble que tu peux finir le n° 2 dans les temps. Et toi, qu'en penses-tu ? »

- Vous pouvez donner à lire le texte des activités en devoirs, le jour précédent la séance. Cette préparation réduit sensiblement le temps consacré à la lecture et à la compréhension globale du texte ; elle est particulièrement indiquée quand le texte de l'activité est long.

Si, malgré tout, des élèves ont des difficultés à faire leur travail dans le temps imparti, essayez de déterminer les raisons de ce retard :

- **Lenteur dans l'écriture manuscrite :** une cause de cette lenteur vient souvent de la difficulté à segmenter les mots en syllabes lors de leur copie, condamnant certains élèves à copier les mots lettre à lettre. Si vous observez ce type de comportement parmi vos élèves, consacrez un nombre important de séances « 5 minutes chrono » à améliorer la performance de leurs procédures de copie.
- **Lenteur due au défaut d'acquisition de certaines connaissances ou compétences :** la prise en charge de ces difficultés peut être envisagée pendant les créneaux d'APC.

Enfin, rappelons que les élèves les plus rapides et habiles se consacrent aux activités « Pour aller plus loin » pendant que leurs camarades terminent leur travail : ainsi, les élèves les plus fragiles n'ont pas l'impression (souvent décourageante) qu'ils sont les seuls à travailler quand le reste de la classe a fini une activité.

Que faire si une séquence d'entrainement pose problème à une majorité de vos élèves ?

Il faut déterminer quelle est la raison principale des difficultés rencontrées :

- ***S'agit-il du premier entrainement d'une série ?***

Ce cas de figure n'est pas inhabituel avec C.L.É.O. : les situations proposées, les étapes et les tâches qui conduisent à la réussite ne sont pas toujours évidentes d'emblée. Il faut donc rassurer les élèves, leur rappeler que maitriser cette compétence demandera plusieurs séances, et qu'ils auront le temps de progresser.

- ***La progression de la performance, après quelques entrainements, n'évolue pas comme prévu ?***

Face à un manque de réussite persistant, plusieurs stratégies pédagogiques sont envisageables. Vous choisirez celle(s) qui vous semble(nt) convenir le mieux :

1. **Pendant une ou deux séances, traiter collectivement l'activité qui sera ensuite effectuée individuellement :** on insiste davantage, à cette occasion, sur les procédures à utiliser et sur leur explicitation, que sur les « bonnes réponses » sur lesquelles les élèves ont tendance à se focaliser quand ils sont en difficulté face à une tâche.

2. **Passer plus de temps à la correction collective de l'activité :** adaptez les modalités de correction au degré de réussite : si une activité réussie par une immense majorité d'élèves ne nécessite pas forcément une correction collective, dans la situation inverse, il faut prendre du temps notamment pour expliquer et démonter les causes d'erreurs ou d'échecs, les procédures erronées ou les étapes du travail omises.

3. **Interrompre provisoirement la série d'entrainements** et traiter une difficulté spécifique repérée. La série sera reprise un peu plus tard.

En conclusion, c'est votre bon sens et votre expertise pédagogique qui vous aideront à prendre les bonnes décisions. Une seule stratégie est à proscrire, celle qui consisterait à ignorer l'obstacle et à continuer son programme de travail sans prendre en compte la réalité des difficultés rencontrées.

Que faire si tous les élèves ou presque ont un taux de réussite très élevé avant la fin de la série d'entrainements ?

On pense souvent que, dans ces conditions, continuer est inutile. En réalité, il faut savoir que :

- l'automatisation d'une compétence a de meilleures chances de survenir si l'entrainement continue, même après avoir atteint un palier de performances qui semble maximum (songez au musicien virtuose qui continue à faire des gammes...) ;
- les élèves trouvent souvent du plaisir à exercer une compétence nouvellement acquise, la poursuite de la séquence constituant une récompense de leurs efforts ;
- l'apparente absence de difficultés permet aux élèves d'augmenter leur vitesse d'exécution, et, d'une manière générale, leur agilité à utiliser la langue ;
- chez les élèves fragiles, la réussite répétée d'une tâche renforce l'estime de soi, la confiance en ses propres capacités, et l'attitude positive vis-à-vis du travail scolaire ;
- une réussite quasi générale ne doit pas masquer le fait que, chez certains élèves, la compétence est encore très fragile. Pour eux, la poursuite de l'entrainement est déterminante, car s'il est interrompu trop tôt, le savoir-faire qui semblait acquis a de fortes chances de disparaitre. Pour autant, il ne serait pas réaliste de vouloir effectuer toutes les activités de tous les chapitres du manuel (voir point suivant pour plus de précisions) ;
- pour mémoire, les activités « *Pour aller plus loin* » sont précisément conçues pour prendre en compte les différences de rythme entre les élèves (pour plus de précisions, voir p. 45).

Les activités du manuel sont très nombreuses, je n'aurai pas le temps de tout faire avant la fin de l'année...

Le manuel a été conçu de manière à répondre à un maximum de situations : le rythme de travail étant variable d'une classe à l'autre, C.L.É.O. offre un éventail d'activités largement suffisant pour faire face à cette diversité.
Pour rappel, chaque journée de classe compte en moyenne deux à trois moments de travail avec le manuel (auxquels il convient d'ajouter les « 5 minutes chrono » et, pour les élèves les plus performants, les activités « *Pour aller plus loin* ») :

– soit une séance « *Pour commencer* » + une ou deux activités « *Pour s'entrainer* » ;
– soit deux à trois activités « *Pour s'entrainer* ».

Si vous optez effectivement pour ce rythme, votre classe devrait travailler, sur environ les trois quarts des activités du manuel. Cependant, cette proportion recouvrira des disparités d'un chapitre à l'autre, selon la performance de vos élèves.
Vous prendrez donc, au cas par cas, un certain nombre de décisions propres à votre classe :

– soit **poursuivre jusqu'à son terme** un chapitre si vos élèves continuent à rencontrer des difficultés pour réussir la tâche proposée ;
– soit **proposer une ou deux activités supplémentaires** (disponibles sur le CD-Rom) si vous estimez qu'un renforcement des compétences est nécessaire) ;
– soit **réduire légèrement le nombre d'activités** (par exemple : 5 entrainements effectués sur les 6 présentés dans le manuel) dans le cas contraire.

C'est pourquoi la proposition de programmation annuelle présentée pp. 6-7 du manuel ne doit pas être suivie aveuglément : elle est conçue comme un cadre de travail « standard » qui sera adapté au contexte spécifique de votre classe (niveau moyen des élèves, dates des vacances, priorités d'actions du projet d'école, etc.).

Proposition de programmation pour les deux premières semaines de l'année scolaire

Vous remarquerez que le programme des deux premières semaines est relativement peu chargé, de manière à installer sereinement les habitudes de travail.

		5 minutes chrono	Compréhension	Lexique	Étude de la langue	Orthographe
Semaine 1	lundi	Savoir segmenter en syllabes et utiliser à bon escient *é*, *è* ou *e*	Je comprends ce qui est « caché » dans un texte *Séance « Pour commencer »*		Je maitrise la ponctuation dans les phrases *Séance « Pour commencer »*	
Semaine 1	mardi	Ordre alphabétique : prise en compte de l'initiale et de la 2e lettre d'un mot		Je trouve un mot grâce au contexte *Séance 1 « Pour commencer »*		Phrase dictée du jour
Semaine 1	jeudi	Dictée de mots : mots invariables en *-à* et en *-ès*			Je conjugue les verbes au présent *Séance « Pour commencer »*	Je maitrise les accords dans le groupe nominal *Séance « Pour commencer »*
Semaine 1	vendredi	Segmentations problématiques *n* initial ou liaison ?	Je fais attention à la logique des textes *Séance « Pour commencer »*		Je maitrise la ponctuation dans les phrases *Séance 1 « Pour s'entrainer »*	Dictée

		5 minutes chrono	Compréhension	Lexique	Étude de la langue	Orthographe
Semaine 2	lundi	Savoir segmenter en syllabes et utiliser à bon escient *é*, *è* ou *e*	Je comprends ce qui est « caché » dans un texte *Séance 1 « Pour s'entrainer »*	Je trouve un mot grâce au contexte *Séance 1 « Pour s'entrainer »*		
Semaine 2	mardi	Savoir segmenter en syllabes et utiliser à bon escient *é*, *è* ou *e*			Je conjugue les verbes au présent *Séance 1 « Pour s'entrainer »*	Dictée
Semaine 2	jeudi	Ordre alphabétique : prise en compte des trois premières lettres d'un mot		Je comprends comment les mots sont fabriqués (1) (les suffixes) *Séance « Pour commencer »*	Je reconnais les noms, les verbes et les adjectifs *Séance « Pour commencer »*	Je maitrise les accords dans le groupe nominal *Séance « Pour s'entrainer »*
Semaine 2	vendredi	Dictée de mots : mots invariables en *-ant*	Je fais attention à la logique des textes *Séance « Pour s'entrainer »*			Je distingue les mots qui se ressemblent *Séance « Pour commencer »*

L'utilisation d'un logiciel de gestion d'agenda (*Microsoft Outlook* ou *Mozilla Sunbird* sur PC, *Ical* sur Mac) vous permettra de programmer aisément vos séquences d'enseignement. Vous trouverez les fichiers de type .ics ainsi qu'un mode d'emploi détaillé sur le site compagnon www.cleofrancais.fr.

Exemple de programmation sur Microsoft Outlook

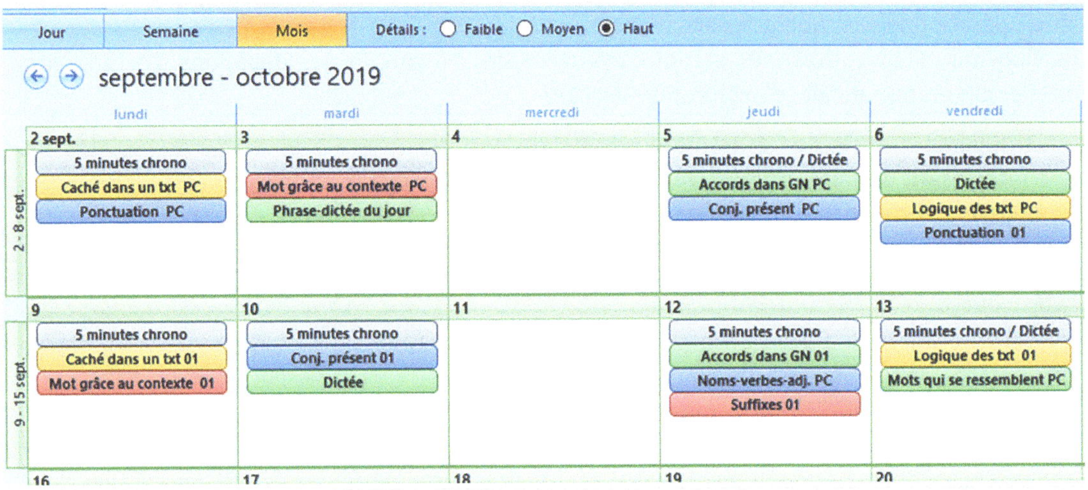

4 Les « 5 minutes chrono »

À la façon du calcul mental ou réfléchi, les « 5 minutes chrono » sont de courtes activités quotidiennes, dynamiques et rythmées, réalisées le plus souvent sur ardoise de manière à permettre une correction immédiate. Il y a tout intérêt à ritualiser ce moment de classe : placé toujours au même moment de la journée (en début de matinée, par exemple), les élèves prennent l'habitude d'être opérationnels en quelques secondes.
Ces cinq minutes quotidiennes seront consacrées, tour à tour, à des questions d'orthographe, de réflexion grammaticale, d'exploration lexicale.

Vous trouverez ci-après de très nombreuses séries de mots.
Il est intéressant de faire progressivement comprendre aux élèves qu'on peut orthographier un mot régulier, même inconnu.

Orthographe

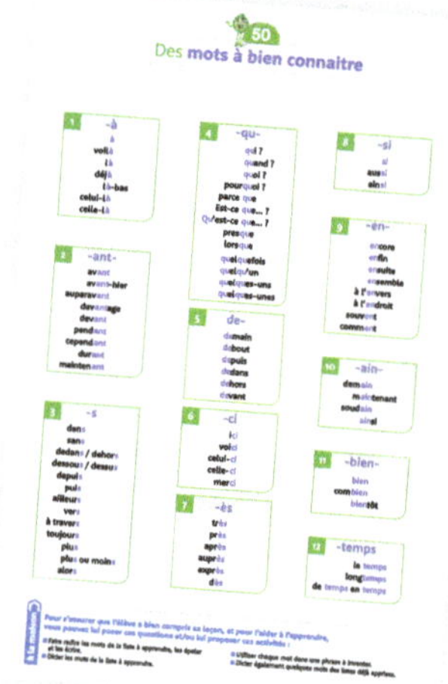

- **Séries analogiques :** analogiques, car on s'appuie sur des ***caractéristiques communes*** pour les orthographier. Il n'y a pas de « pièges » dans les séries proposées (une dizaine de mots) ; il s'agit de s'approprier les régularités plutôt que de mettre en exergue des exceptions ou des séries disparates.
  Exemple : *montagne ; ligne ; campagne ; grogne ; vigne ; consigne ; compagne ; poigne*
- **Dictée de mots invariables** (voir l'aide-mémoire CM, 24 séries de « mots à bien connaitre », leçon n° 50) : une ou deux séries seront données à apprendre à la maison (en moyenne une dizaine de mots). Le lendemain, on dicte ces séries. La rapidité d'écriture est sollicitée de la part des élèves : il ne s'agit plus de réfléchir aux rapports graphophonologiques mis en œuvre, mais d'être capable d'une restitution automatisée, sure et rapide de l'orthographe de ces mots.
  Exemple : *tôt ; bientôt ; aussitôt ; plutôt ; tantôt*
- **Copie ou dictée de mots ayant une caractéristique commune** (finale identique, par exemple) : on sélectionne les mots dont l'orthographe est conforme aux régularités graphophonologiques (par exemple la série : *facteur ; docteur ; directeur ; aspirateur*, etc.). On évite les mots irréguliers ou présentant une difficulté particulière (tels qu'*ascenseur*, ***beurre***, *hamburg**er***) que les élèves ne peuvent pas orthographier en utilisant leur connaissance des rapports graphophonologiques réguliers.

Séries de mots

Vous trouverez ci-dessous de très nombreuses séries de mots. Elles sont dupliquées dans le CD-Rom pour en faciliter l'utilisation.
Certaines listes comportent beaucoup de mots : il n'est pas nécessaire de les dicter tous ; on ne dépasse généralement pas une dizaine de mots. Utilisez la suite de la liste pour une nouvelle séance si vous considérez que votre classe a besoin d'entrainement complémentaire.

Avant de dicter chaque mot, utilisez-le ou faites-le mettre en contexte par les élèves, de manière à élucider le sens des mots peu fréquents.

Certains mots sont peu courants, ou même inconnus des élèves : expliquez leur signification avant de les utiliser en contexte. Il est intéressant de faire progressivement comprendre aux élèves qu'on peut orthographier un mot *inconnu* mais *régulier*.

Les noms sont toujours dictés avec un article, les verbes conjugués avec un pronom sujet.

Segmentation en syllabes					
après un son voyelle (cas simple)		entre deux consonnes différentes		entre deux consonnes identiques	
télévision	domino	journal	poste	ballon	caresse
samedi	figure	facteur	couverture	fourchette	terre
éléphant	général	moustachu	cartouche	poubelle	ville
bonjour	président	merci	écarter	pomme	gomme
bricolage	animal	mardi	élastique	classe	flamme
chemin	flocon	garçon	veste	repousser	noisette
danseur		plastique	aspirateur	galipette	

Segmentation en syllabes et accentuation			
ajout d'un accent aigu si le *e* est en fin de syllabe		ajout d'un accent grave si le *e* est en fin de syllabe	
trésor	réfrigérateur	père	rivière
réveil	océan	terre	herbe
serpent	tennis	verre	perle
perroquet	lézard	frère	soupière
supermarché	caméléon	ficelle	règle
étoile	étincelle	sorcière	sucette
numéro	médecin	pierre	barrière
satellite		cuillère	manège
		lèvre	couvercle
		antenne	ferme
		planète	

accent grave ou aigu (formes conjuguées d'un verbe)	alternance consonne simple ou double
répéter : nous répétons – elle répète – vous répétez **préférer :** nous préférons – je préfère – vous préférez – elles préfèrent **protéger :** je protège – vous protégez – tu protèges **libérer :** nous libérons – je libère – elles libèrent – vous libérez **acheter :** j'achète – nous achetons – elles achètent – vous achetez **geler :** je gèle – nous gelons – l'eau gèle – vous gelez **exagérer :** tu exagères – nous exagérons – vous exagérez – ils exagèrent	**venir :** ils viennent – nous venons – vous venez **tenir :** nous tenons – elles tiennent – vous tenez **appeler :** j'appelle – nous appelons – elle appelle – elles appellent – vous appelez **jeter :** je jette – tu jettes – nous jetons – vous jetez **regretter :** je regrette – nous regrettons – elles regrettent **presser :** nous pressons – vous pressez – ils pressent **caresser :** tu caresses – vous caressez – nous caressons **prendre :** nous prenons – ils prennent – vous prenez **comprendre :** ils comprennent – nous comprenons – vous comprenez **progresser :** je progresse – vous progressez – nous progressons

Rapports graphophonologiques réguliers

Distinction *oi/ou/on*		Distinction *ph/ch*		Distinction *gn/gu*	
biberon	cochon	phare	moustache	langue	ligue
bouche	carton	orphelin	téléphone	montagne	ligne
poire	potiron	cheminée	apostrophe	guitare	mignon
bouton	armoire	pharmacie	géographie	poignée	ignorer
poisson	couloir	champignon	chuchoter	guidon	clignoter
confiture	mouchoir	chercher	phoque	signature	gagner
étoile	mémoire	photographe		marguerite	lasagnes
avion	tournoi				

Distinction *oi/oin/ion*		Distinction *ch/j*		Distinction *ar/ra ir/ri…*	
avion	poison	judo	jardin	mur	dragon
ardoise	action	mouche	moustache	tour	barbe
pointe	camion	cheval	juste	tortue	fourmi
soustraction	loin	journal	bonjour	corbeau	carte
poisson	témoin	branche	jupe	trésor	porte
lion	situation	chouette	cheminée	tartine	carton
coin	explication	journaliste	jalousie	trousse	larme
		jambon	joujou	cartable	
		chemin	dimanche	tracteur	
		roche	jongleur	crocodile	

Distinction *s/ss*		Distinction *c/ç*		Distinction *c/qu*	
cuisse	coussin	maçon	lacet	clinique	Américain
cuisine	chemise	cirque	glaçon	claque	casque
maison	trésor	cible	garçon	chaque	Mexique
poisson	valise	limace	grimace	chacun	Mexicaine
poison	chasseur	leçon	ficelle	chacune	Turquie
trousse	tasse	bracelet		Afrique	Turc
prison	rasoir			Africaine	Turque
ardoise	mousse			Africain	
brosse	lessive			Amérique	
rose				Américaine	

Distinction *g/gu*		Distinction *g/ge*	
grenouille	légume	genou	village
magasin	figure	fromage	magique
guirlande	langue	dirigeable	dirigeant
bague	algue	plongeon	orage
fatigue	marguerite	bourgeon	pigeon
guidon	pirogue	orangeade	girafe
guitare	vague	orange	
dragon	guenon		
virgule	tigre		
gronder			

Segmentations problématiques					
« n » initial ou liaison ?		Apostrophe ou non ?		*m’ ; t’ ; s’*	
un avion	une abeille	l’ami	la mouche	il m’écoute	il tend
un abricot	une omelette	la mie (de pain)	l’article	il mélange	il m’oublie
un navire	un homme	l’amour	l’avenir	il t’adore	il mouille
un arc	une idée	la mouette	la veste	il tapote	il t’ouvre
un nuage	un nid	l’armoire	l’Afrique	il s’admire	(la porte)
un nounours	un hiver	la radio	la France	il salive	il tourne
un ours		l’adresse	l’Amérique	il m’embrasse	il m’observe
un nombre		la dragée	la Martinique	il ment	il modifie
un ananas		l’abeille		il t’embête	

Séries analogiques régulières					
Noms féminins en *-eur*		Noms masculins en *-eur*		Noms féminins en *-ette*	
fleur	longueur	voleur	admirateur	chouette	devinette
peur	sueur	docteur	aspirateur	baguette	banquette
couleur	profondeur	chasseur	farceur	noisette	squelette
odeur	rousseur	tracteur	moqueur	miette	violette
chaleur	grandeur	joueur	inspecteur	chaussette	manette
vapeur	grosseur	voyageur	rongeur	étiquette	poulette
douleur		moteur	acheteur	trompette	barbichette
		directeur	chanteur	galette	crevette
		conducteur	laboureur	mouette	moquette
		instituteur	tailleur	cachette	pirouette
		spectateur	coureur	boulette	pochette
		visiteur	dormeur	omelette	tablette
		cultivateur	explorateur	clochette	
		ordinateur	grimpeur		
		sculpteur	promeneur		
		danseur	rieur		
Noms masculins en *-et*		**Noms masculins en *-eau***		**Noms masculins en *-té***	
paquet	pistolet	oiseau	tableau	été	révolté
objet	volet	nouveau	drapeau	invité	député
jouet	poignet	bateau	agneau	agité	
poulet	bosquet	chameau	veau		
filet	carnet	peau	chevreau		
bouquet	déchet	chapeau	renardeau		
brochet	gobelet	cadeau	moineau		
complet	guichet	couteau	roseau		
chalet	lacet	corbeau	rouleau		
piquet	mulet	seau	plateau		
crochet	robinet	bureau	poteau		
galet	fouet	poireau	bouleau		
reflet	jardinet	troupeau	fourneau		
regret	livret	museau	niveau		
cornet	sachet	manteau	cerveau		
parquet	bleuet	rideau	escabeau		
valet	chevalet	radeau	jumeau		
alphabet	cochonnet				
juillet	tabouret				

Séries analogiques régulières (suite)

Noms féminins en *-té*		Adjectifs en *-able*		Noms féminins en *-eille*	
majesté	publicité	capable	abominable	groseille	merveille
liberté	générosité	épouvantable	adorable	oreille	corbeille
vérité	clarté	incroyable	inimaginable	bouteille	corneille
beauté	pauvreté	véritable	redoutable	veille	oseille
curiosité	rapidité	agréable	respectable	abeille	
santé	timidité	désagréable	inévitable		
réalité	activité	formidable	inexplicable		
obscurité	éternité	admirable	inoubliable		
sécurité	possibilité	confortable	inséparable		
quantité	particularité	responsable	valable		
électricité	propreté	interminable	acceptable		
volonté	université				
qualité	actualité				
méchanceté	fragilité				
saleté	nouveauté				
propriété	solidarité				

Noms féminins en *-aille*		Noms féminins en *-ouille*		Verbes en *-ailler*	
taille	médaille	nouille	chatouille	travailler	chamailler
paille	volaille	rouille	fripouille	tailler	dérailler
bataille	faille	grenouille	gargouille	brailler	détailler
muraille	pagaille	citrouille	trouille		
écaille	trouvaille				
canaille					

Verbes en *-ouiller*		Verbes en *-eiller*		Noms contenant *-ill-*	
fouiller	dépouiller	conseiller	surveiller	feuillu	cuillère
mouiller	barbouiller	réveiller	émerveiller	caillou	filleul
chatouiller	débarbouiller			papillon	paillasson
débrouiller	brouiller			grillon	pavillon
agenouiller	écrabouiller			billet	travailleur
rouiller	farfouiller			tilleul	bouillon
bredouiller	gribouiller			tourbillon	oisillon

Mots contenant *-y-*		Mots en *-ain*		Noms en *-aine*	
voyage	crayon	main	lointain	semaine	douzaine
rayon	tuyau	train	américain	capitaine	quinzaine
payer	voyou	demain	poulain	graine	cinquantaine
royaume	rayure	pain	écrivain	dizaine	domaine
joyeux	noyau	vilain	romain	fontaine	trentaine
voyageur	voyelle	grain	africain	centaine	vingtaine
incroyable	tutoyer	bain	soudain	plaine	quarantaine
aboyer	vouvoyer	copain	prochain	laine	
royal	noyer	nain		*+ noms et adjectifs en -ain au féminin*	
balayer	voyan				

Séries analogiques régulières (suite)					
Noms et adjectifs en *-in*		**Mots en *-oin***		**Noms et adjectifs contenant *-gn-***	
malin	lutin	loin	foin	espagnol	mignon
chagrin	marin	coin	recoin	compagnon	grognon
coquin	sapin	besoin	groin	champignon	rossignol
enfantin	dessin	soin	témoin	signal agneau	gagnant
matin	magasin	**Noms en *-gne***		**Verbes en *-gn-***	
fin	patin	montagne	vigne	gagner	trépigner
jardin	poussin	ligne	consigne	éloigner	aligner
chemin	pin	campagne	compagne	soigner	signaler
lapin	coussin	grogne	poigne	cogner	égratigner
voisin	bassin			grogner	signer
vin	festin			ignorer	témoigner
cousin	juin			cligner	clignoter
gamin	brin			baigner	fignoler
moulin	ravin			grignoter	poignarder
				saigner	souligner
Noms et adjectifs en *-age*		**Adjectifs en *-ant***		**Noms en *-ant***	
nuage	langage	méchant	méfiant	enfant	gant
visage	paysage	brillant	rassurant	géant	étudiant
fromage	orage	amusant	éblouissant	éléphant	clignotant
voyage	grillage	charmant	obéissant	passant	croissant
sage	ménage	inquiétant	important	savant	carburant
cage	feuillage	bouillant	puissant	diamant	couchant
plage	garage	élégant	vivant	tournant	gagnant
passage	bagage	dormant			
courage	cirage				
page	coquillage				
message	virage				
équipage	voisinage				
mariage	branchage				
étage	partage				
Noms en *-ard*		**Noms en *-tion***		**Adjectifs en *-el, -elle***	
renard	bavard	question	action	cruel	éternel
canard	boulevard	direction	respiration	naturel	manuel
regard	pétard	situation	station	actuel	maternel
retard	poignard	condition	expédition	culturel	matériel
placard	motard	conversation	satisfaction	usuel	mortel
brouillard	pleurnichard	explication	exclamation	criminel	paternel
foulard	trouillard	potion	perfection		
léopard	vantard	admiration	position		
		solution	circulation		
		proposition	éducation		
		invention	réaction		
		opération	distribution		
		récréation	imagination		
		construction	préparation		

Séries analogiques régulières (suite)		
Noms masculins en *-el*	**Noms féminins en *-elle***	**Noms en *-esse***
miel caramel matériel colonel criminel manuel	échelle demoiselle selle bretelle pelle poubelle semelle tourterelle maternelle manivelle passerelle ruelle marelle mirabelle ombrelle rondelle voyelle femelle nouvelle	vitesse promesse adresse caresse richesse tristesse fesse sècheresse politesse gentillesse souplesse tresse
Noms en *-erre*	**Noms en *-erie***	**Adjectifs en *-eux, -euse***
terre pierre verre guerre lierre	ménagerie sucrerie boucherie moquerie étourderie fromagerie bijouterie boulangerie galerie confiserie garderie infirmerie loterie porcherie	curieux furieux joyeux nombreux dangereux fameux courageux lumineux monstrueux juteux savoureux fabuleux soigneux venimeux caillouteux chaleureux fiévreux
Adjectifs en *-ier, -ière*	**Noms en *-ier, -ière***	**Noms en *-er***
dernier particulier grossier entier familier forestier fruitier premier régulier singulier	routier pompier ouvrier chapelier cavalier fermier chevalier cuisinier charcutier écolier couturier infirmier banquier	– ***Plantes :*** bananier noisetier pommier rosier palmier poirier prunier – ***Autres :*** pétrolier panier papier escalier grenier métier sanglier soulier saladier atelier fumier bouclier dossier tablier évier février olivier palier voilier bélier
Adjectifs en *-ique*	**Noms en *-ique***	**Noms, adjectifs et pronoms en *-ien***
magique électrique chimique comique téléphonique énergique politique atlantique caractéris- tique classique élastique logique plastique pratique exotique	musique boutique moustique plastique fabrique brique élastique république bique clinique critique	indien musicien canadien italien le mien le sien le tien bien électricien chirurgien lien soutien musicien rien parisien

Séries analogiques régulières (suite)			
Noms en *-ot*		**Trouver l'intrus : domaine de la prononciation**	
mot	cachot	*Les mots sont écrits au tableau (ou projetés).*	
pot	chiot	un animal	souvent
idiot	cachalot	une antenne	le vent
robot	canot	un canard	transparent
sabot	maillot	une cabane	seulement
escargot	abricot		ils savent
matelot	boulot	une demande	il retient
grelot	capot	le chemin	il se souvient
coquelicot	asticot	une semaine	elles sourient
tricot		le printemps	elle revient
		une cheminée	
		une opération	au secours
		une addition	une seconde
		une question	un secret
		une sensation	secouer
		une construction	

Étude de la langue

Selon les compétences de vos élèves et l'avancement de l'année, vous pourrez proposer les séries comportant un intrus sans dire aux élèves de quel type d'intrus il s'agit. Si vous voyez que la recherche est infructueuse, vous donnerez un indice plus ou moins explicite pour les mettre sur la voie.

Mettre au féminin, au pluriel

Cf. les séries analogiques qui s'y prêtent.

Conjuguer des verbes, par exemple :

- jouer / finir / prendre / être / avoir, avec le pronom sujet « tu » au présent ;
- dessiner / descendre / écrire / entendre / faire, avec le sujet « je » au présent ;
- choisir la terminaison adéquate, en utilisant un pronom sujet :
    - -e, -s, -ds ou -x avec le pronom « je » ;
    - -s, -es, -ds ou -x avec le pronom « tu » ;
    - -e, -t ou -d avec les pronoms « il/elle/on ».

Trouver l'intrus

Temps de conjugaison

- nous vivons – nous savions – nous apprenons – nous décidons
- il apparait – il savait – il débutait – il dormait
- vous jouez – vous chantez – vous apprenez – vous partirez

Trouver l'intrus grammatical

Un nom parmi des verbes, un adjectif parmi des noms, etc.

- chanter dormir dessiner écrire lecture
- maison manège poupée acheter serrure
- gentil important salissant panier libre

Ponctuation, majuscules

Ponctuer et capitaliser correctement deux phrases (reproduites au tableau), sans modifier la ponctuation déjà présente :

- j'ai trouvé la solution de ce problème n'était pas évidente
  j'ai trouvé la solution à ton problème je t'en parlerai ce soir
- youpi, j'ai gagné le gros lot est pour moi
  youpi, j'ai gagné le gros lot je pars en voyage en Italie
- ça y est, j'ai fini ce maudit exercice était vraiment compliqué
  ça y est, j'ai fini ce maudit exercice je n'ai plus qu'à ranger mes affaires
- aujourd'hui, c'est mon grand frère qui conduit la voiture a démarré au quart de tour
  aujourd'hui, c'est mon grand frère qui conduit la voiture il vient d'avoir le permis
- mon petit frère apprend à écrire les majuscules sont encore difficiles pour lui
  mon petit frère apprend à écrire les majuscules il fait de gros progrès
- cette fois-ci, j'ai perdu la partie était d'un niveau trop élevé pour moi
  cette fois-ci, j'ai perdu la partie mon adversaire était trop fort pour moi
- j'ai du mal à avaler ce cachet je dois avoir une angine
  j'ai du mal à avaler ce cachet est vraiment trop gros
- j'adore dessiner maman dit que je suis très doué
  j'adore dessiner maman je réussis très bien ses cheveux
- depuis deux semaines, nous répétons notre spectacle sera bientôt prêt
  depuis deux semaines, nous répétons notre spectacle il aura beaucoup de succès
- on ne peut pas traverser la rue est en travaux
  on ne peut pas traverser la rue il n'y a pas de passage piéton

Reconnaitre noms et verbes

Paires de phrases avec noms et verbes homophones

- Il y a quelque chose qui bouche l'évier.
Mets ta main devant ta bouche !
- Les tombes sont fleuries dans ce cimetière.
Tu tombes à la renverse.
- Le footballeur fait une passe à l'arrière.
Lola passe le sel à son frère.
- Le gardien du musée ne veut pas qu'on touche aux statues.
Appuie sur la touche « entrée ».
- La petite souris s'est cachée sous le buffet.
Je souris de toutes mes dents.
- Il monte les marches quatre à quatre.
Aïe, tu me marches sur le pied !
- La mouche s'est posée au plafond.
Mon grand-père se mouche bruyamment.
- Papa me porte sur ses épaules.
La porte claque à cause du courant d'air.
- Colombine montre ses habits à Laura.
Tiens, ma montre s'est arrêtée.
- Marine a fait un voyage magnifique en Afrique.
Quand on est explorateur, on voyage beaucoup.
- Corentin lit chaque soir avant de dormir.
Agathe s'est cachée sous son lit.
- Papa plante un clou dans le mur.
Ma plante verte a bien poussé.
- Je me brosse les dents deux fois par jour.
Je ne trouve plus ma brosse à cheveux.

• Bastien pêche souvent dans le lac.
Je mange une pêche bien juteuse.
• Le bébé a les joues rouges.
Tu joues avec tes petites voitures.

Reconnaitre noms et adjectifs

Paires de phrases comportant noms et adjectifs homophones

• Papa a offert des roses à maman.
J'aime bien ta petite robe rose.
• Jérémy a un chouette vélo !
La chouette chasse la nuit.
• Pour faire ce gâteau, il faut monter les blancs en neige.
Les ours blancs vivent sur la banquise.
• Le public a applaudi le groupe de rock.
Les toilettes publiques ne sont pas toujours très propres !
• Jules a peur dans le noir.
Zéralda a les cheveux noirs et bouclés.
• Le général donne ses ordres aux soldats.
Avant le spectacle, on a fait une répétition générale.
• Je vais reprendre une louche de soupe.
Cet individu a une allure louche.
• Comment s'appelle ce garçon qui a une chemise bleue ?
Je me suis fait un bleu au genou en jouant au rugby.
• Rangez ces nombres dans l'ordre croissant.
Pour le petit déjeuner, j'ai mangé un croissant au chocolat.
• En géométrie, on a appris à tracer un carré.
Ce footballeur a les épaules carrées.
• Dans cette recette, il faut séparer les jaunes des blancs.
Pendant le Tour de France, le meilleur coureur porte le maillot jaune.
• La lessive liquide est plus pratique que la lessive en poudre.
Un liquide noir et épais coulait goutte à goutte sous la voiture.
• J'ai visité Bruxelles, qui est la capitale de la Belgique.
Cette information est d'une importance capitale.
• Zoé sort son rouge à lèvres de son sac à main.
Tu as couru, tu as les joues rouges.
• Cette actrice a le rôle principal dans le film.
Mes parents ont pris rendez-vous avec le principal du collège.
• J'adore sauter dans les vagues quand la mer est un peu forte.
Maman nous a interdit d'aller jouer dans le terrain vague.

Distinguer noms, verbes et adjectifs

se jeter dans le **vide** / un pot de yaourt **vide** / je **vide** la bouteille
des vacances à la **ferme** / une bonne pomme **ferme** et juteuse / je **ferme** les volets
une **louche** de soupe / mon chat **louche** / un individu très **louche**
elle **lâche** le guidon / une personne **lâche** s'attaque à plus petit que soi
un **double** nœud / on **double** un camion
je prends une **douche**/ je me **douche** chaque matin
les valises sont **prêtes** / tu me **prêtes** ton vélo
je **taille** mon crayon / une robe à ma **taille**
un bouquet de **roses** / des crevettes **roses**
tu te **mouches** / les **mouches** bourdonnent
une **tasse** de café / je **tasse** mes affaires dans mon sac
la **lave** s'écoule du volcan / je me **lave** les mains
du **rouge** à lèvres / une tomate bien **rouge**

Distinguer noms et verbes se terminant par -ail, -eil, -euil, etc.

- je te donne un conseil – je te conseille de te coucher plus tôt – elles me conseillent d'être prudent – des conseils très utiles
- ils se font des chatouilles – les moustaches de papi me chatouillent – tu me chatouilles
- les poissons grillent sur le feu – la grille est rouillée – tu grilles un feu rouge – des voitures qui grillent la priorité
- tu travailles dur – un travail pénible – elle travaille bien – ils travaillent ensemble
- les gendarmes patrouillent – une patrouille de police – deux patrouilles de policiers
- le réveil a sonné – je me réveille tôt – ils se réveillent – l'horloger vend des réveils

Accord sujet verbe

Former deux phrases avec les éléments proposés, en inversant sujet et complément

- Antoine / avec / se bagarrer / Pierre et Arthur
- les canetons / vers / se diriger / la cane
- les chatons / se reposer / près de / la chatte
- Romane / accompagner / Mouloud et Aïcha
- Fabienne / rencontrer / Marie et Céline
- Médor et Mirza / avec / se promener / Léa
- des clowns / se moquer / de /la trapéziste

Former les phrases correctes au niveau de la grammaire et du sens

Mourad / travailler / avec / beaucoup de sérieux / Léo et Bastien
les élèves du CM2 / recevoir / une lettre / le maire de la ville
les alpinistes / le journaliste / rencontrer / des difficultés imprévues
les élèves / connaitre / le règlement de l'école / l'infirmière scolaire
le métro / attendre / Dénia / Kim et Samuel
Adrien / compter sur / ses doigts / tous ses amis

Conjugaison

Conjuguer au présent de l'indicatif :

- je cours, tu cours, il court
- j'apprends, tu apprends, il apprend
- je conduis tu conduis, il conduit
- je marche, tu marches, il marche
- vous dites, vous êtes, vous faites
- je peux, tu peux, il peut
- je veux, tu veux, il veut
- je fais, nous faisons, vous faites
- je vais, tu vas, il va
- je viens, nous venons, vous venez, ils viennent
- je vois, il voit, nous voyons, vous voyez

Conjuguer *dormir, voir, faire* à l'imparfait, à toutes les personnes.

Conjuguer *marcher, tomber, naitre* au passé composé, à toutes les personnes.

De même pour les autres temps de conjugaison étudiés.

Distinguer compléments de phrase et compléments du verbe

• Le maitre pense **à la rentrée.** / **À la rentrée,** je change d'école.
De la fenêtre, je peux voir la mer. / Je vais m'occuper **de la fenêtre**.
Je me méfie **de cette échelle** qui n'est pas en bon état. / **De cette échelle,** je peux voir le jardin du voisin.
Mon frère a changé **ces derniers mois.** / Mon frère a changé **la roue de son vélo**.
Louis se plaint **de son bureau** qui est trop petit. / Il m'a appelée **de son bureau**.
Le rossignol chante **la nuit**. / Papa chante **une berceuse**.
Mon chat mange **tous les matins.** / Mon chat mange **tous les insectes qu'il trouve**.
Ce musicien joue **toute la journée.** / Ce musicien joue **de la guitare**.
Les deux sœurs jouent **à la marelle.** / les deux sœurs jouent **à la tombée du jour**.

Distinguer compléments du nom et compléments du verbe

• J'adore le gâteau de ma grand-mère.
Je me souviens de ma grand-mère.
• Mon père me parle du passé.
J'aime lire des histoires du passé.
• J'ai changé de chaussures.
C'est un magasin de chaussures.
• Célia s'excuse de son retard.
Célia explique la raison de son retard.
• La nounou s'occupe de ma petite sœur.
C'est la poupée de ma petite sœur.
• À l'hôtel, le client s'est trompé de chambre.
Après le bain, Anthony enfile sa robe de chambre.
• Nous n'avons plus de pain.
Les moineaux mangent les miettes de pain.
• J'ai fini de manger, je sors de table.
Je joue au tennis de table.
• Mes cousins parlent de vacances.
Je vais te montrer mes photos de vacances.
• J'ai besoin d'un moule à gâteau.
Je vais reprendre du gâteau.
• Il répond à la maîtresse.
C'est la voiture de la maîtresse.
• Maman a perdu son sac à main.
Avant de manger, je me lave les mains.

Forme interrogative

Quelle est la question qui a été posée ? Trouve deux manières différentes de la formuler en utilisant les éléments proposés.

• avoir / peur / tu → [Est-ce que tu as peur ? / As-tu peur ?]
Non, je n'ai pas peur.
• vouloir / tu / encore / gratin
Non merci, je n'ai plus faim.
• lire / vous / ce roman
Oui, je l'ai lu l'année dernière.

• apprendre / vous / votre leçon
Oui, nous la savons par cœur.
• aimer / tu / la musique classique
Non, pas trop.
• vous / français / parler
Non, mais je parle espagnol.
• déjà / aller / Espagne / tu
Oui, j'y suis déjà allé deux fois.

Distinguer l'attribut du sujet et le complément du verbe

• Ton gâteau semble succulent.
Sylvie a fait cuire un gâteau.
• Les cyclistes ont franchi la ligne d'arrivée.
Les cyclistes paraissent épuisés.
• Le pain est devenu immangeable.
Le boulanger a pétri la pâte à pain.
• Ce footballeur reste le meilleur buteur du championnat.
Ce footballeur réussit presque tous ses tirs.
• La grippe est une maladie contagieuse.
Papa a attrapé la grippe.
• Ma grande sœur prépare son mariage.
Kévin sera son garçon d'honneur.
• Ton frère semble sympathique.
Ton frère parle trois langues.
• Ma mère est la directrice de l'école.
Ma mère rencontre la directrice de l'école.
• M. Dupré est remplaçant.
M. Dupré accueille le remplaçant.
• Thomas est champion de France de judo.
Thomas applaudit le champion de France de judo.

Utiliser les pronoms compléments

Sofia n'a pas pensé <u>à ses petits soucis de santé</u> aujourd'hui.
Sofia pense souvent <u>à sa meilleure amie</u>.
Sébastien s'est occupé <u>de ses neveux</u> pendant les vacances.
Sébastien s'est occupé <u>de la facture à régler</u> dès son retour du bureau.
Mes grands-parents font très attention <u>à leurs verres en cristal</u>, car ils sont fragiles !
Mes grands-parents font très attention <u>à leurs deux perruches</u>, car elles sont encore jeunes !
Gabrielle ne se souvient pas <u>de l'heure de son train</u>.
Gabrielle se souvient <u>de ses camarades de classe</u>.

Choisir la formulation correcte :

J'aime beaucoup ma grand-mère : la nuit dernière, j'ai rêvé d'elle. / j'en ai rêvé.
J'attends Noël avec impatience, je n'arrête pas d'y penser. / je n'arrête pas de penser à lui.
J'aime beaucoup mon grand-père : hier, j'ai pensé à lui. / j'y ai pensé.
L'année dernière, j'ai eu un accident. De temps en temps, j'en rêve la nuit. / je rêve de lui la nuit.
J'aime beaucoup mes grands-parents, souvent je pense à eux. /souvent j'y pense.
J'attends les vacances avec impatience : la nuit dernière, j'en ai rêvé. / j'ai rêvé d'elles.
Le prince Arthur est amoureux de la belle Cunégonde : il rêve d'elle chaque nuit. /il en rêve chaque nuit.

Construire une réponse correcte avec les éléments proposés :

Est-ce que tu joues au tennis ?
Est-ce que tu joues du piano ?
Oui, ... j'y / j'en / joue / de temps en temps

Est-ce que tu as des secrets ?
Oui, j'ai des secrets, mais... je / n'en / ne / parle / d'eux / à personne /

Est-ce que tu connais David ?
Oui, je le connais un peu, mais... je / ne / n'en / lui / ai / jamais / parlé

Tu penses quelquefois aux vacances ?
Oh oui, ... j'y / je pense / tout le temps/ à elles

Tu penses quelquefois à ta cousine ?
Oh oui, ... je / j'y / pense / à elle / de temps en temps

Tu as pensé à acheter du pain ?
Oh non, désolé, ... je / n'y / ai / pas du tout / pensé / à lui

As-tu déjà réfléchi à ce que tu veux faire plus tard ?
Non, ... je / n' / y / ai / pas encore / réfléchi / à lui

J'espère que tu feras attention à tes affaires !
Ne t'inquiète pas, ... j' / je / y / ferai / attention / à elles

J'espère que tu feras bien attention à tes petites sœurs.
Ne t'inquiète pas, ... je / j'y / ferai / bien attention / à elles

Je ne veux pas que vous touchiez à mes affaires !
Ne t'inquiète pas, nous ... n'y / ne / toucherons / pas / à elles

Peux-tu t'occuper de ton petit frère cet après-midi ?
Oui, pas de problème, je... m'en / m' / occuperai / de lui

Est-ce que tu t'es occupé de l'aspirateur qui est en panne ?
Je n'ai eu pas le temps aujourd'hui, mais je ... m'/ en / occuperai / demain / de lui

Manipuler et reconnaitre adjectifs épithètes et compléments du nom

- les employés municipaux / les employés de la commune
- un fromage fermier / un fromage du Jura
- une mouche bleue / une mouche à miel
- des cheveux bouclés / des cheveux de rêve
- un bateau de pêche / un bateau traditionnel
- les élèves bavards / les élèves du CM2
- l'école primaire / l'école du village
- une jambe de bois / une jambe souple
- un bijou précieux / un bijou en or
- un sapin de Noël / un jeune sapin
- un crayon taillé / un crayon de couleur
- un manteau de fourrure / un manteau épais
- un sentier de montagne / un sentier rocailleux
- un professeur de piano / un professeur expérimenté
- une table ronde / une table de camping

Modifier des phrases pour les rendre plus claires : déplacer le groupe en gras

On a visité un vieux château avec mes parents **qui tombe en ruine.**
J'ai revu des vieux copains chez Lucien **que j'avais presque oubliés.**
J'ai lavé la voiture de maman **qui était dégoutante.**
Pierre trouva de magnifiques champignons dans la forêt **qu'il rapporta à la maison.**
J'ai prêté un livre à Jérémy **qui fait vraiment peur** !
Il a écrit une longue lettre à sa tante **qui n'est jamais arrivée.**
La chanteuse prépare un nouveau spectacle avec ses musiciens **qui risque de faire du bruit** !
J'ai visité une cathédrale avec mes grands-parents **qui avait plus de huit cents ans** !
L'autre jour, j'ai gouté deux fromages chez un fermier **qui sentaient très fort.**
Pour ce bricolage, j'ai pris une vieille casserole dans le garage **qui trainait par terre.**
J'ai construit une petite cabane derrière ma maison **qui s'est écroulée.**

Lexique

Mettre dans l'ordre alphabétique

En tenant compte de l'initiale, des deux, trois ou quatre premières lettres, etc.

Trouver l'intrus dans une famille

(liste écrite au tableau ou projetée)
- conduire – conducteur – conduite – condamné
- soleil – solitude – solaire – ensoleillé
- chat – chatière – chaton – chatouille
- jour – journée – bonjour – journal – jouet
- terre – enterré – terrain – terrible – terrier
- matin – matinal – matinée – maternelle
- fleur – fleuriste – fleurir – fleuve – fleurette
- glace – glisser – glacière – glaçon – glacial

Trouver l'intrus et dire pourquoi

Préfixe *re-*

- mettre – remettre – dire – redire – garder – regarder – faire – refaire
- marquer – remarquer – voir – revoir – commencer – recommencer
- monter – remonter – fermer – refermer – pondre – répondre
- boucher – reboucher – partir – repartir – péter – répéter – coudre – recoudre
- peindre – repeindre – se marier – se remarier – se poser – se reposer

Préfixes *dé-/dés-*

- se tacher – se détacher – monter – démonter – faire – défaire
- fendre – défendre – placer – déplacer – boucher – déboucher
- penser – dépenser – plaire – déplaire – obéir – désobéir
- visser – dévisser – coiffer – décoiffer – livrer – délivrer
- pêcher – dépêcher – habiller – déshabiller – charger – décharger

Intrus : n'est pas un diminutif

- balayette – branchette – baguette – clochette – camionnette
- fillette – chemisette – gouttelette – moquette – maisonnette
- lionceau – moineau – renardeau – chevreau – louveteau
- chaton – ourson – caneton – pigeon – oisillon
- garçonnet – livret – jardinet – tabouret – bâtonnet – coffret

Écrire le mot contraire

(en im-) :	*(en in-) :*	*(en dés-) :*
patient	visible	ordre
prudent	utile	accord
possible	croyable	équilibre
parfait	supportable	agréable
prévu	certain	avantage
puissant	conscient	
	connu	

Utiliser des suffixes

- Former des dérivées à partir de ces mots expressions, et classer selon le suffixe utilisé :

  – Noms de métier : garder un immeuble, installer l'électricité, écrire pour un journal, poser du carrelage, pratiquer la chirurgie, coiffer les clients, vendre des fleurs, faire de la mécanique, soigner des dents, tenir un garage

  – Habitants d'un pays : Hongrie, japon, Canada, Algérie, Chine, Hollande, France, Suède, Tunisie

  – Adjectifs qualificatifs : qui siffle ; qui a un rapport avec la nature ; qui vient d'Afrique ; qui migre vers les pays chauds ; qui travaille beaucoup ; qui concerne le président ; qui vient de la tradition ; qui concerne l'homme

  – Adjectifs qualificatifs : qui se nourrit d'herbe ; qui a la forme d'un triangle ; qui se nourrit d'insectes ; du niveau d'un enfant ; qui se nourrit de graines ; qui fait preuve d'autorité ; qui se trouve sous la mer ; qui a la forme d'un cercle ; qui vient d'Argentine

Trouver le nom générique

- fauteuil – chaise – tabouret – siège – canapé
- rose – fleur – marguerite – violette – tulipe
- tomate – carotte – légume – haricot – potiron – épinards
- pêche – poire – fruit – pomme – abricot – cerise
- boulanger – boucher – banquier – métier – facteur
- voiture – train – moto – véhicule – bus
- aliment – viande – poisson – légume – fruit
- lapin – viande – bœuf – mouton – poulet
- fourchette – couteau – couvert – cuillère
- scie – rabot – outil – marteau – tenailles
- tabouret – fauteuil – siège – chaise – canapé
- moto – voiture – vélo – véhicule – autobus – camion
- coccinelle – puceron – insecte – abeille – guêpe – fourmi
- lézard – orvet – vipère – alligator – reptile
- grippe – angine – rougeole – maladie – varicelle

Trouver l'intrus parmi des synonymes

- commencer – entamer – finir – démarrer – débuter
- bruit – vacarme – silence – fracas – boucan – raffut
- adorable – charmant – rapide – mignon – joli
- dévorer – manger – avaler – croquer – boire
- terrible – effrayant – terrifiant – surprenant – inquiétant
- horrible – bizarre – affreux – terrible – atroce
- extraordinaire – sensationnel – fantastique – embêtant – formidable – surprenant
- voler – dérober – emprunter – prendre – piquer – chiper – faucher
- parler – bavarder – crier – dialoguer – discuter
- soudain – subitement – tout à coup – aussitôt – ensuite – brusquement
- sympathique – agréable – aimable – charmant – patient – gentil
- fuir – partir – s'enfuir – déguerpir – courir – détaler – se sauver
- intelligent – surprenant – malin – ingénieux – astucieux
- exact – vrai – naturel – correct – juste
- extraordinaire – formidable – prodigieux – épouvantable – fantastique – fabuleux – sensationnel
- bête – sot – stupide – idiot – paresseux – imbécile – crétin
- énervant – agaçant – ennuyeux – exaspérant – dégoutant
- bizarre – curieux – étrange – surprenant – parfait – étonnant
- drôle – beau – amusant – comique – tordant – rigolo
- touriste – vacancier – habitant – voyageur – visiteur
- casser – détruire – briser – perdre – démolir – détruire
- lentement – doucement– tranquillement – simplement – progressivement – peu à peu
- enfant – gosse – mioche – gamin – coquin – marmot
- voyou – voleur – fripouille – comique – bandit – brigand – malfaiteur
- garnement – coquin – chenapan – bricoleur – fripouille – galopin – polisson
- chagrin – peine – tristesse – problème – douleur – malheur
- machin – ficelle – truc – bidule – chose
- magasin – boutique – commerce – mairie
- boite – caisse – garage – coffret – étui
- fatigué – crevé – exténué – endormi – épuisé
- rouspéter – râler – protester – ronchonner – appeler
- déchets – débris – ordures – défauts – détritus

Trouver le contraire d'un nom, d'un verbe, d'un adjectif ou d'un adverbe

riche → pauvre / richement → pauvrement / s'enrichir → s'appauvrir / richesse → pauvreté

- lourd / lourdement / alourdir / lourdeur
- capable / capacité
- facile / facilement / facilité
- obéir / obéissance / obéissant
- proche / approcher
- ouvrir / ouverture / ouvert
- heureux / heureusement / bonheur
- petit / petitesse / rapetisser / petitement
- beau / beauté / embellir / embellissement

5 Rubrique « Pour aller plus loin »

Comme nous l'avons déjà indiqué, les activités de la rubrique « *Pour aller plus loin* » concernent en priorité un tiers environ de vos élèves, les plus performants.
Il peut donc arriver que ces activités explorent des notions hors programme, ou ne soient pas réussies immédiatement par ces élèves, même brillants !

La rubrique « *Pour aller plus loin* » propose habituellement une approche de la notion différente de celle utilisée dans la série d'activités « *Pour s'entrainer* ». Il n'est pas nécessaire d'avoir réalisé la totalité des entrainements d'une série pour se consacrer à une activité « *Pour aller plus loin* » : les deux rubriques sont indépendantes.

Cette rubrique constitue une banque d'activités « tampon » permettant de réguler les différences constatées dans l'exécution des tâches. Dès qu'un élève a fini son travail (activité « *Pour s'entrainer* »), il enchaine aussitôt sur l'activité « *Pour aller plus loin* » que lui indique son enseignant. À la fin de la séance, il s'interrompt même si l'activité n'est pas finie : il la reprendra plus tard quand il aura à nouveau un moment libre.

Plus que de simples activités de délestage qui permettent d'occuper plus ou moins intelligemment les élèves les plus rapides, les activités « Pour aller plus loin » permettent à ces élèves de se consacrer à des tâches stimulantes, plus exigeantes également. Bien qu'elles ne soient pas destinées à tous les élèves, il n'est pas souhaitable qu'elles soient présentées comme optionnelles ou accessoires : elles seront donc corrigées avec autant d'exigence et de sérieux que les autres activités. Ces corrections, qui ne concernent pas tous les élèves, seront assurées de manière individuelle (correction écrite par l'enseignant, suivie le cas échéant de conseils oraux).

La rubrique « *Pour aller plus loin* » est la variable d'ajustement qui permet à tous les élèves de la classe (ou du niveau, s'il s'agit d'un cours multiple) de consacrer le même temps d'activité au domaine disciplinaire « Français » tel qu'il est prévu à l'emploi du temps. Ainsi, les élèves les plus lents n'ont pas le sentiment démotivant d'être à la traine, de faire attendre le reste de la classe, ou de continuer à travailler pendant que d'autres s'amusent ou dessinent !

Organisation

Nous vous suggérons de faire travailler vos élèves sur un support autre que le cahier du jour (par exemple, d'y consacrer un intercalaire de classeur, ou un cahier spécial) : ainsi, l'activité non achevée pourra être reprise à un autre moment sans que cela ne pose de problèmes d'organisation.
De plus, il sera facile à l'élève de retrouver facilement une tâche non terminée si elle n'est pas « noyée » dans le travail quotidien.
Il vous sera également beaucoup plus facile d'en assurer la correction périodiquement, car tous les travaux du même type y seront regroupés.

6 L'aide-mémoire CM (CM1-CM2)

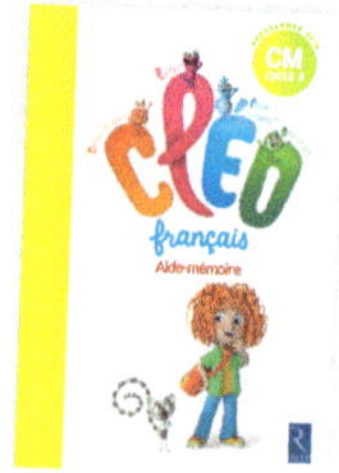

L'aide-mémoire rassemble l'ensemble des savoirs et des savoir-faire qu'il faut acquérir au CM.

Son organisation, différente de celle du manuel, a été pensée dans le but de faciliter les recherches des élèves.

Nous avons fait le choix d'un aide-mémoire unique pour le CM1 et le CM2 afin de favoriser la cohérence sur le cycle et de renforcer la mémorisation.

Chaque définition, chaque explication, chaque procédure ont été soigneusement rédigées pour être à la portée de tous les élèves.

La rubrique « À la maison » permet aux parents, ainsi qu'aux autres adultes amenés à participer aux diverses formes d'accompagnement périscolaire, de savoir exactement ce qui est attendu de l'apprentissage d'une leçon.

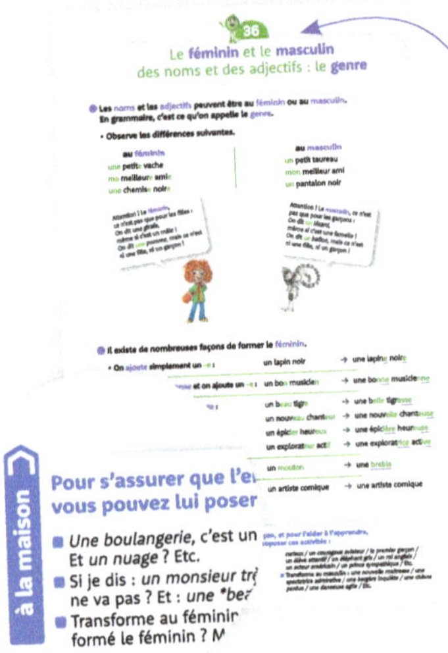

Pratique et léger à emporter dans le cartable, il est l'indispensable support d'apprentissage des leçons.
Celles-ci (et parfois les différentes parties au sein d'une leçon) sont repérées par un numéro, facilitant ainsi la copie des devoirs dans le cahier de texte.

Nous vous conseillons de présenter l'aide-mémoire aux parents lors de votre réunion de début d'année : ainsi, vous pourrez expliciter vos attentes et vous assurer que tous les parents ont bien saisi l'utilité de la rubrique « À la maison ».

L'aide-mémoire est également un outil de travail au quotidien en classe : il permet, en complément des affichages référents, de retrouver ou de vérifier une information, un savoir ou un savoir-faire dont on peut avoir besoin dans toutes les situations d'écriture de la journée. Comme tout outil, il faut apprendre à s'en servir : il sera utile de présenter puis de montrer en contexte son utilisation, d'expliquer comment se servir du sommaire pour trouver rapidement ce qu'on cherche, puis d'y renvoyer systématiquement les élèves pour toutes les notions déjà apprises.

Quand et comment s'en servir ?

Le temps de la formalisation des savoirs, de leur institutionnalisation, n'intervient généralement pas lors de la première séance d'une séquence d'enseignement. Il y aurait en effet un risque à plaquer les mots d'une leçon sur l'amorce de la prise de conscience, encore très partielle, d'un phénomène linguistique. Pour beaucoup d'élèves, cette leçon prématurée, apprise par cœur, hypothèquerait le processus d'appropriation individuelle de la notion.
C'est pourquoi, dans C.L.É.O., les leçons ne sont données à apprendre qu'après un temps suffisamment long de maturation et d'affinement de la compétence.

En clair, pas de précipitation pour l'apprentissage formel d'une leçon. La logique des apprentissages menés avec le dispositif C.L.É.O. rompt avec l'enchainement trop rapide des phases « Je découvre > J'applique > J'apprends ». L'essentiel est que, pour chaque élève, la leçon formalisée fasse véritablement écho aux savoirs et aux savoir-faire développés, que les mots de la leçon soient compris « de l'intérieur ». C'est pourquoi il est rare que la leçon soit présentée puis donnée à apprendre le jour même où l'on s'est engagé dans la découverte d'une notion.

Selon la compréhension de vos élèves et le niveau de réussite de la classe, vous jugerez vous-même du meilleur moment pour présenter la leçon telle qu'elle est rédigée dans l'aide-mémoire.

Prenez toujours le temps de lire (ou de faire lire) en classe, puis de commenter le contenu des leçons données à apprendre. Ainsi, vous vous assurerez de leur bonne compréhension et pourrez repérer les éventuels problèmes d'appropriation chez certains élèves.

Pour conclure, rappelons que la mémorisation efficace des leçons passe nécessairement par :
- une « mise en mots » et une présentation des connaissances accessibles aux élèves ;
- la capacité à reformuler dans ses propres mots ce qu'on est en train d'apprendre ;
- une relation explicite entre ce qui a été fait (différentes activités de découverte, d'entrainement et de renforcement) et ce qui est appris ;
- une compréhension « stratégique » de la leçon « La leçon que j'apprends me servira à... et je l'utiliserai dans telle ou telle circonstance... ») ;
- une mise en œuvre concrète des procédures apprises au moment même où on les apprend.

DES MOTS À BIEN CONNAITRE (leçon 50)

L'aide-mémoire se conclut par deux pages présentant les mots à bien connaitre (dans leur immense majorité, il s'agit de mots invariables).

Regroupés par analogie (mots se terminant par -à, -ès, -ain, etc.), ils seront donnés à apprendre et à réviser tout au long de l'année. On ne dépasse généralement pas une dizaine de mots à mémoriser le même jour.

Commencez le « 5 minutes chrono » par une dictée de ces mots donnés à apprendre. Leur écriture doit être automatisée : sauf cas particulier, les élèves doivent être en mesure de les écrire rapidement, sans s'arrêter en cours d'écriture. Si ce n'est pas le cas, il faudra les donner à nouveau à apprendre.

50
Des mots à bien connaitre

7 Les affichages référents

La présentation des affiches en classe se fait au fur et à mesure de l'étude des notions. Elles constituent une **référence immédiatement disponible** pour les élèves, **complémentaire** aux leçons de l'aide-mémoire.

Pour que ces affichages soient efficaces, il faut qu'ils soient :
- **lisibles :** privilégiez l'imprimante ou l'écriture scripte manuscrite très soignée ;
- **concis :** ne surchargez pas les affiches, le mieux est l'ennemi du bien !
- **utilisables en autonomie par les élèves :** ces affichages doivent évoquer une règle ou une notion, de la manière la plus transparente pour l'élève ;
- **organisés :** on regroupera dans la même zone les affichages de même nature : classes grammaticales, conjugaison...
- **évolutifs :** les affichages anciens (qui témoignent d'une étape dans la formalisation d'une notion, ou ceux qu'on n'utilise plus) peuvent laisser périodiquement la place aux nouveaux.

Vous trouverez 16 affiches prêtes à imprimer dans le CD-Rom et sur le site compagnon de C.L.É.O. : www.cleofrancais.fr.

Leur format (A3) est à reconstituer à partir de deux feuilles A4. Elles sont regroupées en deux ensembles :

- **Affiches « classes grammaticales » :** les mots sélectionnés pour chaque affiche, de fréquence très élevée, constituent des prototypes de chaque catégorie.

- **Affiches « conjugaison » :** la volonté de rester concis a conduit à limiter le nombre d'affiches. Les codes couleur utilisés sont ceux de l'aide-mémoire.

N.B. : Selon les besoins de votre classe, vous pourrez utiliser certaines affiches de C.L.É.O. CE1 et CE2, disponibles en ligne sur le site compagnon.

Comment utiliser ces affichages ?

• Quand un.e élève hésite sur l'appartenance d'un mot à telle ou telle classe grammaticale, un procédé très efficace consiste à lui demander à la suite de quelle liste affichée il/elle placerait ce mot. Cette procédure s'appuie sur le principe de l'analogie et sur la connaissance implicite des catégories grammaticales.
• La mise en place d'une affiche est le signal d'une étape vers la formalisation du savoir : pour les élèves, c'est le signe que la notion exposée par l'affiche doit être en cours d'acquisition, qu'il n'est plus permis de faire comme si on ne savait rien sur la question !
• Le déplacement d'une affiche vers un espace moins en vue, ou son retrait parfois, symbolise une autre étape : désormais, la notion devrait être mémorisée, assimilée ou automatisée, de sorte que le recours à un référent externe n'est plus la norme.
Veillez toutefois à ne pas pénaliser les élèves les moins performants par des exigences prématurées d'autonomie.
• L'utilisation rapide et efficace des affichages nécessite qu'on y consacre un peu de temps : l'enseignant ou certains élèves peuvent expliciter la manière de les utiliser, la façon dont les affiches sont organisées ou regroupées ; rappeler la signification des codes couleur, etc.

Sommaire

8 Les activités d'entrainement sans le support du manuel

La copie

Les programmes indiquent pour le cycle 3 :
« – automatiser les gestes de l'écriture cursive par un entrainement régulier ;
– développer la rapidité et l'efficacité de la copie en respectant la mise en page d'écrits variés »

Pour atteindre ces objectifs, il est nécessaire de bien comprendre quelles sont les compétences en jeu dans cette activité plus complexe qu'il n'y parait.
La procédure de copie décrite ci-dessous, d'abord explicite, sera progressivement automatisée et deviendra plus rapide :

- lire un mot ou un groupe de mots, les répéter mentalement pour les conserver en mémoire de travail ;
- segmenter en syllabes les mots complexes ou peu familiers, en prenant soin de remarquer les lettres muettes, et leur fonction grammaticale le cas échéant ;
- s'habituer à faire le moins possible d'allers et retours oculaires entre le modèle et le cahier, et rechercher en mémoire l'information momentanément perdue.

Les élèves s'enfermant dans une stratégie de copie lettre à lettre font beaucoup plus d'erreurs et sont beaucoup moins rapides que les autres élèves ; il faut impérativement les aider à dépasser cette modalité bien peu pertinente, notamment en explicitant et en décrivant les étapes d'une copie efficace lors des activités « 5 minutes chrono » (voir pp. 28 et suivantes).

– **Automatiser la gestion du geste graphique :** on améliore la qualité et la rapidité du tracé des lettres formant un mot en limitant le nombre de ruptures ou de retours en arrière lors de l'écriture. Il faut apprendre ou rappeler aux élèves que les accents, les points sur les i et les barres des t se tracent généralement en dernier. Par exemple : *genou / promeneur / lendemain* s'écrivent quasiment sans lever le stylo en cursive. Privilégier les mots demandant un minimum de ruptures, et ne pas hésiter à les faire écrire plusieurs fois de suite, jusqu'à ce que le geste ait gagné en fluidité.

– **Copier une phrase simple**, segmentée en groupes syntaxiques, en trois ou quatre fois sur l'ardoise ou le cahier d'essais. Par exemple : *Le petit garçon / roule / sur son vélo neuf.* Puis récrire la phrase en entier au tableau, la lire à nouveau, et la recopier sur le cahier sans lever les yeux.

Les activités de copie trouveront leur justification et leur prolongement naturel dans de nombreuses activités de classe : copie de poèmes et de chansons, copie de synthèses ou de comptes rendus produits dans tous les domaines disciplinaires, copie des devoirs ou des informations aux parents dans le cahier de correspondance, etc. Bien sûr, l'utilisation du manuel C.L.É.O. induit de fait un entrainement quotidien à la copie.

La dictée

Les programmes laissent toute latitude pour varier les types de dictée. La dictée est en soi une activité pertinente à condition d'en faire une activité d'entrainement et de réflexion, et non exclusivement un instrument d'évaluation. Nous présentons succinctement quelques types de dictées qui nous semblent particulièrement intéressants.

La dictée de mots

Elle sera pratiquée régulièrement en « 5 minutes chrono » (voir pp. 28 et suivantes) : dictée de mots invariables donnés à apprendre, dictée de mots partageant une caractéristique commune, dictée reprenant une difficulté orthographique sur laquelle la classe a travaillé récemment, etc.

La phrase dictée du jour[1]

De plus en plus largement utilisée dans les classes, la technique de la « phrase dictée du jour » permet d'envisager la dictée davantage comme une activité de résolution de problème que d'application mécanique de règles.

1. Une phrase, choisie à la fois pour son caractère accessible et parce qu'elle comprend une ou deux difficultés sur lesquelles on souhaite que les élèves réfléchissent, est dictée à la classe.
2. Pendant que les élèves écrivent cette phrase sur leur cahier, l'enseignant passe dans les rangs et prend en note toutes les graphies produites par les élèves.
3. Les élèves ferment leur cahier, et l'enseignant écrit les graphies relevées, les unes sous les autres, au tableau. Il est possible, pour la commodité des débats à venir, de numéroter chaque graphie en utilisant une craie de couleur.

1. Les	1. mouches	1. tournes	1. sans	1. arrêts ...
2. Les	2 mouche	2 tourne	2 sens	2 arêt ...
		3. tournent		3. arrêts ...
				4. arret ...
... 1. au tour	1. du	1. pot	1. de	1. confiture.
... 2 autour		2 peau		2 confitures.
...				3. confiture.

N.B. : Parmi les graphies recensées, l'enseignant peut choisir de ne reporter au tableau que les celles comportant des erreurs analysables par les élèves, à savoir principalement les erreurs graphophonologiques
et les erreurs d'accord. Il serait sans doute contre-productif d'exposer tous les élèves à des graphies plausibles (c'est-à-dire qui comportent des erreurs difficiles ou impossibles à réfuter : **souvant* pour *souvent*, **crapeau* pour *crapaud*, etc.).
En effet, ces erreurs d'orthographe lexicale ne peuvent pas être rejetées par les élèves en mobilisant les connaissances et les procédures acquises, et sont susceptibles de provoquer une déstabilisation de savoirs orthographiques encore fragiles.

4. Les élèves commentent les graphies les unes après les autres. Ils valident ou invalident les orthographes proposées, avec leurs propres mots (« Le 2, *mouche*, ça va pas ; il y a plusieurs mouches, il faut un «s». ») L'enseignant, au besoin, reformule ou complète pour assurer la compréhension de tous : « Ariane nous dit que *mouches* est au pluriel, comment en être sûr ? » Chaque graphie invalidée est effacée du tableau. Dans cette phase de recherche collective, l'enseignant organise et régule le débat, soutient la réflexion, récapitule et recadre les interventions, mais la

1 Activité conçue par Danièle Cogis. Pour une description détaillée, se reporter à Danièle Cogis, *Pour enseigner et apprendre l'orthographe – Nouveaux enjeux, pratiques nouvelles*, Éditions Delagrave, 2005, pp.260-268.

tâche d'argumentation, de mise en œuvre des procédures permettant de tester la correction des graphies est confiée à la classe.

Votre expertise d'enseignant consistera à :

• accompagner la réflexion des élèves sans la précéder ou la court-circuiter ;
• faire porter l'attention des élèves sur les procédures mises en œuvre et sur leur validité, plutôt que sur le simple constat de la conformité des graphies proposées ;
• trouver un équilibre entre l'indispensable dévolution de la tâche aux élèves (c'est à eux, et non à l'enseignant, de mener la réflexion) et la non moins nécessaire validation de leur réflexion (c'est à l'enseignant, et non aux élèves, qu'il revient *in fine* de confirmer le bien-fondé d'une procédure ou la pertinence d'une graphie). Cette validation peut intervenir soit implicitement, quand une graphie est effacée du tableau, soit plus explicitement, par un commentaire.

5 Quand toutes les graphies, erronées ou correctes, ont été explicitées, il reste ceci au tableau :

2. Les 1. mouches 3. tournent 1. sans 3. arrêt

2. autour 1. du 1. pot 1. de 3. confiture.

On efface cette phrase et, à ce moment-là seulement, les élèves ouvrent à nouveau leur cahier, et écrivent une deuxième fois cette phrase, sans recourir à leur première version (qui sera cachée, par exemple par une règle).

6 Pour la correction, on écrit la phrase une dernière fois au tableau et on demande aux élèves de corriger leur dictée. Si l'on souhaite évaluer cette activité, on tiendra compte non seulement du nombre d'erreurs dans la première et la seconde version, mais surtout du différentiel qui existe entre les deux versions : il est logique de penser que tel élève ayant commis les deux mêmes erreurs dans les deux versions s'est moins impliqué dans la réflexion orthographique que tel autre qui, partant de cinq erreurs, n'en fait plus que deux dans la version finale ! Cette dictée, assez coûteuse en temps au départ, s'avère très vite une excellente activité à condition qu'elle reste suffisamment courte, qu'elle soit proposée de manière régulière et que les difficultés soient bien ciblées. Si ce n'est pas le cas, les graphies produites seront très (trop) nombreuses, la phase de débats s'allongera, l'attention et l'intérêt s'écrouleront, bref l'efficacité du dispositif diminuera de manière importante. À chaque enseignant d'ajuster la difficulté des phrases dictées pour s'approcher au plus près à la « zone proximale de développement » de ses élèves.

La dictée dans tous les domaines disciplinaires

Après un travail collectif ayant donné lieu à la rédaction d'une synthèse copiée par l'enseignant au tableau (en histoire, géographie, en sciences, etc.), le texte est relu, les difficultés orthographiques sont repérées et explicitées, puis le texte est masqué et dicté aux élèves (d'abord une phrase ou deux seront traitées ainsi, puis l'enseignant augmentera la longueur très progressivement). Les mots rares, irréguliers, les noms propres seront épelés ou écrits au tableau.

Cette technique a l'intérêt de faire de la dictée une activité ordinaire de la classe, sans enjeu évaluatif.

La dictée préparée

Le texte de la dictée est choisi (ou créé) de manière à focaliser l'attention sur quelques problèmes orthographiques en cours d'étude, ou dont l'acquisition mérite d'être renforcée. La préparation, un ou deux jours à l'avance, a permis d'identifier et de traiter les difficultés orthographiques.

Les mots nouveaux ou mal connus ont été listés, donnés à apprendre, leur orthographe justifiée grâce à des mots de la même famille, ou par analogie avec d'autres mots connus. L'enseignant ne fournit aucune aide aux élèves pendant la dictée afin qu'ils apprennent progressivement à mobiliser de manière autonome les savoirs, les savoir-faire et les stratégies nécessaires.
La correction, en revanche, sera l'occasion de revenir sur les règles et les connaissances étudiées antérieurement.

La dictée d'évaluation

Proposée cinq à huit fois dans l'année, elle n'est ni préparée ni commentée. Elle ne comporte que des difficultés auxquelles les élèves ont déjà été confrontées, les mots trop complexes étant écrits au tableau. Il n'est pas inintéressant de dicter le même texte à quelques mois d'intervalle, de manière à constater les progrès de la classe.
Après la dictée, un temps de correction individuelle permet aux élèves de se relire et d'entourer au crayon à papier les mots (ou parties de mots) sur lesquels ils hésitent. Cette phase permet à l'enseignant, après coup, une prise d'information précieuse : certains élèves repèrent assez justement les « zones à risque », d'autres y sont plus ou moins insensibles.
Plus que la correction de l'erreur elle-même, la capacité à douter de son orthographe est une étape décisive, annonciatrice de progrès futurs, car elle témoigne d'une première mise à distance de l'écrit produit, qui précède nécessairement l'aptitude à s'autocorriger.

Comment travailler en orthographe lexicale à l'occasion de la dictée ?

1 Le mot respecte les correspondances graphophonologiques régulières.
Selon la formule consacrée, « ça s'écrit comme ça se prononce ». En fait, pour l'élève, les choses vont rarement de soi et cette formule, si courante, est sans doute à éviter en classe car elle peut donner l'impression d'une fausse facilité.
En revanche, on peut activer chez les élèves des analogies. Exemple, *un piquet* : « Savez-vous écrire *un paquet, un bouquet* ? Utilisez cette connaissance pour écrire *un piquet*. »

2 Le mot fait partie d'une famille dont certains représentants sont mieux connus. Exemple : *malheureusement*. Faites écrire successivement, sur l'ardoise : *heureux, heureuse, malheureux, malheureuse, malheureusement*.

3 Le mot est un mot-outil, dont il s'agit de retenir l'orthographe en mémorisant une liste de mots partageant les mêmes caractéristiques. Exemple : *pendant* : donnez à apprendre, la veille de la dictée, la liste n° 2 de la leçon 50 (« Des mots à bien connaitre ») de l'aide-mémoire.

4 Le mot a une orthographe complexe, sans qu'on puisse le relier à une série analogique ou à des régularités graphophonologiques (exemple : la *bibliothèque*). Dans ce cas, ce mot, s'il est suffisamment fréquent, est donné à apprendre par cœur la veille de la dictée.

5 Le mot est rare, ou encore il s'agit d'un nom propre très spécifique. Exemples : *Thomas Austin, des wallabies*. Les mots sont écrits au tableau pendant la dictée et ne sont donc pas l'objet d'un travail préparatoire.

2 -ant-

avant
avant-hier
auparavant
davantage
devant
pendant
cependant
durant
maintenant

Travail de préparation pour l'orthographe grammaticale

Un grand nombre des dictées proposées ont été conçues pour activer des compétences d'orthographe grammaticale spécifiques, telles que l'emploi de temps de conjugaison ou les règles d'accord. Utilisez ces dictées quand l'étude de la notion est bien engagée, et indiquez aux élèves quelles leçons ils peuvent réviser dans leur aide-mémoire.
Il est cependant possible de faire une dictée même si toutes les notions qu'elle inclut n'ont pas encore été étudiées. Par exemple, on peut utiliser une dictée comportant des verbes au passé simple avant l'étude de ce temps. Dans ce cas, naturellement, on n'exigera pas des élèves qu'ils sachent orthographier ces verbes au passé simple : on pourra, par exemple, épeler ou faire épeler la terminaison verbale.

Les dictées d'évaluation, sans préparation en classe et sans recours aux outils de référence en usage, pourront être programmées de temps à autre dans l'année, par exemple une fois par période.
On peut également proposer la même dictée deux fois dans l'année (en septembre et en juin, par exemple), de manière à mesurer le progrès dans la performance.

Que faire si vous constatez un taux d'erreurs très important ?

Pour que la dictée reste un véritable moment d'apprentissage et non un rituel exagérément anxiogène, interrogez-vous avec objectivité sur la dictée elle-même et sur son déroulement en classe.

– ***Les textes proposés sont-ils manifestement hors de portée de vos élèves ? Le niveau moyen d'orthographe, dans votre classe, est-il reconnu comme particulièrement faible ?***
→ Réduisez la longueur de la dictée, recourez à un lexique plus familier, diminuez le nombre de difficultés abordées dans la dictée. Il est impératif d'adapter la complexité des dictées proposées aux compétences réelles des élèves, puis de moduler progressivement leur longueur et les connaissances auxquelles elles font appel.

– ***Vous avez le sentiment que les élèves pourraient mieux réussir qu'ils ne le font ?***
→ Interrogez-vous sur le rythme auquel vous dictez le texte, sur les outils et affichages à la disposition des élèves, sur le moment de la journée auquel la dictée a lieu. Il est important également de créer une atmosphère de coopération, de non-stigmatisation de l'erreur, de réflexion posée et sereine. Accueillez les questions avec bienveillance et n'hésitez pas à faire rappeler les procédures et les connaissances nécessaires au traitement orthographique de la dictée.

Les dictées

Ces dictées ont été calibrées pour contenir généralement entre 400 et 500 signes, ce qui correspond à une dizaine de lignes d'un cahier d'écolier. Si vous trouvez les dictées trop longues, notamment en début d'année, n'hésitez pas à les réduire.
Les textes sont repris d'activités du manuel, parfois adaptées ou condensées pour respecter le format souhaité. Ils peuvent servir de support à des dictées préparées ou d'évaluation.
Toutes les dictées sont dupliquées dans le CD-Rom pour en faciliter l'utilisation.

Tous les textes ont été étalonnés avec le logiciel É.O.L.E. de Béatrice et Philippe Pothier[2].

Les mots peuvent apparaitre en gras pour deux raisons distinctes :
- soit ils ont montré un taux de réussite inférieur à 75 % chez les élèves de CM2 ;
- soit ils n'apparaissent pas dans l'échelle É.O.L.E.

Cela ne signifie pas qu'ils ne puissent être l'objet d'un travail orthographique au CM2. Au contraire, la plupart de ces mots se prêtent parfaitement à l'activité « dictée » : mots à apprendre à la maison, mots sur lesquels on travaille en classe, avant ou pendant la dictée.

Dictée 1

Valentine en avait **assez** d'être brune. Elle voulait être blonde. **Ça** durait depuis des semaines. Ça avait assez duré... « Réalise tes rêves au lieu de **rêver** ta vie ! » lui **ordonna**, ce mercredi-là, sa **voix intérieure**... Elle prit son **porte-monnaie** et sortit en direction du supermarché.
Deux heures plus tard, sa mère frappait à la porte de la salle de bains :
– Tu es là ? Tout va bien ?
– Oui ! mentit-elle en scrutant **désespérément** dans le **miroir** sa **tignasse**... couleur **potiron**.
(*477 signes*)

Mots à apprendre	Listes de mots-outils à réviser dans l'aide-mémoire (leçon n° 50)	Travail sur des familles de mots	Mots respectant les relations graphophonologiques régulières
rêver ordonner un porte-monnaie la voix désespérément	Liste 1 Liste 16 Liste 21	espéré, désespéré, désespérément direct, direction	brun, brune blond, blonde réaliser intérieur, intérieure direction supermarché tignasse potiron

Dictée 2

Tonton Zéro n'avait jamais sauté une **telle** bosse. En fait, c'était la première fois qu'il chaussait des **skis**. Et sans avoir testé son équilibre sur du **légèrement pentu**, il a pris le **télésiège** qui monte **tout** en haut de la station. Il s'est placé en position de tout **schuss** (il l'avait sûrement étudiée en regardant la télé, **parce que** c'était bien imité).
Il a crié : « À la une, à la deux, et à la trois ! »
Ses paroles suivantes, il les a prononcées quelques heures plus tard, à l'**hôpital**. (*485 signes*)

Mots à apprendre	Listes de mots-outils à réviser dans l'aide-mémoire (leçon n° 50)	Travail sur des familles de mots	Mots respectant les relations graphophonologiques régulières
un hôpital légèrement parce que le ski sûrement un télésiège pentu	Liste 3 Liste 4 Liste 20 Liste 22	tel, telle, tellement chaussure, chausson, chausser sûr, sûre, sûrement léger, légère, légèrement pente, pentu	équilibre

mot à écrire au tableau : schuss

2 *Échelle d'acquisition en orthographe lexicale*, Béatrice et Philippe Pothier, Paris, Retz, 2002.

Dictée 3

D'abord, la promenade a bien commencé. Bientôt, un orage nous a surpris en chemin. **Ni tonton ni** moi n'avions emporté de parapluie. Alors tonton m'a proposé son **imperméable** à **capuche**.
– C'est gentil, tonton, mais… et toi ? j'ai demandé.
– Moi ? **Oh**, il n'est pas encore né, l'orage qui m'**enrhumera**.
La pluie commençait à me **dégouliner** dans le cou, dans le dos, partout, aussi je ne me suis pas fait prier pour **accepter**.
Aussitôt, tonton a poussé son premier **éternuement**. (*474 signes*)

Mots à apprendre	Listes de mots-outils à réviser dans l'aide-mémoire (leçon n° 50)	Travail sur des familles de mots	Mots respectant les relations graphophonologiques régulières
accepter le cou gentil un rhume éternuement accepter commencer oh	Liste 3 Liste 13 Liste 16 Liste 18	gentil, gentille rhume, enrhumer dos, dossier premier, première	la promenade le parapluie proposer imperméable la capuche dégouliner

Dictée 4

Tiloann ferme la bouche, **obstinément**. Il serre les dents à s'en faire éclater l'**émail**. Surtout, il évite de croiser le regard du dentiste penché **au-dessus de** lui avec ses instruments de torture.
– Dis, mon garçon, on ne va pas y passer la journée. **Laisse**-moi m'**occuper** de ta dent !
Tiloann **entrouvre** les lèvres en **espérant** que le **monsieur** va se décourager.
– Si tu n'ouvres pas plus la bouche, mon garçon, je vais être obligé de te l'**élargir** ! dit le dentiste en fronçant des sourcils. (*487 signes*)

Mots à apprendre	Listes de mots-outils à réviser dans l'aide-mémoire (leçon n° 50)	Travail sur des familles de mots	Mots respectant les relations graphophonologiques régulières
s'occuper un sourcil serrer laisser occuper entrouvrir espérer un monsieur	Liste 3 Liste 16	obstiné, obstinément dent, dentiste courage, décourager froncer, fronçant	email éclater entrouvrir torture élargir

Dictée 5

Zelda fit claquer ses sabots contre le sol et remua sa crinière. À la recherche d'un peu de fraîcheur, elle galopa **jusqu'à** la rivière pour s'y **désaltérer**.
C'est cet instant précis qu'une **lionne**, **tapie** dans la **brousse**, choisit pour l'attaquer par surprise. Le fauve planta ses **crocs** dans l'**encolure** de Zelda et l'**entraîna** dans la rivière en enfonçant ses griffes dans ses **flancs**. Ses chances de survie étaient très minces, mais Zelda ne perdit pas courage. (*457 signes*)

Mots à apprendre	Listes de mots-outils à réviser dans l'aide-mémoire (leçon n° 50)	Travail sur des famille de mots	Mots respectant les relations graphophonologiques régulières
attaquer fauve l'encolure jusqu'à précis désaltérer une lionne entrainer flanc mince entrainer	Liste 7	sabot, sabotier frais, fraîcheur précis, précise lion, lionne croc, crochet enfoncer, enfonçant	crinière rivière recherche galoper claquer brousse surprise courage

mot à écrire au tableau : Zelda

Dictée 6

« L'eau était **tiède**, douce. Je nageais lentement la brasse. J'étais bien. Soudain, une envie **pressante**, que je n'avais pas vu venir, me **saisit**. **Aïe** ! La petite **commission** ! Je regardai **désespérément tout** autour de moi. Mais la rive était loin, à une **cinquantaine** de **mètres**. Je n'aurais jamais le temps, **d'autant** plus qu'il **fallait** marcher sur la plage et trouver ces sacrées toilettes !… Dans mon **malheur**, je souris. Et si ?… Mais non ?… Mais si ! (*444 signes*) »

Mots à apprendre	Listes de mots-outils à réviser dans l'aide-mémoire (leçon n° 50)	Travail sur des familles de mots	Mots respectant les relations graphophonologiques régulières
saisir aïe une commission autour désespérément un malheur	Liste 10 Liste 12 Liste 19	doux, douce lent, lente, lentement presser, pressant désespéré, désespérément cinquante, cinquantaine autant, d'autant plus que heureux, bonheur, malheur	la brasse plage toilettes tiède

Dictée 7

« La plaine jaune **somnolait** sous une chaleur écrasante. Il la survola d'un air **concentré**. Il faisait encore bien chaud pour travailler, mais sans plus attendre il envoya son premier **bulldozer**. Dans le sable, il ouvrit une première route à deux **voies** parfaitement **rectilignes** puis une seconde, **perpendiculaire** à la première. Enfin il pouvait lancer son armée de pelles mécaniques. Il fit **creuser** des petits **puits** un peu partout dans la plaine, à la recherche d'eau. (*462 signes*) »

Mots à apprendre	Listes de mots-outils à réviser dans l'aide-mémoire (leçon n° 50)	Travail sur des familles de mots	Mots respectant les relations graphophonologiques régulières
concentré perpendiculaire un puits	Liste 3 Liste 9 Liste 16	écraser, écrasant chaud, chaude travail, travailler premier, première parfait, parfaite parfaitement	plaine somnoler survoler envoyer rectiligne mécanique recherche

mot à écrire au tableau : bulldozer (ou bulldozeur en orthographe rénovée)

Dictée 8

En sortant du **théâtre** après la **représentation**, Sissi Bémol arpentait le **boulevard** à la recherche d'un taxi **lorsqu'un** élégant jeune homme l'aborda d'un air timide :
– Excusez-moi, vous êtes bien Sissi Bémol ?
Il tenait à la main une rose rouge. Un admirateur ! Encore un ! La **cantatrice**, **sensible** aux **hommages**, rendit à l'homme son sourire.
– Vous m'avez enchanté, ce soir…
– **Ah** vraiment ? **roucoula** l'artiste.
– Vous chantez très… bien !
Seulement ? Elle **restait** sur sa **faim**. (*478 signes*)

Mots à apprendre	Listes de mots-outils à réviser dans l'aide-mémoire (leçon n° 50)	Travail sur des familles de mots	Mots respectant les relations graphophonologiques régulières
théâtre boulevard arpenter cantatrice hommage sensible	Liste 7 Liste 11 Liste 24	vrai, vraiment seul, seule, seulement faim, famine, affamé présenter, représenter, représentation	excuser admirateur enchanté roucouler artiste

Dictée 9

Depuis une heure, Paul attend devant le tapis roulant à bagages. Tous les autres passagers ont récupéré leurs valises, seul le sac de Paul n'est pas **apparu**. Il a quelque chose d'**anormal**. **Décidément**, ce voyage est plein d'imprévus : **déjà**, tout à l'heure, il a **failli** ne pas descendre de l'avion ! Dans un **demi-sommeil**, il a entendu l'**hôtesse** s'adresser aux passagers pour Porto Alegre : c'est bien là sa destination, la ville **brésilienne** où il vient faire un stage de six mois. (*476 signes*)

Mots à apprendre	Listes de mots-outils à réviser dans l'aide-mémoire (leçon n° 50)	Travail sur des familles de mots	Mots respectant les relations graphophonologiques régulières
bagage apparaitre tout à l'heure descendre sommeil l'hôtesse s'adresser brésilien	Liste 1 Liste 2 Liste 3	décidé, décidément normal, anormal prévu, imprévu Brésil, brésilien, brésilienne tapis, tapisser passage, passager, passagère plein, pleine	brésilien récupérer valise voyage faillir destination stage

mots à écrire au tableau : Porto Alegre

Dictée 10

Tout était calme dans la fusée quand soudain un petit **robot**, à l'air **délabré**, sembla **s'éveiller**. Il fit **clignoter** une lumière rouge au-dessus de sa tête avant d'**alerter** l'équipage d'une **voix métallique** :
« Attention ! **Astéroïde** droit devant !»
Dans le **hublot** central, on distinguait une grosse roche à l'**aspect menaçant** qui approchait à grande vitesse.
Aussitôt, le capitaine **s'installa** au poste de pilotage et prit le **contrôle** de la fusée. (*439 signes*)

Mots à apprendre	Listes de mots-outils à réviser dans l'aide-mémoire (leçon n° 50)	Travail sur des familles de mots	Mots respectant les relations graphophonologiques régulières
la voix métallique attention déclencher le hublot distinguer aspect contrôle	Liste 2 Liste 3 Liste 10 Liste 13	centre, central menace, menacer, menaçant proche, approcher équipe, équipage pilote, piloter, pilotage	astéroïde calme délabré clignoter alerter capitaine

Dictée 11

« Entre **Marseille** et **Cassis** s'élève un massif **montagneux** qu'on **nomme** « les **calanques** ». De grandes **criques** s'ouvrent, bordées de hautes falaises blanches qui se jettent dans la mer. L'ensemble **rappelle** un peu les paysages de Grèce. Dans l'une de ces calanques, à trente mètres de profondeur, le plongeur **Henri Cosquer** a découvert l'entrée d'une grotte. Après avoir suivi un **étroit** passage sur soixante **mètres**, il a débouché dans une salle aux murs ornés de peintures **préhistoriques**. (*485 signes*) »

Mots à apprendre	Listes de mots-outils à réviser dans l'aide-mémoire (leçon n° 50)	Travail sur des familles de mots	Mots respectant les relations graphophonologiques régulières
une calanque massif un ensemble grotte peinture	Liste 3 Liste 7	montagne, montagneux appeler, rappeler pays, paysage profond, profondeur plonger, plongeur étroit, étroite passer, passage histoire, historique, préhistoriques	une crique déboucher orné

mots à écrire au tableau : les calanques, Marseille, Cassis, Grèce, Henri Cosquer

Dictée 12

« **Éblouie** par la lumière des projecteurs, Fanny se retrouva sur scène sans l'avoir vraiment voulu : **au moment où** le magicien demandait un volontaire, elle était en train de se gratter le coude : il avait vu son bras levé et ne lui laissa pas le choix : « On **applaudit** bien fort Mademoiselle, pour l'encourager ! »
Il l'**installa** dans une sorte de cabine **étroite**, puis mit en route une **immense** scie **circulaire**. On voyait les pieds et la tête de Fanny dépasser de chaque côté. (*465 signes*) »

Mots à apprendre	Listes de mots-outils à réviser dans l'aide-mémoire (leçon n° 50)	Travail sur des familles de mots	Mots respectant les relations graphophonologiques régulières
la scène le choix applaudir installer immense circulaire le pied le côté	Liste 3	vrai, vraiment volonté, volontaire courage, encourager étroit, étroite	ébloui la lumière coude mademoiselle cabine circulaire

mot à écrire au tableau : Fanny

Dictée 13

« Une clameur s'éleva des tribunes du stade : Les onze joueurs de l'équipe de **France** venaient d'entrer sur le terrain, dans leur magnifique **maillot** bleu. Ils prirent la pose pour les photographes sur la ligne centrale, puis l'arbitre siffla le début du **match**. **Malheureusement**, dès la quatrième minute, les adversaires ouvrirent le **score**. À la **mi-temps**, l'**entraîneur remotiva** l'équipe dans les **vestiaires** : « Allons, tout n'est pas perdu, il est encore temps de gagner ! » »
(*470 signes*)

Mots à apprendre	Listes de mots-outils à réviser dans l'aide-mémoire (leçon n° 50)	Travail sur des familles de mots	Mots respectant les relations graphophonologiques régulières
la clameur le maillot le match le score l'adversaire le vestiaire	Liste 3 Liste 7 Liste 9 Liste 12 Liste 16	jouer, joueur terre, terrain centre, central, centrale heureux, malheureux, malheureuse, malheureusement entraîner, l'entraîneur	la tribune le stade équipe magnifique arbitre remotiver gagner

Dictée 14

« Une main dans la poche, **Yanis** se balade en **sifflotant** dans la montagne. Il **s'appuie** sur son bâton taillé dans une branche de **noisetier**. Le paysage est magnifique, et le soleil est sur le point de se coucher. Arrivé au sommet, Yanis **s'arrête**, **s'assoit** sur une roche et sort un piquenique de son sac. Après avoir repris des forces, il choisit un emplacement confortable pour monter sa tente et **s'installer** pour la nuit. (*424 signes*) »

Mots à apprendre	Listes de mots-outils à réviser dans l'aide-mémoire (leçon n° 50)	Travail sur des familles de mots	Mots respectant les relations graphophonologiques régulières
s'appuyer un bâton le sommet s'arrêter s'assoir s'installer	Liste 3 Liste 7	noisette, noisetier pays, paysage place, emplacement	montagne branche magnifique roche un pique-nique confortable

mot à écrire au tableau : Yanis

Dictée 15

« La crête rouge et verte, **brillante**, **touffue**, **ondoyait** le long du **quai**. Elle tranchait avec éclat sur la **dominante** grise du paysage **tout** autour. Vincent pressa le pas. Il brûlait d'envie de voir l'animal de plus près. Etait-ce un mâle ou une femelle ? Appartenait-il à une **espèce** rare ? **Agressive** ? **Pacifique** ? Le reste de son plumage était-il **assorti** ? La **progression** de Vincent s'avéra **difficile**. Des **obstacles** de toutes sortes se **dressaient** sur son chemin : voyageurs, valises, poussettes…(*488 signes*) »

Mots à apprendre		Listes de mots-outils à réviser dans l'aide-mémoire (leçon n° 50)	Travail sur des familles de mots	Mots respectant les relations graphophonologiques régulières
la crête le quai trancher mâle une touffe se dresser une espèce	agressif difficile la progression	Liste 7 Liste 15	briller, brillant, brillante une touffe, touffu dominer, dominant, la dominante sortir, assorti	ondoyer femelle le plumage un obstacle un voyageur une valise une poussette

mot à écrire au tableau : Vincent

Verbes conjugués au présent

Dictée 16

« – Vous buvez du café, **monsieur** Rivage ?
– Tu peux me **tutoyer**, mon garçon !
Il est drôle, lui… **Tutoyer** un écrivain !
– Je… Je n'y arrive pas, monsieur.
– Mais les gens qui me connaissent ne m'**appellent** pas « monsieur ».
– Je vais **essayer**, monsieur Rivage.
C'est **difficile** pour moi. **D'habitude**, les **écrivains**, on ne les rencontre pas pour de vrai. On trouve leurs photos dans les livres d'école. Ce sont des gens du **dix-neuvième** siècle, en noir et blanc. (*451 signes*) »

Mots à apprendre		Listes de mots-outils à réviser dans l'aide-mémoire (leçon n° 50)	Travail sur des familles de mots	Mots respectant les relations graphophonologiques régulières
monsieur drôle un écrivain arriver	difficile les gens essayer d'habitude	Liste 22	dix-neuf, dix-neuvième	tutoyer le café

mot à écrire au tableau : Rivage

Dictée 17

« **Chère** Tante **Sophie**,
J'**espère** que tu vas bien, que tu es en pleine forme, que tu fais toujours du vélo, du tricot et de la confiture de **groseilles**.
Est-ce que tu **connais** un jeu qui s'appelle le **Sudoku** ?
C'est un jeu avec des chiffres, **excellent** pour la mémoire. Je te le dis **parce** qu'hier, c'était mon **anniversaire**… **D'habitude** tu m'**appelles toujours** à l'avance pour savoir quel cadeau je veux et ensuite tu me l'envoies… Or cette année : rien du **tout** ! Aurais-tu la mémoire qui flanche ? (*490 signes*) »

Mots à apprendre	Listes de mots-outils à réviser dans l'aide-mémoire (leçon n° 50)	Travail sur des familles de mots	Mots respectant les relations graphophonologiques régulières
un jeu appeler chiffre excellent l'anniversaire l'habitude flancher	Liste 4 Liste 9 Liste 11	espérer, j'espère plein, pleine tricot, tricoter avant, avance, avancer	espérer la mémoire les groseilles

mots à écrire au tableau : Sophie, Sudoku

Verbes conjugués à l'imparfait et au passé composé

Dictée 18

« J'ai commencé à travailler à douze ans. Je me levais tous les matins à quatre heures. Avec mon frère, nous travaillions chez un **cordonnier**. Nous réparions des chaussures, des sacs.
C'est cet **artisan** qui m'a appris mon métier.
Le peu d'argent que nous gagnions, nous le donnions à nos parents. Ils en avaient besoin pour acheter de la nourriture. À cette époque, la **baguette** coûtait quarante centimes et nous payions la **boulangère** avec des pièces d'un **sou**, trouées au milieu ! (*469 signes*) »

Mots à apprendre	Listes de mots-outils à réviser dans l'aide-mémoire (leçon n° 50)	Travail sur des familles de mots	Mots respectant les relations graphophonologiques régulières
le cordonnier apprendre le métier l'argent la nourriture une pièce un sou coûter	Liste 21	travail, travailler le boulanger, la boulangère	frère artisan besoin acheter époque baguette un sou trouer le milieu

Dictée 19

« Quand je suis entré dans le cinéma, **tout** le monde dormait. **Certains** spectateurs ronflaient très fort, et d'autres avaient la **respiration** qui sifflait comme une **bouilloire**.
Je me suis assis entre un **monsieur** roulé en boule sur son fauteuil et une petite fille qui se tenait presque **allongée** sur le sien. Tous deux ronflaient généreusement : lui comme un orage de montagne, elle ainsi qu'une source claire. À l'image, sur l'écran, un homme dormait sur le canapé de son salon. Lui aussi ronflait. (*495 signes*) »

Mots à apprendre	Listes de mots-outils à réviser dans l'aide-mémoire (leçon n° 50)	Travail sur des familles de mots	Mots respectant les relations graphophonologiques régulières
un fauteuil source un écran un monsieur allongé	Liste 8	généreux, généreuse, généreusement long, allonger, allongé certain, certaine	cinéma spectateur respiration bouilloire orage montagne murmure une image le canapé le salon ronfler

Verbes conjugués à l'imparfait et au plus-que-parfait

Dictée 20

« Quand j'étais étudiant, je vivais seul dans un petit studio. Un soir, **alors que** je rentrais de **l'université**, une énorme surprise m'attendait… Pendant mon **absence**, des **événements** étranges étaient arrivés : quelqu'un avait rangé la **vaisselle**, mes livres avaient retrouvé leur place sur les étagères… Était-ce une gentille fée qui avait fait mon lit ? Ou de bons petits **lutins** qui avaient **tout nettoyé** ? Soudain, je compris : j'étais rentré par **erreur** dans **l'appartement** voisin ! (*475 signes*) »

Mots à apprendre	Listes de mots-outils à réviser dans l'aide-mémoire (leçon n° 50)	Travail sur des familles de mots	Mots respectant les relations graphophonologiques régulières
attendre l'absence un évènement la vaisselle nettoyer l'appartement une erreur	Liste 3 Liste 10	étudier, étudiant voisin, voisine	studio université surprise une étagère

Verbes conjugués à l'imparfait et au passé simple

Dictée 21

« La porte de la chambre s'ouvrit et les **médecins** entrèrent. Ils **s'attroupèrent** autour de son lit. Un **détail** pourtant ne lui **échappa** pas : un **lutin** se cachait derrière les blouses blanches. C'était un clown, plus **exactement** un clown-fille. Elle lui fit une **grimace** et, la petite malade lui adressa un **salut** en souriant. Elle en oubliait presque ses maux de tête et tous ces **tuyaux** qui **gênaient** ses mouvements. Le clown **disparut derrière** une **infirmière**. » (*449 signes*)

Mots à apprendre		Listes de mots-outils à réviser dans l'aide-mémoire (leçon n° 50)	Travail sur des familles de mots	Mots respectant les relations graphophonologiques régulières
un médecin s'attrouper n'importe quel échapper	une grimace un salut gêner derrière une infirmière	Liste 15 Liste 19	exact, exacte, exactement	une blouse un tuyau un mouvement un détail

mot à écrire au tableau : un clown

Dictée 22

« Une année, Lapin et **Bouki** plantèrent des pommes de terre. Lapin dit à **Bouki** de choisir la partie de la plante qu'il préférait, celle qui était sous la terre ou **au-dessus de** la terre. **Bouki**, qui était bête, choisit les tiges et les feuilles… **Ainsi**, Lapin garda **toutes** les pommes de terre pour lui ! L'année suivante, ils semèrent du maïs : cette fois-ci, **Bouki** demanda à garder ce qui poussait sous la terre : Hélas pour lui, les bons **épis** de maïs furent pour Lapin, et **Bouki** n'eut que les racines ! » (*500 signes*)

Mots à apprendre	Listes de mots-outils à réviser dans l'aide-mémoire (leçon n° 50)	Travail sur des familles de mots	Mots respectant les relations graphophonologiques régulières
suivant hélas une racine une tige	Liste 3 Liste 6 Liste 8		le maïs un épi une feuille

Dictée 23

« Mon grand-père aimait nous rassembler dans le salon, après le repas, pour nous présenter des tours de magie. Mais à chaque fois, ses tours rataient **lamentablement**. Ce soir-là, il avait caché une colombe dans la manche de sa veste. On l'entendait **roucouler** faiblement. D'un air **mystérieux**, mon grand-père posa un **foulard** sur son **poing**. D'un geste brusque, il leva sa baguette **magique**, mais la colombe resta coincée dans sa manche. Elle finit par **s'envoler** et **disparut** par la **fenêtre** ouverte. » (*489 signes*)

Mots à apprendre	Listes de mots-outils à réviser dans l'aide-mémoire (leçon n° 50)	Travail sur des familles de mots	Mots respectant les relations graphophonologiques régulières
rassembler le repas lamentable la manche le mystère un foulard coincé	Liste 1 Liste 7 Liste 22	lamentable, lamentablement faible, faiblement mystère, mystérieusement le poing, la poignée	la colombe la veste roucouler

Verbes conjugués au participe passé et au participe présent

Dictée 24

Le chef, passant de table en table, saluait les clients, en s'assurant que tous étaient **satisfaits**. Arrivant à la table d'une très **vieille** dame, celle-ci, **s'appuyant** sur une canne, se mit debout en refusant de lui adresser la parole. Les autres **clients** étaient très **étonnés** par ce comportement étrange. Le chef, en **hésitant**, **annonça** à **toute** la salle, d'une voix remplie de tristesse : « C'est ma grand-mère, très choquée que j'ai osé modifier la recette de sa **charlotte** aux poires ! » (*480 signes*)

Mots à apprendre		Listes de mots-outils à réviser dans l'aide-mémoire (leçon n° 50)	Travail sur des familles de mots	Mots respectant les relations graphophonologiques régulières
le client s'assurer satisfait debout hésiter	annoncer étonné choquer une charlotte vieux - vieille	Liste 6 Liste 7	comporter, comportement annoncer, il annonça	modifier une recette

Verbes conjugués au conditionnel présent

Dictée 25

« Si je gagnais au loto, j'arrêterais de travailler.
– Mais alors, ne risquerais-tu pas de t'**ennuyer** ?
– **Ça** m'**étonnerait**… Je dormirais **jusqu'à** midi. Je ferais **tout** ce qui me plairait. Je partirais en vacances. Là-bas, il ferait beau, quand ici il **pleuvrait**.
– Mais tes vacances, elles n'auraient pas de fin…
– Peut-être que je ferais des confitures, pour m'**occuper**.
– Mais à quoi ça servirait ? Il y en a plein les magasins… Et puis tu n'en manges jamais. » (*457 signes*)

Mots à apprendre		Listes de mots-outils à réviser dans l'aide-mémoire (leçon n° 50)	Travail sur des familles de mots	Mots respectant les relations graphophonologiques régulières
arrêter s'ennuyer étonner	s'occuper pleuvoir	Liste 1 Liste 3 Liste 22 Liste 23	fin, finir jusque, jusqu'à	risquer la confiture

Verbes conjugués à l'impératif présent

Dictée 26

« Bonjour **cher** voisin, entrez, asseyez-vous ! Non, pas sur ce **fauteuil**, faites donc attention ! Ouvrez les yeux, n'écrasez pas mon chat ! Mettez-vous à l'**aise**, j'**appelle** mon épouse.
Edmée ! Viens servir **monsieur Tibert** ! Et apporte les **cacahouètes** ! **Ah** ! Ne vous **vexez** pas, **monsieur Tibert**, **trinquons plutôt** à cette nouvelle **clôture** ! Maintenant, votre chien aura bien du mal à venir **saccager** nos plates bandes. Ah, ah, ne le prenez pas mal, **monsieur Tibert**, c'était pour rire ! » (*487 signes*)

Mots à apprendre		Listes de mots-outils à réviser dans l'aide-mémoire (leçon n° 50)	Travail sur des familles de mots	Mots respectant les relations graphophonologiques régulières
s'assoir le fauteuil à l'aise attention	appeler saccager une cacahouète la clôture	Liste 2 Liste 23	un époux, une épouse plat, plate porter, apporter	écraser se vexer trinquer

mots à écrire au tableau : Edmée - Tibert

9 L'évaluation

Dans C.L.É.O., il n'est pas prévu d'activités spécifiques d'évaluation. En effet, nous considérons que l'évaluation n'est pas seulement affaire de performance finale, mais qu'elle repose avant tout sur la prise en compte de la progression des performances des élèves.

Ainsi, on fait comprendre aux élèves (et à leurs familles) que ce n'est pas la réussite à un instant *t* qui est déterminante, qu'un échec ou un manque de performance ponctuel ne sont pas automatiquement révélateurs d'une difficulté persistante, et qu'on laisse à tous le temps de comprendre et de réussir.

Pour rendre ce principe lisible et pratique au quotidien, nous avons opté pour :
- une évaluation par pourcentages de réussite,
- un suivi de la progression au moyen de graphiques.

L'évaluation par pourcentages

L'école française a une tradition bien ancrée, celle de la notation sur 10 ou sur 20. On pourrait croire qu'il s'agit d'un outil d'évaluation neutre, mais il n'en est rien. Quand un élève obtient 8/10 ou 15/20 à une évaluation, ses parents se réjouissent d'une « bonne note ». Quand il atteint 10/20, ils se rassurent en se disant qu'au moins « il a la moyenne ». En réalité, cette moyenne cache souvent une performance insuffisante dont on ne saurait se contenter. Ces demi-réussites, ou demi-échecs, selon le point de vue qu'on adopte, ne donnent finalement pas d'information précise quant aux connaissances et aux compétences réelles de l'élève. À quoi bon évaluer si l'on reste dans le flou ?

Nous vous proposons donc de faire évoluer vos pratiques d'évaluation.

L'échelle de pourcentages est rarement utilisée dans le système scolaire français. Elle a pourtant certains avantages :
- Elle est peu connotée culturellement : 40 %, 75 % n'évoquent pas immédiatement les notes équivalentes de 8/20 ou 15/20.
- Étant plus neutre que la notation sur 10 ou sur 20, elle permet de mettre en place une nouvelle échelle de valeurs, l'objectif étant d'atteindre systématiquement un minimum de 80 % - 90 % à la fin de l'entrainement. Il va de soi qu'avec ce système, un score de 50 % est plutôt médiocre, et n'a rien à voir avec « la moyenne » dont on se contente parfois.
- Le pourcentage est plus précis que la note traditionnelle, qui repose souvent sur des critères multiples et mal connus des élèves. Pour chaque activité proposée dans C.L.É.O., il est possible de déterminer précisément le nombre d'éléments pris en compte pour l'évaluation, et de transcrire le taux de réussite sous forme de pourcentage. Pour vous aider à assurer ces conversions, voir ci-après le « Scoromatic ».
- Cette évaluation par pourcentages est généralement très bien comprise par les familles. Prévoir toutefois de la présenter et de l'expliquer, par exemple lors de la réunion de parents en début d'année.

nombre d'items ⇨

13	%
0	100
1	92
2	85
3	77
4	69

Le « Scoromatic »

(À imprimer via le CD-Rom ou à télécharger sur le site www.cleofrancais.fr.)

Cet outil vous permet de déterminer très facilement le pourcentage de réussite obtenu par un élève, quel que soit le nombre d'éléments pris en compte pour l'évaluation d'une activité.

1. Déterminez précisément les éléments pris en compte dans l'évaluation de l'activité (variables selon le format de l'activité : par exemple, nombre de mots correctement orthographiés, nombre de réponses exactes, etc.).
2. Faites coulisser le tableau de manière à ce que le nombre d'éléments pris en compte pour l'évaluation (entre 5 et 25) apparaisse dans le coin supérieur gauche. Il suffit ensuite de lire le pourcentage de réussite correspondant au nombre d'erreurs commises par l'élève. Dans l'exemple ci-contre, le Scoromatic est réglé pour la détermination du pourcentage de réussite d'une activité comportant 13 éléments évalués. Un élève ayant fait 4 erreurs obtiendra un score de 69 % de réussite.

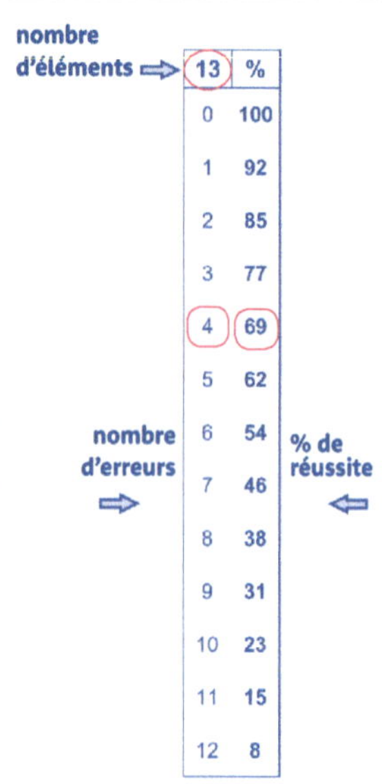

Un suivi de la progression au moyen de graphiques

Nous vous proposons donc de pratiquer une évaluation intégrée à votre enseignement : si vous évaluez régulièrement les progrès de vos élèves, au quotidien ou presque, vous pouvez choisir de ne pas prévoir de période ou d'épreuve spécifique d'évaluation ; les résultats obtenus jour après jour vous permettent d'avoir un regard suffisamment éclairé sur la performance de chacun. Vous pouvez aussi, si vous préférez, considérer la dernière activité « Pour s'entrainer » d'une série comme une évaluation finale.

Vous trouverez en ligne (www.cleofrancais.fr) un ensemble de graphiques (sous forme de planches A4 ou de livret A5) permettant de reporter les résultats de vos élèves (un graphique par notion).

Après une période de familiarisation avec ce principe, vos élèves seront capables de reporter sur ces graphiques leurs pourcentages de performance avec exactitude. Ce système d'évaluation intégrée permet à l'élève de voir quels progrès sont attendus de lui et à quelle échéance. Il va de soi que ce n'est pas la « moyenne » qui est attendue, mais une performance finale de 80 à 100 %.

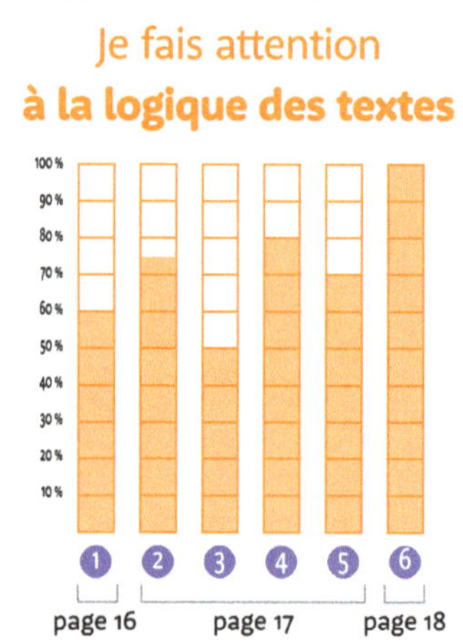

Ces schémas permettent de dédramatiser les échecs ponctuels, mais surtout d'engager les élèves dans une dynamique de progrès et d'autoémulation.

10 L'oral au cycle 3

programmes cycle 3

La régularité et la fréquence des activités orales sont indispensables à la construction des compétences dans le domaine du langage oral. **Ces activités prennent place dans des séances d'apprentissage qui n'ont pas nécessairement pour finalité première l'apprentissage du langage oral** mais permettent aux élèves d'exercer les compétences acquises ou en cours d'acquisition et dans des séances d'entrainement spécifiques mobilisant explicitement des compétences de compréhension et d'expression orales.

Les programmes mettent l'accent sur l'oral. Pour autant, l'oral ne constitue pas un nouveau domaine disciplinaire qu'on travaillerait de manière cloisonnée : les programmes recommandent de travailler les compétences orales ***dans le cadre des diverses disciplines***.
C'est pour cette raison que les activités exerçant l'oral ne figurent pas explicitement dans le manuel de l'élève. Il est en effet plus pertinent de travailler sur des objets d'étude en lien direct avec les apprentissages en cours (en sciences et technologie, histoire et géographie, enseignement moral et civique, arts plastiques, etc.) plutôt que de proposer des séances virtuelles sans rapport avec la vie de la classe et la programmation suivie dans les divers champs disciplinaires.

> *Sur le plan pédagogique, il serait totalement déraisonnable d'envisager l'enseignement de l'oral sous la forme de cours classiques (avec des leçons à apprendre etc.), comme s'il s'agissait d'un savoir académique et non d'un ensemble de savoirs et de savoir-faire dont la maitrise s'ancre dans la pratique et l'analyse.*
>
> *Sylvie Plane*[1]

programmes cycle 3

La régularité et la fréquence des activités orales sont indispensables à la construction des compétences dans le domaine du langage oral. Ces activités prennent place [...] dans des séances de construction et d'entrainement spécifiques mobilisant explicitement des compétences de compréhension et d'expression orales. Dans ces séances spécifiques, les élèves doivent respecter des critères de réalisation, identifier des critères de réussite préalablement construits avec eux et explicités par le professeur.

Si l'oral n'est pas un nouveau champ disciplinaire, il ne faut pas en conclure trop vite que les compétences langagières orales ne s'acquièrent que de manière incidente, fortuite, ou inconsciente : les programmes indiquent clairement qu'il faut mener, dans le cadre des différentes disciplines, des séances dont l'objectif central est la compréhension et la production orales.

programmes cycle 3

Pour préparer et étayer leur prise de parole, les élèves utilisent des écrits de travail (brouillon, notes, plans, schémas, lexiques, etc.) qui organisent leur propos et des écrits supports aux présentations orales (notes, affiches, schémas, etc.).

Les écrits de travail, les écrits supports de présentation orale sont au cœur de démarches nouvelles afin de favoriser la préparation du propos, puis sa production en condition réelle. La pratique de l'exposé, courante dans certaines classes, est appelée à se généraliser.

1 http://www.cahiers-pedagogiques.com/Pourquoi-l-oral-doit-il-etre-enseigne

programmes cycle 3

Pour développer leur connaissance de la langue, les élèves s'approprient des formules, des tournures, des éléments lexicaux, mobilisés dans des situations diverses (débats, comptes rendus, etc.) qui exigent une certaine maîtrise de la parole et les amènent à comparer les usages de la langue, à l'oral et à l'écrit.

Manier la langue orale avec aisance et efficacité : cette compétence générale est constituée d'éléments de rhétorique, de syntaxe, de lexique, et de maitrise vocale (intelligibilité, placement et puissance de la voix, articulation, prosodie).

Dans les pages suivantes, nous vous présentons une gamme d'activités possibles, dans des disciplines diverses, aisément adaptables aux séquences menées effectivement dans votre classe.

L'oral comme un tremplin vers l'explicitation et les compétences métalinguistiques

Une excellente opportunité de travailler l'explicitation est de demander aux élèves de rappeler comment faire pour bien réussir l'activité sur laquelle on s'apprête à travailler. Dans C.L.É.O., les séries d'activités étant de format et de niveau de complexité constante, il est relativement facile pour l'élève de se remémorer ses erreurs et réussites des séances précédentes et de focaliser assez efficacement sur les paramètres conditionnant la réussite.

Mais il est plus ardu de verbaliser, de mettre en mots, car les catégories grammaticales et les concepts ne sont pas toujours fermement ancrés en mémoire.
Une démarche possible est de faire venir un élève au tableau en préparation à l'activité écrite individuelle. Par principe, il est important pour l'élève qu'il sache qu'il devra produire un discours continu et autonome. Trop souvent, l'activité orale principale des élèves, à l'école, consiste à répondre à une succession de questions appelant des réponses ouvertes.

Il faut être conscient que la nomenclature grammaticale et les savoirs grammaticaux formalisés (les « leçons ») ne sont pas un préalable à la réflexion. Au contraire, il est souhaitable de faire expliciter les élèves d'abord avec les mots de la langue ordinaire (par exemple : « Y'en a plusieurs », « une seule personne », etc.).
Ceci permet de mettre à la portée de tous les élèves des concepts complexes.
Solliciter les élèves les plus avancés permet souvent d'aider les élèves les plus fragiles. Il faut souvent, en tant qu'enseignant, « résister » à la tentation d'intervenir trop tôt dans ce genre de situations orales. Nos connaissances et notre expertise à formuler de manière abstraite les savoirs peuvent constituer un obstacle à la compréhension orale de tous les élèves.
Bien sûr, la formalisation, la conceptualisation, l'emploi de la nomenclature grammaticale sont bien l'objectif à long terme. Mais trop de précipitation risque de laisser les élèves à la porte des savoirs, faute d'avoir pris le temps de l'explicitation à la portée de tous.

Produire / Écouter et comprendre un message oral

Exemple d'activité : produire oralement le programme de construction d'une figure géométrique.

Dans cette séance, les élèves n'apprennent pas de nouvelle notion en géométrie : ils réinvestissent du lexique et des structures syntaxiques propres à la discipline, et l'objectif central est la production d'un message oral clair et mathématiquement exact.

Distribuer une reproduction de cette figure aux élèves :

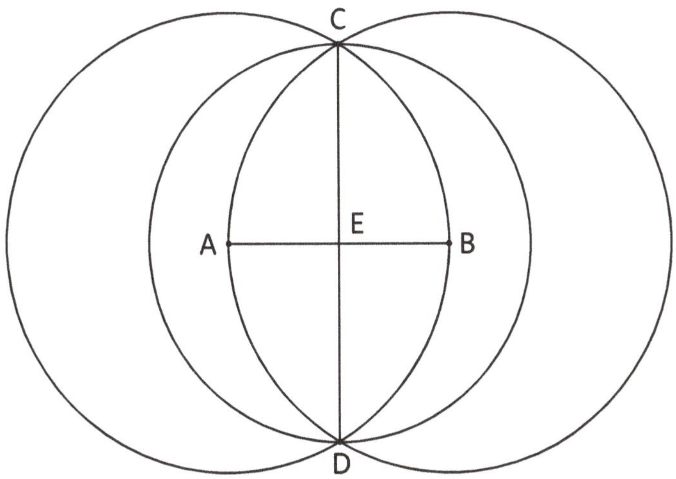

Faire travailler les élèves par binômes. Leur demander de reconstituer le programme de construction de cette figure, et de noter brièvement les différentes étapes sans rédiger (écrit de travail).
Demander ensuite d'exposer oralement le programme de construction en s'appuyant sur l'écrit de travail.
Faire valider le programme par les autres élèves qui doivent juger de sa conformité à la figure. Cette démarche permet de s'assurer que les élèves soient actifs aussi bien en situation de production que de réception.

Exemple de programme de construction :

- *Trace le segment [AB] de longueur 4 cm.*
- *Trace le cercle de centre A et de rayon 4 cm.*
- *Trace le cercle de centre B et de rayon 4 cm.*
- *Nomme C et D les points d'intersection de ces deux cercles.*
- *Trace le segment [CD] et nomme E le point d'intersection de [CD] avec [AB].*
- *Trace le cercle de centre E qui passe par C et par D.*

Repérer et mémoriser des informations importantes, procéder à l'enchainement mental de ces informations

Exemple d'activité : Raconter le début d'une histoire, faire imaginer une suite cohérente.

Écoutez le début de cette histoire :

« Hier soir, alors que tout le monde dormait, je me suis levé, j'ai allumé ma lampe de poche et j'ai traversé la maison sur la pointe des pieds. Arrivé à la cuisine, j'ai pris la salière. Je l'ai vidée de son contenu et j'ai remplacé le sel par du sucre. J'ai rangé la salière à sa place et je suis retourné me coucher sans aucun bruit… »

Par binômes, les élèves imaginent une suite possible à cette histoire. Ils devront préparer une restitution orale de l'histoire entière : ils doivent être en mesure de reformuler le début de l'histoire entendue, puis d'enchainer avec leur suite. Bien sûr, c'est l'idée de farce qui est induite dans le début de l'histoire. La suite attendue prendra en compte cette dimension.

Chaque binôme présentera sa production à l'oral. Il sera intéressant de filmer ou d'enregistrer les différentes versions, afin de pouvoir revenir sur les productions pour les améliorer. Une publication sur le blog de la classe pourra être également envisagée.
Une attention spécifique sera portée à l'intonation, au volume de la voix, au débit plus ou moins rapide, aux pauses introduites (ici pour provoquer le suspense, par exemple).

L'oral à l'occasion de séances dans tous les domaines disciplinaires

Si les situations d'oral peuvent constituer des séances à part entière, elles interviennent le plus souvent dans le cadre de séances diverses :

- Rappel ou reformulation de consignes, dans tous les domaines disciplinaires.
- Récapitulation de mots nouveaux découverts lors d'une séance d'apprentissage, explication et définition de ces mots.
- Préparation d'une lecture à haute voix (lecture dialoguée, scène de théâtre, etc.).
- **En littérature**, rappel de récit dans deux situations distinctes :
  → préalablement à la lecture d'un nouveau chapitre, en début de séance, on résume le récit, de manière à réactiver les situations et les personnages avant de découvrir la suite du récit ;
  → suite à la lecture d'un chapitre, en fin de séance, l'élève doit être capable, avec ses propres mots, de restituer l'essentiel du récit (évènements, péripéties) : cette activité orale permet l'intégration et la mémorisation de l'enchainement des évènements d'un récit).

Organisation d'échanges dans des situations diversifiées (séances d'apprentissage, régulation de la vie de la classe)

L'enseignement moral et civique, les débats à visée philosophique offrent un cadre propice à ce type d'échanges.
Les élèves y apprennent à respecter la parole de l'autre, et prennent en charge eux-mêmes la régulation du débat (désignation d'un.e président.e de séance, utilisation de procédés de type « bâton de parole »).

La prise en compte progressive de règles et de modalités de fonctionnement de tels débats est assurée d'abord par l'enseignant.e, puis par les élèves eux-mêmes. Outre le/la président.e de séance, un.e ou plusieurs gardien.ne.s des règles peuvent être désigné.e.s, dont le rôle spécifique est de faire respecter les modalités du débat : respect de l'interlocuteur, demande de précisions ou de reformulations quand un message n'est pas suffisamment clair, respect du temps de parole quand une intervention est trop longue, par exemple.
Un ou plusieurs secrétaires de séance sont chargés de prendre des notes afin de conserver une trace du débat. Ces notes, non rédigées, sont constituées de mots-clés et peuvent comporter des éléments d'organisation graphique (de type carte heuristique). Elles peuvent par la suite constituer une base de travail pour un passage à l'écrit.

L'oral envisagé comme une préparation à l'écrit

La production d'un message oral est bien souvent un excellent tremplin vers l'écriture : l'oral permet d'organiser ses idées, de les formuler de manière claire et ordonnée. L'oral, mieux que l'écrit, permet des reformulations immédiates peu couteuses en temps et en efforts. Il s'agit d'un oral spécifique, d'un oral pour écrire, bien connu des enseignant.e.s de maternelle lors des activités de dictée à l'adulte : les reformulations par les élèves eux-mêmes permettent d'oraliser des énoncés ayant les caractéristiques de la phrase écrite. Au cycle 3, ce procédé est toujours très utile, notamment pour complexifier les phrases produites et induire l'usage de connecteurs.

À titre d'exemple, vous trouverez ci-après la transcription d'énoncés d'élèves à propos des différentes étapes du travail lors de la fabrication de papier recyclé. Ils produisaient leurs énoncés avec comme supports des photos prises à différentes étapes de la fabrication.

« ***D'abord*** on a déchiré du papier journal en petits morceaux.
Après, on a mis les morceaux de journal dans un seau. On a mis de l'eau chaude et on a attendu quelques heures.
Après avoir attendu quelques heures, on a mixé avec un mixeur dans le seau et on a fait de la pâte à papier.
On a pris un tamis, on a mis de la pâte à papier à l'intérieur ***pour que*** ça s'égoutte.
Ensuite, on a pris la feuille qui était dans le tamis et on l'a retournée sur un vieux chiffon.
On a tapoté sur le tamis ***pour que*** le papier se décolle.
On a mis un ***nouveau*** tissu par-dessus le papier, on a pressé avec un morceau de bois en montant dessus ***pour que*** l'eau dégouline.
C'est devenu du papier, on l'a laissé au soleil ***pour que*** ça sèche.
Le lendemain, on a décollé le papier délicatement du chiffon. »

(En italiques et en couleur, les connecteurs temporels et logiques.)

Dans la même classe, d'autres élèves (de retour de BCD) ont fait la même activité ***sans préparation préalable à l'oral*** :

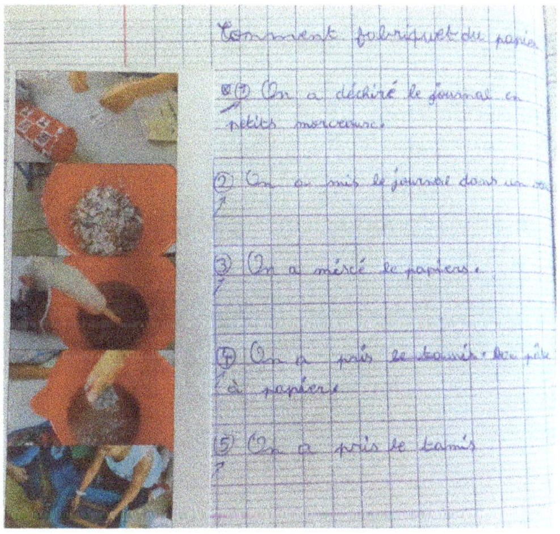

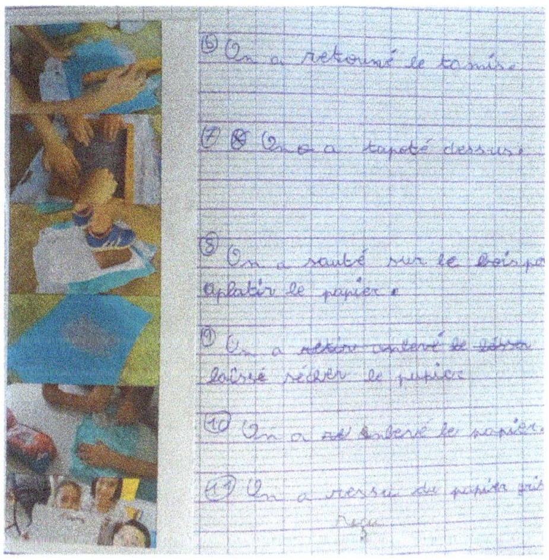

Notez que la succession des étapes est rédigée la plupart du temps de manière beaucoup plus lapidaire, sans utilisation de connecteurs.
Cet exemple permet de constater que la préparation orale de la rédaction d'un texte a souvent des effets très importants sur la capacité à utiliser de tels connecteurs.

Lecture d'image : préparer un exposé oral[2]

Ce projet transdisciplinaire, à la croisée de la géographie, de l'enseignement moral et civique, des arts plastiques, des TICE et de la maitrise de la langue orale, expose une démarche méthodique articulant travail sur l'image, recherche d'informations, écrits de travail et écrits supports à la présentation d'un exposé oral.
Cette séquence ambitieuse se déroulera au moins sur cinq ou six séances : certaines de ces séances seront consacrées explicitement à la préparation d'un exposé oral, alors que d'autres se focaliseront sur les différents aspects disciplinaires.

Vous fournirez au fur et à mesure les éléments d'information nécessaires à la bonne interprétation de l'image. Par exemple : contexte de la frontière Mexique/États-Unis, question des immigrants clandestins, traduction de l'anglais « caution »...
Un travail spécifique sur la lecture d'image et ses aspects techniques (composition de l'image, palette des couleurs, lignes de fuite...) sera dans la plupart des cas nécessaire : il sera mené progressivement au cours de la séquence.

2 Séquence créée avec le concours de Geneviève Ladret.

© AFP/Hector MATA

25 janvier 2006. San Ysidro, Californie, États-Unis
Un panneau prévient les automobilistes du passage éventuel d'immigrants clandestins.
Photographie disponible dans le CD-Rom.

1. Faire écrire aux élèves tout ce qui leur vient à l'esprit en découvrant cette photo, sans trier.

2. Organiser ensuite les mots et les idées dans une carte heuristique ou une corole lexicale de ce type :

3. Au cours des séances suivantes, travailler sur l'analyse de l'image. Ce travail pourra être collectif ou au contraire réparti entre des groupes d'élèves.
Les principaux éléments sur lesquels on peut travailler sont présentés ci-dessous.

Des versions retravaillées ou recadrées de la photo permettent d'orienter la réflexion des élèves et d'étayer leur analyse de l'image : zones mises en valeur, lignes de force de la photo.
Selon les compétences de vos élèves dans le traitement numérique de l'image, ils peuvent assurer eux-mêmes tout ou partie de ce travail sur l'image.
Les clichés retravaillés constituent la trame de la présentation orale et des documents de supports à la future production orale. Des écrits complémentaires, comportant le plan et les mots-clés faciliteront la présentation.

Cadrage : Le panneau occupe le centre de la photo : il attire fortement notre attention, on le regarde en premier.

Description du panneau : ce panneau ressemble un peu aux panneaux « Attention école ! », mais ici on voit un homme et une femme qui courent, tête baissée. La femme tient par le bras une petite fille. Cette petite fille semble ne pas toucher le sol, tellement ils courent vite.
Ce sont des migrants mexicains qui essaient de passer la frontière entre le Mexique et les États-Unis.

Focalisation successive sur les autres éléments de l'image : la route est toute droite, les voitures doivent y rouler très vite.

Les personnages sur le panneau nous indiquent que les migrants arrivent par la droite : ils doivent dévaler la colline à toute vitesse, et traverser sans regarder. Pour eux, c'est vraiment très dangereux.

Palette, symbolisme des couleurs : le ciel est bleu, magnifique, sans un nuage : ce paysage fait penser à l'été, aux vacances.
Pourtant, pour les migrants, ce n'est pas du tout les vacances ! Ils risquent leur vie en essayant de passer cette frontière.

Lignes de fuite : les migrants mexicains sont en fuite : on appelle justement « lignes de fuite » les lignes qui semblent se rejoindre au fond de la photo. Qu'y a-t-il là-bas ? Une ville ? du travail ? des membres de la famille qui les attendent ? la fin de la misère et de l'angoisse ?

Il y a une opposition de couleurs : bleu intense du ciel et jaune-orange du panneau : ce sont des couleurs qui s'opposent dans le cercle chromatique, on les appelle des couleurs complémentaires.
Cela accentue l'impact visuel, crée un choc tout en permettant aux automobilistes de bien voir le panneau qui se détache dans le ciel ici très pur, sans nuage, comme un monochrome bleu du peintre Yves Klein.

Le contraste chromatique est d'autant plus fort que les autres couleurs autour sont assez ternes (gris brun du sol, vert gris de l'herbe, gris du bitume…).
Le bleu pur du ciel peut aussi évoquer le lointain, l'espace sans limite, la liberté…
Le jaune (tout en étant la couleur habituelle des panneaux du code de la route aux États-Unis) peut être associé ici à la chaleur, la sècheresse, le désert… qui prennent d'autant plus de sens ici qu'il s'agit d'immigrants mexicains qui fuient la pauvreté de leur pays.

Au cours de ces séances d'analyse de l'image, les élèves conservent une trace de leur travail sous forme de prise de notes, de mots-clés. Ils commencent à s'entrainer à présenter à l'oral les clichés retravaillés.

4 Par groupes, les élèves finalisent la préparation de leur exposé oral.

Il peut classiquement comporter trois parties :

1. Description de ce qu'on voit ;
2. Impression laissée par cette photo ;
3. Réflexion provoquée par cette photo.

Ou reprendre la trame suggérée ci-dessus par les clichés retravaillés.

Cette présentation orale gagnera à être donnée dans une situation authentique : devant d'autres classes, devant les parents, sous forme de vidéo pour le blog de l'école.

On peut même constituer un jury (parents, collègues, journaliste ou photographe de presse local, etc.) et organiser un concours d'éloquence.

Voir également : **« Écrire à partir d'une vidéo : un boulot de chien ! »**, De la vidéo à l'oral, de l'oral à l'écrit, p. 93 de ce guide.

11 Écrire au cycle 3

L'écriture, avec l'oral, est au une des grandes priorités mises en avant par les programmes 2016.
Quel constat pouvons-nous faire sur les pratiques usuelles d'écriture dans les classes ?
L'écriture (au sens de : situation de production d'écrit) est généralement peu fréquente, pour diverses raisons :

> *programmes cycle 3*
> L'écriture est convoquée aux différentes étapes des apprentissages pour développer la réflexion. L'accent est mis sur la pratique régulière et quotidienne de l'écriture seul ou à plusieurs, sur des supports variés et avec des objectifs divers.

- Il est souvent noté que les activités d'écriture sont chronophages.
- Corolaire de la remarque précédente : les activités de lecture et d'étude de la langue occupant souvent un volume horaire considérable, les enseignants peinent à dégager du temps pour l'écriture.
- Autre raison souvent invoquée : les écrits des élèves sont souvent très éloignés d'une orthographe normée… ce qui rend leur correction (« toilettage orthographique ») très délicate à mener pour l'enseignant, peu motivante et fastidieuse pour les élèves.
- En outre, le bénéfice, sur l'orthographe, de la pratique de l'écriture est souvent considéré comme décevant.
- Les classes se lancent fréquemment dans des projets d'écriture assez ambitieux (rédiger un conte, par exemple) : ce type de projet a tendance à s'étaler exagérément dans le temps ; finaliser les textes produits tient souvent de la gageüre.

Pour toutes ces raisons, l'écriture, qui est pourtant la visée ultime de la maitrise de la langue écrite, est souvent trop peu pratiquée dans les classes.

Dans les pages qui suivent, nous allons voir comment les programmes 2016 proposent une inflexion importante par rapport aux pratiques traditionnelles d'écriture. Un grand nombre de démarches, d'activités et types d'activités diversifiées seront présentées, afin de relever un défi ambitieux mais accessible : écrire au quotidien.

Principe n° 1 : L'écriture n'est pas un domaine disciplinaire déconnecté des autres domaines

> *programmes cycle 3*
> La lecture est pratiquée en relation avec la lecture de différents genres littéraires dans des séquences qui favorisent l'écriture libre et autonome et la conduite de projets d'écriture. Les élèves prennent l'habitude de recourir à l'écriture à toutes les étapes des apprentissages : pour réagir à une lecture, pour réfléchir et préparer la tâche demandée, pour reformuler ou synthétiser des résultats, pour expliquer ou justifier ce qu'ils ont réalisé. Ces écrits font pleinement partie du travail réalisé en classe, qu'ils figurent dans le cahier de brouillon, conçu comme un véritable outil de travail, ou dans les cahiers dédiés aux différents enseignements.

Il ne s'agit pas forcément de prévoir davantage de séances consacrées spécifiquement à l'écriture, mais plutôt d'insérer des moments d'écriture dans les séances des différents domaines. L'écriture est convoquée à toutes les étapes de l'apprentissage, par exemple :

- pour recueillir les conceptions initiales des élèves en sciences et technologie ;

– pour organiser un argumentaire, ou formaliser une réflexion en enseignement moral et civique ;
– pour garder la trace d'observations à l'occasion d'une lecture de paysage en géographie ;
– pour conserver et résumer des informations en histoire ;
– pour expliquer comment on a résolu une situation-problème en mathématiques ;
– pour rendre compte de ses impressions de lecture en littérature ;
– pour établir une forme de savoir stabilisé : synthèse de séquence dans tous les domaines disciplinaires.

Tous ces écrits n'ont pas le même statut : brouillon, écrit de travail, écrit intermédiaire, écrit final...
De ce fait, on les trouve sur différents supports : cahier d'essais, cahier du jour, feuille A4, feuille de classeur, support numérique, affiche, blog de l'école, etc.
Comme on le voit, écrire au quotidien ne signifie pas faire une rédaction chaque jour !

Afin de vous aider à pratiquer l'écriture au quotidien, le cahier d'activités *C.L.É.O.* CM2 vous offre de nombreuses pistes d'écriture, certaines en lien direct avec les notions d'étude de la langue, d'autres ouvrant sur des domaines disciplinaires variés : EMC, lecture d'images, arts plastiques.

Principe n°2 : Les écrits sont produits en fonction de destinataires, avec des visées précises

programmes cycle 3

Rédiger des écrits variés
Connaissances et compétences associées
– connaitre les caractéristiques principales des différents genres d'écrits à rédiger ;
– mettre en oeuvre (de manière guidée, puis autonome) une démarche de rédaction de textes : convoquer un univers de référence, un matériau linguistique (lexique et syntaxe déjà connus ou préparés pour l'écrit demandé), trouver et organiser des idées, élaborer des phrases, les enchaîner avec cohérence, élaborer des paragraphes ou d'autres formes d'organisation textuelles.

Le journal scolaire, le blog, les cahiers et classeurs où sont recueillies les traces écrites des apprentissages dans tous les domaines constituent des supports de destination appropriés.
Il n'est donc pas forcément judicieux de mettre en place un « cahier de production d'écrit » :

– Le cahier de poésie peut accueillir l'écriture poétique. – Les cahiers (ou classeurs) d'enseignement moral et civique, histoire, géographie, sciences et technologie..., recueillent les comptes-rendus de visites, d'expériences, les synthèses de débats, les savoirs découverts pendant les séquences.
– Le cahier de correspondance est le support des informations destinées aux parents, rédigées par les élèves eux-mêmes.
– Le cahier de littérature réunit les textes écrits à partir de (ou à propos) des œuvres lues.

Ainsi, chaque écrit est réalisé en fonction d'une finalité propre, et selon un format correspondant à cette finalité. On n'écrit pas un poème comme on écrit un compte-rendu d'expérience !

Principe n° 3 : Ce sont les écrits courts (quelques phrases, un court paragraphe) qui doivent être privilégiés au quotidien

programmes cycle 3

Des écrits courts :
Un écrit court est un texte individuel d'élève, de 1 à 10 ligne(s), suscité par une situation motivante. Il peut avoir des formes variées : invention, argumentation, imitation dont l'objectif est d'aider l'élève à déterminer sa manière d'écrire. Il est en lien avec la thématique culturelle et littéraire de la séquence. - rituels d'écriture, à partir de plusieurs textes servant de modèles, de contraintes formelles, de supports variés (textes, images, sons), de situations faisant appel à la sensibilité, à l'imagination, etc. ;
– situations d'écriture en prolongement de leçons de grammaire et de vocabulaire ;
– préparation à l'écriture en utilisant des brouillons, des schémas, etc. ;
– exercices d'entrainement pour automatiser les différentes dimensions de l'écriture : écrits ludiques et créatifs (ex : un lipogramme, une anagramme, etc.), écrits pour des destinataires différents (raconter le film vu à un pair ou en faire un résumé pour un journal, etc.).

Les projets d'écriture ne sont bien sûr pas exclus, mais ils seront moins fréquents. Les écrits courts cumulent de nombreux avantages : ils prennent évidemment moins de temps ; ils sont plus faciles à gérer en temps réel par les enseignants ; la vigilance orthographique peut être exercée au moment même où l'on écrit, et non reportée à plus tard ; ils permettent de conforter la confiance en ses propres compétences, dans la mesure où un écrit finalisé peut être produit en une seule séance.

Principe n° 4 : Exercer une vigilance orthographique pendant les activités d'écriture

programmes cycle 3

Dans les activités de production d'écrits, les élèves apprennent à exercer une vigilance orthographique et à utiliser des outils d'écriture.

Une longue tradition pédagogique veut qu'on reporte, la plupart du temps, cette vigilance orthographique à une autre étape de travail : on écrit d'abord, sans trop se soucier de l'orthographe. On corrige ensuite. Nous préconisons pour notre part un **apprentissage de la vigilance orthographique intégrée aux activités d'écriture.**
Cette option pouvant être, pour beaucoup d'entre vous, déstabilisante, nous allons la développer en détail.

Travailler de concert l'écriture et l'orthographe : quels fondements didactiques et psychologiques ?

Nous pensons qu'il est souhaitable et efficace d'habituer les élèves à exercer la vigilance orthographique au moment même où ils rédigent. Pour défendre cette option, plusieurs éléments :

1 Les élèves répugnent le plus souvent à inventer l'orthographe d'un mot.
Quel.le enseignant.e n'a jamais été assailli.e de questions de type : « Maitre.sse, comment ça s'écrit, *éléphant* ? Maitre.sse, *bateau* c'est quel [o] à la fin ? » Nous détaillerons (dans la partie « Orthographe » des séquences d'apprentissage) une démarche, en lien avec l'utilisation d'outils, permettant d'assurer une certaine autonomie orthographique aux élèves.

2 Les élèves se souviennent généralement mieux de l'orthographe erronée qu'ils ont d'abord produite que de l'orthographe corrigée à postériori.
À ceci, une explication psychologique : quand l'élève produit une graphie en essayant d'imaginer l'orthographe d'un mot, il est dans une phase très soutenue de réflexion et de production. S'il écrit **farmassie*, par exemple, ce n'est pas le fruit du hasard, mais le résultat d'efforts intenses. La correction ultérieure, venant de l'extérieur (de l'enseignant, le plus souvent) n'effacera pas en mémoire la trace de cet effort initial. Lorsqu'ils recopient leur premier jet, bien des élèves commettent à nouveau les mêmes erreurs, qu'on avait pourtant passé beaucoup de temps à corriger... Ces erreurs, qu'on prend souvent pour de l'inattention, sont la résultante d'un premier encodage – hélas – erroné. André Ouzoulias disait : « **Il vaut mieux *établir* l'orthographe que la rétablir.** » Autrement dit, en limitant le nombres d'erreurs évitables, et donc en offrant des démarches et des outils adaptés aux élèves, on leur fait vivre des expériences d'encodage réussies, laissant en mémoire des traces utiles, car « justes du premier coup ». C'est la multiplication de ces expériences réussies qui assure, à moyen et long terme, une orthographe sure et exacte.

a. D'un point de vue psychologique, en séparant explicitement les deux phases (une phase de *production* suivie d'une phase de *correction*), **on n'entraine pas l'élève à porter une attention conjointe au sens et à la forme**. C'est pourtant le but ultime de la scolarité obligatoire en matière de maitrise de la langue, et nous pensons que les bonnes habitudes s'acquièrent tôt.
b. Osons cette analogie : En matière de maitrise de l'énergie, on dit que le kilowatt le moins cher est celui qu'on ne consomme pas. D'un point de vue ergonomique, **l'énergie et le temps fournis par l'élève et son enseignant pour corriger des erreurs qui auraient pu être évitées sont évidemment de l'énergie et du temps qui auraient pu être dépensés autrement en classe.** Le cout de l'erreur orthographique est sans conteste important : temps passé ; baisse de motivation pour l'écriture ; mémorisation de formes erronées difficiles à remplacer par les formes exactes ; piètre confiance en ses propres capacités à bien orthographier ; etc.

Évidemment, toutes les erreurs orthographiques ne peuvent être évitées d'emblée. Des temps de correction sont donc nécessaires, mais nous pensons qu'ils seront plus efficaces si le nombre d'erreurs initial est moins important. Quand on adopte l'orthographe intégrée, les erreurs d'ordre grammatical, qu'on peut corriger en faisant appel à des savoirs acquis ou en cours d'acquisitions, deviennent plus fréquentes, en proportion, que les erreurs d'ordre lexical.
L'enseignant a plus de temps à consacrer à chaque élève, dans la mesure où le nombre total d'erreurs commises est moins grand, et que l'élève a davantage de ressources pour corriger lui-même certaines erreurs (recours à des outils de référence).

Pour les élèves les moins performants en orthographe, on peut recommander l'utilisation de « **Mon répertoire orthographique pour écrire** », dans la collection *C.L.É.O.* Bien qu'initialement prévu pour les élèves de cycle 2, il est possible de l'utiliser au cycle 3. Regroupant dans un format concis un grand nombre de ressources (orthographe lexicale, orthographe des accords, terminaisons verbales, principaux homophones grammaticaux), il permet à l'élève peu performant en orthographe de gagner un certain degré d'autonomie dans sa conquête de l'orthographe. Vous en trouverez une présentation complète sur le site des Éditions Retz : www.editions-retz.fr.

Comment limiter les erreurs en production d'écrit ?

C'est une démarche qui gagne à être déployée en cohérence avec le cycle 2 : Quels outils, quelles démarches ont été mises en place du CP au CE2 ? Outils orthographiques évolutifs : listes thématiques, outils de référence analogique, listes d'expressions et de structures très fréquentes en écriture... C'est un thème de travail sur lequel le Conseil des Maitres de votre école peut réfléchir, au bénéfice certain des élèves. Une certaine continuité dans les pratiques permet une cohérence essentielle pour que les élèves gardent les mêmes repères, les mêmes références. Les outils utilisés, qui peuvent prendre la forme d'un cahier, d'un porte-vue, d'affichages, etc. peuvent être transmis d'un cycle à l'autre.

Exemple d'outils de référence analogique

Les outils de référence analogique permettent de travailler sur les homophones grammaticaux avant qu'une réflexion grammaticale soit possible, et ce, sans opposer ces homophones deux à deux.

à	et	a	est
un sac à main	le jour et la nuit	Zoé a sept ans	Il est midi.
une machine à laver	du sel et du poivre	on a chanté	Elle est malade.
j'ai mal à la tête	toi et moi	il a de la chance	On est arrivé
on va à la piscine	un chat et un chien	Le chien a faim	Max est au CE1.
…	…	…	…

Exemple de listes d'expressions et de structures très fréquentes en écriture

On est allés
Nous sommes allés
C'est bien
C'était super
On s'est bien amusés
Il y a
Je voudrais
J'aimerais bien
mon meilleur copain
ma meilleure copine
…

– Outils ponctuels : proposer, sur une fiche ou en affichage au tableau, une liste de mots et d'expressions présentant le champ lexical de l'écrit qui sera produit. Par exemple, si l'on travaille sur la germination :

le cotylédon	les cotylédons	arroser
la croissance		germer
la graine	les graines	pousser
la feuille	les feuilles	
le germe		
la jeune pousse		
la germination		
la racine	les racines	
la terre		
…		

Un répertoire orthographique, mieux qu'un dictionnaire, permet de trouver facilement et rapidement l'orthographe des mots en cours d'écriture.

Mon répertoire orthographique pour écrire - Cycle 3 (dans la même collection), fournit aux élèves un outil individuel concis et pratique. Mieux et plus rapidement que dans un dictionnaire traditionnel, les élèves trouvent la plupart des mots qu'ils cherchent à orthographier. Citons, également pour le cycle 3 :

– ***Eurêka*** *– Dictionnaire orthographique pour écrire tout seul*, Jacques Demeyère, Éd. De Boeck ;
– ***5 000 mots pour écrire et se corriger tout seul*** *– répertoire orthographique*, éd. PEMF.

Comment limiter la surcharge cognitive pendant l'écriture ?

La mémoire de travail étant limitée, l'élève parvient difficilement à gérer en temps réel les différentes dimensions de l'écriture : recherche et organisation des idées, geste graphomoteur, choix lexicaux, organisation syntaxique des phrases, vigilance orthographique. Il faut donc veiller à supprimer ou alléger un certain nombre de tâches afin de lui permettre d'écrire.

Comment, concrètement, peut-on limiter cette surcharge cognitive ?

- En orientant les élèves vers tous les outils disponibles dans la classe.
- En faisant produire à l'oral les phrases que l'on se prépare à écrire. Cette pratique particulière de l'oral, un « oral pour écrire », est très efficace pour donner une première réalité sonore à la future phrase écrite. L'élève produit un premier énoncé à l'oral, qu'il sera souvent utile de faire reformuler jusqu'à obtention d'une phrase prête à écrire.
- En faisant écrire à partir de structures données, de situations génératives, d'écrits divers à réorganiser ou transformer.
- En limitant le temps d'écriture : faire écrire peu, mais souvent.
- En répartissant le travail entre les élèves (ou binômes).
- En fournissant aux élèves des aides ponctuelles (aide à l'utilisation des outils ; aide à la recherche de mots ou d'informations dans les outils de la classe ; aide au repérage dans l'ordre alphabétique ; écriture au tableau d'un mot absent des outils disponibles).
- En aidant les élèves les plus fragiles et en leur « prêtant notre savoir » : la pratique de la dictée à l'adulte peut perdurer pendant le cycle 3 pour les élèves les plus en difficulté avec l'écrit.

Quelques exemples de classe

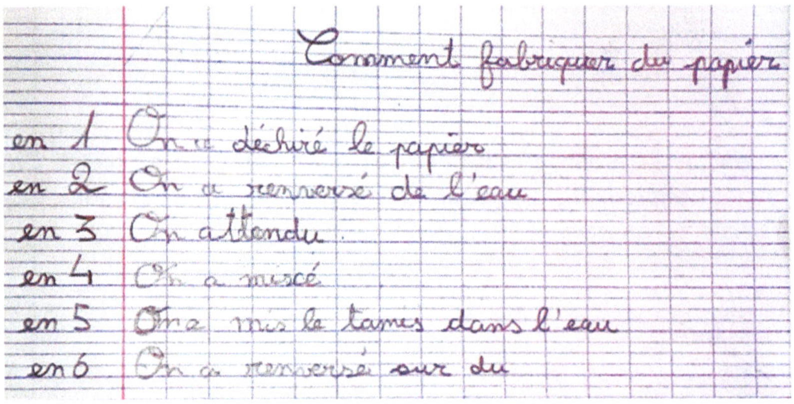
Comment fabriquer du papier
en 1 On a déchiré le papier
en 2 On a renversé de l'eau
en 3 On attendu
en 4 On a mixé
en 5 On a mis le tamis dans l'eau
en 6 On a renversé sur du

Dans cet exemple (texte en cours d'écriture, premier jet), la tâche a été allégée en donnant la structure « *on a + é* » et en préparant, à l'oral, les phases de la fabrication au moyen d'une série de photos.

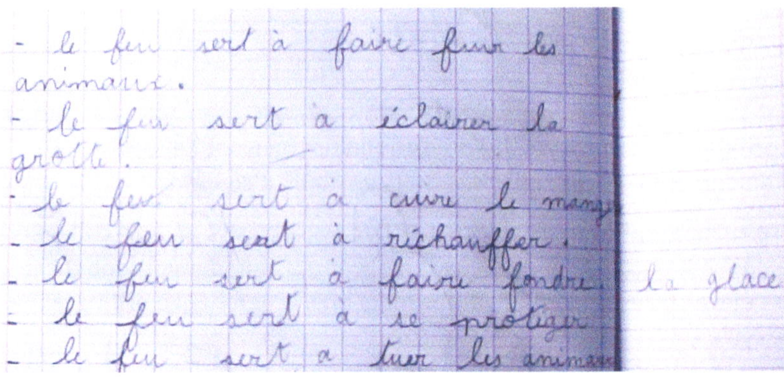
- le feu sert à faire fuir les animaux.
- le feu sert a éclairer la grotte.
- le feu sert à cuire le mang
- le feu sert à réchauffer.
- le feu sert à faire fondre la glace
- le feu sert à se protéger
- le feu sert a tuer les anima

Dans cet autre exemple, la structure « *Le feu sert à + -er* » a été écrite au tableau (premier jet).

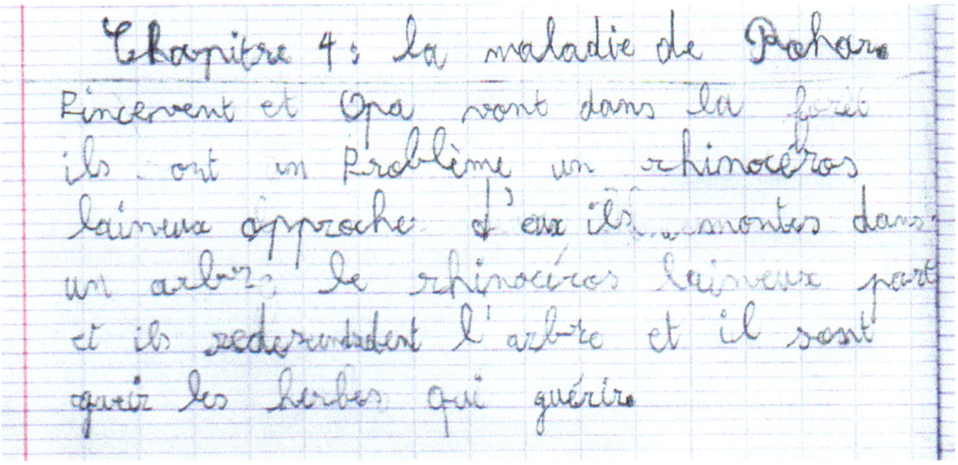

Création collective d'un chapitre intitulé « la maladie de Rohar », pour faire suite à la lecture du roman « La tribu des Préhistos ». La tâche de rédaction a été répartie entre les élèves, chaque binôme n'ayant à rédiger qu'une phrase (ou un court paragraphe). On voit ici une bonne maitrise de l'orthographe lexicale et grammaticale, sauf dans les deux dernières lignes : les deux élèves voulaient aller au bout de leur travail, mais manquant de temps, et victimes d'une baisse certaine de leurs capacités attentionnelles, voient leur performance orthographique s'effondrer. (Ils voulaient écrire : *ils ont cueilli les herbes qui guérissent.*) D'où l'importance de prévoir des séances d'écriture nombreuses mais courtes.

Comment apprendre aux élèves à retravailler sur leur premier jet ?

Indépendamment des problèmes orthographiques à traiter, les élèves sont souvent peu habitués à retravailler leurs écrits. Il est donc utile de leur montrer explicitement comment le faire.

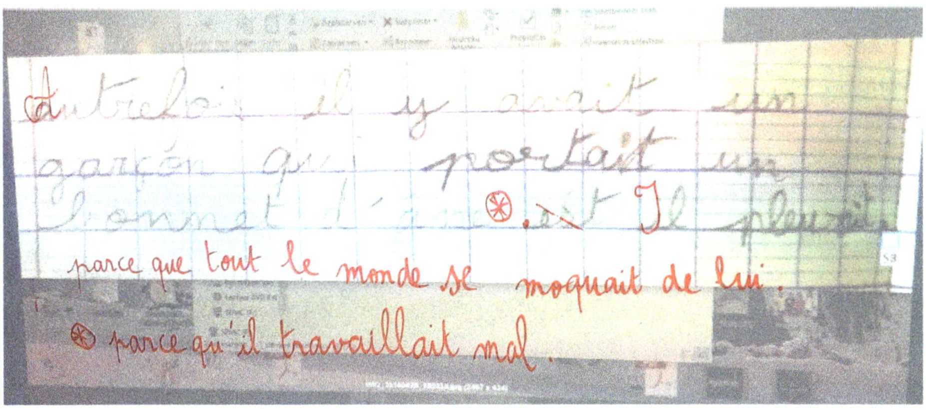

Une manière efficace de le faire est de scanner ou de prendre en photo des écrits d'élèves, puis de les projeter au tableau (*cf.* photo ci-dessus).
Ici, l'enseignant a fait compléter à l'oral la phrase « il pleurait *parce que tout le monde se moquait de lui.* » Dans ce cas, il n'est pas difficile d'ajouter la proposition, car il y a la place de le faire. La phrase précédente est ensuite complétée à l'oral : « il y avait un garçon qui portait un bonnet d'âne *parce qu'il travaillait mal.* » L'enseignant montre alors comment se servir des astérisques, et fait relire le paragraphe entier en insistant sur le parcours de lecture qui doit tenir compte de l'ajout, et donc faire le détour par l'astérisque.

On peut aussi prendre l'habitude d'écrire une ligne sur deux, ce qui facilite le travail ultérieur. Barrer, entourer, faire des flèches, raturer, toutes ces actions sur le texte sont à encourager, car les élèves répugnent généralement à « défigurer » leur premier jet.

Activités d'écriture : une palette aux mille possibilités

Il serait illusoire, dans le cadre de ce guide pédagogique, de prétendre présenter de manière exhaustive une gamme complète d'activités d'écriture dans tous les domaines disciplinaires.

Nous avons souhaité vous présenter ici un certain nombre d'activités qui vous offriront des pistes pour faire écrire, dans des domaines divers. Ces exemples sont bien sûr adaptables et transposables quasiment à l'infini.

La plupart sont de format court : elles se déroulent généralement sur une à trois séances.

Écriture en lien avec les notions d'étude de la langue

Écriture poétique : jouer avec les participes passés en *-é*, *-i*, *-u*

Dans cette activité plutôt ludique, on fait intervenir trois personnages (Lulu, Kiki et Dédé) ainsi qu'une large palette de verbes intransitifs (ne nécessitant donc pas de complément).
L'objectif est de choisir, pour chaque personnage, un certain nombre de verbes dont le participe passé rime avec le prénom, et d'inventer de courtes phrases.
On pratique la construction du passé composé d'une manière plaisante, et l'on éprouve le fait que le participe passé ne s'accorde pas avec le sujet quand le passé composé est formé avec avoir.

Liste de verbes intransitifs

aboyer
apercevoir
appeler
applaudir
attendre
atterrir
blanchir
boire
bondir
bouger
bouillir
bronzer
bruler
changer
chanter
commencer
courir
creuser
crier
décoller
découper
descendre
désobéir
dessiner
disparaitre
dormir
entendre
fleurir
fondre
fuire
gagner
geler
grandir
grossir
guérir
hésiter
hurler
jouer
lire
maigrir
manger
marcher
mentir
mordre
nager
obéir
pâlir
parler
perdre
piquer
pleurer
plonger
pondre
pouvoir
prévoir
ralentir
ramper
réfléchir
refroidir
répondre
rêvé
rire
rôtir
rougir
sauter
savoir
sourire
téléphoner
tenir
terminer
travailler
vendre
voler
vomir
vouloir

Exemple de production d'un élève de CM :

Lulu, Lulu !
Tes poules ont pondu !
Ton chien a mordu
Tes fleurs ont disparu
Ta glace a fondu !
Tes élèves ont répondu
Lulu, Lulu,
tu as perdu !

Kiki, Kiki,
Tes poules ont grossi !
Ton chien a désobéi
Tes fleurs ont grandi
Ta glace a molli !
Tes élèves ont menti
Kiki, Kiki,
tu as réussi !

Dédé, Dédé
Tes poules ont chanté !
Ton chien a aboyé
Tes fleurs ont fané
Ta glace a coulé !
Tes élèves ont dessiné
Dédé, Dédé,
tu as gagné !

On remarque que cet élève a ajouté une règle d'écriture assez exigeante : il a utilisé les mêmes sujets pour les trois personnages.

Écrire au passé composé

Demander aux élèves de choisir un des thèmes d'écriture proposés (ou d'en inventer un), puis d'écrire tout ce que ils ont fait au cours de ce jour particulier.
Les verbes seront au passé composé. Il n'y aura pas de compléments. On veillera à répartir les pronoms sujets entre les élèves.

Jour d'école
Il a travaillé
Il a calculé
Il a récité
Il a copié
Il a joué
Il a répondu
Il a écouté
Il a parlé
Il a bavardé
résultat :
Il est épuisé !!

Jour de fête
Nous avons dansé
Nous avons chanté
…

Jour de sport
Tu as couru
Tu as sauté
…

Jour de vacances
Vous avez voyagé
Nous avez nagé
…

Jour de rangement
J'ai trié
J'ai rangé
J'ai…
résultat :
je suis épuisé !

Écrire à partir de noms composés

Répertorier avec les élèves des préfixes permettant de construire de nombreux noms composés : *casse-, para-, garde-, porte-, ouvre-, demi-, coupe-…*
Ensuite, choisir un de ces préfixes, constituer la liste de tous les noms composés avec ce préfixe et inventer un texte où ils utiliseront au maximum.

Exemple :

Monsieur Casse était assez casse-pieds. Il adorait les fruits secs qu'il ouvrait avec son casse-noix. À midi, il mangeait son casse-croute, et se promenait sur des chemins casse-gueule car il était casse-cou. Quand il rentrait chez lui il faisait un ou deux casse-tête pour terminer sa journée.

Écriture à partir de la littérature

Écrire : parler de soi

L'écriture d'un autoportrait peut prendre de multiples formes. Dans cette activité, les élèves vont se décrire de manière indirecte, en renseignant de courtes listes qui permettent de composer un portrait original :

Pour écrire ton portrait, tu vas indiquer :
- trois choses que tu aimes ;
- trois choses que tu n'aimes pas ;
- trois souvenirs de bons moments ;
- trois souvenirs de mauvais moments ;
- trois choses que tu voudrais faire plus tard ;
- trois personnes que tu souhaiterais rencontrer, en indiquant la raison ;
- trois vœux que tu souhaiterais faire pour changer le monde ;
- trois objets que tu emporterais sur une ile déserte ;

...

Un autre type de portrait est le portrait chinois :
- Si j'étais une saison, je serais...
- Si j'étais un plat, je serais...
- Si j'étais un pays, ...
- Si j'étais un paysage, ...
- Si j'étais une qualité, ...
- Si j'étais un défaut, ...
- Si j'étais un nombre, ...
- Si j'étais un animal, je serais...
- Si j'étais une chanson, je serais...
- Si j'étais une couleur, je serais...
- Si j'étais un roman, je serais...
- Si j'étais un film, je serais...
- Si j'étais un personnage de contes, je serais...

Il est possible de faire lire ces portraits à toute la classe sans révéler leur auteur. Chacun essaie de deviner de qui il s'agit, puis on vérifie si l'on avait vu juste.

Écrire pour argumenter

L'argumentation fait partie des compétences à travailler au cycle 3, à l'oral comme à l'écrit :

Programmes cycle 3

Mobilisation de stratégies argumentatives : recours à des exemples, réfutation, récapitulation…
Écrits réflexifs pour expliquer une démarche, justifier une réponse, argumenter.

Ici, on propose une activité d'écriture permettant de travailler sur les structures : « *Quand* + futur » ou « *Si* + présent ».

Quand il y aura des jeux dans la cour,
les élèves s'ennuieront moins.
ça nous donnera de l'activité physique.
les élèves rentreront de la récréation moins énervés.
ça évitera des bagarres.
la cour sera plus jolie, mieux décorée.
il y aura moins d'élèves qui voudront jouer au foot en même temps.

Si vous m'autorisez à aller dormir chez mon copain / ma copine vendredi soir,
je ferai la vaisselle pendant une semaine.
je rangerai ma chambre tous les jours.
je vous apporterai votre petit déjeuner au lit le dimanche.
je ne dirai plus de gros mots.
je mangerai mes légumes sans protester.

On peut éventuellement faire utiliser le conditionnel, avec un déclencheur d'écriture en « *si* + imparfait ». Dans ce cas-là, il conviendra de dire aux élèves que les terminaisons des verbes seront similaires à celles de l'imparfait.

Chers parents,
si vous m'autorisiez à dormir chez mon copain / ma copine vendredi soir,
je ferais la vaisselle pendant une semaine
je rangerais ma chambre...
etc.

Thématiques possibles

- ***Demandes liées à la vie de l'école :***
  - demander des menus « bio » à la cantine
  - demander des équipements pour le gymnase
  - demander un vidéoprojecteur / des tablettes pour la classe
  - demander une subvention pour l'organisation d'une classe verte, classe de mer, classe de neige...
- ***Demandes liées à la vie familiale :***
  - demander une chambre pour soi tout seul
  - demander un équipement particulier pour la maison, le jardin
  - demander une destination de rêve pour les prochaines vacances

Bien sûr, on peut également faire des demandes fantaisistes et humoristiques :
- Demander à la mairie d'organiser un voyage dans l'espace pour la classe
- demander à ses parents (ou à son enseignant) d'échanger leur vie contre la nôtre
- etc.

Écrire un conte des origines (ou conte du pourquoi)

Favorisez un remue-méninges collectif, court et dynamique, qui permettra d'échanger des idées, plus ou moins farfelues ou réalistes. Cette phase est importante pour que tous les élèves se saisissent rapidement d'une idée, qui ne brillera peut-être pas par son originalité mais qui permettra à chacun.e de se mettre à écrire très vite.

Proposez également des structures utiles pour lancer l'écriture :

Début	*Évènement*	*Conséquence*
Autrefois...	Un jour...	Depuis ce jour...
Il y a longtemps...	Mais un jour...	Depuis ...

Exemple (élèves de CM) :

Pourquoi le perroquet est-il multicolore ?

Il y a très longtemps, le perroquet était tout gris. Un jour, il a traversé un arc-en-ciel et ses plumes ont gardé les belles couleurs de l'arc-en-ciel.

Autrefois, le perroquet n'avait pas de belles couleurs. Ça l'énervait beaucoup. Alors un jour il est allé acheter des pots de peinture rouge, verte, bleue, jaune, et il s'est peint les plumes. Depuis, le perroquet est multicolore.

Propositions (on peut répartir les questions entre les élèves) :

- Pourquoi le zèbre a-t-il des rayures ?
- Pourquoi les poissons rouges ouvrent-ils toujours la bouche ?
- Pourquoi les cactus ont-ils des épines ?
- Pourquoi les serpents n'ont-ils pas de pattes ?
- Pourquoi les éléphants ont-ils une trompe ?
- Pourquoi la trompette fait-elle beaucoup de bruit ?
- Pourquoi le caméléon change-t-il de couleur ?

Écrire des acrostiches autour d'un thème ou d'une structure

Les acrostiches sont de courts poèmes dont les initiales des vers, lues verticalement, composent un mot (souvent un prénom).
On peut écrire des acrostiches plus ou moins complexes.

Commencez par les plus simples, où l'on trouve un mot commençant par chaque lettre du prénom.
Ensuite, faites enrichir les propositions (ci-dessous un certain nombre de pistes exploitables)

Pour certaines lettres (comme le *n* de *Kévin* dans le 1er poème), il est difficile de trouver un mot portant cette initiale. Dans ce cas, il est toujours possible de contourner la difficulté pour éviter les blocages.

Animaux

Kangourou qui saute partout pendant la récré ?
Écureuil qui ronge ses crayons ?
Ver de terre qui gigote en classe ?
Insecte qui pique les affaires des autres ?
N'importe quoi ! Je suis Kévin, tout simplement !

Verbes

Chanter, j'adore ça !
Apprendre mille choses
Rêver la nuit, et même le jour
Obéir (presque toujours) à mes parents
Lire, lire et encore lire !
Imaginer des aventures
Nager dans le bonheur
Ecrire des poèmes

Adjectifs

Jalouse, je ne lui suis jamais.
Enervée, quand on m'empêche de travailler
Naturelle parce que je mange bio
Intelligente, bien sûr !
Forte, surtout en mathématiques
Endormie quand je me couche trop tard
Rigolote, car je fais rire tout le monde !

Tout ce que j'aime

Lune, j'aime te regarder la nuit
Un, deux, trois, j'adore les nombres
Cabane, je veux en construire une
Arc-en-ciel, tu es si joli
Sapin, j'aime te décorer pour Noël

Tout ce que je déteste

Maladie : à cause de toi je reste au lit
Artichaut : c'est pas bon !
Xylophone : je préfère la batterie
Idiots : je ne vous aime pas
Marron : je déteste cette couleur
Erreurs : je n'aime pas en faire.

Ce que je mange
Noisettes : je les aime dans le chocolat
Abricot : c'est mon fruit préféré
Orange : j'aime beaucoup le jus
Melon : j'en mange en été
Yaourt : pour finir le repas.

Adjectifs et comparaisons
Grand comme un géant
Rigolo comme un clown
Élégant comme une star
Gentil comme un dauphin
Original comme un artiste
Intelligent comme un savant
Rapide comme un lièvre
Extraordinaire comme un extraterrestre

Écrire « à la manière de » : Quels sont les mots qui te font vivre ?

Le pastiche, le détournement, l'emprunt sont de puissants moteurs d'entrée dans l'écriture. On commence par « faire comme », avant d'oser se lancer de ses propres ailes.
Voici un exemple d'écriture poétique à partir d'un poème de Paul Éluard.

Voir la fiche élève dans le CD-Rom (« Activités d'écriture à distribuer »).

1. Découvre ce poème de Paul Éluard

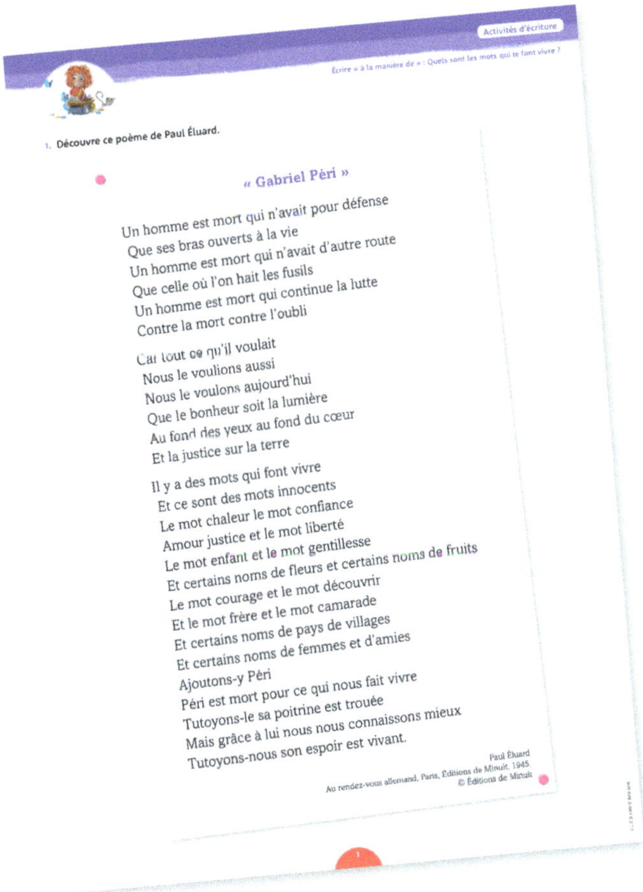

Activités d'écriture
Écrire « à la manière de » : Quels sont les mots qui te font vivre ?

1. Découvre ce poème de Paul Éluard.

« Gabriel Péri »

Un homme est mort qui n'avait pour défense
Que ses bras ouverts à la vie
Un homme est mort qui n'avait d'autre route
Que celle où l'on hait les fusils
Un homme est mort qui continue la lutte
Contre la mort contre l'oubli

Car tout ce qu'il voulait
Nous le voulions aussi
Nous le voulons aujourd'hui
Que le bonheur soit la lumière
Au fond des yeux au fond du cœur
Et la justice sur la terre

Il y a des mots qui font vivre
Et ce sont des mots innocents
Le mot chaleur le mot confiance
Amour justice et le mot liberté
Le mot enfant et le mot gentillesse
Et certains noms de fleurs et certains noms de fruits
Le mot courage et le mot découvrir
Et le mot frère et le mot camarade
Et certains noms de pays de villages
Et certains noms de femmes et d'amies
Ajoutons-y Péri
Péri est mort pour ce qui nous fait vivre
Tutoyons-le sa poitrine est trouée
Mais grâce à lui nous nous connaissons mieux
Tutoyons-nous son espoir est vivant.

Paul Éluard
Au rendez-vous allemand, Paris, Éditions de Minuit, 1945.
© Éditions de Minuit

Gabriel Péri était un résistant, fusillé par les Allemands en 1941.
Ce célèbre poème d'Éluard dit d'abord **l'injustice scandaleuse de sa mort**, (6 premiers vers) puis la **persistance de sa lutte** pour la justice et la liberté (6 vers suivants) pour finir par **l'affirmation de valeurs communes**, présentées sous la forme de mots simples, et **l'appel à perpétuer la mémoire** du résistant et continuer son combat.
Le poème d'Éluard est remarquable par la simplicité de son lexique, l'évidence de sa structure. C'est la force des grands poètes que de savoir écrire en se mettant à la portée de tous.

2. Quels sont les mots qui te font vivre ?

Sur une feuille blanche, écris les mots que tu aimes, des mots simples, qui évoquent le bonheur, la justice, la liberté, etc.
Tu peux y ajouter des mots qui évoquent une cause qui te tient à cœur, par exemple : protection de l'environnement, lutte pour la paix, combat pour l'éducation des filles dans le monde, combat contre la misère et la pauvreté, lutte contre le cancer et la maladie, etc.
Organise tes mots en coroles lexicales ou en carte heuristique.

3. Écris ton poème

Tu pourras commencer par ces deux vers :

Il y a des mots qui font vivre
Et ce sont des mots innocents

Tu poursuivras en choisissant certains des mots que tu as écrits sur la feuille blanche. Tu peux ne choisir qu'un seul thème ou au contraire en choisir plusieurs.

Tu pourras utiliser certaines structures comme :

Le mot … et le mot …
Et certains noms de …

ou d'autres que tu inventeras.

Enfin, tu expliqueras pourquoi tu aimes ces mots, pourquoi ils sont importants pour toi.
Tu pourras commencer cette dernière partie par :

Voilà ce qui me fait vivre
voilà ce qui est important
voilà pourquoi il faut se battre
etc.

Voici la production de deux élèves de CM2, précédées des cartes heuristiques préparatoires à l'activité.

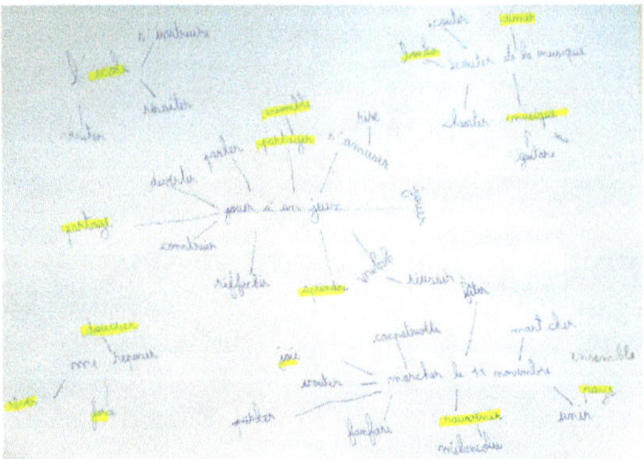

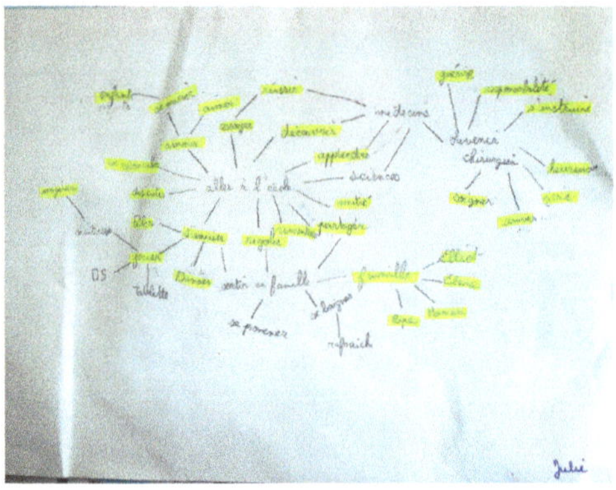

© Julie Decherf.

© Arthur Robert.

Écrire en lien avec d'autres domaines disciplinaires

Écriture et lecture d'images

Dans les quelques exemples qui suivent, les photos permettent un travail transdisciplinaire entre géographie, éducation au développement durable, enseignement moral et civique, littérature, etc..

Déforestation en Afrique

Fiche élève dans le CD-Rom
(« Activités d'écriture à distribuer »)

Prolongement : lutte contre l'érosion en Afrique (reforestation d'une dune)

Photo dans le CD-Rom
(« Activités d'écriture : images à projeter »)

Produire de l'électricité

Fiche élève dans le CD-Rom
(« Activités d'écriture à distribuer »)

Enfants du monde

Fiche élève dans le CD-Rom
(« Activités d'écriture à distribuer »)

Prolongements

Photos dans le CD-Rom (« Activités d'écriture : images à projeter »)

Vous pouvez également faire observer cette photo pour faire réfléchir vos élèves sur le travail des enfants dans le monde :

© Nicolas Asfouri / AFP Creative / Photononstop

D'une puissance visuelle extraordinaire, ce cliché ne manquera pas de faire réagir votre classe : conditions de travail très dures, tâche extrêmement répétitive, travail de force, atteinte à la santé des enfants, absence d'éducation, absence de perspective d'avenir...

Sur le même thème, cette photo demande une lecture attentive pour éviter tout contresens :

© Georges Steinmetz / Cosmos

À première vue, cet enfant semble se baigner sur une plage jonchée de déchets (ce sont ses lunettes de natation qui induisent cette première lecture).
À bien y regarder, on voit près de lui un sac bien rempli. Chaque matin, ce garçon de treize ans récupère du plastique recyclable qu'il revendra pour quelques pesos. Il s'appelle Rodello et vit à Manille (Philippines), à l'embouchure de la rivière Pasig qui sert d'égout à ciel ouvert.

Le cliché suivant prend le contrepied du précédent.

Il s'agit bien d'un surfeur qui traverse une plage jonchée de détritus. Une truie et une chèvre y recherchent leur nourriture. On ne peut manquer de s'interroger : pourquoi ce surfeur a-t-il choisi cet endroit pour pratiquer son sport ? Demandez à vos élèves de proposer des explications plausibles, à l'oral ou à l'écrit.

Cette photo a été prise à Haïti, l'un des pays les plus pauvres du monde. Pourtant, cette ile pourrait connaitre un développement économique spectaculaire grâce au tourisme : située dans les Caraïbes, les amateurs de surf y ont repéré de nombreux « spots » parfaits pour pratiquer ce sport. Haïti pourrait sortir de la misère si des programmes de développement voyaient le jour… La misère n'est donc pas une fatalité.

Fables en images

Fiches élève et photos à vidéoprojeter dans le CD-Rom (« Activités d'écriture à distribuer »)

Trompe-l'œil et images retouchées

Fiches élève dans le CD-Rom (« Activités d'écriture à distribuer »)

Le trompe-l'œil est une bonne entrée dans le travail indispensable de lecture critique des images, d'où qu'elles viennent. La multiplication des images et leur diffusion numérique instantanée font qu'elles deviennent un enjeu éducatif majeur : leur interprétation, leur décryptage, la compréhension des raisons de leur diffusion contribuent à faire de nos élèves des citoyens éclairés, ne se laissant pas aisément tromper ou manipuler.

En prolongement de l'activité proposée sur le CD, il est facile de trouver sur Internet de nombreuses images permettant d'approfondir la réflexion sur la manipulation de photographies et sur les raisons qui la motive :

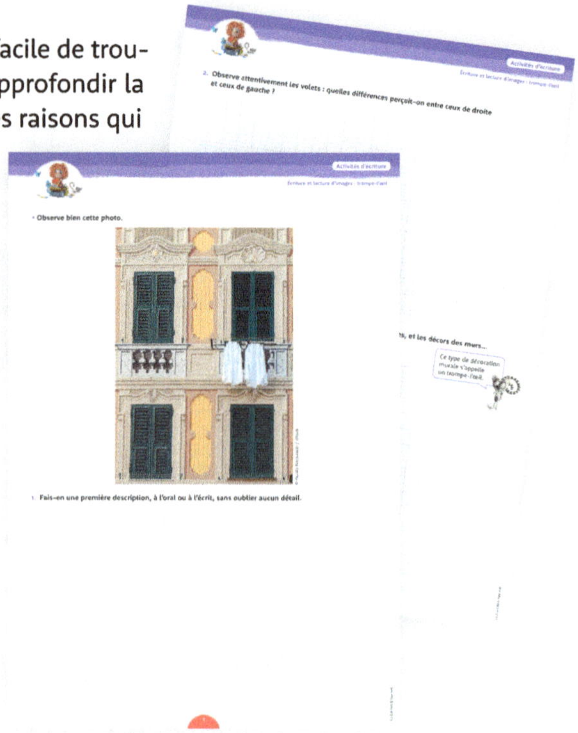

– Images retouchées dans l'industrie de la mode, représentant des modèles au corps « parfait », ou plutôt idéalisés, fantasmés, car s'éloignant du corps humain réel.
Voir, par exemple : http://www.lemonde.fr/actualite-medias/article/2015/02/21/l-eternelle-retouche-des-photos-du-corps-feminin_4581067_3236.html
– Images produites par des régimes politiques, effaçant certains personnages devenus indésirables.
Voir, par exemple : http://www.lense.fr/2012/03/14/le-trucage-photo-avant-photoshop/
– Images détournées de leur contexte pour manipuler le lectorat :
Voir, par exemple : http://observers.france24.com/fr/20150914-comment-internautes-creent-intox-images-migrants-refugies-desinformation-extreme-dr

Question de cadre...

Fiche élève dans le CD-Rom (« Activités d'écriture à distribuer »)

Photo non recadrée également dans le CD-Rom (« Activités d'écriture : images à projeter »)

Dans cette activité, vos élèves seront amenés à réfléchir à la question essentielle du cadrage : selon le cadrage choisi, une image peut être interprétée de manière totalement différente.

Lorsque les enfants devront répondre à la seconde question « Maintenant, ton enseignant va te donner une consigne supplémentaire. Est-ce que ton interprétation de la photo a changé ? », demandez à vos élèves d'observer attentivement le coin gauche de la photo : on voit des gens marchant sur le bitume, alors qu'on s'attendrait plutôt à apercevoir la mer..., puis projetez l'image non recadrée (voir CD-Rom « Activités d'écriture : images à projeter »).
Il s'agit d'une photo prise pendant l'opération Paris-Plage, au bord de la Seine, à Paris.

Écrire à partir d'une vidéo : un boulot de chien !

De la vidéo à l'oral, de l'oral à l'écrit

Cette séquence est adaptable à tout document vidéo que vous souhaitez exploiter en classe. On trouve sur des sites comme www.lesite.tv, youtube.com ou dailymotion.fr un grand nombre de reportages ou documentaires de format court (généralement moins de 10 minutes) qui sont tout à fait exploitables au cycle 3 :
Vous choisirez des thèmes en lien avec les domaines disciplinaires (histoire, géographie, sciences, EDD, enseignement moral et civique, etc.)
Il est bien sur nécessaire d'obtenir une autorisation de la part du propriétaire du contenu et de le visionner en intégralité avant utilisation en classe.
Voir : – sur youtube la page « Ressources destinées aux enseignants » :
https://support.google.com/youtube/answer/2802327?hl=fr
– sur dailymotion : http://www.dailymotion.com/fr/legal/terms

Cette précaution permet de s'assurer que la vidéo choisie est à la portée des élèves et que le contenu est propre à être diffusé en classe.
Cela permet également de sélectionner un ou plusieurs extraits particulièrement intéressants pour ne pas visionner un document dans son intégralité quand ce n'est pas nécessaire.

Les programmes 2016 précisent : « *La pratique de l'écriture doit être quotidienne, les situations d'écriture variées, en lien avec les lectures, la conduite des projets ou les besoins des disciplines.* »

Autrement dit, de même qu'on ne travaille pas l'oral pour lui-même, on ne fait pas écrire dans le seul but de s'entrainer à écrire, on n'organise pas d' activités d'écriture « hors-sol » : c'est le lien avec la littérature, les projets interdisciplinaires ou les divers domaines disciplinaires qui justifie les activités d'écriture et leur donne à la fois un support et un but.

Voici une séance développée à partir d'un document présentant en 1 minute 34 la formation des chiens d'avalanche. (**Formation des chiens d'avalanches de la gendarmerie** https://www.youtube.com/watch?v=qSpaV5JZoUg)

1 Visionnage

Visionnez une première fois le document, puis demandez à vos élèves de noter sur leur cahier d'essais ce qu'ils ont retenu : à ce stade, sous forme de mots-clés.
Visionnez à nouveau. Encouragez vos élèves prendre des notes « au vol » pendant le visionnage.

2 Remue-méninges

Notez à gauche du tableau et « en vrac » tous les éléments dont les élèves se souviennent.

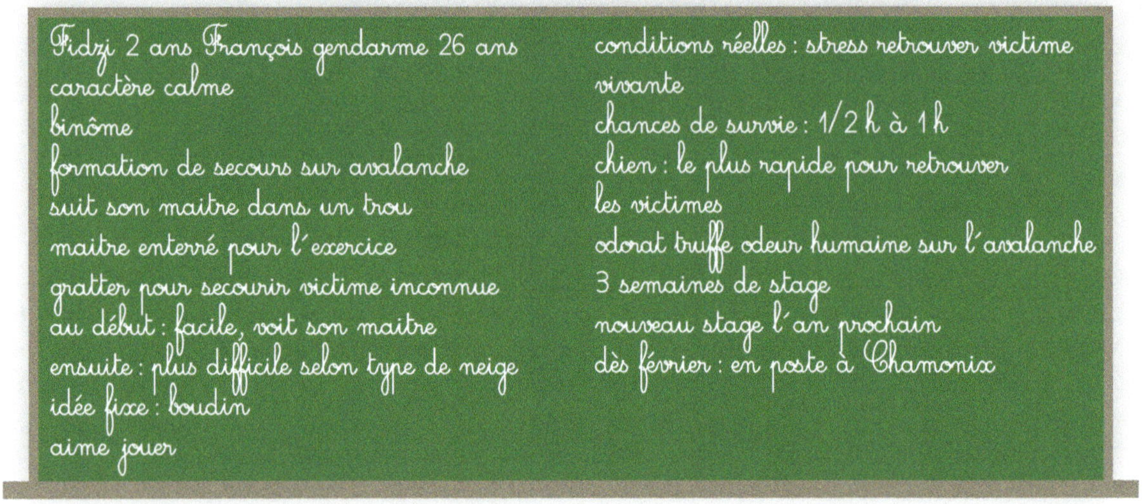

3 Carte heuristique (ou carte mentale)

Organisez (ou faites organiser) à présent les éléments recueillis sous forme de carte heuristique. Selon leur familiarité avec ce type de représentation des informations, vous laisserez vos élèves mener cette tâche de manière plus ou moins autonome.

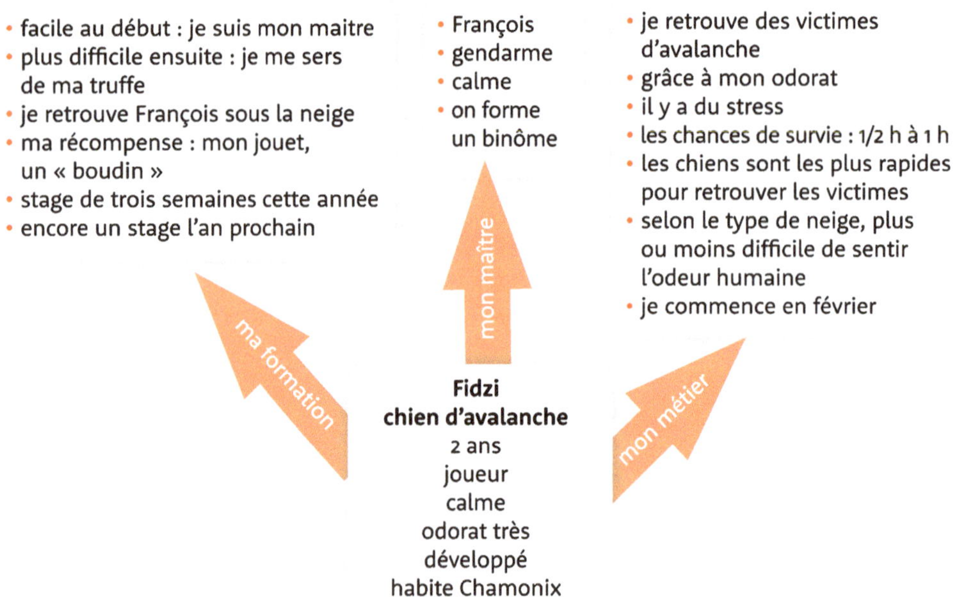

Selon les compétences de votre classe, cette carte sera organisée à partir de notes non rédigées, ou au contraire d'éléments déjà largement rédigés si vous souhaitez faciliter les étapes qui vont suivre :

version « notes »	version largement rédigée
retrouver victimes d'avalanche odorat stress chances de survie : 1/2 h à 1 h les chiens = plus rapides Selon le type de neige : sentir l'odeur humaine + ou - difficile début : février	je retrouve des victimes d'avalanche grâce à mon odorat il y a du stress les chances de survie : 1/2 h à 1 h les chiens sont les plus rapides pour retrouver les victimes Selon le type de neige, plus ou moins difficile de sentir l'odeur humaine je commence en février

4 De l'oral...

Demandez aux élèves de relire l'un des 3 cadres de la carte (mon maitre / ma formation / mon futur métier) puis de restituer, oralement, l'ensemble des informations en les organisant en phrases, par exemple :

> *« Mon maitre s'appelle François, il est gendarme et a 26 ans. Avec François, nous formons un binôme. Nous nous entendons bien car nous avons le même caractère : nous sommes calmes. »*

5 ... à l'écrit

Une fois que les élèves ont été capables de formuler à l'oral les informations de manière organisée et compréhensible, demandez-leur de passer à l'écrit. Dans cette séance, il est intéressant d'écrire en adoptant le point de vue du chien lui-même.

> *Je m'appelle Fidzi, j'ai deux ans et je suis chien d'avalanche à Chamonix. Mon maitre s'appelle François, il est gendarme et a 26 ans. Avec François, nous formons un binôme. etc.*

Selon le temps que vous souhaitez consacrer à cet atelier d'écriture, demandez d'écrire un, deux ou trois paragraphes, en répartissant les tâches selon les capacités de vos élèves ou selon leur souhait.
Une fois les différents paragraphes rédigés, demandez aux élèves de constituer un texte complet en s'associant à d'autres élèves. La finalisation du texte collectif nécessitera sans doute des réaménagements pour éviter les répétitions, ou enchainer les paragraphes, par exemple.

Voici différents reportages utilisables pour découvrir les « métiers » des chiens :

REPORTAGE – DES CHIENS À L'ÉCOLE DES DOUANES :
https://www.youtube.com/watch?v=kafMCM5lEno
formation d'un chien douanier

ANIMAUX : Dans les Alpes, les chiens sont à l'école anglaise
https://www.youtube.com/watch?v=kPBRu8Qu7Dk
chien de berger

Formation des chiens d'avalanches de la gendarmerie
https://www.youtube.com/watch?v=qSpaV5JZoUg

Profession chien : le chien guide d'aveugle
https://www.youtube.com/watch?v=IbisulV7Kj4

Les Chiens D'assistance Fides
https://www.youtube.com/watch?v=gIEy8TAdSyE

ANIMAUX : Le Terre-Neuve, un sauveteur à l'affut
https://www.youtube.com/watch?v=kDYqooQwuwA
chien de sauvetage en mer (ou en plan d'eau)

Je comprends ce qui est « caché » dans un texte

20 SÉANCES À RÉPARTIR SUR L'ENSEMBLE DE L'ANNÉE

DANS LES PROGRAMMES

Repères de progression CM2
Les élèves restituent l'essentiel d'un texte qui contient des informations explicites et des informations implicites.

Connaissances et compétences associées

Comprendre un texte littéraire et l'interpréter.
- être capable de s'engager dans une démarche progressive pour accéder au sens ;
- être capable de mettre en relation le texte lu avec les lectures antérieures, l'expérience vécue et les connaissances culturelles ;
- être capable de mobiliser des connaissances grammaticales et lexicales ;
- être capable de repérer ses difficultés et de chercher comment les résoudre ;
- être capable de recourir, de manière autonome, aux différentes démarches de lecture apprises en classe.

Comprendre des textes, des documents et des images et les interpréter
Contrôler sa compréhension et devenir un lecteur autonome
- être capable de s'engager dans une démarche progressive pour accéder au sens ;
- être capable de mettre en relation différentes informations ;
- être capable d'identifier les différents genres représentés et de repérer leurs caractéristiques majeures.

Exemples de situations, d'activités et d'outils pour l'élève

- activités permettant de :
- construire la compréhension d'un texte : repérage des informations explicites :
identification des personnages, lieux, actions, repères temporels, etc. ; repérage de l'implicite ; repérage des liens logiques ; élucidation lexicale par le contexte, la morphologie, le recours au dictionnaire ;
construction d'une visualisation de l'histoire narrée par le dessin, la sélection d'images, etc. ;
- rendre compte de sa compréhension des textes :
évocation spontanée de sa lecture, mise en lien avec l'expérience vécue, les lectures antérieures, la culture personnelle, réponses à des questions, paraphrases, reformulations, propositions de titres de paragraphes, rappels du récit, représentations diverses (dessin, mise en scène avec marionnettes ou jeu théâtral, etc.).

MANUEL DE L'ÉLÈVE **PP. 8-15**

CD-ROM
● ACTIVITÉS D'ENTRAINEMENT SUPPLÉMENTAIRES

LES CHOIX DE CLÉO

La compréhension en lecture est un domaine que l'on a longtemps négligé d'enseigner, comme si la fréquentation de l'écrit, et en particulier de la littérature, suffisait à assurer son autoapprentissage. Pour beaucoup d'élèves, il n'en est rien. Le décryptage de l'implicite, la capacité à faire des inférences sont des habiletés décisives pour assurer la compréhension.
C'est parce que nous estimons que cette compétence est capitale et qu'elle doit être entrainée sur le très long terme, que nous avons choisi, comme dans toute la collection C.L.É.O., de programmer des activités de compréhension de l'implicite en nombre important, sur l'ensemble de l'année.

RAPPEL POUR L'ENSEIGNANT

Compréhension des informations d'un texte
On distingue généralement trois types d'informations :

- **L'explicite textuel :** présentes en toutes lettres dans le texte, les informations sont données directement et ne posent pas de problème particulier de compréhension.
Par exemple : *François sortit la nappe du panier.*
→ *Que fit François ? Il sortit la nappe du panier.*

- **L'implicite textuel :** les informations sont également présentes dans le texte, mais sous forme métaphorique, ou dans une formulation imagée qu'il faut savoir interpréter. Par exemple : *François sortit la nappe du panier et l'étendit sur l'herbe.*
→ *Où se trouve François ? Dans un pré / À la campagne.*

- **L'implicite non textuel,** dont la compréhension dépend entièrement des connaissances sur le monde du lecteur.
François sortit la nappe du panier et l'étendit sur l'herbe. Ensuite, il appela « À table ! »

→ *Que va faire François ? Il va piqueniquer, probablement avec des amis ou sa famille (qu'il « appelle »), et bien qu'il dise « à table », le bon lecteur a compris qu'il n'y a pas de table : cette expression n'est pas à prendre au pied de la lettre.*

D'une manière générale, les questions posées par les manuels ou par les enseignants concernent trop fréquemment l'explicite textuel. Ce sont des questions sans véritable enjeu, auxquelles on peut trouver directement une réponse dans le texte. Elles font uniquement appel à la mémoire qu'on a d'un texte lu ou à la capacité de retrouver une information dans le corps du texte. En soumettant les élèves majoritairement à ce type de questions, on court le risque qu'ils construisent une représentation faussée de la lecture et de la compréhension, car ils peuvent très bien répondre aux questions posées, recevoir une excellente appréciation de leur enseignant... sans avoir réellement compris le texte. Plus grave encore, certains élèves mettent en place des stratégies de contournement ou d'évitement des tâches de compréhension, parce qu'ils finissent par penser que répondre à une question dans un contexte scolaire n'a rien à voir avec un questionnement authentique, qui demande un effort de réflexion.

Or, pour comprendre les inférences, il leur faut se lancer dans un travail de mise en relation des informations, que celles-ci soient fournies par le texte ou qu'elles fassent partie de leur connaissance du monde, pour en tirer de nouvelles informations.

Pour commencer Manuel p. 8

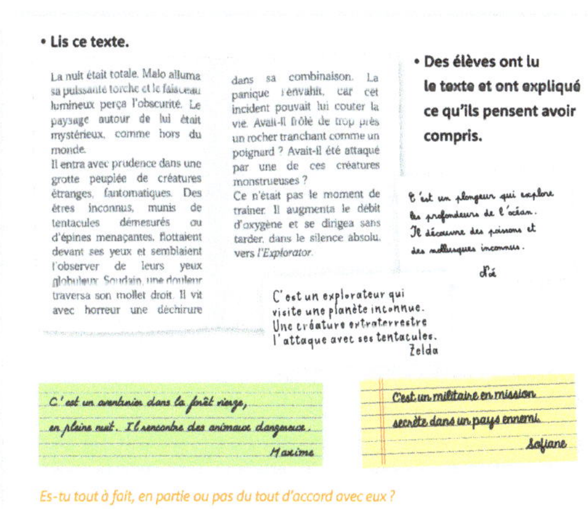
• Lis ce texte.

La nuit était totale. Malo alluma sa puissante torche et le faisceau lumineux perça l'obscurité. Le paysage autour de lui était mystérieux, comme hors du monde.
Il entra avec prudence dans une grotte peuplée de créatures étranges, fantomatiques. Des êtres inconnus, munis de tentacules démesurés ou d'épines menaçantes, flottaient devant ses yeux et semblaient l'observer de leurs yeux globuleux. Soudain, une douleur traversa son mollet droit. Il vit avec horreur une déchirure dans sa combinaison. La panique l'envahit, car cet incident pouvait lui couter la vie. Avait-il frôlé de trop près un rocher tranchant comme un poignard ? Avait-il été attaqué par une de ces créatures monstrueuses ?
Ce n'était pas le moment de trainer. Il augmenta le débit d'oxygène et se dirigea sans tarder, dans le silence absolu, vers *l'Explorator*.

• Des élèves ont lu le texte et ont expliqué ce qu'ils pensent avoir compris.

Es-tu tout à fait, en partie ou pas du tout d'accord avec eux ?

1 Faites lire le texte p. 8 (figurant sur le « livre ouvert »). Ce texte laisse volontairement le champ libre à plusieurs interprétations, afin de permettre un débat riche et de contraindre les élèves à étayer leurs hypothèses sur des indices tangibles et non sur de simples impressions.

2 Avant de prendre connaissance de l'interprétation du texte par quatre élèves fictifs, vous pouvez poser ces deux questions à vos propres élèves (oralement ou sur le cahier d'essais) : « D'après vous, où se passe cette scène ? Que pensez-vous avoir compris du personnage de Lucas ? » Dans un échange collectif, demandez à chacun de justifier ses réponses par des éléments tirés du texte (pas de validation ou d'invalidation des réponses à ce stade du travail).

3 Lisez ensuite les quatre encadrés autour du texte. Par groupe ou individuellement, demandez à vos élèves s'ils sont *tout à fait, en partie ou pas du tout d'accord* avec les interprétations proposées. Les hypothèses peuvent être recevables (« le texte permet de les formuler ») ou irrecevables (« il y a contradiction entre certaines informations du texte et ces hypothèses »).

4 Procédez ensuite à une mise en commun.

De fait, c'est l'hypothèse 3 qui semble la plus plausible, suivie de près par l'hypothèse 2. En revanche, les deux hypothèses 1 et 4, même si elles ne peuvent pas être totalement réfutées, sont beaucoup moins plausibles que les deux autres.

Indices

Vous pouvez reproduire ce tableau récapitulatif au tableau ; chaque indice est évalué pour les quatre hypothèses :
+ si l'indice correspond parfaitement à l'hypothèse ; = si l'indice est neutre par rapport à l'hypothèse ;
– si l'indice va plutôt à l'encontre de l'hypothèse.

	mission secrète dans un pays ennemi	exploration d'une planète inconnue	plongée dans les profondeurs de l'océan	aventurier dans la forêt vierge
paysage mystérieux, comme hors du monde	=	+	+	=
grotte peuplée de créatures étranges, fantomatiques	–	+	+	=
êtres inconnus, tentacules démesurés, épines menaçantes, yeux globuleux	–	+	+	–
déchirure dans la combinaison	–	+	+	–
débit d'oxygène	–	+	+	–
le silence absolu	=	=	+	=
l'Explorator	–	+	+	–

5 Pour conclure cette séance, faites observer à vos élèves que la compréhension d'un texte passe par la recherche d'indices, mais qu'il faut faire une distinction très importante entre trois types de prises d'information :

– ce que le texte ***impose*** de comprendre, sans contestation possible ;

– ce que le texte ***interdit*** de comprendre : certaines interprétations ne sont tout simplement pas recevables ;

– ce que le texte ***autorise*** à comprendre : certaines interprétations sont possibles, elles sont d'ailleurs plus ou moins plausibles, mais sans qu'on puisse avoir de certitude.

C'est cette dernière catégorie qui pose souvent problème au lecteur, qui aime avoir des certitudes pour s'engager plus avant dans la découverte d'un récit.

Pour s'entrainer

Cette très longue séquence, constituée de 20 entrainements est à répartir sur l'ensemble de l'année. Les premières séances peuvent être menées collectivement, de manière à bien stabiliser les procédures nécessaires à l'activité. Une fois les réponses élaborées oralement, puis rédigées et copiées au tableau, et les indices repérés, le tableau est effacé et les élèves exécutent à nouveau la tâche, mais individuellement. Progressivement, les élèves travaillent sur ces activités de manière autonome. Il faudra, bien sûr, accompagner plus longtemps, de manière individuelle, les élèves faibles compreneurs ou rencontrant des difficultés à formaliser et à rédiger leur réponse. Le temps de mise en commun et de correction collective est déterminant pour la progression des habiletés en compréhension de tous les élèves. Il faut donc l'organiser le plus souvent possible, directement après le travail individuel, ou le lendemain. Nous vous suggérons ce déroulement :

1 Recueillez toutes les réponses (soit en passant dans les rangs, soit en les relevant au début de la correction) et listez-les au tableau.

2 Demandez aux élèves de réagir aux réponses proposées et faites systématiquement valider ou invalider les réponses grâce à des éléments fournis par le texte.

N.B. : On veillera à ne jamais stigmatiser tel ou tel élève auteur d'une « mauvaise » réponse. Le recueil des réponses et leur listage anonyme au tableau permet d'obtenir le recul et la neutralité nécessaires à une réflexion de qualité.

3 Prenez un peu de temps, si besoin, pour améliorer la formulation écrite de la ou des réponses exactes.

Exemple :

5 – Hé ben ça va, pas trop dure la vie on dirait ! lança Sylvie en franchissant le portillon. Allongé sur un matelas pneumatique rose fluo qui faisait de légers clapotis, lunettes noires sur le nez, chapeau de paille sur la tête, sirotant un verre de jus de fruit où tintaient des glaçons, Hervé lui fit de grands gestes :
– M'en parle pas ! Super dure au contraire ! Mais je suis courageux, je m'accroche comme tu vois !

• Où se trouve Hervé ? Que penses-tu de sa réponse ?

Réponses proposées par les élèves :

Hervé se trouve : dans un jardin / dans sa baignoire / à la piscine / dans sa piscine / dans la piscine d'un hôtel.

→ Hervé ne peut pas être dans sa baignoire (on n'entre pas dans une salle de bains par un portillon) ni dans un jardin (on peut entrer dans un jardin par un portillon, mais pourquoi entendrait-on des clapotis ?)

→ Hervé n'est pas non plus à la piscine, ou du moins cette réponse est incomplète : on ne peut pas siroter un verre de jus de fruits dans une piscine municipale.

→ Hervé est donc **dans sa piscine**, ou **dans la piscine d'un hôtel** : ces réponses sont tout à fait compatibles avec la présence d'un matelas pneumatique, d'un verre de jus de fruits, d'un chapeau de paille et de lunettes de soleil. De plus, les piscines sont généralement entourées d'une clôture et l'on y entre par un portillon.

Notez qu'on passe autant de temps (sinon plus !) à réfléchir sur les réponses erronées que sur les réponses exactes. Toutes sont systématiquement explicitées, avec retour aux éléments du texte qui permettent de se déterminer.

Des activités supplémentaires sont disponibles sur le CD.

Remarque

La rédaction de réponses satisfaisantes sur le plan syntaxique et orthographique continue souvent à poser problème au CM2… Collectivement ou individuellement, vous pouvez outiller vos élèves de stratégies qu'ils vont peu à peu automatiser :

– S'appuyer sur l'énoncé de la question pour amorcer la réponse :

Où se passe cette scène ? → Cette scène se passe…

– Encourager l'emploi du présentatif « c'est… qui » dans les réponses :

Qui prononce ces paroles ? → C'est… qui prononce ces paroles.

– Préparer mentalement une réponse complète avant de commencer à l'écrire.

Pour aller plus loin

Le texte de la lettre utilise abondamment une formule de style appelée ***litote***, qui consiste à en dire moins pour laisser entendre davantage. Il s'agit de provoquer, chez le récepteur, la compréhension d'un sens caché qui parfois n'a rien à voir avec le sens premier.

Pour aller plus loin

L'auteur de cette lettre l'a écrite avec une intention cachée. Laquelle ? Explique-la en quelques lignes.

Très cher ami,
Nous avons été très heureux de vous recevoir le weekend dernier dans notre manoir.
C'était un plaisir de voir à quel point vous avez apprécié notre demeure, sa décoration, ses objets précieux.
Vous avez particulièrement aimé, semble-t-il, nos couverts en argent massif. C'est sans doute la raison pour laquelle vous les avez empruntés afin, je suppose, de les faire admirer à votre épouse.

Depuis votre départ, un évènement bien désagréable est arrivé : notre femme de chambre, qui est à notre service depuis plus de vingt ans, nous a signalé la disparition d'un tableau d'une grande valeur dans la chambre que vous occupiez.
C'est certainement elle qui est coupable…
Nous n'aurions jamais imaginé qu'elle puisse se montrer aussi malhonnête. Nous allons sans doute devoir la renvoyer, et porter plainte contre elle…

Enfin, j'ai une autre pénible nouvelle à vous annoncer :
mon épouse a égaré sa magnifique bague d'émeraude. Vous avez dû la remarquer, car c'est celle qu'elle portait le soir où nous vous avons accueilli chez nous.
Oh, ces bagues, ça a tendance à glisser du doigt et à tomber n'importe où… Je pense qu'avec un peu de chance elle finira par réapparaitre.

Dimanche soir, vous nous avez quittés précipitamment, comme un voleur, allais-je écrire. Quel dommage, nous n'avons pas eu le temps de vous dire à quel point nous avions eu plaisir à vous accueillir.

Très cher ami, c'est sur ces mots que je termine cette lettre. N'hésitez pas à revenir quand vous voulez.
Nous attendons votre prochaine visite avec impatience.

Baron Jules de Mortefouille

Je fais attention à la logique des textes

6 OU 7 SÉANCES
À RÉPARTIR
SUR 3 MOIS ENV.

DANS LES PROGRAMMES

Repères de progression CM2
Les élèves restituent l'essentiel d'un texte qui contient des informations explicites et des informations implicites.

Connaissances et compétences associées
- être capable de s'engager dans une démarche progressive pour accéder au sens ;
- être capable de mettre en relation le texte lu avec les lectures antérieures, l'expérience vécue et les connaissances culturelles ;
- être capable de mobiliser des connaissances grammaticales et lexicales ;
- être capable de repérer ses difficultés et de chercher comment les résoudre ;
- être capable de recourir, de manière autonome, aux différentes démarches de lecture apprises en classe.

Comprendre des textes, des documents et des images et les interpréter
Contrôler sa compréhension et devenir un lecteur autonome
- être capable de s'engager dans une démarche progressive pour accéder au sens ;
- être capable de mettre en relation différentes informations ;
- être capable d'identifier les différents genres représentés et de repérer leurs caractéristiques majeures.

Exemples de situations, d'activités et d'outils pour l'élève
- activités permettant de :
- construire la compréhension d'un texte : repérage des informations explicites ; identification des personnages, lieux, actions, repères temporels, etc. ; repérage de l'implicite ; repérage des liens logiques ; élucidation lexicale par le contexte, la morphologie, le recours au dictionnaire ;
construction d'une visualisation de l'histoire narrée par le dessin, la sélection d'images, etc. ;
- rendre compte de sa compréhension des textes : évocation spontanée de sa lecture, mise en lien avec l'expérience vécue, les lectures antérieures, la culture personnelle, réponses à des questions, paraphrases, reformulations, propositions de titres de paragraphes, rappels du récit, représentations diverses (dessin, mise en scène avec marionnettes ou jeu théâtral, etc.).

MANUEL DE L'ÉLÈVE
PP. 16-18

CD-ROM ET SITE COMPAGNON
● ACTIVITÉ D'ENTRAINEMENT SUPPLÉMENTAIRE

LES CHOIX DE CLÉO

La cohérence textuelle dépend de nombreux paramètres que nos élèves, en lecture et en écriture, peuvent s'entrainer à mieux repérer. On peut distinguer :

- La cohérence de **point de vue** : au fil du texte, le point de vue reste le même (récit à la 1re personne, à la 3e personne, etc.).
- La cohérence **thématique** : l'enchainement des informations est logique et ne comporte pas de contradictions.
- La cohérence des reprises d'information : les substituts (notamment les pronoms) utilisés concordent avec la première désignation des personnages.
- La cohérence **temporelle et spatiale** : les temps utilisés sont adéquats, les connecteurs spatiotemporels sont utilisés à bon escient.

Nous sommes conscients de la difficulté de cette séquence pour beaucoup d'élèves : ils auront besoin d'un étayage soutenu de leurs efforts. En sensibilisant les élèves à ces problèmes de cohérence, on escompte une amélioration des compétences de lecture mais aussi d'écriture, en favorisant une plus grande fermeté des choix énonciatifs.

Pour commencer Manuel p. 16

Faites lire le texte p. 16.
Demander aux élèves de commenter la première erreur de logique entourée en rouge. Faites expliciter l'incohérence : la fête des Mères a lieu au mois de mai, et non en octobre. Faites ensuite rectifier la phrase.
Procédez de même pour la deuxième erreur : on ne vend pas des croissants dans une boucherie, mais dans une boulangerie.

> **Pour commencer**
>
> **• En lisant ce texte, des élèves y ont trouvé des erreurs de logique : observe leur travail.**
>
> Dans la rue déserte, un bout de chou, pas plus haut que trois pommes, marche seul sur le trottoir. Que fait-il là, tout seul, à l'aube, en ce dimanche d'octobre ? Il serre dans sa main gauche un petit portemonnaie. Comme un grand, il attend prudemment que toutes les voitures soient arrêtées au feu rouge pour traverser. Le voilà qui entre dans la boucherie :
> – Bonjour, Madame, trois croissants s'il vous plait !
> – Bonjour, petite, c'est bien de s'occuper du petit déjeuner le jour de la fête des mères ! Ta maman va être surprise !
> Fièrement, Annabelle range la monnaie dans le portefeuille et retourne chez elle sans perdre de temps. Mission accomplie !

Laissez ensuite les élèves trouver les autres incohérences, individuellement ou en groupes.

Exemple :
– « Dans la rue déserte » ⟷ « Il attend que toutes les voitures soient arrêtées au feu rouge. »
– « un bout de chou » / « comme un grand » ⟷ « bonjour petite » / « Annabelle »
– « un petit portemonnaie » ⟷ « le portefeuille »

Après une mise en commun et une explicitation des problèmes de logique découverts, concluez en récapitulant les types d'erreurs rencontrées : contradiction entre deux informations données successivement, incohérence dans la désignation d'un personnage par un substitut.

Pour s'entrainer

Programmez les 6 activités d'entrainement sur une période de trois mois environ. Vous pouvez donner l'activité n°1 directement après le « Pour commencer » si vous le souhaitez.

Pour aller plus loin

Corrigé :
sa boulangère → sa banque
son porteclé → son portefeuille
le précieux rectangle de caoutchouc → de plastique
son téléviseur → son ordinateur
le 1er mars → le 1er avril
Indices de farce du 1er avril
Adresse de la banque : rue de l'Aquarium 88140 Les Thons
Signature : Jean-Marc Halammson (à l'hameçon)

> **Pour aller plus loin**
>
> **• Lis ce texte attentivement.**
> **Attention, il comporte des erreurs de logique.**
>
> Incrédule, Guy lisait et relisait le courrier envoyé par sa boulangère :
>
> BANQUE DU NORD-EST
> Rue de l'Aquarium
> 88140 Les Thons
>
> *Monsieur Guy Cascella*
> *26 rue des Pêchers*
> *88120 Saint-Dicat*
>
> *Votre compte laisse apparaitre un débit de 14 352,59 €.*
> *Vous avez dépassé votre découvert sans autorisation.*
> *Veuillez rétablir la situation au plus vite, sous peine de poursuites.*
>
> *Jean-Marc Halammson, conseiller bancaire.*
>
> Plus de quatorze-mille euros ! Il devait y avoir une erreur… Et si on lui avait volé €
> sa carte bancaire ? À cette idée, des gouttes de pluie froide dégoulinèrent de ses tempes.
> Il se mit à fouiller son porteclé et en sortit, soulagé, le précieux petit rectangle
> de caoutchouc. En rangeant sa carte, une autre idée angoissante lui traversa l'esprit.
> « On m'a volé mes identifiants sur Internet, voilà l'explication ! » Il alluma
> fébrilement son téléviseur et se connecta sur le site de sa banque. C'était à n'y rien
> comprendre : tout était normal, il avait exactement 654,63 € sur son compte !
> Soudain, Guy se frappa le front : il avait compris. « Que je suis bête, on est le
> 1er mars ! Ah, je suis sûr que c'est Laurent qui m'a fait cette farce, il m'a bien eu ! »
>
> **• Rétablis la logique du texte.**
> **• Puis fais la liste des indices qui permettent de comprendre qu'il s'agit d'une farce.**

Je comprends la chronologie d'un récit

5 OU 6 SÉANCES
À RÉPARTIR
SUR 3 MOIS ENV.

DANS LES PROGRAMMES

Repères de progression CM2
Les élèves restituent l'essentiel d'un texte qui contient des informations explicites et des informations implicites.

Connaissances et compétences associées

Comprendre un texte littéraire et se l'approprier
- être capable de s'engager dans une démarche progressive pour accéder au sens ;
- être capable de mettre en relation le texte lu avec les lectures antérieures, l'expérience vécue et les connaissances culturelles ;
- être capable de mobiliser des connaissances grammaticales et lexicales ;
- être capable de repérer ses difficultés et de chercher comment les résoudre ;
- être capable de recourir, de manière autonome, aux différentes démarches de lecture apprises en classe.

Comprendre des textes, des documents et des images et les interpréter

Contrôler sa compréhension et devenir un lecteur autonome
- être capable de s'engager dans une démarche progressive pour accéder au sens ;
- être capable de mettre en relation différentes informations ;
- être capable d'identifier les différents genres représentés et de repérer leurs caractéristiques majeures.

Exemples de situations, d'activités et d'outils pour l'élève
- activités permettant de :
- construire la compréhension d'un texte : repérage des informations explicites ; identification des personnages, lieux, actions, repères temporels, etc. ; repérage de l'implicite ; repérage des liens logiques ; élucidation lexicale par le contexte, la morphologie, le recours au dictionnaire ; construction d'une visualisation de l'histoire narrée par le dessin, la sélection d'images, etc. ;
- rendre compte de sa compréhension des textes : évocation spontanée de sa lecture, mise en lien avec l'expérience vécue, les lectures antérieures, la culture personnelle, réponses à des questions, paraphrases, reformulations, propositions de titres de paragraphes, rappels du récit, représentations diverses (dessin, mise en scène avec marionnettes ou jeu théâtral, etc.).

MANUEL DE L'ÉLÈVE
PP. 19-22

CD-ROM
- ACTIVITÉS D'ENTRAINEMENT SUPPLÉMENTAIRES

LES CHOIX DE CLÉO

Il est difficile au cycle 3 de résumer un texte. Ce chapitre va contribuer à la construction de cette compétence de haut niveau, puisque chaque activité sera l'occasion de remettre dans l'ordre chronologique les principaux évènements d'un texte, reformulés au moyen d'une courte phrase.
Le traitement de l'ordre chronologique ne va pas de soi pour certains d'élèves de CM2 : ces élèves confondent la **linéarité du texte**, qui expose l'évènement A, puis, B, puis C, etc. à mesure que l'on lit, et l'**ordre chronologique**, qui n'est pas forcément respecté dans le texte : l'évènement C peut fort bien s'être produit d'abord, puis le A, puis le B, etc.
Cette séquence va permettre d'observer en détail ce phénomène, pour en permettre une meilleure prise en compte dans les diverses situations de lecture.

Pour commencer

Manuel p. 19

Faites lire le texte p. 19.
Comme ce texte est long, il peut être donné à préparer, en travail à la maison, la veille de la séance.
Individuellement ou par groupes, faites compléter la liste des évènements résumés, qui est amorcée sur le manuel. Faites remarquer qu'il ne s'agit pas de recopier à l'identique des phrases du manuel, mais de parvenir à une reformulation claire et concise des évènements relatés.
Une mise en commun permettra de se mettre d'accord sur une formulation commune.

Pour commencer

• Lis ce texte.

Cela fait presque une heure qu'Alice attend, devant le tapis roulant à bagages. Tous les autres passagers ont récupéré leurs valises, seul le sac d'Alice n'est pas apparu. Il y a quelque chose d'anormal.
Décidément, ce voyage est plein d'imprévus : déjà, tout à l'heure, elle a failli ne pas descendre de l'avion ! Comment a-t-elle pu s'endormir juste au moment de l'atterrissage ? Dans un demi-sommeil, elle a entendu l'hôtesse s'adresser aux passagers pour Porto Alegre : "*Passageiros para Porto Alegre*", ou quelque chose comme ça... Elle ne parle pas un mot de portugais, mais elle est sure d'avoir compris "Porto Alegre", et c'est bien là sa destination, la ville brésilienne où elle va faire un stage de six mois. Elle a eu juste le temps de quitter l'avion avant qu'il ne redécolle pour une autre ville.
Le tapis roulant s'arrête : c'est sûr, maintenant, plus aucun bagage n'apparaitra. Alice se décide à aller au comptoir des "*Reclamações de Bagagem*".
L'employée vérifie son billet et, avec un sourire, lui fait comprendre qu'elle n'est pas à Porto Alegre comme elle le pense, mais à... Florianópolis : elle est descendue trop tôt de l'avion !
Pas étonnant qu'elle n'ait pas récupéré ses bagages !
Alice comprend ce qui s'est passé : l'hôtesse, tout à l'heure, a demandé aux passagers pour Porto Alegre de ne pas descendre de l'avion !
Heureusement, tout s'arrange : la compagnie aérienne lui permet d'embarquer dans le vol suivant. Elle arrivera donc à Porto Alegre avec quelques heures de retard... et avec un souvenir original de son arrivée au Brésil !

Exemple :
- Alice attend devant le tapis roulant.
- Alice s'endort au moment de l'atterrissage.
- L'hôtesse annonce l'atterrissage.
- Alice descend de l'avion.
- Le tapis roulant s'arrête.
- Alice va au comptoir des réclamations.
- L'employée lui apprend qu'elle a débarqué à Florianópolis.
- Alice prend le vol suivant pour Porto Alegre.
- Elle arrive à Porto Alegre.

Demandez ensuite aux élèves de remettre ces évènements dans l'ordre chronologique, c'est-à-dire dans l'ordre où les évènements se sont vraiment passés, dans la réalité (travail individuel). Après un temps de travail individuel, procédez à une mise en commun.

Exemple :
- Alice s'endort au moment de l'atterrissage.
- L'hôtesse annonce l'atterrissage.
- Alice descend de l'avion.
- Alice attend devant le tapis roulant.
- Le tapis roulant s'arrête.
- Alice va au comptoir des réclamations.
- L'employée lui apprend qu'elle a débarqué à Florianópolis.
- Alice prend le vol suivant pour Porto Alegre.
- Alice arrive à Porto Alegre.

Suscitez les réactions de vos élèves : dans le texte, les évènements ne sont pas forcément dans l'ordre chronologique.
Concluez la séance en insistant sur l'importance de bien tenir compte de la différence qu'il peut y avoir entre l'ordre de présentation des évènements dans le texte et l'ordre réel dans lequel ils se sont produits.

Pour s'entrainer

Proposez les 5 entrainements au cours des trois mois suivant la séance « Pour commencer ».
Il sera sans doute nécessaire d'accompagner le travail des élèves d'une manière assez serrée au cours des premiers entrainements, notamment pour constituer la liste des évènements dans l'ordre où ils sont évoqués dans le texte. La capacité à résumer ces évènements en quelques mots, parfois sous la forme d'une phrase nominale, demande en effet des efforts soutenus.
Trois activités supplémentaires sont disponibles sur le CD.

Pour aller plus loin

Pour aller plus loin

- **Reconstitue ce texte dont les phrases ont été mélangées.**
- **Fais un résumé des évènements principaux puis classe-les dans l'ordre chronologique.**

Ce matin-là, il faisait très froid et il avait beaucoup neigé pendant la nuit.

Delphine et son amie ne se décidèrent à appeler un dépanneur qu'après avoir essayé pendant plus d'une heure de dégivrer la serrure.

Au moment d'ouvrir sa voiture, Delphine fit une grimace : la clé refusait d'entrer dans la serrure, sans doute coincée par le gel.

Delphine fit la bise à Perrine sur le pas de la porte en la remerciant pour son hospitalité.

Au moment où le dépanneur arrivait, une jeune femme sortit de la maison d'à côté et se dirigea vers Delphine.

Sa clé toujours dans la main, elle regarda la voisine s'éloigner, avant de s'apercevoir… que sa voiture était garée de l'autre côté de la rue !

La jeune femme, très étonnée, la remercia d'avoir nettoyé les vitres de sa voiture, ouvrit la serrure sans difficulté et démarra.

Delphine et Perrine, son amie parisienne, avaient passé un excellent weekend, mais en ce lundi matin, Delphine devait rentrer chez elle en province.

Delphine retourna voir son amie qui lui prêta une balayette, afin de débarrasser les vitres de sa voiture de la neige et du givre accumulés.

Corrigé :

Texte reconstitué :

– Delphine et Perrine, son amie parisienne, avaient passé un excellent weekend, mais, en ce lundi matin, Delphine devait rentrer chez elle en province.
– Delphine fit la bise à Perrine sur le pas de la porte en la remerciant pour son hospitalité.
– Ce matin-là, il faisait très froid et il avait beaucoup neigé pendant la nuit.
– Delphine retourna voir son amie qui lui prêta une balayette, afin de débarrasser les vitres de sa voiture de la neige et du givre accumulés.
– Au moment d'ouvrir sa voiture, Delphine fit une grimace : la clé refusait d'entrer dans la serrure, sans doute coincée par le gel.
– Delphine et son amie ne se décidèrent à appeler un dépanneur qu'après avoir essayé pendant plus d'une heure de dégivrer la serrure.
– Au moment où le dépanneur arrivait, une jeune femme sortit de la maison d'à côté et se dirigea vers Delphine.
– La jeune femme, très étonnée, la remercia d'avoir nettoyé les vitres de sa voiture, ouvrit la serrure sans difficulté et démarra.
– Sa clé toujours dans la main, elle regarda la voisine s'éloigner, avant de s'apercevoir… que sa voiture était garée de l'autre côté de la rue !

Ordre chronologique :

– Weekend agréable pour Delphine et Perrine.
– Il a beaucoup neigé pendant la nuit.
– Delphine prend congé de son amie.
– Sa voiture est recouverte de neige, la serrure est sans doute coincée par le gel.
– Pendant une heure, les deux amies essaient d'ouvrir la voiture.
– Elles appellent un dépanneur.
– Une jeune femme sort de sa maison, remercie Delphine d'avoir nettoyé sa voiture et démarre.
– Delphine a confondu sa voiture avec une autre.

Je comprends les sentiments et les intentions des personnages

5 À 6 SÉANCES
À RÉPARTIR SUR 2 MOIS ENV.

DANS LES PROGRAMMES

Repères de progression CM2
Les élèves restituent l'essentiel d'un texte qui contient des informations explicites et des informations implicites.

Connaissances et compétences associées

Comprendre un texte littéraire et se l'approprier

- être capable de s'engager dans une démarche progressive pour accéder au sens ;
- être capable de mettre en relation le texte lu avec les lectures antérieures, l'expérience vécue et les connaissances culturelles ;
- être capable de mobiliser des connaissances grammaticales et lexicales ;
- être initié à la notion d'aspect verbal (valeurs des temps), abordée à travers l'emploi des verbes dans les textes lus (le récit au passé simple, le discours au présent ou au passé composé, etc.) ;
- être capable de repérer ses difficultés et de chercher comment les résoudre ;
- être capable de recourir, de manière autonome, aux différentes démarches de lecture apprises en classe.

Exemples de situations, d'activités et d'outils pour l'élève

- activités permettant de :
- construire la compréhension d'un texte : repérage des informations explicites ; identification des personnages, lieux, actions, repères temporels, etc. ; repérage de l'implicite ; repérage des liens logiques ; élucidation lexicale par le contexte, la morphologie, le recours au dictionnaire ; construction d'une visualisation de l'histoire narrée par le dessin, la sélection d'images, etc. ;
- rendre compte de sa compréhension des textes : évocation spontanée de sa lecture, mise en lien avec l'expérience vécue, les lectures antérieures, la culture personnelle, réponses à des questions, paraphrases, reformulations, propositions de titres de paragraphes, rappels du récit, représentations diverses (dessin, mise en scène avec marionnettes ou jeu théâtral, etc.) ;
- partager ses impressions de lecture, faire des hypothèses d'interprétation et en débattre, confronter des jugements : débats interprétatifs, cercles de lecture, présentations orales, mises en voix avec justification des choix.

MANUEL DE L'ÉLÈVE
PP. 23-26

CD-ROM ET SITE COMPAGNON
- ACTIVITÉ D'ENTRAINEMENT SUPPLÉMENTAIRE

LES CHOIX DE CLÉO

Les programmes sont peu loquaces sur cet aspect de la compréhension qui pourtant mérite un apprentissage. Les attitudes des personnages, leurs intentions, la manière dont le texte rend compte de leurs émotions, de leurs sentiments, tout ceci peut faire obstacle à la compréhension si ce n'est pas bien décrypté.

Il est essentiel également que les élèves prennent conscience qu'il peut y avoir une grande différence entre ce qui est ***dit*** par le texte et ce qui est ***ressenti intimement*** par un personnage.

> Exemple :
> Dans l'activité 2 p. 24, Mme Melon semble rabrouer son mari d'une manière assez brutale, et trouver horrible la statue vendue par un brocanteur :
> *– Laisse, on s'en va ! Tu ne vas pas acheter cette horreur ! Je n'en donnerais même pas dix euros !*
> En réalité, c'est un stratagème mis au point avec son mari pour obtenir à bon prix la sirène convoitée.

Certains de vos élèves sont encore peu sensibles aux indices du texte qui semblent en contradiction avec le discours des personnages, ou ne savent pas les traiter efficacement. Ce chapitre contribuera à développer cette habileté.

Pour commencer Manuel p. 23

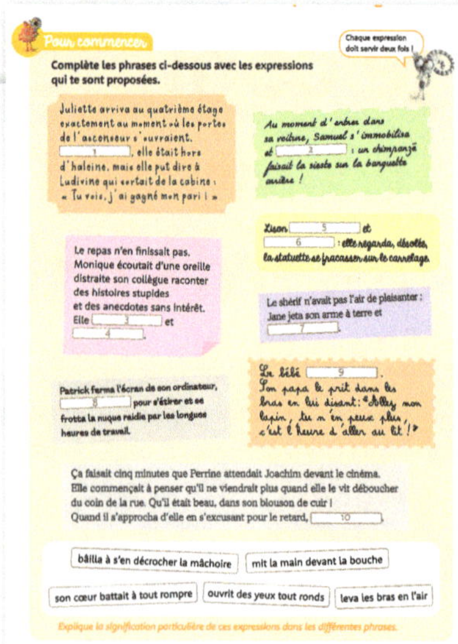
Pour commencer

Complète les phrases ci-dessous avec les expressions qui te sont proposées.

Chaque expression doit servir deux fois !

Juliette arriva au quatrième étage exactement au moment où les portes de l'ascenseur s'ouvraient. [1], elle était hors d'haleine, mais elle put dire à Ludivine qui sortait de la cabine : « Tu vois, j'ai gagné mon pari ! »

Au moment d'entrer dans sa voiture, Samuel s'immobilisa et [2] : un chimpanzé faisait la sieste sur la banquette arrière !

Le repas n'en finissait pas. Monique écoutait d'une oreille distraite son collègue raconter des histoires stupides et des anecdotes sans intérêt. Elle [3] et [4].

Lison [5] et [6] : elle regarda, désolée, la statuette se fracasser sur le carrelage.

Le shérif n'avait pas l'air de plaisanter : Jane jeta son arme à terre et [7].

Patrick ferma l'écran de son ordinateur, [8] pour s'étirer et se frotta la nuque raidie par les longues heures de travail.

Le bébé [9]. Son papa le prit dans les bras en lui disant : « Allez, mon lapin, tu n'en peux plus, c'est l'heure d'aller au lit ! »

Ça faisait cinq minutes que Perrine attendait Joachim devant le cinéma. Elle commençait à penser qu'il ne viendrait plus quand elle le vit déboucher du coin de la rue. Qu'il était beau, dans son blouson de cuir ! Quand il s'approcha d'elle en s'excusant pour le retard, [10].

bâilla à s'en décrocher la mâchoire | mit la main devant la bouche | son cœur battait à tout rompre | ouvrit des yeux tout ronds | leva les bras en l'air

Explique la signification particulière de ces expressions dans les différentes phrases.

1 Faites lire les huit micro-textes de la p. 23, ainsi que les cinq expressions placées dans des étiquettes. Précisez bien que chacune des expressions doit être utilisée deux fois.

2 Après un temps de travail individuel ou en groupes, procédez à une mise en commun. Faites expliciter l'adéquation de l'expression choisie et du contexte :

– ***Son cœur battait à tout rompre, il était hors d'haleine*** : signe d'un effort physique.
– ***Patrick ferma l'écran de son ordinateur, leva les bras en l'air pour s'étirer*** : signe d'un besoin de détendre ses muscles.
– ***Bill jeta son arme à terre et leva les bras en l'air*** : signe de reddition.
– ***Samuel s'immobilisa et ouvrit des yeux tout ronds*** : signe d'intense surprise.
– ***Elle mit la main devant la bouche et bâilla à s'en décrocher la mâchoire*** : signe de profond ennui.
– ***Quand il s'approcha d'elle [...], son cœur battait à tout rompre*** : signe d'émoi amoureux.
– ***Lison mit la main devant la bouche et ouvrit des yeux tout ronds*** : signe d'impuissance navrée.
– ***Le bébé bâilla à s'en décrocher la mâchoire*** : signe de fatigue.

3 Faites préciser pour chaque cas s'il s'agit d'une réaction purement physique, ou si la réaction trahit une émotion, un sentiment, un message implicite à l'égard de l'interlocuteur.

Pour s'entrainer

Les activités d'entrainement demanderont aux élèves de traduire les émotions, les sentiments et les intentions des personnages. Afin d'accroitre ce champ lexical et de le rendre disponible, constituez une affiche répertoriant ces sentiments et émotions au fur et à mesure de l'avancement de cette séquence, en l'organisant en catégories, par exemple :

peur surprise panique colère impatience	joie détente relaxation soulagement connivence complicité	tristesse découragement abattement honte accablement regret	dissimulation double-jeu duplicité	charme trouble émoi coup de foudre	douleur émotion tétanisante incrédulité indécision confusion commotion

Pour aller plus loin

Les élèves doivent être capables de faire le parallèle entre :
– écrire dans le sable → dessiner des routes dans la purée ;
– être assis par terre en classe → diner assis en tailleur au sol, sur le tapis ;
– constater que « c'est une autre culture » → se coiffer en s'appropriant cette autre culture (« tresses de rasta »).

On en déduit que la mère cherche à faire le parallèle entre l'Afrique, où les enfants sont chargés d'aller cherche l'eau au puits, et sa propre famille, où elle aimerait que ses enfants l'aident à faire la vaisselle.

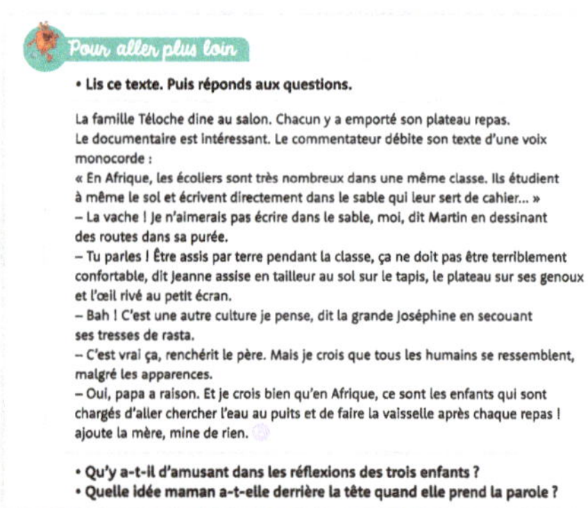
Pour aller plus loin

• Lis ce texte. Puis réponds aux questions.

La famille Téloche dine au salon. Chacun y a emporté son plateau repas.
Le documentaire est intéressant. Le commentateur débite son texte d'une voix monocorde :
« En Afrique, les écoliers sont très nombreux dans une même classe. Ils étudient à même le sol et écrivent directement dans le sable qui leur sert de cahier... »
– La vache ! Je n'aimerais pas écrire dans le sable, moi, dit Martin en dessinant des routes dans sa purée.
– Tu parles ! Être assis par terre pendant la classe, ça ne doit pas être terriblement confortable, dit Jeanne assise en tailleur au sol sur le tapis, le plateau sur ses genoux et l'œil rivé au petit écran.
– Bah ! C'est une autre culture je pense, dit la grande Joséphine en secouant ses tresses de rasta.
– C'est vrai ça, renchérit le père. Mais je crois que tous les humains se ressemblent, malgré les apparences.
– Oui, papa a raison. Et je crois bien qu'en Afrique, ce sont les enfants qui sont chargés d'aller chercher l'eau au puits et de faire la vaisselle après chaque repas ! ajoute la mère, mine de rien.

• Qu'y a-t-il d'amusant dans les réflexions des trois enfants ?
• Quelle idée maman a-t-elle derrière la tête quand elle prend la parole ?

Je repère les différentes désignations des personnages

3 À 4 SÉANCES
À RÉPARTIR
SUR 4 MOIS ENV.

DANS LES PROGRAMMES

Repères de progression CM2
Les élèves restituent l'essentiel d'un texte qui contient des informations explicites et des informations implicites.

Connaissances et compétences associées
- activités permettant de :
- construire la compréhension d'un texte : repérage des informations explicites ; identification des personnages, lieux, actions, repères temporels, etc. ; repérage de l'implicite ; repérage des liens logiques ; élucidation lexicale par le contexte, la morphologie, le recours au dictionnaire ; construction d'une visualisation de l'histoire narrée par le dessin, la sélection d'images, etc. ;
- rendre compte de sa compréhension des textes : évocation spontanée de sa lecture, mise en lien avec l'expérience vécue, les lectures antérieures, la culture personnelle, réponses à des questions, paraphrases, reformulations, propositions de titres de paragraphes, rappels du récit, représentations diverses (dessin, mise en scène avec marionnettes ou jeu théâtral, etc.) ;
- partager ses impressions de lecture, faire des hypothèses d'interprétation et en débattre, confronter des jugements : débats interprétatifs, cercles de lecture, présentations orales, mises en voix avec justification des choix.

Exemples de situations, d'activités et d'outils pour l'élève
Pratique régulière des activités suivantes :
- activités permettant de :
- construire la compréhension d'un texte : repérage des informations explicites ; identification des personnages, lieux, actions, repères temporels, etc. ; repérage de l'implicite ; repérage des liens logiques ; élucidation lexicale par le contexte, la morphologie, le recours au dictionnaire ; construction d'une visualisation de l'histoire narrée par le dessin, la sélection d'images, etc. ;
- rendre compte de sa compréhension des textes : évocation spontanée de sa lecture, mise en lien avec l'expérience vécue, les lectures antérieures, la culture personnelle, réponses à des questions, paraphrases, reformulations, propositions de titres de paragraphes, rappels du récit, représentations diverses (dessin, mise en scène avec marionnettes ou jeu théâtral, etc.) ;
- partager ses impressions de lecture, faire des hypothèses d'Interprétation et en débattre, confronter des jugements : débats interprétatifs, cercles de lecture, présentations orales, mises en voix avec justification des choix.

MANUEL DE L'ÉLÈVE
PP. 27-29

CD-ROM
● ACTIVITÉS D'ENTRAINEMENT SUPPLÉMENTAIRES

CAHIER D'ACTIVITÉS
P. 4

LES CHOIX DE CLÉO

Dès le CE1, le repérage des différentes désignations d'un personnage fait l'objet de nombreux entrainements dans la collection C.L.É.O.
Il est vrai que, pour l'apprenti lecteur, les chaines anaphoriques peuvent constituer des obstacles très sérieux à la compréhension.
La reprise d'un personnage par des substituts du nom (souvent des pronoms personnels) demande un traitement interprétatif que le lecteur expert a quasiment automatisé.
Au CM2, la lecture à plusieurs voix d'un dialogue exige la maitrise de compétences de haut niveau, et ceci en temps réel. L'élève doit en effet être capable de :
– reconnaitre le personnage qu'il incarne sous ses différentes désignations ;
– repérer la présence d'incises, dont la lecture est assurée par le narrateur ;
– assurer une lecture expressive, en rapport avec le texte lu.

Pour commencer Manuel p. 27 • Cahier d'activités p. 4

1 Par groupes de cinq, demandez aux élèves de préparer une lecture à haute voix du texte de la p. 27 du manuel (vous pouvez aussi faire ouvrir le cahier d'activités p. 4).

Pour commencer

• **Lis le texte suivant, puis prépare et joue la scène avec tes camarades.**

Tout était calme dans le vaisseau spatial quand, soudain, un petit robot à l'air délabré sembla s'éveiller. Il fit clignoter une lumière rouge au-dessus de sa tête avant d'alerter l'équipage d'une voix métallique :
« Alerte ! Astéroïde droit devant ! Déclenchez la procédure d'évitement ! »
Aussitôt, John Kaufman distribua les ordres :
– Katie, prenez le contrôle manuel ! Il est trop tard pour programmer la trajectoire.
– À vos ordres, commandant !
La jeune femme s'installa aussitôt au poste de pilotage.
– Steven, bon sang ! Réveillez-vous, mon vieux, ce n'est pas le moment de dormir !
Le lieutenant-chef s'étira comme un chat et lança un regard de défi au responsable de la mission. Il n'appréciait pas du tout qu'une autre que lui ait obtenu le rôle principal dans la manœuvre.
– Je pensais que Mlle Rasmussen était assez experte pour...
– Ne faites pas le malin, l'interrompit Kaufman. Vous savez bien qu'en cas d'urgence la sécurité est doublée ! Je vous ordonne de rejoindre votre poste !
De mauvaise grâce, il alla s'assoir à la gauche de sa collègue.
Celle-ci, pour détendre l'atmosphère, se tourna vers XZ-42 et lui lança :
– Bravo, vieux tas de ferraille, tu as encore de bons réflexes !
– Merci pour le compliment, répondit l'androïde. Mais une demoiselle comme vous devrait apprendre la politesse !
Chacun se concentra sur sa tâche. La moindre erreur pouvait signifier la fin de la mission...

Cette première phase de travail doit permettre de repérer avec exactitude les différentes prises de parole des personnages, ainsi que leurs désignations diverses. Faites lire ensuite ce texte par deux ou trois groupes à haute voix.

2 Demandez aux élèves de repérer, sur leur cahier d'activités, les différentes désignations des personnages en utilisant quatre couleurs différentes, par exemple : orange (le robot) / bleu (le commandant Kaufman) / rose (Katie) / vert (Steven).
Cette phase sera d'autant mieux réussie que les élèves auront eu l'occasion de surmonter les difficultés induites par les diverses désignations, pendant la phase de lecture à plusieurs voix.

3 La correction est collective.

Corrigé :

un petit robot (GN)	**Katie (NP)**	**John Kaufman (NP)**	**Steven (NP)**
il (pr.)	la jeune femme (GN)	Commandant (GN)	mon vieux (GN)
XZ-42 (NP)	une autre (GN)	(au) responsable de la mission (GN)	le lieutenant-chef (GN)
lui (pr.)	Mlle Rasmussen (NP)	Kaufman (NP)	il (pr.)
vieux tas de ferraille (GN)	sa collègue (GN)	Je (pr.)	lui (pr.)
tu (pr.)	celle-ci (pr.)		je (pr.)
l'androïde (GN)	une demoiselle comme vous (GN)		vous (pr.)
			il (pr.)

Pour s'entrainer

Le format des activités d'entrainement est similaire à celui du « Pour commencer ».
Dans la mesure du possible, faites lire vos élèves par groupes et à haute voix pour préparer la phase écrite de l'activité qui en sera grandement facilitée. Vous pouvez également donner ces textes à préparer à la maison, la veille de la séance.

N.B. : Dans certains textes, plusieurs personnages peuvent être repris au moyen de référents partagés (par exemple, Hugo et Justine repris par « les enfants »). Le repérage de ces référents particuliers demandera sans doute d'être explicité collectivement.

Des activités supplémentaires sont proposées sur le CD.

Pour aller plus loin

Dans ce texte, pour cause de travestissement, les référents masculins désignent le personnage féminin, et inversement.

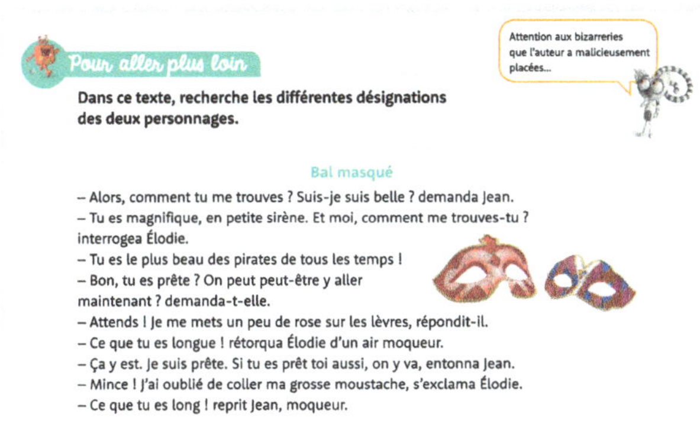

Pour aller plus loin

Dans ce texte, recherche les différentes désignations des deux personnages.

Attention aux bizarreries que l'auteur a malicieusement placées...

Bal masqué

– Alors, comment tu me trouves ? Suis-je suis belle ? demanda Jean.
– Tu es magnifique, en petite sirène. Et moi, comment me trouves-tu ? interrogea Élodie.
– Tu es le plus beau des pirates de tous les temps !
– Bon, tu es prête ? On peut peut-être y aller maintenant ? demanda-t-elle.
– Attends ! Je me mets un peu de rose sur les lèvres, répondit-il.
– Ce que tu es longue ! rétorqua Élodie d'un air moqueur.
– Ça y est. Je suis prête. Si tu es prêt toi aussi, on y va, entonna Jean.
– Mince ! J'ai oublié de coller ma grosse moustache, s'exclama Élodie.
– Ce que tu es long ! reprit Jean, moqueur.

J'adapte ma lecture au fil du texte

8 À 9 SÉANCES
À RÉPARTIR SUR 4 MOIS ENV.

DANS LES PROGRAMMES

Repères de progression CM2
Les élèves restituent l'essentiel d'un texte qui contient des informations explicites et des informations implicites.
Ils mettent en relation le texte lu avec un autre texte ou une autre référence culturelle.

Connaissances et compétences associées

Comprendre des textes, des documents et des images et les interpréter
Contrôler sa compréhension et devenir un lecteur autonome
- être capable de s'engager dans une démarche progressive pour accéder au sens ;
- être capable de mettre en relation différentes informations ;
- être capable d'identifier les différents genres représentés et de repérer leurs caractéristiques majeures.

Exemples de situations, d'activités et d'outils pour l'élève

- activités permettant de :
- construire la compréhension d'un texte : repérage des informations explicites ; identification des personnages, lieux, actions, repères temporels, etc. ; repérage de l'implicite ; repérage des liens logiques ; élucidation lexicale par le contexte, la morphologie, le recours au dictionnaire ; construction d'une visualisation de l'histoire narrée par le dessin, la sélection d'images, etc. ;
- rendre compte de sa compréhension des textes : évocation spontanée de sa lecture, mise en lien avec l'expérience vécue, les lectures antérieures, la culture personnelle, réponses à des questions, paraphrases, reformulations, propositions de titres de paragraphes, rappels du récit, représentations diverses (dessin, mise en scène avec marionnettes ou jeu théâtral, etc.) ;
- partager ses impressions de lecture, faire des hypothèses d'interprétation et en débattre, confronter des jugements : débats interprétatifs, cercles de lecture, présentations orales, mises en voix avec justification des choix.

MANUEL DE L'ÉLÈVE
PP. 30-33

CD-ROM
● ACTIVITÉS D'ENTRAINEMENT SUPPLÉMENTAIRES

LES CHOIX DE CLÉO

Comprendre un texte nécessite de construire une première représentation de la situation (personnages, décors, enjeux), et cela d'emblée, dès les premières lignes lues. Bien souvent, toutefois, il est nécessaire de réajuster cette première représentation à la lumière de la suite de sa lecture : un personnage qu'on n'avait pas bien cerné, une situation qu'on n'avait pas comprise, etc. Cette flexibilité est une compétence essentielle que les lecteurs habiles savent mettre en œuvre. Ils établissent des vérités provisoires, des représentations partielles, ils échafaudent des hypothèses de sens qu'ils seront en mesure de confirmer ou d'infirmer en continuant leur lecture.
Les textes de ce chapitre sont tous caractérisés par la présence de « fausses pistes » dans la construction du sens, qu'il faut être capable de déjouer au fil de la lecture. Une tâche d'explicitation clôt systématiquement l'activité, de manière à prendre conscience des éléments qui ont mené à l'élaboration de la fausse piste, puis à ceux qui ont mené à sa réfutation.

Pour commencer Manuel p. 30

Zelda fit claquer ses sabots contre le sol et remua sa crinière. À la recherche d'un peu de fraicheur, elle galopa jusqu'à la rivière pour s'y désaltérer.
C'est cet instant précis qu'une ______, tapie dans la ______, choisit pour l'attaquer par surprise. Le fauve planta ses crocs dans l'encolure de Zelda et l'entraina dans la rivière en enfonçant ses griffes dans ses flancs. Ses chances de survie étaient très minces, mais Zelda ne perdit pas courage. Du sang tachait sa robe ______. Dans un effort désespéré, elle réussit à prendre le dessus et à maintenir la tête de la ______ sous l'eau. Cette dernière, suffocante, à demi noyée, finit par lâcher prise.
Zelda s'enfuit aussitôt et rejoignit le troupeau de ______, qui avait suivi de loin la bataille. Ses blessures n'étaient que superficielles ; en quelques jours, elle serait guérie.

1 Faites lire le texte p. 30. Chaque élève tente ensuite de deviner les mots cachés, puis compare son travail avec celui de son voisin.

N.B. : Ce récit du combat d'un zèbre et d'une lionne est authentique !

2 La classe se met d'accord sur une version commune :
« C'est à cet instant précis qu'une lionne, tapie dans la savane (ou : brousse) choisit pour l'attaquer [...] Du sang tachait sa robe *zébrée*. [...] la tête de la *lionne* [...] le troupeau de zèbres. »

3 Répondez collectivement aux deux questions posées :
Les termes *sabots*, *crinière* et *galoper* évoquent d'abord un cheval (ou plus précisément, ici, une jument).
La suite du texte vient remettre en cause cette première représentation : aucun fauve, en Europe, ne peut planter ses crocs dans l'encolure d'un cheval : la scène semble plutôt se passer en Afrique. Il s'agit donc plus vraisemblablement d'un zèbre. D'autres indices, auxquels on n'avait d'abord guère prêté attention, confirment cette nouvelle représentation :
– Zelda s'est approchée de la rivière *à la recherche d'un peu de fraicheur* (évocation de la chaleur de la savane africaine),
– présence d'un troupeau d'équidés en liberté ayant libre accès à une rivière (ce qui est peu courant en Europe).
Si certains élèves persistent à ne pas adhérer à cette version africaine, faites observer que ces indices n'étaient sans doute pas suffisamment explicites pour effacer leur première impression : ils ont une confiance trop grande dans leur propre compréhension. Il s'agit donc d'apprendre à rester flexible en cours de lecture et attentif à des éléments de sens qui peuvent remettre en question notre première impression.

4 Concluez la séance par un retour réflexif sur l'activité menée : « Parfois, en commençant à lire un texte, on se fait une représentation inexacte de la situation, ou des personnages. Il est donc important de savoir réajuster cette représentation au fil du texte. C'est ce que nous nous entrainerons à faire au cours de ce chapitre. »

Pour s'entrainer

Proposez les activités d'entrainement sur une période de quatre mois environ.
La tâche la plus difficile pour beaucoup d'élèves sera sans doute la rédaction individuelle, dans leur

cahier, de deux phrases permettant de constater l'évolution de la représentation entre le début et la fin du texte. Pour aider vos élèves, vous pouvez mener cette tâche d'écriture collectivement lors des premiers entrainements. Faites-leur rechercher systématiquement quels mots du texte peuvent être réutilisés dans leur réponse.

Par ailleurs, organisez aussi souvent que possible un retour collectif sur les indices non perçus ou mal interprétés : ils font souvent partie intégrante du plaisir du lecteur, de ce plaisir qu'on prend à avoir été « mené en bateau » par l'écrivain.

Six activités supplémentaires sont disponibles sur le CD.

Proposition de correction

Texte 1
Au début, je croyais qu'il s'agissait d'un chef de chantier conduisant des travaux dans le désert. Ensuite, j'ai compris qu'il s'agissait d'un petit garçon, rêvant devant son assiette de purée.

Texte 2
Au début, je croyais que la vieille dame allait se faire dévaliser par le voleur.
Ensuite, j'ai compris qu'elle avait été, autrefois, championne de karaté ou de kung-fu.

Texte 3
Au début, je croyais que Tonton Zéro était engagé dans une course.
Ensuite, j'ai compris qu'il faisait la queue pour acheter un hotdog.

Texte 4
Au début, je croyais qu'il s'agissait de deux jeunes filles de la Cour, à Versailles, au temps de Louis XIV.
Ensuite, j'ai compris qu'il s'agissait de deux élèves qui s'amusaient à jouer le rôle d'une duchesse et d'une comtesse, dans la galerie des Glaces.

Texte 5
Au début, je croyais que le personnage était une jeune fille, menacée par un individu inquiétant qui s'était introduit dans son appartement.
Ensuite, j'ai compris qu'il s'agissait d'une souris chassée par un chat.

Texte 6
Au début, je croyais que Mme Roulette dirigeait une crèche (ou une halte-garderie / une ludothèque).
Ensuite, j'ai compris que Mme Roulette était dentiste.

Texte 7
Au début, je croyais que Sandy était la femme (ou la cuisinière) du personnage qui parle (il s'agit de tonton Zéro, bien sûr !).
Ensuite, j'ai compris que la Sandy était le nom d'un modèle de sorbetière.

Texte 8
Au début, je croyais que le personnage de l'histoire nageait dans la mer.
Ensuite, j'ai compris qu'il rêvait et qu'il avait fait pipi au lit.

Pour aller plus loin

Le texte de cette activité joue sur le genre grammatical d'un certain nombre de substantifs, en prenant le contrepied systématique des stéréotypes qui leur sont associés :
– L'agresseur s'appelle Lucie, c'est une crapule qui va retrouver ses ami**e**s en prison.
– La victime s'appelle Martin : il sort peu à peu du brouillard où **il** était plong**é**.
– Le témoin s'appelle Charlotte : elle est presque sure que l'agresseur n'apparait pas sur les photos présentées.
– L'officier de police s'appelle Jeanne : elle est « aussi brève que possible » quand elle interroge la victime.
– Le médecin des urgences s'appelle Françoise : elle est intransigeante en n'accordant que cinq minutes à l'officier de police.

Je repère « les sauts dans le temps » d'un récit

6 À 7 SÉANCES À RÉPARTIR SUR 3 MOIS ENV.

DANS LES PROGRAMMES

Repères de progression CM2
Les élèves restituent l'essentiel d'un texte qui contient des informations explicites et des informations implicites. Ils mettent en relation le texte lu avec un autre texte ou une autre référence culturelle.

Connaissances et compétences associées
Comprendre un texte littéraire et se l'approprier
– être capable de s'engager dans une démarche progressive pour accéder au sens ;
– être capable de mettre en relation le texte lu avec les lectures antérieures, l'expérience vécue et les connaissances culturelles ;
– être capable de mobiliser des connaissances grammaticales et lexicales ;
– être capable de repérer ses difficultés et de chercher comment les résoudre ;
– être capable de recourir, de manière autonome, aux différentes démarches de lecture apprises en classe.

Exemples de situations, d'activités et d'outils pour l'élève
– activités permettant de :
– construire la compréhension d'un texte : repérage des informations explicites ; identification des personnages, lieux, actions, repères temporels, etc. ; repérage de l'implicite ; repérage des liens logiques ;
élucidation lexicale par le contexte, la morphologie, le recours au dictionnaire ; construction d'une visualisation de l'histoire narrée par le dessin, la sélection d'images, etc. ;
– rendre compte de sa compréhension des textes : évocation spontanée de sa lecture, mise en lien avec l'expérience vécue, les lectures antérieures, la culture personnelle, réponses à des questions, paraphrases, reformulations, propositions de titres de paragraphes, rappels du récit, représentations diverses (dessin, mise en scène avec marionnettes ou jeu théâtral, etc.) ;
– partager ses impressions de lecture, faire des hypothèses d'interprétation et en débattre, confronter des jugements : débats interprétatifs, cercles de lecture, présentations orales, mises en voix avec justification des choix.

MANUEL DE L'ÉLÈVE **PP. 34-37**

CD-ROM
● ACTIVITÉS D'ENTRAINEMENT SUPPLÉMENTAIRES

Pour commencer

Manuel p. 34

1. Faites lire le texte p. 34.

2. Organisez un rapide débat collectif permettant de vous assurer que tous les élèves ont bien situé le personnage principal, Gaëlle. Vous pouvez guider le débat par des questions comme :
– « Qui prend la parole à chaque ouverture de guillemets ? »
– « Quel est le contexte de ces prises de parole (lieu, moment) ? »
– « Comment comprenez-vous les réactions successives de Gaëlle aux paroles de sa maman, puis à celles du directeur de laboratoire où elle fait ses études ? »
– « Comment comprendre qu'on lui adresse la parole de différentes manières (Gaëlle, puis Mlle Leloup, puis chère collègue) ? » Etc.

3. Demandez aux élèves de repérer les deux endroits où se produit un « saut dans le temps ». Ce repérage est facilité par l'ouverture de nouveaux guillemets et/ou le changement de paragraphe.

> **N.B. :** Le début du texte est lui-même assimilable à une ellipse, puisque le récit démarre *in media res* (« au milieu des choses »). Cette technique narrative plonge d'emblée le lecteur au cœur de l'intrigue.

Individuellement sur le cahier d'essais, demandez aux élèves d'imaginer ce qui a pu se passer entre chaque époque évoquée dans le texte :
• Gaëlle a continué à sortir peu et à faire des expériences dans son garage. / Elle a passé son bac et a entamé de brillantes études de biologie.
• Gaëlle s'est engagée dans des recherches très originales que n'appréciait pas son professeur d'université. Malgré cette opposition, elle a fait une découverte qui a révolutionné son domaine de recherche.
Faites remarquer aux élèves que ce ne sont que des suppositions, très probables mais pas certaines.

Pour s'entrainer

Les entrainements reprennent le même format d'activité que le texte du « Pour commencer », mais les ellipses n'y sont pas forcément aussi explicites. Lors des premiers entrainements, vous pouvez fort bien prévoir une courte phase collective au cours de laquelle la classe répondra aux consignes oralement.

N.B. : Dans ce chapitre comme dans les suivants, vous constaterez que les textes sont de longueur et de complexité variées. Rien ne vous empêche de les proposer dans l'ordre de votre choix, selon le temps disponible et les compétences de vos élèves.

Proposition de correction

Texte 1

Moment de l'ellipse : L'aéroport de Boston grouillait de monde.

Que s'est-il passé ? : Après le départ de son frère ainé pour Shanghai, Jérôme est lui aussi parti étudier à l'étranger, quelques années plus tard. Il accueille Antoine à l'aéroport de Boston.

Texte 2

Moment de l'ellipse : – Mon pauvre Marcel, dit sa maman en lui caressant le front fiévreux.

Que s'est-il passé ? : Marcel a été attaqué par le « monstre » du grenier, le même qui avait attaqué son père auparavant. Il se réveille, sans doute dans une chambre d'hôpital, sa maman à son chevet.

Texte 3

Moment de l'ellipse : Ses paroles suivantes, il les a prononcées quelques heures plus tard.

Que s'est-il passé ? : Tonton Zéro a eu un accident de ski. À l'hôpital, on lui a posé un plâtre.

Texte 4

Moment de l'ellipse : – Te fais pas de mouron, Rémi…

Que s'est-il passé ? : Tonton Zéro a pris Rémi, épuisé, sur ses épaules pour finir la randonnée.

Texte 5

Moment de l'ellipse : Lorsque la trompe de chasse répondit enfin…

Que s'est-il passé ? : Le renard a trouvé refuge dans l'eau d'un marais ou au bord d'une rivière. La meute a perdu sa trace.

Texte 6

Moment de l'ellipse : – On a frappé, Albert, tu y vas ?

Que s'est-il passé ? : Les deux enfants sont montés sur le vélo et Tom a perdu le contrôle de l'engin, en mauvais état, provoquant une chute douloureuse. Les enfants ont ensuite sonné à la maison la plus proche pour trouver de l'aide.

Pour aller plus loin

Corrigé :

Textes remis dans l'ordre chronologique, et explicitation des ellipses.

17 octobre

Beaucoup de monde à mon départ de Johannesburg. Comme les journaux ont parlé de ma tentative de tour du monde, une foule de curieux s'était rassemblée pour me souhaiter bon voyage. Peu après le décollage, il y a eu un court-circuit dans ma radio de bord. Il faudra que je m'occupe de ça dès mon arrivée en Tanzanie, prévue demain soir.

Ellipse : L'avion a connu une défaillance grave, obligeant à un atterrissage d'urgence.

19 octobre

Atterrissage d'urgence dans la brousse, quarante-huit heures seulement après mon départ. Et avec la radio qui ne fonctionne plus, impossible d'appeler les secours ! Il faudra que je répare seule. La chaleur est supportable en journée, mais c'est le manque d'eau et de nourriture qui m'inquiète le plus.

Ellipse : Durant quatre jours, la pilote s'emploie à une réparation de fortune de son avion.

23 octobre

L'avion a redécollé. Enfin. Après quatre jours de doute et de découragement, le moteur semble vouloir fonctionner… au moins jusqu'à Dar Es Salaam, que je devrais atteindre demain. S'il tient le coup, je pourrai trouver les pièces et les outils qui me manquaient dans la brousse. Pourvu qu'il ne lâche pas !

Ellipse : L'avion tient bon, permettant au pilote d'atteindre Dar Es Salaam.

24 octobre

Arrivée un peu mouvementée à l'aéroport hier soir. Ne pouvant communiquer avec la tour de contrôle, j'ai été obligée de me poser sans autorisation. C'est la police qui m'a accueillie sur la piste d'atterrissage, mais tout s'est arrangé très vite. Après une bonne nuit à l'hôtel, je suis prête à remettre l'avion en état et à repartir en direction de Madagascar.

Je trouve un mot grâce au contexte

5 À 6 SÉANCES À RÉPARTIR SUR 6 SEMAINES ENV.

DANS LES PROGRAMMES

Repères de progression CM2
Les élèves utilisent le contexte pour comprendre les mots inconnus rencontrés à l'occasion de leur lecture.

Exemples de situations, d'activités et d'outils pour l'élève
– en lecture, entrainement à la compréhension des mots inconnus à l'aide du contexte et de la formation du mot.

MANUEL DE L'ÉLÈVE **PP. 38-39**

CAHIER D'ACTIVITÉS **P. 5**

LES CHOIX DE CLÉO

Ce chapitre permet de faire prendre conscience de la nécessaire solidarité des éléments constitutifs de la langue : il s'agit certes de trouver le mot approprié, et cette compétence lexicale est première (si je n'ai pas les mots, je ne peux rien dire), mais elle a besoin d'être étayée par d'autres compétences. Le mot n'est pas un élément isolé qui planerait de manière autonome, il doit trouver sa place en solidarité dans le fil de l'énoncé. Quand je construis un mur de pierres, chaque pierre ajoutée doit avoir la bonne taille, la bonne forme pour que le mur soit solide et esthétique. Il en va de même : le mot ajouté doit prendre place entre les autres et être en cohérence sur le plan sémantique autant que grammatical.

La démarche comporte donc un double objectif :

- trouver le terme approprié (contexte sémantique) ;
- l'insérer avec une forme grammaticalement compatible (accords éventuels, forme conjuguée…).

Là aussi, cette démarche doit être accompagnée de moments d'explicitation en prenant conscience que les contraintes ne sont pas toutes du même ordre :

- sur le plan lexical, il peut y avoir plusieurs réponses possibles (phénomènes de substitution par synonymie, mots plus ou moins précis, voire registre de langue…) ;
- alors que sur le plan grammatical, la contrainte est totale et qu'il n'y a pas de choix possible.

Pour commencer

Manuel p. 38 • Cahier d'activités p. 5

Faites lire silencieusement le texte.

Par petits groupes ou individuellement, les élèves recherchent quels mots peuvent convenir pour compléter ce texte, sur leur cahier d'activités.

Manuel p. 38

• Lis ce texte dans lequel des mots ont été supprimés.

Drame de la nature ! Je lisais .... le pommier, quand un .... s'est détaché, tombant à mes pieds. La pomme s'est immobilisée. Elle .... trop mure et légèrement gâtée. C'est alors que j'ai ...., sortant du fruit, un ver ou une chenille, je .... savais pas trop. J'ai observé cet animal se contracter, se déployer, se contracter encore et se déployer toujours pour .... sur le fruit. Un oiseau s'est précipité… Un coup de bec rapide… Et fin de l'histoire !

• Dans la liste ci-dessous, retrouve les mots manquants en t'appuyant sur :
- le sens du texte ;
- l'orthographe (accords, conjugaison…).

étaient	fruits	découvert	dans	sous
fruit	avancer	ne	se déplacer	semblait

Attention, parfois plusieurs réponses sont possibles.

Lors de la mise en commun, explicitez en quoi certaines propositions sont recevables ou non.

Exemple :

- *Elle *étaient trop mure / un *fruits s'est détaché* : même si, à l'oral, cette proposition semble convenir, les règles d'accord interdisent ce choix.
- *pour avancer / se déplacer sur le fruit* : les deux propositions sont correctes à la fois du point de vue grammatical (on attend un verbe à l'infinitif) et lexical (le sens des deux verbes convient au sens général révélé par le contexte).

Corrigé :

1. sous	4. découvert
2. fruit	5. ne
3. semblait	6. avancer / se déplacer

Pour s'entrainer

Proposez les activités d'entrainement dans les semaines qui suivent. S'il n'est pas forcément utile de corriger collectivement l'ensemble des mots à trouver, certains méritent une attention particulière.

Exemple :
Activité 2
[...] *l'homme se coucha sur le sol, et en rampant* (et non : *marchant*) *avec lenteur, entreprit de se rapprocher du troupeau.* →
Puisqu'il s'est couché sur le sol, il ne peut pas marcher : *rampant* est donc la seule réponse valable.
Le canon de son fusil était enveloppé de tissu pour éviter que l'éclat du soleil sur le métal (et non *fusil*) *n'alerte sa proie.* →
Puisqu'on a déjà utilisé le mot *fusil* dans cette phrase, il est préférable d'éviter la répétition : le *métal* convient mieux.

Pour les meilleurs élèves (et pour l'enseignant !), ces explicitations semblent aller de soi ; pour les élèves les plus fragiles, elles sont un levier puissant permettant de clarifier les attentes face à la tâche, de s'armer de procédures solides et efficaces.

Pour aller plus loin

Pour aller plus loin

Trouve les mots cachés :
– si le mot inconnu a un numéro 1 , il est dans la liste « Pour t'aider » ;
– s'il est caché par ? , il n'est pas dans la liste.

Pour t'aider
bâti - folie - vendues - bien - sombrait - basculaient - constituées - valeur - contre - pour

En Hollande, au XVIIe siècle, une véritable 1 s'était emparée des habitants. C'était à qui trouverait la plus belle tulipe, celle qui avait la couleur la plus rare ou la forme la plus étrange. Et tous ? à prix d'or les bulbes tant désirés.
Riches marchands et nobles personnages rivalisaient : ils se devaient de faire aussi 2 que leurs amis, ou mieux ? , les dépasser. De véritables collections avaient été 3 .
Les bulbes de tulipes s'échangeaient à 4 d'or : des maisons ou des châteaux pour quelques fleurs, des navires 5 une poignée de bulbes. En peu de temps, des fortunes se faisaient et se défaisaient, les gens s'enrichissaient ou 6 dans la misère.

Corrigé :
En Hollande, au XVIIe siècle, une véritable folie s'était emparée des habitants. C'était à qui trouverait la plus belle tulipe, celle qui avait la couleur la plus rare ou la forme la plus étrange. Et tous achetaient à prix d'or les bulbes tant désirés.
Riches marchands et nobles personnages rivalisaient : ils se devaient de faire aussi bien que leurs amis, ou mieux encore, les dépasser. De véritables collections avaient été constituées.
Les bulbes de tulipes s'échangeaient à prix d'or : des maisons ou des châteaux pour quelques fleurs, des navires contre une poignée de bulbes. En peu de temps, des fortunes se faisaient et se défaisaient, les gens s'enrichissaient ou basculaient dans la misère.

Je comprends comment les mots sont fabriqués (1) : les suffixes

5 À 6 SÉANCES
À RÉPARTIR SUR 6 SEMAINES ENV.

DANS LES PROGRAMMES

Repères de progression CM2
Les élèves découvrent la notion de dérivation. Ils approfondissent leur connaissance des préfixes et suffixes les plus fréquents, notamment en proposant un classement sémantique.

Connaissances et compétences associées
Enrichir le lexique
- comprendre la formation des mots complexes : par dérivation et par composition ;
- connaitre le sens des principaux préfixes : découvrir des racines latines et grecques ;
- mettre en réseau des mots (groupements par familles de mots, par champ lexical).

Exemples de situations, d'activités et de ressources pour l'élève
- en lecture, entrainement à la compréhension des mots inconnus à l'aide du contexte et de la formation du mot.

MANUEL DE L'ÉLÈVE
PP. 40-41

CD-ROM
● ACTIVITÉS D'ENTRAINEMENT SUPPLÉMENTAIRES

CAHIER D'ACTIVITÉS
P. 5

AIDE-MÉMOIRE
Leçon n° 3

LES CHOIX DE CLÉO

Pour travailler sur la connaissance du sens des suffixes, nous avons choisi dans ce chapitre l'un des suffixes les plus féconds de la langue française, le suffixe *-ible* /*-able*, en premier lieu parce que son sens est stable. En effet, ce suffixe provient de l'adjectif latin *habilis*, qui veut dire « qui peut, habile à », d'où sa signification actuelle de possibilité.
D'autre part, grâce à ce suffixe, l'on peut faire observer de près, et de façon accessible, un phénomène courant de la « fabrication » (dérivation) des mots en français : la présence dans un seul mot de plusieurs affixes, en particulier la combinaison d'un suffixe et d'un préfixe. En effet, à partir des adjectifs en *-able/-ible*, on peut combiner fréquemment l'ajout du préfixe privatif *in–* latin, pour créer un antonyme. Par exemple, l'antonyme de *lisible* est *illisible*, celui de *vraisemblable*, *invraisemblable*. Or, les élèves ont déjà étudié le préfixe privatif *in–* en CM1, ce qui leur permettra d'être plus à l'aise dans leurs essais de combinaison d'affixes lors des entrainements. Ils pourront également se rendre compte de la non-systématisation de cette combinaison : le contraire de *potable* est *non potable*, et non **impotable*, etc. Nous rejoignons ici une des compétences inscrites dans les programmes : former des mots de la même famille et vérifier s'ils existent.
Le format d'activité choisi met l'accent sur la notion de famille de mots et lie étroitement choix d'un adjectif en *-able/-ible* et sens de la phrase. De plus, les élèves seront parfois amenés à faire varier la forme du radical. La variante de forme du suffixe en *-uble* n'est utilisée que pour l'activité 2, car elle ne concerne qu'un nombre très restreint d'adjectifs : *soluble, insoluble, indissoluble*.

Pour commencer

Manuel p. 40 • Cahier d'activités p. 5

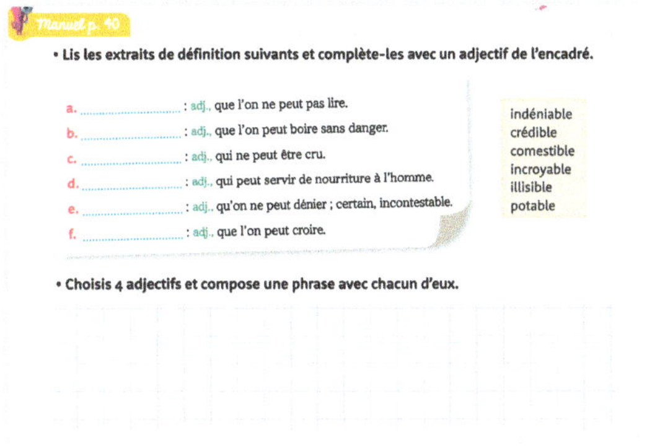

Manuel p. 40

• Lis les extraits de définition suivants et complète-les avec un adjectif de l'encadré.

a. .... : adj., que l'on ne peut pas lire.
b. .... : adj., que l'on peut boire sans danger.
c. .... : adj., qui ne peut être cru.
d. .... : adj., qui peut servir de nourriture à l'homme.
e. .... : adj., qu'on ne peut dénier ; certain, incontestable.
f. .... : adj., que l'on peut croire.

indéniable
crédible
comestible
incroyable
illisible
potable

• Choisis 4 adjectifs et compose une phrase avec chacun d'eux.

1 Faites observer l'activité « Pour commencer » du manuel p. 40. Demandez aux élèves, individuellement ou par deux, de répondre à la première consigne sur leur cahier d'activités p. 5.

La correction collective permet de travailler, en s'appuyant sur les questions orales proposées dans le manuel p. 40 :

- La possibilité ou non de s'appuyer sur un mot de la même famille lexicale dans la définition.
- La présence du verbe « pouvoir » dans chaque définition.
- L'identification du même suffixe sous deux formes (et leur signification) : *-able* et *-ible*.
- Le rôle du préfixe *in–* (réactivation des savoirs du CM1).

2 Deuxième consigne : avant de lancer les élèves dans un travail individuel écrit, pour chacun des adjectifs, initiez une recherche orale collective des noms qui peuvent s'accompagner de ces adjectifs.

Exemple :
Une écriture illisible, une eau potable, une histoire incroyable, un champignon comestible, une personne crédible.
Traitez le cas particulier d'*indéniable* qui s'utilise surtout dans l'expression « c'est indéniable » et qui signifie « personne ne peut dire le contraire ».

Pour s'entrainer

Pour l'activité 1, faites faire une recherche orale collective des adjectifs manquants. Écrivez au tableau toutes les propositions des élèves et éliminez certaines occurrences avec leur aide. Le sens de la phrase est au cœur des justifications. Le dictionnaire sert de vérification : les mots sont répartis, deux élèves étant chargés de chercher le même mot. Vous pouvez procéder de la même manière pour les occurrences des autres exercices qui vous paraissent trop difficiles à trouver pour la classe, ou certains de vos élèves.
Donnez à apprendre la leçon n° 3 de l'aide-mémoire après deux ou trois entrainements.
Des activités supplémentaires sont disponibles sur le CD.

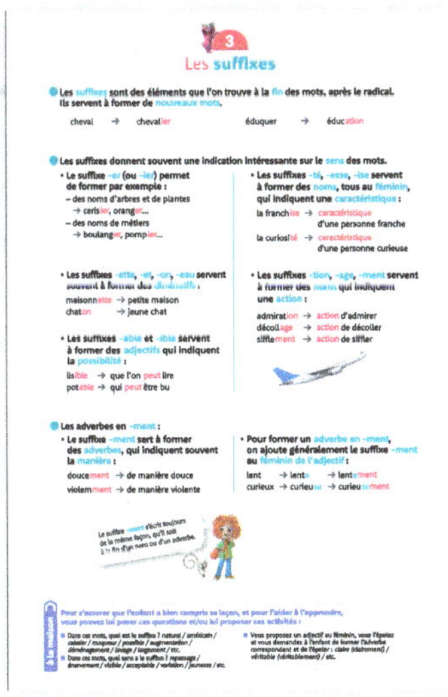

3
Les suffixes

• Les suffixes sont des éléments que l'on trouve à la fin des mots, après le radical. Ils servent à former de nouveaux mots.
cheval → chevalier éduquer → éducation

• Les suffixes donnent souvent une indication intéressante sur le sens des mots.
• Le suffixe -er (ou -ier) permet de former par exemple :
– des noms d'arbres et de plantes → cerisier, oranger...
– des noms de métiers → boulanger, pompier...
• Les suffixes -té, -esse, -ise servent à former des noms, tous au féminin, qui indiquent une caractéristique :
la franchise → caractéristique d'une personne franche
la curiosité → caractéristique d'une personne curieuse
• Les suffixes -ette, -et, -on, -eau servent souvent à former des diminutifs :
maisonnette → petite maison
chaton → jeune chat
• Les suffixes -tion, -age, -ment servent à former des noms qui indiquent une action :
admiration → action d'admirer
décollage → action de décoller
sifflement → action de siffler
• Les suffixes -able et -ible servent à former des adjectifs qui indiquent la possibilité :
lisible → que l'on peut lire
potable → qui peut être bu

• Les adverbes en -ment :
• Le suffixe -ment sert à former des adverbes, qui indiquent souvent la manière :
doucement → de manière douce
violemment → de manière violente
• Pour former un adverbe en -ment, on ajoute généralement le suffixe -ment au féminin de l'adjectif :
lent → lente → lentement
curieux → curieuse → curieusement

Pour s'assurer que l'enfant a bien compris sa leçon, et pour l'aider à l'apprendre, vous pouvez lui poser ces questions et/ou lui proposer ces activités :
• Dans ces mots, quel est le suffixe ? naturel / américain / ... / possible / augmentation / déménagement / ... / logement / etc.
• Dans ces mots, quel sens a le suffixe ? repassage / ... / visible / acceptable / variation / jeunesse / etc.
• Vous proposez un adjectif au féminin, vous l'épelez et vous demandez à l'enfant de former l'adverbe correspondant et de l'épeler : claire (clairement) / véritable (véritablement) / etc.

Pour aller plus loin

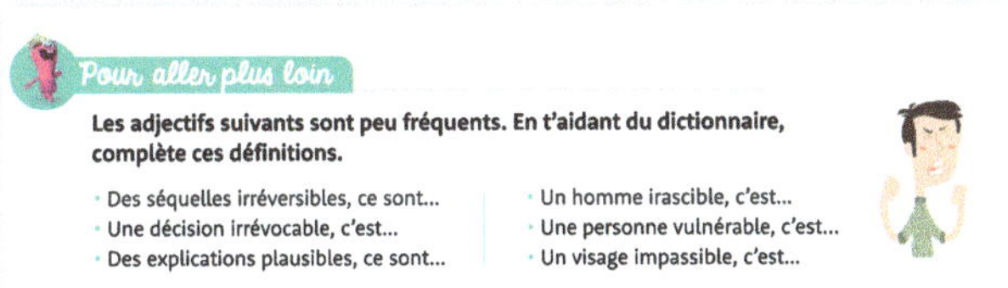

Pour aller plus loin

Les adjectifs suivants sont peu fréquents. En t'aidant du dictionnaire, complète ces définitions.

- Des séquelles irréversibles, ce sont...
- Une décision irrévocable, c'est...
- Des explications plausibles, ce sont...
- Un homme irascible, c'est...
- Une personne vulnérable, c'est...
- Un visage impassible, c'est...

Corrigé :

- Des séquelles irréversibles, ce sont des troubles qui ne peuvent pas disparaitre après une maladie ou un accident.
- Un homme irascible, c'est un homme qui peut se mettre facilement en colère.
- Une décision irrévocable, c'est une décision définitive, sur laquelle on ne revient pas.
- Une personne vulnérable, c'est une personne fragile, facile à blesser.
- Des explications plausibles, ce sont des explications que l'on peut considérer comme vraies.
- Un visage impassible, c'est un visage qui ne montre aucune émotion.

Je sais repérer les familles de mots

5 À 6 SÉANCES À RÉPARTIR SUR 6 SEMAINES ENV.

DANS LES PROGRAMMES

Repères de progression CM2
Ils découvrent la notion de dérivation.
Ils approfondissent leur connaissance des préfixes et suffixes les plus fréquents, notamment en proposant un classement sémantique.

Connaissances et compétences associées
Acquérir la structure, le sens et l'orthographe des mots.
Enrichir le lexique
- comprendre la formation des mots complexes : par dérivation et par composition ;
- connaitre le sens des principaux préfixes : découvrir des racines latines et grecques ;
- mettre en réseau des mots (groupements par familles de mots, par champ lexical).

Exemples de situations, d'activités et de ressources pour l'élève
- activités d'observation, de manipulation des formes, de classements, d'organisation des savoirs lexicaux (coroles lexicales, schémas, établissement de collections, etc.).

MANUEL DE L'ÉLÈVE **PP. 42-44**

CD-ROM
● ACTIVITÉ D'ENTRAINEMENT SUPPLÉMENTAIRE

AIDE-MÉMOIRE **Leçon n° 2**

LES CHOIX DE CLÉO

Nous avons choisi de travailler sur des familles d'homonymes au sens strict (ex : *vol* et *vol* sont homophones et homographes), d'homophones (ex : *conter* et *compter* sont des homophones hétérographes), ou de paronymes (ex : *cœur* et *corps*), ce qui oblige les élèves à tenir absolument compte du sens des phrases et des mots proposés pour réussir la tâche. De plus, l'orthographe peut s'avérer primordiale pour repérer les familles lexicales.

Pour commencer Manuel p. 42

1 Invitez les élèves à lire les extraits de définition et à réagir sur la parenté morphologique des trois mots. Puis demandez-leur de proposer oralement des phrases pour illustrer chacune des définitions. Proposez-en vous-même si besoin est.

• **Observe ces trois extraits de définitions de dictionnaire.**

FAIM : n.f. Sensation éprouvée quand on a besoin de manger.
A. FIN : n.f. Moment où quelque chose se termine.
B. FIN : adj. 1. Extrêmement petit. 2. Extrêmement mince. 3. Qui présente un caractère de perfection.

2 Le travail de recherche de la deuxième consigne peut s'effectuer par groupes. La mise en commun insiste sur les indices à la fois de sens et d'orthographe qui permettent de distinguer les trois familles lexicales. Faites observer la légère variation possible du radical dans le cas de *faim*, qui donne *-fam-*.

Corrigé :

faim	fin (A)	fin (B)
affameur affamé famine	finir finale finalement indéfiniment finaliste infini	finesse affiner raffinerie finement extrafin peaufiner

Pour s'entrainer

Dans le format d'activité de ce chapitre, il y a volontairement plus de mots dans la liste que nécessaire. De plus, les élèves doivent extraire de la liste les deux mots qui leur semblent être les « chefs » des familles lexicales. Ils sont également amenés à lier recherche de sens et vigilance orthographique, puisqu'ils doivent éventuellement modifier la fin des mots proposés dans la liste en fonction de la syntaxe des phrases. Pour que les élèves puissent mener à bien cette tâche complexe, prenez le temps lors de la correction du premier exercice de faire expliciter et d'expliciter les savoir-faire en jeu.
Donnez à apprendre la leçon n° 2 de l'aide-mémoire après deux ou trois entrainements.
Des activités supplémentaires sont disponibles sur le CD.

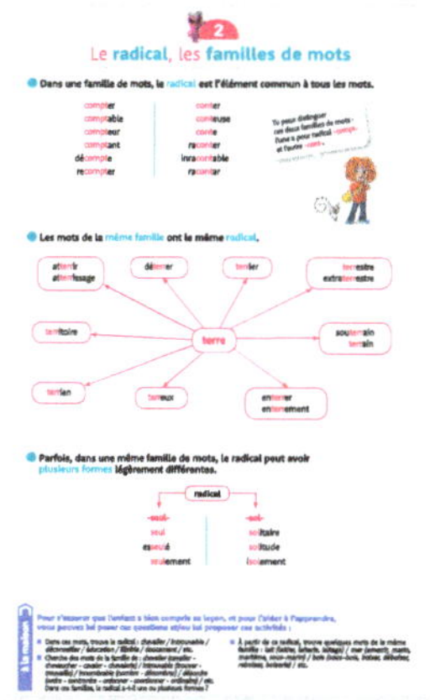

Pour aller plus loin

Toutes les réponses aux devinettes suivantes sont des mots d'une même famille lexicale. Trouve-les et entoure le mot qui représente la famille (ou le mot principal ou le chef de famille).

a. Je suis un océan. Je dois mon nom à Ferdinand Magellan qui n'a pas connu de tempête lors de ma traversée et a trouvé mes eaux calmes. *Qui suis-je ?*

b. Je suis souvent symbolisée par une blanche colombe, tenant dans son bec un rameau d'olivier. *Qui suis-je ?*

c. Je suis un synonyme du verbe « calmer ». *Qui suis-je ?*

d. Je suis quelqu'un qui refuse toujours la guerre parce que je pense qu'il n'y a jamais de bonnes raisons pour le faire. *Qui suis-je ?*

e. Je suis le contraire de l'adjectif « agité ». *Qui suis-je ?*

Corrigé :
a. l'océan Pacifique
b. la paix
c. apaiser
d. un pacifiste
e. paisible

J'utilise avec aisance le dictionnaire

4 À 5 SÉANCES À RÉPARTIR SUR 6 SEMAINES ENV.

DANS LES PROGRAMMES

Repères de progression CM2
Les élèves approfondissent leur maitrise des dictionnaires, en tenant compte des différentes informations fournies par l'article.

Connaissances et compétences associées
Contrôler sa compréhension et adopter un comportement de lecteur autonome.
- enrichir son lexique par l'usage du dictionnaire ou autres outils en version papier ou numérique.

Exemples de situations, d'activités et de ressources pour l'élève
Utilisation de dictionnaires papier et en ligne.

MANUEL DE L'ÉLÈVE **PP. 45-47**

AIDE-MÉMOIRE **Leçon n° 6**

CD-ROM
● ACTIVITÉ D'ENTRAINEMENT SUPPLÉMENTAIRE

LES CHOIX DE CLÉO

Nous connaissons tous la difficulté, pour les élèves, de trouver un mot dans un dictionnaire, et d'en comprendre les abréviations. Cette compétence a été exercée au CE2 et au CM1, et continue de l'être à maintes occasions dans ce manuel. Mais ce chapitre traite d'une autre difficulté lors de l'utilisation d'un dictionnaire, à savoir la compréhension des définitions proposées et la sélection de l'une d'entre elles en fonction du mot dont on vérifie le sens. C'est pourquoi les élèves ne manipuleront pas de dictionnaire dans ce chapitre, mais se concentreront sur l'adéquation entre leur hypothèse de sens pour une occurrence et les différentes propositions des articles de dictionnaire reproduits. Le niveau de difficulté des articles rédigés correspond à celui des dictionnaires édités pour la tranche d'âge de vos élèves.

Nous avons choisi de travailler tantôt sur des homonymes, tantôt sur des mots particulièrement polysémiques, afin de multiplier les indices (abréviations, lexique utilisé…) qui permettent aux élèves de sélectionner les définitions. Notons que les notions de polysémie et d'homonymie sont étroitement liées : à partir de quel glissement de sens suffisamment éloigné du sens premier un mot devient-il un homonyme, c'est-à-dire un mot différent, autonome ? Les lexicographes n'ont pas tranché la question, et il n'est pas rare, selon les dictionnaires, de trouver un seul ou plusieurs articles pour le même mot (ex : *sens*). Loin de nous l'idée d'aborder avec les élèves cette épineuse question, mais rien n'empêche, si un élève se montre curieux, d'expliquer qu'une langue vit, et que les mots naissent, se transforment, et meurent.

Enfin, pour aider les élèves à commencer à utiliser des termes renvoyant à des notions abstraites, nous avons jugé bon d'introduire les articles « droit » et « devoir ».

Pour commencer

Manuel p. 45

1 L'activité débute par une observation des deux articles de dictionnaire, et l'explicitation de la nomenclature (rappel CM1) : abréviations, lettres capitales d'imprimerie, chiffres. Pour chacune des définitions, vous pouvez demander à la classe si quelqu'un a en tête un exemple de phrase contenant le mot *sens* qui correspond à cette définition. Si besoin, donnez-en un. Faites observer ensuite l'homonymie entre les deux mots.

• **Lis ces deux articles de dictionnaire.**

A. SENS n.m
1. Direction.
2. Côté d'un corps, d'une chose.
3. Au sens abstrait, direction que prend une activité.

B. SENS n.m
1. Ce qui permet à l'homme de sentir, de percevoir les objets.
2. Signification.
3. Instinct, intuition.

2 Après une phase de recherche individuelle, les élèves confrontent leurs réponses à la deuxième consigne par doublettes ou par groupes, ce qui les oblige à justifier leurs réponses. Lors de la mise en commun, insistez sur les indices qui permettent de choisir la bonne définition.

Pour s'entrainer

Avant chaque activité, lisez chaque définition avec les élèves et demandez-leur s'ils repèrent dans une des phrases de l'activité des éléments qui pourraient être en lien avec la définition lue. Chaque proposition doit être justifiée. Sans donner la réponse, récapitulez leurs hypothèses au tableau. Les élèves font alors l'activité individuellement.

Donnez à apprendre la leçon n° 6 de l'aide-mémoire après deux ou trois entrainements (et faites relire éventuellement la leçon n° 1 sur le dictionnaire).

Une activité supplémentaire est disponible sur le CD.

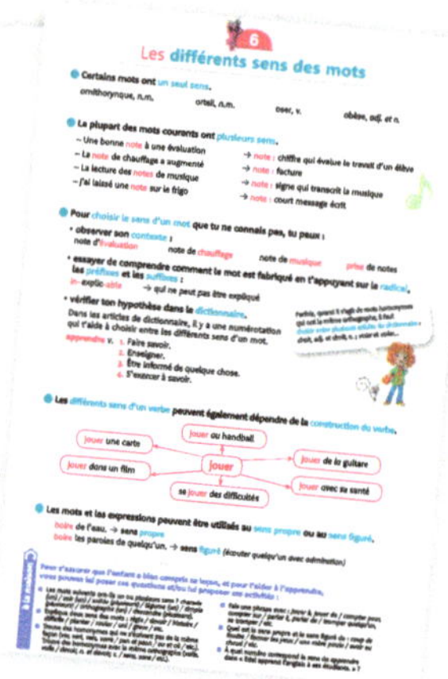

Pour aller plus loin

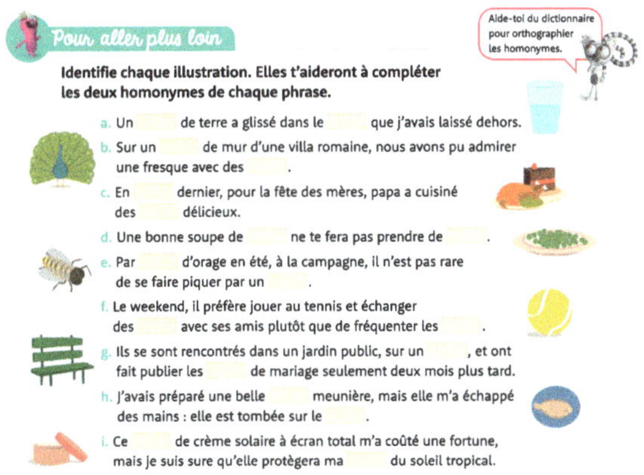
Pour aller plus loin

Aide-toi du dictionnaire pour orthographier les homonymes.

Identifie chaque illustration. Elles t'aideront à compléter les deux homonymes de chaque phrase.

a. Un ____ de terre a glissé dans le ____ que j'avais laissé dehors.
b. Sur un ____ de mur d'une villa romaine, nous avons pu admirer une fresque avec des ____.
c. En ____ dernier, pour la fête des mères, papa a cuisiné des ____ délicieux.
d. Une bonne soupe de ____ ne te fera pas prendre de ____.
e. Par ____ d'orage en été, à la campagne, il n'est pas rare de se faire piquer par un ____.
f. Le weekend, il préfère jouer au tennis et échanger des ____ avec ses amis plutôt que de fréquenter les ____.
g. Ils se sont rencontrés dans un jardin public, sur un ____, et ont fait publier les ____ de mariage seulement deux mois plus tard.
h. J'avais préparé une belle ____ meunière, mais elle m'a échappé des mains : elle est tombée sur le ____.
i. Ce ____ de crème solaire à écran total m'a coûté une fortune, mais je suis sure qu'elle protègera ma ____ du soleil tropical.

Corrigé :

Dans l'ordre d'apparition :

a. ver, verre
b. pan, paons
c. mai, mets
d. pois, poids
e. temps, taon
f. balles, bals
g. banc, bans
h. sole, sol
i. pot, peau

Je sais former des noms abstraits à partir d'adjectifs

4 À 5 SÉANCES À RÉPARTIR SUR 5 SEMAINES ENV.

DANS LES PROGRAMMES

Repères de progression CM2

Les élèves découvrent la notion de dérivation. Ils approfondissent leur connaissance des préfixes et suffixes les plus fréquents, notamment en proposant un classement sémantique.

Attendus de fin de cycle

Raisonner pour analyser le sens des mots en contexte et en prenant appui sur la morphologie.

Connaissances et compétences associées

- enrichir son lexique par l'usage du dictionnaire ou autres outils en version papier ou numérique ;
- savoir réutiliser à bon escient le lexique appris à l'écrit et à l'oral ;
- comprendre la formation des mots complexes : par dérivation et par composition ;
- mettre en réseau des mots (groupements par familles de mots, par champ lexical).

Exemples de situations, d'activités et de ressources pour l'élève

- en lecture, entrainement à la compréhension des mots inconnus à l'aide du contexte et de l'analyse morphologique.
- activités d'observation, de manipulation des formes, de classement, d'organisation des savoirs lexicaux (coroles lexicales ou cartes heuristiques, établissement de collections, etc.)
- utilisation de dictionnaires papier et en ligne.

Repères de progressivité

En ce qui concerne plus spécifiquement l'étude de la morphologie.

En CM1-CM2, on étudie les procédés de dérivation en partant à la fois des formes orales et des formes écrites. On étudie de manière systématique un certain nombre de préfixes et de suffixes fréquents à partir de corpus de mots. Au fur et à mesure de leur découverte et de leur étude, les préfixes et les suffixes font l'objet d'un classement sémantique qui s'enrichit au cours du cycle.

MANUEL DE L'ÉLÈVE **PP. 48-49**

CAHIER D'ACTIVITÉS **P. 6**

AIDE-MÉMOIRE **Leçon n° 3**

LES CHOIX DE CLÉO

Les mots lexicaux de la langue française peuvent être simples ou construits. Les mots simples, comme par exemple *beau*, *libre*, ne peuvent être découpés en unités contribuant au sens de ce mot. Les mots construits peuvent être formés soit par dérivation (c'est de loin le phénomène le plus fréquent en langue française), soit par composition. La dérivation consiste en l'ajout d'un ou plusieurs affixes (préfixe, suffixe) à un radical.

L'ajout d'un suffixe à un radical entraine généralement deux phénomènes :
– Le mot change de catégorie grammaticale. Par exemple, dans ce chapitre, les suffixes *-té*, *-esse*, ou *-ise*, transforment les adjectifs en noms communs, en l'occurrence ici en noms féminins abstraits.
– La forme du radical peut changer également. Par exemple, *vrai* donne *vérité*, *libre* donne *liberté*...
Parmi les suffixes de ce chapitre, nous avons choisi de privilégier l'étude du suffixe *-té*, en raison de la particularité orthographique qui lui est liée : les noms féminins abstraits terminés par [te] s'écrivent *-té*. Nous avons donc encore une fois lié orthographe lexicale et vocabulaire. Nous n'avons pas jugé utile d'introduire les noms qui se terminent par *-tié*, *amitié* étant la seule occurrence du langage courant.

Pour commencer

Manuel p. 48 • Cahier d'activités p. 6

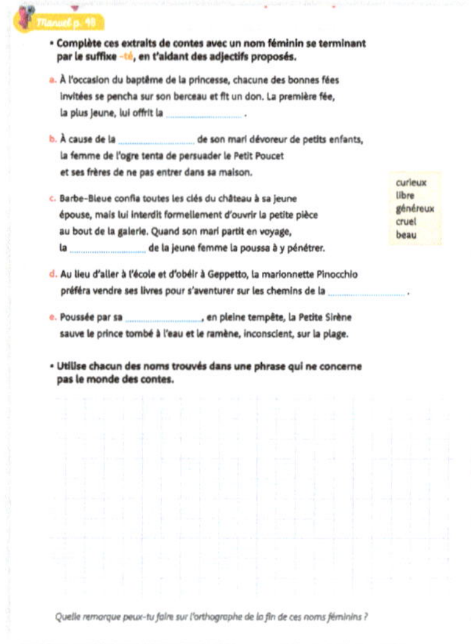
Manuel p. 48

• Complète ces extraits de contes avec un nom féminin se terminant par le suffixe -té, en t'aidant des adjectifs proposés.

a. À l'occasion du baptême de la princesse, chacune des bonnes fées invitées se pencha sur son berceau et fit un don. La première fée, la plus jeune, lui offrit la ....

b. À cause de la .... de son mari dévoreur de petits enfants, la femme de l'ogre tenta de persuader le Petit Poucet et ses frères de ne pas entrer dans sa maison.

c. Barbe-Bleue confia toutes les clés du château à sa jeune épouse, mais lui interdit formellement d'ouvrir la petite pièce au bout de la galerie. Quand son mari partit en voyage, la .... de la jeune femme la poussa à y pénétrer.

curieux
libre
généreux
cruel
beau

d. Au lieu d'aller à l'école et d'obéir à Geppetto, la marionnette Pinocchio préféra vendre ses livres pour s'aventurer sur les chemins de la ....

e. Poussée par sa ...., en pleine tempête, la Petite Sirène sauve le prince tombé à l'eau et le ramène, inconscient, sur la plage.

• Utilise chacun des noms trouvés dans une phrase qui ne concerne pas le monde des contes.

Quelle remarque peux-tu faire sur l'orthographe de la fin de ces noms féminins ?

1 Faites observer l'activité du manuel p. 48. Invitez les élèves à lire silencieusement les paragraphes et à identifier les contes choisis sur leur cahier d'activités p. 6 (*cf.* ci-contre).

Corrigé :
a. *La Belle au Bois dormant*, de Charles Perrault, ou des frères Grimm.
b. *Le Petit Poucet*, de Charles Perrault.
c. *La Barbe Bleue*, de Charles Perrault.
d. *Pinocchio*, de Carlo Collodi.
e. *La Petite Sirène*, de Hans Christian Andersen.

Si les références culturelles vous paraissent difficiles à trouver, il peut s'avérer utile, en amont de ce travail, de raconter ou de lire aux élèves certains de ces contes qui appartiennent à notre patrimoine culturel.

2 Demandez aux élèves de choisir l'adjectif qui va bien avec chaque personnage, et de transformer cet adjectif en nom. Même si les élèves connaissent peu ces contes, les extraits ont été écrits pour que le contexte permette de choisir le bon adjectif. Lors de la mise en commun, les élèves justifieront leurs réponses en s'appuyant sur les textes. Vous ferez observer aux élèves que, parfois, le radical se transforme ; et vous veillerez à l'exactitude de l'orthographe des noms en *-té*. En prenant comme exemples tous les noms formés, vous donnerez le sens du suffixe, à savoir indiquer une caractéristique : par exemple, la curiosité est la caractéristique d'une personne curieuse.

Pour s'entrainer

Dans ce format d'activité, il s'agit pour l'élève d'identifier dans un paragraphe l'adjectif qui va lui permettre de former le nom féminin en *-té*, puis, pour les exercices 3 et 4, en *-esse* ou en *-ise*, le sens de ces suffixes étant quasiment équivalents (voir l'aide-mémoire, leçon n° 3). Les réponses données sous forme de tableau permettent de constituer des séries lexicales, comme nous y invitent les programmes, afin d'organiser les savoirs. Pour installer une certitude orthographique, vous veillerez à ce que les élèves soient vigilants sur la finale des noms féminins en *-té*.

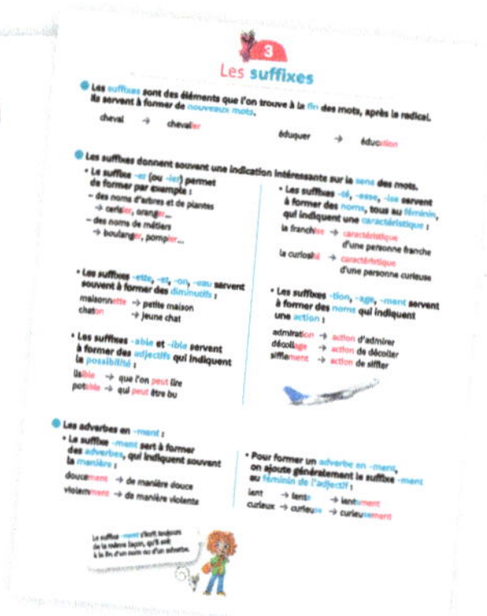
3
Les suffixes

Pour aller plus loin

Selon le choix du suffixe, les mots prennent une signification différente.

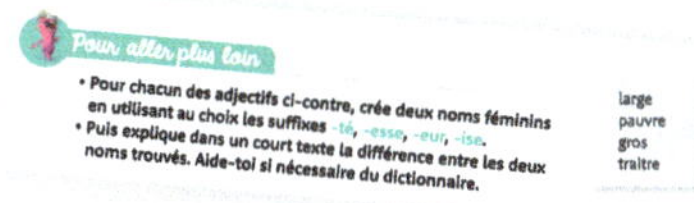

Pour aller plus loin

- Pour chacun des adjectifs ci-contre, crée deux noms féminins en utilisant au choix les suffixes -té, -esse, -eur, -ise.
- Puis explique dans un court texte la différence entre les deux noms trouvés. Aide-toi si nécessaire du dictionnaire.

large
pauvre
gros
traitre

Corrigé :

Large : largesse (don généreux) et largeur (plus petite dimension d'une surface).
Pauvre : pauvreté (manque d'argent, de ressources) et pauvresse (femme sans ressources, mendiante).
Gros : grossesse (période pendant laquelle une femme est enceinte) et grosseur (dimension, volume).
Traitre : traitresse (femme qui trahit) et traitrise (action par laquelle on trahit).

Je comprends comment les mots sont fabriqués (2) : les préfixes

6 À 7 SÉANCES À RÉPARTIR SUR 6 SEMAINES ENV.

DANS LES PROGRAMMES

Repères de progression CM2
Les élèves consolident leur connaissance du sens des principaux préfixes et découvrent les racines latines et grecques.
Ils découvrent la notion de dérivation.
Ils approfondissent leur connaissance des préfixes et suffixes les plus fréquents, notamment en proposant un classement sémantique.

Attendus de fin de cycle

Raisonner pour analyser le sens des mots en contexte et en prenant appui sur la morphologie.

Connaissances et compétences associées

Enrichir le lexique
- comprendre la formation des mots complexes : par dérivation et par composition ;
- connaitre le sens des principaux préfixes : découvrir des racines latines et grecques ;
- mettre en réseau des mots (groupements par familles de mots, par champ lexical).

Exemples de situations, d'activités et de ressources pour l'élève

- en lecture, entrainement à la compréhension des mots inconnus à l'aide du contexte et de la formation du mot.

MANUEL DE L'ÉLÈVE **PP. 50-52**

CD-ROM
- ACTIVITÉS D'ENTRAINEMENT SUPPLÉMENTAIRES

CAHIER D'ACTIVITÉS **P. 7**

AIDE-MÉMOIRE **Leçon n° 4**

LES CHOIX DE CLÉO

Dans C.L.É.O. CM1, les élèves ont travaillé essentiellement le préfixe latin privatif *in–* (et ses variantes *im-*, *il-*, *ir-*...), ainsi que les préfixes *dé–* et *re-*. Ce chapitre est l'occasion de découvrir le préfixe latin en partie homonyme : *in–* (ou *im-*), *en–* (ou *em-*), signifiant « dans », et de lui opposer au niveau du sens d'autres préfixes : *in–* ↔ *ex–* (ou parfois *de-*). D'autre part, nous avons choisi de continuer à travailler sur l'idée de négation, d'annulation, avec les préfixes féconds *dé–* et *mé-*.

Du point de vue morphologique :
• Ces préfixes se comportent de deux façons : ils peuvent se substituer l'un à l'autre (ex. : *enrouler* ↔ *dérouler*, *inclure* ↔ *exclure*) ou s'ajouter au radical (ex. : *nouer* ↔ *dénouer*, *heureux* ↔ *malheureux*).
• Selon le radical, leur orthographe varie.
Nous avons privilégié dans ce chapitre le travail sur le sens et la vigilance orthographique.
Sens principal des préfixes choisis :

préfixe	sens
in– (ou *im-*), *en–* (ou *em-*)	dans (avec ou sans mouvement)
é– (ou *ex-*)	en dehors de (avec ou sans mouvement)
dé– (ou *dés-/dis-*)	indique une idée d'annulation
mé– (ou *més-*), *mal–* (ou *mau-*)	indique quelque chose de négatif

Pour commencer

Manuel p. 50 • Cahier d'activités p. 7

1 Manuels fermés, demandez aux élèves (groupes ou binômes) d'observer la liste des couples de mots que vous avez écrits au tableau, et de les classer en deux colonnes :

impossible/possible — *impoli/poli*
incapable/capable — *immangeable/mangeable*
inspirer/expirer — *inclure/exclure*
interne/externe

La mise en commun permet de réactiver les connaissances des élèves sur le préfixe privatif *in–* (CM1) et de mettre en évidence la présence d'un préfixe homonyme, qui n'a pas le même sens. À l'aide d'exemples, faites trouver le sens de ce nouveau préfixe, en l'opposant au préfixe *ex-*. Insistez sur le fait que le préfixe peut avoir un sens.

2 Les élèves ouvrent leur cahier d'activités p. 7 (ou leur manuel p. 50, le cas échéant) et répondent à la première consigne par binômes. Lors de la correction, demandez aux élèves d'expliquer le sens des mots, et si besoin expliquez-en certains.

3 Les élèves émettent des hypothèses sur le sens des différents préfixes du tableau. Accueillez ces différentes hypothèses et donnez en synthèse leur sens principal (voir tableau ci-contre).
Faites apprendre la troisième partie de la leçon n° 4, sur les deux sens du préfixe *in-*.

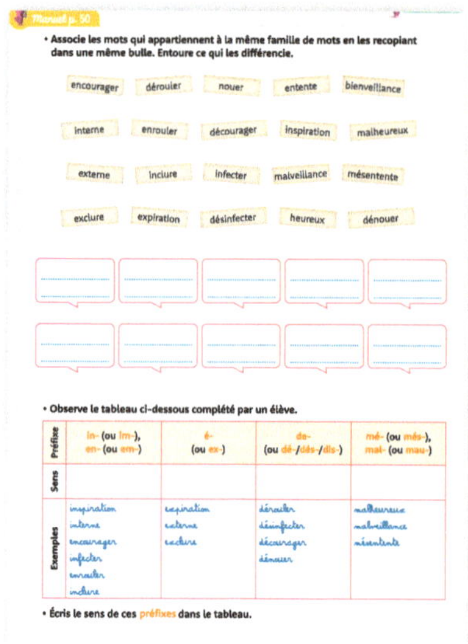
Manuel p. 50

• Associe les mots qui appartiennent à la même famille de mots en les recopiant dans une même bulle. Entoure ce qui les différencie.

encourager — dérouler — nouer — entente — bienveillance
interne — enrouler — décourager — inspiration — malheureux
externe — inclure — infecter — malveillance — mésentente
exclure — expiration — désinfecter — heureux — dénouer

• Observe le tableau ci-dessous complété par un élève.

Préfixe	in- (ou im-), en- (ou em-)	é- (ou ex-)	dé- (ou dé-/dés-/dis-)	mé- (ou més-), mal- (ou mau-)
Sens				
Exemples	inspiration interne encourager infecter enrouler inclure	expiration externe exclure	dérouler désinfecter décourager dénouer	malheureux malveillance mésentente

• Écris le sens de ces préfixes dans le tableau.

Pour s'entrainer

Dans cette série d'entrainements, les élèves vont choisir des préfixes parmi ceux proposés en s'appuyant sur le radical des mots à compléter et sur le sens des phrases. Le choix du préfixe est essentiel pour la cohérence sémantique de la phrase : *immigrer* signifie le contraire d'*émigrer*, *enraciné* le contraire de *déraciné*, etc. Les élèves peuvent s'aider de leur aide-mémoire qui récapitule le sens des préfixes (leçon n° 4, deuxième et troisième parties).
De plus, il leur faudra être attentifs à l'orthographe des préfixes.

4
Les préfixes

• Les préfixes sont des éléments que l'on trouve au début des mots, avant le radical.
disparaitre — prénom — surveiller — rebrancher — antivol

• Les préfixes donnent souvent une indication intéressante sur le sens des mots.
• Le préfixe dé- (ou dé- / dés- / dis-) donne l'idée d'annulation :
masquer → démasquer — ordre → désordre — continu → discontinu
• Le préfixe re- indique souvent la répétion, le recommencement :
lancer → relancer — construire → reconstruire

• Il ne faut pas confondre :
• le préfixe in- (ou im-) qui permet d'exprimer l'idée de contraire :
juste → injuste
buvable → imbuvable
mobile → immobile
• et les préfixes in- (ou im-), en- (ou em-) qui veulent dire dans :
immigrer → arriver dans un pays pour y vivre
encadrer → mettre dans un cadre

Vous pouvez travailler collectivement sur quelques phrases lors des premiers entrainements, et suggérer aux élèves d'utiliser le dictionnaire en cas de doute sur l'existence d'un mot, ou sur son orthographe.
Au fur et à mesure des entrainements, faites apprendre la leçon n°4.

Pour aller plus loin

Corrigé :
premier schéma : **trans**
deuxième schéma : **inter**
Mots à compléter du texte : **transcontinental** – **interocéanique** – **internationale**

Je manipule des mots composés à partir d'éléments latins ou grecs

4 À 5 SÉANCES À RÉPARTIR SUR 6 SEMAINES ENV.

DANS LES PROGRAMMES

Repères de progression CM2
Les élèves consolident leur connaissance du sens des principaux préfixes et découvrent les racines latines et grecques. Ils découvrent la notion de dérivation. Ils approfondissent leur connaissance des préfixes et suffixes les plus fréquents, notamment en proposant un classement sémantique.

Attendus de fin de cycle
Raisonner pour analyser le sens des mots en contexte et en prenant appui sur la morphologie.

Connaissances et compétences associées
Enrichir le lexique
- comprendre la formation des mots complexes : par dérivation et par composition ;
- connaitre le sens des principaux préfixes : découvrir des racines latines et grecques ;

Exemples de situations, d'activités et de ressources pour l'élève
- activités d'observation, de manipulation des formes, de classements, d'organisation des savoirs lexicaux (coroles lexicales, schémas, établissement de collections, etc.) ;
- constitutions de fiches, carnets, affichage mural, etc..

MANUEL DE L'ÉLÈVE **PP. 53-54**

AIDE-MÉMOIRE **Leçon n° 5**

LES CHOIX DE CLÉO

Dans les différents chapitres « Je comprends comment les mots sont fabriqués », les élèves ont l'occasion d'observer le phénomène de dérivation, et de constater que beaucoup d'affixes en français sont issus de la langue latine. Ils apprennent aussi à donner un sens à ces préfixes et suffixes.
Ce chapitre aborde l'autre phénomène fondamental dans la création de mots : la composition.
En CM1, les élèves ont travaillé sur des mots composés issus de la composition dite populaire.

En CM2, observations et manipulations se poursuivent, cette fois-ci en s'appuyant sur la composition savante (voir encadré ci-dessous), comme nous y invitent les programmes 2016. Il s'agit essentiellement de repérer des mots appartenant au vocabulaire savant, et de s'initier au pouvoir de comprendre ces mots grâce à l'étude de leur morphologie. Cette initiation se poursuivra de manière plus systématique en sixième.

RAPPEL POUR L'ENSEIGNANT

Composition « savante » et composition « populaire ».

La composition populaire crée, à partir de plusieurs mots autonomes en français (généralement deux), un nouveau mot avec un sens autonome, différent des mots d'origine. On ne peut pas insérer des mots au milieu d'un mot composé : par exemple, on peut dire « *une belle boite aux lettres* », mais aucunement *« *une boite belle aux lettres* ». Les éléments qui forment le mot composé peuvent être soit séparés par au moins un espace (ex. : *pomme de terre*), soit reliés par un trait d'union (ex. : *après-midi*) ou une apostrophe (ex. : *presqu'ile*), soit soudés (ex. : *piquenique*). C'est d'ailleurs cette dernière forme qui est préconisée par les rectifications orthographiques de 1990 pour beaucoup de mots composés (ex. : *portemonnaie*) et pour les néologismes à venir.

La composition dite savante est très utilisée dans la formation des vocabulaires de spécialité. Contrairement à la composition populaire, les deux éléments d'origine ne sont généralement pas, en langue française, des mots autonomes : *mathématique* existe, mais pas **mathéma* et **tique*. On parle alors de bases, puisées historiquement dans les lexiques latin et grec, le vocabulaire grec étant majoritairement utilisé. Les bases sont soudées l'une à l'autre, formant un seul mot : *géographie*, *orthophonie*...

Pour commencer Manuel p. 53

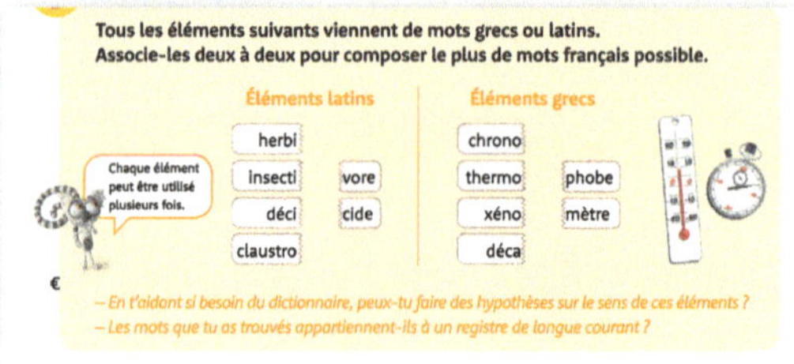

Pour cette activité de recherche, vous pouvez commencer par faire observer le tableau et demander aux élèves s'ils peuvent déjà former des mots (les illustrations en donnent déjà deux) et s'ils connaissent la signification des éléments. Lorsque vous avez épuisé toutes les hypothèses, répartir entre les élèves les premiers éléments des mots (8 au total) pour les recherches dans le dictionnaire. Lors de la mise en commun, les élèves font des hypothèses sur le sens des éléments.

La dernière consigne attire l'attention sur la notion de vocabulaire dit savant, spécialisé.

Corrigé :

Dix mots peuvent être formés (à noter qu'un élément latin peut se combiner à un élément grec) :

herbicide	herbivore	décimètre	claustrophobe	chronomètre
insecticide	insectivore	décamètre	xénophobe	thermomètre

Signification des bases :

Éléments latins	Éléments grecs
herbi– : herbe insecti– : insecte déci– : dix claustro– : fermé -vore : action de manger -cide : qui tue	chrono– : temps thermo– : chaleur xéno– : étranger déca– : dix -phobe : qui hait -mètre : mesure

Pour s'entrainer

Demandez aux élèves d'utiliser le dictionnaire uniquement dans un second temps, pour vérifier si leurs hypothèses sont exactes. La présence d'un intrus permet de mettre en évidence le pouvoir fécond du phénomène de la composition et l'histoire de la langue : un mot, qui au départ peut paraitre absurde, peut devenir un néologisme, mais seulement quand il est reconnu par un dictionnaire. C'est l'usage qui décide. Ainsi, dans l'activité 1, le mot *poulpologie* est utilisé sur le net, mais n'existe pas (encore ?) dans le dictionnaire. Donnez à relire le 3e point de la leçon n° 5 de l'aide-mémoire après deux ou trois entrainements.

5

Les **mots composés**

- **Un mot composé est formé de plusieurs mots, qui, associés, créent un sens nouveau.**
  pomme + terre → une pomme de terre
  arrière + grand + mère → une arrière-grand-mère
- **Beaucoup de mots composés s'écrivent avec des traits d'union.**
  un petit-fils un arrière-gout une demi-finale
- **Les mots composés à partir d'éléments latins ou grecs appartiennent le plus souvent au vocabulaire savant. Ils s'écrivent en un seul mot.**
  éléments grecs *géo (terre)* + *graphie (écrire)* → géographie
  éléments latins *carni (viande)* + *vore (manger)* → carnivore

De plus en plus de mots composés peuvent s'écrire en un seul mot. Exemples : un portemonnaie, un piquenique, un crochepied, un millepatte.

à la maison

Pour s'assurer que l'enfant a bien compris sa leçon, et pour l'aider à l'apprendre, vous pouvez lui poser ces questions et/ou lui proposer ces activités :

- Dans ces mots, repère les préfixes : disparaitre / débrancher / exclure / impossible / etc.
- Dans ces mots, que permet d'exprimer le préfixe ? : impoli (idée de contraire) / décoiffer (idée d'annulation) / importer (dans) / etc.
- Forme des mots composés à partir des mots suivants : petit, laver, etc.
- Trouve des mots qui sont formés à partir de l'élément grec « -graphie » / de l'élément latin « -vore ».

Pour aller plus loin

Pour aller plus loin

En français, il existe trois éléments qui signifient tous main et qui ont formé trois familles de mots : une formé avec main, une autre avec l'élément latin manus et la dernière avec l'élément grec chir- (ou chiro-).

Dans ce tableau, associe chaque mot à sa définition et reconstitue les trois familles.

A. Ouvrage écrit à la main.	1. main-d'œuvre
B. S'utilise avec le verbe « prêter » et signifie : « aider quelqu'un ».	2. chirurgie
C. Qui se fait à la main, qui exige le travail des mains.	3. maintenir
D. Très vite, en un instant.	4. manucure
E. Partie de la médecine qui s'occupe des opérations.	5. chiromancie
F. Tenir dans une même position.	6. main-forte
G. Procédé de divination qui prédit l'avenir à partir des lignes de la main.	7. manuel (adjectif)
H. 1. Travail d'un ou plusieurs ouvriers. 2. Ensemble des ouvriers.	8. en un tournemain
I. Personne dont le métier est de soigner les mains et les ongles.	9. manuscrit

Corrigé :

A.9 ; B.6 ; C.7 ; D.8 ; E.2 ; F.3 ; G.5; H.1 ; I.4.

Je transforme les verbes en noms

6 À 7 SÉANCES
À RÉPARTIR SUR 7 SEMAINES ENV.

DANS LES PROGRAMMES

Repères de progression CM2
Les élèves découvrent la notion de dérivation. Ils approfondissent leur connaissance des préfixes et suffixes les plus fréquents, notamment en proposant un classement sémantique.

Attendus de fin de cycle
Raisonner pour analyser le sens des mots en contexte et en prenant appui sur la morphologie.

Connaissances et compétences associées
Enrichir le lexique
- comprendre la formation des mots complexes : par dérivation et par composition ;
- connaitre le sens des principaux préfixes : découvrir des racines latines et grecques ;
- mettre en réseau des mots (groupements par familles de mots, par champ lexical).

Exemples de situations, d'activités et de ressources pour l'élève
- exercices de reformulations par la nominalisation des verbes (par exemple : *le roi accède au pouvoir/l'accession du roi au pouvoir*).

MANUEL DE L'ÉLÈVE **PP. 55-57**

CAHIER D'ACTIVITÉS **P. 8**

AIDE-MÉMOIRE **Leçon n° 3**

LES CHOIX DE CLÉO

Dans ce chapitre, nous avons choisi d'initier les élèves à une possibilité féconde de la langue française, la **nominalisation**. Il s'agit d'un procédé très utile, notamment en production d'écrit, qui consiste à transformer un verbe en nom. Cette nominalisation donne le pouvoir de varier en rédaction les structures de phrase, et d'utiliser un vocabulaire plus précis. Lors de l'entrainement, les élèves s'exerceront à transformer des verbes en noms, sans toutefois avoir à modifier la syntaxe des phrases. Ce travail sera initié dans l'activité d'écriture proposée pour ce chapitre (titres d'articles de journaux), mais surtout approfondi en sixième. Les suffixes choisis, parmi les plus productifs de la langue française, permettent facilement de dériver des noms à partir de verbes. De plus, ces trois suffixes, *-tion*, *-age*, *-ment*, sont homogènes au niveau sémantique, puisqu'ils indiquent tous une action. Nous poursuivons donc ici notre objectif d'aider les élèves à structurer leurs connaissances du lexique français, tout en augmentant leur capital-mots avec du vocabulaire relativement abstrait.
Outre l'orthographe des trois suffixes, au fil des activités apparaissent les régularités des verbes qui se terminent par *-quer* et *guer* : en tant que verbes, ils gardent « qu » et « gu » dans leur radical (un seul radical pour tous les temps), mais cette fin de radical se transforme en « c » et en « g » lorsqu'on fabrique le nom. Par exemple, *appliquer*, *éduquer* deviennent *application* et *éducation* ; *naviguer* devient *navigation*.

Pour commencer

Manuel p. 55 • Cahier d'activités p. 8

Cette activité a été choisie pour que les élèves expérimentent leur pouvoir d'améliorer leurs écrits. Même si nous n'attendons pas qu'ils sachent immédiatement réinvestir ce travail dans leurs propres productions, ils auront été initiés à une technique pour éviter d'utiliser trop souvent le pronom démonstratif « passe-partout » et imprécis *cela*. Vous pourrez leur rappeler cette possibilité lors de leurs travaux d'écriture.
En principe, la consigne ne pose pas vraiment de difficulté, dans la mesure où les trois suffixes sont facilement identifiables: *-tion*, *-ment*, *-age*. Nous vous proposons une situation de recherche menée en binômes, sur le cahier d'activités, avec une mise en commun au tableau.

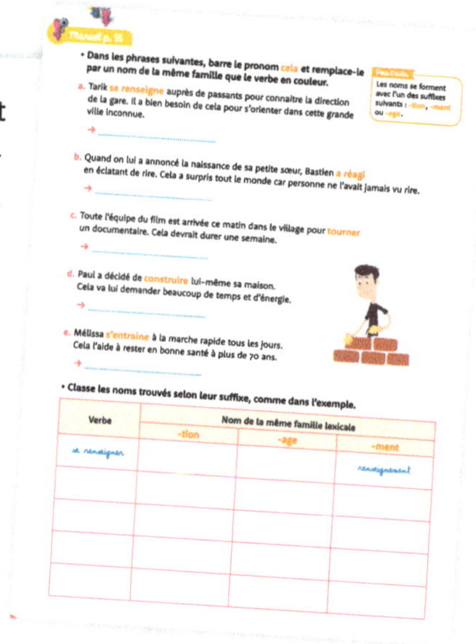
Manuel p. 55

• Dans les phrases suivantes, barre le pronom cela et remplace-le par un nom de la même famille que le verbe en couleur.

Les noms se forment avec l'un des suffixes suivants : -tion, -ment ou -age.

a. Tarik se renseigne auprès de passants pour connaitre la direction de la gare. Il a bien besoin de cela pour s'orienter dans cette grande ville inconnue.
→

b. Quand on lui a annoncé la naissance de sa petite sœur, Bastien a réagi en éclatant de rire. Cela a surpris tout le monde car personne ne l'avait jamais vu rire.
→

c. Toute l'équipe du film est arrivée ce matin dans le village pour tourner un documentaire. Cela devrait durer une semaine.
→

d. Paul a décidé de construire lui-même sa maison. Cela va lui demander beaucoup de temps et d'énergie.
→

e. Mélissa s'entraine à la marche rapide tous les jours. Cela l'aide à rester en bonne santé à plus de 70 ans.
→

• Classe les noms trouvés selon leur suffixe, comme dans l'exemple.

Verbe	Nom de la même famille lexicale		
	-tion	-age	-ment
se renseigner			renseignement

Corrigé :
1. ce renseignement
2. Cette réaction
3. Ce tournage
4. Cette construction
5. Cet entrainement

Pour aller plus loin

N.B. : La plupart des mots étant polysémiques, le corrigé ci-dessous n'est qu'indicatif.

Corrigé :

a. un branchement : action de brancher (ex. : une prise d'électricité).
un branchage : partie de l'arbre composée de branches.

b. une arrivée : action d'arriver (ex. : arrivée du train).
un arrivage : concerne les marchandises (ex. : un arrivage de bananes).

c. un blanchissage : action de blanchir du linge, le rendre blanc.
un blanchiment : blanchir de l'argent, c'est-à-dire le rendre « propre ».

d. un gonflage : action de gonfler (ex. : gonflage d'un pneu).
un gonflement : état de ce qui est gonflé ; accroissement exagéré de quelque chose (ex. : gonflement d'un ballon, gonflement des prix).

e. une privation : être privé de quelque chose (ex. : privation de liberté, privation de nourriture).
une privatisation : rendre privé quelque chose de public (ex. : privatisation d'un jardin).

f. une éruption : sortir de façon brusque et soudaine (ex. : éruption d'un volcan, ou de boutons).
une irruption : entrer de façon brusque (ex. : faire irruption dans une pièce).

g. un abattage : action d'abattre quelque chose, de tuer des animaux (ex. : abattage d'un arbre, ou d'un troupeau de moutons).
un abattement : épuisement, découragement.

h. une prolongation : action d'augmenter la durée de quelque chose (ex. : prolongation d'un match).
un prolongement : action d'augmenter la longueur de quelque chose (ex. : le prolongement d'une route).

Je comprends comment les mots sont fabriqués (3) : les familles de mots

4 À 5 SÉANCES
À RÉPARTIR SUR 5 SEMAINES ENV.

DANS LES PROGRAMMES

Repères de progression CM2
Ils découvrent la notion de dérivation.
Ils approfondissent leur connaissance des préfixes et suffixes les plus fréquents, notamment en proposant un classement sémantique.

Attendus de fin de cycle
Raisonner pour analyser le sens des mots en contexte et en prenant appui sur la morphologie.

Connaissances et compétences associées
Enrichir le lexique
- comprendre la formation des mots complexes : par dérivation et par composition ;
- connaitre le sens des principaux préfixes : découvrir des racines latines et grecques ;
- mettre en réseau des mots (groupements par familles de mots, par champ lexical).

Exemples de situations, d'activités et de ressources pour l'élève
- activités d'observation, de manipulation des formes, de classements, d'organisation des savoirs lexicaux (coroles lexicales, schémas, établissement de collections, etc.).

MANUEL DE L'ÉLÈVE
PP. 58-59

CD-ROM
● ACTIVITÉ D'ENTRAINEMENT SUPPLÉMENTAIRE

AIDE-MÉMOIRE
Leçons n°s 2, 3 et 4

LES CHOIX DE CLÉO

De quoi est constituée une famille de mots (ou famille lexicale)? D'où proviennent tous ces membres, sinon du regroupement autour de la matrice initiale (le radical) de tous ses « rejetons », obtenus par composition morphologique ?
Deux phénomènes principaux donnent naissance à une famille lexicale :
– la dérivation, adjonction d'affixes, c'est-à-dire de préfixes et/ou de suffixes ;
– la composition : assemblage de deux mots, soit empruntés à des langues anciennes (composition savante, comme par exemple « orthographe » et « quadrilatère »), soit empruntés à la langue française (composition simple, comme par exemple « millepatte » ou « pomme de terre »).

Dans ce chapitre, nous nous intéressons au phénomène de la langue française de loin le plus fécond, la dérivation. Les procédés d'affixation peuvent être relativement complexes, dans la mesure où plusieurs préfixes (exemple : *dé-con-*centrer) et/ou plusieurs suffixes (exemple : *aimer / aimable / aimablement*) peuvent se succéder.
Des mots voisins ne connaissent pas les mêmes règles d'affixation (exemple : « *in*-dissol-*uble* » existe, mais pas *dissol-*uble* ; de même, la pauvr-*esse* n'est pas l'antonyme de la rich-*esse*), ce qui ne facilite pas la compréhension du phénomène. Cette réalité complexe renvoie à la langue, à son histoire et à ses usages.
Ajoutons que les mots peuvent avoir plusieurs formes de radicaux selon leur étymologie : *cœur* donnera *écœurant*, tandis que la racine grecque *card–* engendrera *cardiaque* (voir aussi l'exemple de la famille lexicale de « main » dans « Pour aller plus loin », p. 45 du livre de l'élève).
On comprendra à travers ces quelques exemples qu'il est malaisé de développer une démarche exhaustive dans ce domaine où il faudrait mobiliser des connaissances et des compétences que l'on ne peut légitimement attendre de nos élèves. Cependant, dans la continuité du travail entrepris en CM1, ce chapitre propose une première synthèse du travail développé en morphologie sur les modalités de préfixation et de suffixation, qui permet de mettre en perspective les apprentissages déjà réalisés.

Pour commencer

Manuel p. 58

1 Demandez aux élèves (oral collectif) de composer tous les mots possibles en français à partir du tableau, et de donner un exemple avec chacun des mots trouvés. Rappelez collectivement ce qu'est un préfixe, un suffixe, un radical.

2 Les élèves puisent dans les mots trouvés ceux qui correspondent aux définitions.

3 Par binômes, les élèves s'exercent sur la deuxième consigne. La correction est l'occasion de faire remarquer les changements parfois de forme de radical (ici, -*clar*– et -*clair*-) et l'addition possible de différents suffixes.

Corrigé :

- **Première consigne**

  a. déclarer **b.** clarifier **c.** éclaircir **d.** éclairer

  Ces quatre verbes appartiennent à la famille lexicale de l'adjectif *clair.*

- **Deuxième consigne**

préfixe	radical	suffixe
é-	-clar- -clair-	-(e)ment -té -ière -ific-ation -eur

Pour s'entrainer

Avant l'activité individuelle, vous pouvez écrire au tableau le radical, les préfixes et suffixes regroupés dans l'encadré « Pour t'aider », et demander aux élèves de former, oralement, tous les mots possibles avec ces éléments. Ceci permettra d'éclaircir le sens de certains mots moins fréquents.
Donnez à relire les leçons n°s 2, 3 et 4 de l'aide-mémoire après deux ou trois entrainements.

Une activité supplémentaire est disponible sur le CD.

Pour aller plus loin

Pour aller plus loin

Le mot « anticonstitutionnellement » est traditionnellement considéré, avec ses 25 lettres, comme le plus long de la langue française.

À quelle famille de mots appartient-il ? Trouve le plus de mots possibles faisant partie de cette même famille.

A N T I C O N S T I T U T I O N N E L L E M E N T

Corrigé :

Famille lexicale du verbe « constituer » :

constituer	reconstituer
constitution	reconstitution
constitutionnel	anticonstitutionnel
constitutionnellement	anticonstitutionnellement

J'utilise des mots de sens contraire

4 À 5 SÉANCES À RÉPARTIR SUR 1 MOIS ENV.

DANS LES PROGRAMMES

Repères de progression CM2

Les élèves découvrent la notion de dérivation. Ils approfondissent leur connaissance des préfixes et suffixes les plus fréquents, notamment en proposant un classement sémantique.

Connaissances et compétences associées

Enrichir le lexique

- connaitre les notions de synonymie, antonymie, homonymie, polysémie.

MANUEL DE L'ÉLÈVE **PP. 60-61**

CD-ROM ET SITE COMPAGNON
● ACTIVITÉ D'ENTRAINEMENT SUPPLÉMENTAIRE

AIDE-MÉMOIRE **Leçon n°9**

LES CHOIX DE CLÉO

La notion de contraire doit être manipulée avec précaution. Une certaine confusion existe entre des notions proches et l'on trouve parfois des exercices proposant des couples de contraires… qui ne le sont pas. On mélange aimablement contraires, inverses et opposés. Or ces termes ne recouvrent pas ni les mêmes réalités de pensée, ni les mêmes contenus sémantiques.

Par exemple, le contraire de *mort* n'est pas *vie* ; le contraire de *noir* n'est pas *blanc*. Le contraire de *mort* est *naissance* et c'est bien ces deux phénomènes (la naissance et la mort) qui délimitent la vie.

En fait, il faudrait distinguer trois types d'appariement pour les « contraires » :

– les **contraires lexicalisés**, c'est-à-dire les couples qui disposent de termes spécifiques pleins et entiers pour noter cette relation sémantique (par exemple *gentil / méchant*) ;

– les **constructions morphologiques** (*juste / injuste ; faire / défaire*) si productives dans la langue même si leur présence n'est pas toujours aisément perçue (*construire / détruire*) ;

– les **oppositions notionnelles et relatives** (*petit / grand ; chaud / froid*) incluant aussi les relations de temps et d'espace (*avant / après ; sur / sous…*).

Pour revenir sur les contraires lexicalisés, les remarques sur la polysémie ont les mêmes conséquences pour l'antonymie que pour la synonymie. La réalité polysémique réduit les doublons d'antonymes à des usages souvent partiels.

Exemple :

un homme vieux	→ un homme âgé	→ un homme jeune
un vieux chien	→ un chien âgé	→ un jeune chien
un vieux vêtement	→ un vêtement usagé	→ un vêtement neuf
une vieille ville	→ une ville ancienne	→ une ville nouvelle

Pour commencer

Manuel p. 60

1 La première activité de la rubrique « Pour commencer » p. 60 fait prendre conscience que les paires d'antonymes font partie de la même classe grammaticale. Après présentation de l'activité, les élèves complètent les deux tableaux. Lors de la mise en commun, faites systématiquement remarquer que le contraire d'un nom est également un nom, etc.

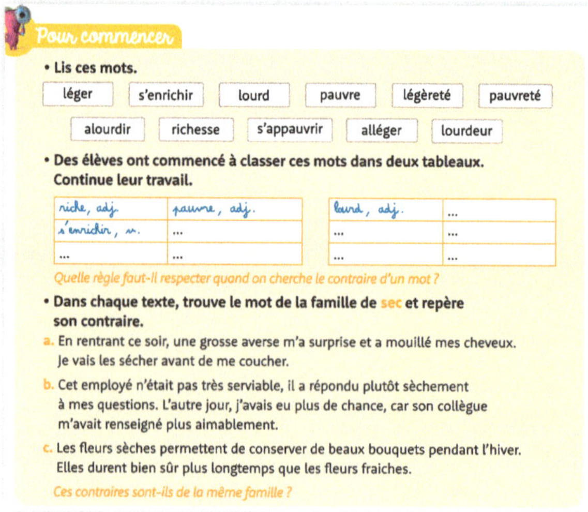

Pour commencer

- **Lis ces mots.**

léger | s'enrichir | lourd | pauvre | légèreté | pauvreté | alourdir | richesse | s'appauvrir | alléger | lourdeur

- **Des élèves ont commencé à classer ces mots dans deux tableaux. Continue leur travail.**

riche, adj.	pauvre, adj.
s'enrichir, v.	...
...	...

lourd, adj.	...
...	...
...	...

Quelle règle faut-il respecter quand on cherche le contraire d'un mot ?

- **Dans chaque texte, trouve le mot de la famille de sec et repère son contraire.**

a. En rentrant ce soir, une grosse averse m'a surprise et a mouillé mes cheveux. Je vais les sécher avant de me coucher.

b. Cet employé n'était pas très serviable, il a répondu plutôt sèchement à mes questions. L'autre jour, j'avais eu plus de chance, car son collègue m'avait renseigné plus aimablement.

c. Les fleurs sèches permettent de conserver de beaux bouquets pendant l'hiver. Elles durent bien sûr plus longtemps que les fleurs fraiches.

Ces contraires sont-ils de la même famille ?

2 La seconde activité demande une analyse fine du contexte des contraires des mots de la famille de *sec*, selon le contexte :

sécher ⟷ *mouiller*

sèchement ⟷ *aimablement*

sec ⟷ *frais*

On peut s'amuser à créer des phrases avec des contraires inappropriés dans un contexte donné, de manière à montrer que les contraires ne s'utilisent que dans des conditions précises.

Exemple :

Il m'a répondu d'un ton sec. → *Il m'a répondu d'un ton *mouillé.*

Un vent froid et sec soufflait sur la plaine. → *Un vent froid et *aimable soufflait sur la plaine.*

3 Faites ensuite repérer les contraires des mots de la famille de **sec** : *sécher* (v.), *sèchement* (adv.), sec (adj.).

On remarquera que les trois contraires ne sont pas de la même famille.

On peut organiser la famille de *sec*, *sèche* dans une corole lexicale en incluant les contraires et les mots composés.

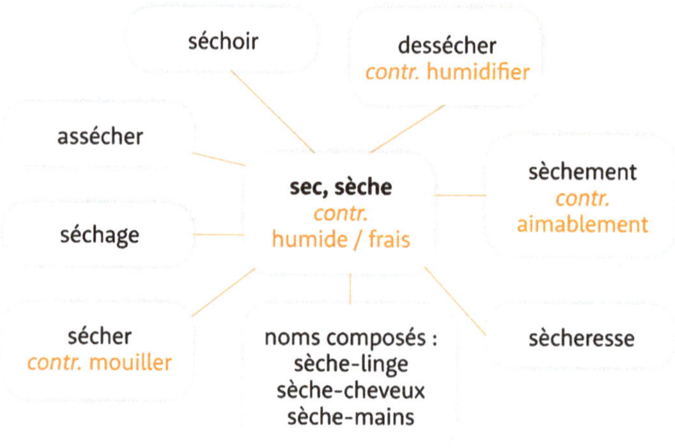

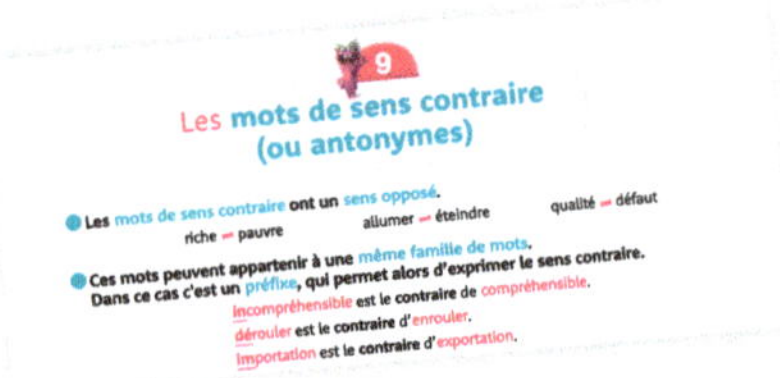

9

Les mots de sens contraire (ou antonymes)

- Les mots de sens contraire ont un sens opposé.

riche – pauvre | allumer – éteindre | qualité – défaut

- Ces mots peuvent appartenir à une même famille de mots. Dans ce cas c'est un préfixe, qui permet alors d'exprimer le sens contraire.

incompréhensible est le contraire de compréhensible.
dérouler est le contraire d'enrouler.
importation est le contraire d'exportation.

Pour conclure, lisez avec les élèves la leçon n° 9 de l'aide-mémoire.

Pour s'entrainer

Présentez collectivement la première activité d'entrainement.

Faites remarquer que certains contraires sont formés grâce à un préfixe (*hériter / déshériter*) mais que ce n'est pas toujours le cas (*gagner / perdre*).

Précisez également que les verbes seront recopiés à l'infinitif, les adjectifs et les noms au singulier.

Cette série d'activités permet de renforcer les compétences de reconnaissance des classes grammaticales.

Une activité supplémentaire est disponible sur le CD.

Pour aller plus loin

L'activité proposée permet de montrer que l'antonymie se décline parfois au sein de familles de mots.

Pour aller plus loin

Observe et complète ces tableaux. Au besoin, utilise ton dictionnaire.

petit, adj.	..., adj.
...	grandeur, ...
rapetisser, ...	...
...	grandement, ...

beau, ...	...
...	laideur, ...
embellir, ...	...
...	enlaidissement, ...

Corrigé :

petite – grande (Adj.)
petitesse – grandeur (N)
rapetisser – grandir (V)
petitement – grandement (Adv.)

beau – laid (Adj.)
beauté – laideur (N)
embellir – enlaidir (V)
embellissement – enlaidissement (N)

Je comprends le sens d'un mot inconnu

5 À 6 SÉANCES À RÉPARTIR SUR 6 SEMAINES ENV.

DANS LES PROGRAMMES

Repères de progression CM2
Les élèves utilisent le contexte pour comprendre les mots inconnus rencontrés à l'occasion de leur lecture.

Exemples de situations, d'activités et d'outils pour l'élève
– en lecture, entrainement à la compréhension des mots inconnus à l'aide du contexte et de la formation du mot.

MANUEL DE L'ÉLÈVE **PP. 62-63**

CD-ROM ET SITE COMPAGNON
● ACTIVITÉ D'ENTRAINEMENT SUPPLÉMENTAIRE

LES CHOIX DE CLÉO

Les objectifs ici sont similaires à ceux des pages 38-39, mais l'approche a été inversée, de manière à ce que le travail de compréhension de l'importance contextuelle active à la fois une voie déductive et une voie inductive.

Les enfants sont de vraies « éponges lexicales » et le rythme d'acquisition, variable selon les élèves, peut être relativement spectaculaire. Selon J. Giasson[1], « Un enfant de 9 à 12 ans acquiert de 300 à 5 000 mots nouveaux chaque année. Certains élèves dépassent largement ce nombre. [...] Les auteurs reconnaissent unanimement qu'à partir du deuxième cycle du primaire, la majorité des mots acquis par les élèves proviennent de la lecture. »

Comment s'effectuent ces acquisitions lexicales ? Nous savons maintenant que cela se joue par prise d'informations contextuelles, par un va-et-vient, plus ou moins explicite, voire totalement implicite, entre le mot nouveau (ou l'expression nouvelle) et le « ciment » textuel dans lequel ils sont insérés. Plus un enfant est confronté à des situations de communication riches, plus son lexique s'enrichira et plus vite il le fera. Par situations communicationnelles, nous entendons bien évidemment les situations orales si importantes chez le jeune enfant mais aussi les situations d'écrit et en particulier la lecture. L'exposition à de telles situations est essentielle, et il est évident que cela ne se fait pas qu'à l'école...

Pour autant, cela ne signifie pas que l'affaire n'est que socioculturelle, même si cette dimension est importante. Notre responsabilité d'enseignants est bien d'aider l'ensemble des élèves à progresser dans leurs apprentissages. Pour cela, il est nécessaire, dans le domaine évoqué ici, d'offrir des situations assez riches pour permettre le voisinage nécessaire avec des mots nouveaux, mais en nombre limité, de manière à ne pas noyer le jeune lecteur. Le choix des supports, de la responsabilité de l'enseignant, demande donc une attention particulière.

1 Giasson J., *La Compréhension en lecture*, De Boeck, Bruxelles, 1992.

De même, il semble essentiel d'aider les élèves à expliciter les processus à mettre en œuvre pour acquérir du vocabulaire, et ce chapitre procède de cette intention.
Pour revenir aux apprentissages par voie contextuelle, nous pouvons remarquer que les adultes procèdent de la même façon. Lorsque nous rencontrons un mot au sens inconnu ou flou, le réflexe premier est bien de rechercher par contexte une signification acceptable. Le recours au dictionnaire n'est ni spontané ni systématique chez la majorité des personnes. Il n'est, d'ailleurs, pas rare de découvrir pour un terme donné que le sens qu'on lui avait attribué était approximatif, spécifique, voire erroné. C'est là une expérience que chacun a déjà faite. Le processus d'acquisition contextuelle avance aussi par corrections et ajustements successifs.
Les activités proposent de courts textes dans lesquels sont insérés des mots volontairement hors du lexique supposé connu d'un élève de CM2. C'est un choix assumé. L'idée est bien de faire comprendre aux élèves que le sens est une construction, et que l'on peut trouver des éléments contextuels pertinents soit en amont soit en aval du mot en question.
L'objectif est d'une part d'expliciter cette démarche de prises d'indices contextuels, de la faire apparaitre et d'embrasser le support textuel un peu plus largement que ne le font spontanément les lecteurs qui se limitent trop souvent aux quelques mots qui précèdent l'obstacle.
Lors des entrainements, on insistera donc sur cette dimension de recherche d'indices élargie.

Pour commencer Manuel p. 62

Faites lire le texte de la rubrique « Pour commencer » p. 62, d'abord silencieusement puis à haute voix. Présentez la situation et demandez aux élèves de sélectionner la ou les réponses qui leur semblent convenir.

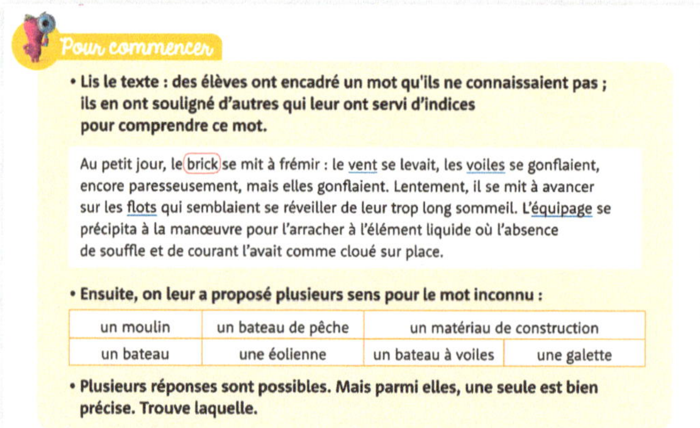
Pour commencer

- **Lis le texte : des élèves ont encadré un mot qu'ils ne connaissaient pas ; ils en ont souligné d'autres qui leur ont servi d'indices pour comprendre ce mot.**

Au petit jour, le brick se mit à frémir : le vent se levait, les voiles se gonflaient, encore paresseusement, mais elles gonflaient. Lentement, il se mit à avancer sur les flots qui semblaient se réveiller de leur trop long sommeil. L'équipage se précipita à la manœuvre pour l'arracher à l'élément liquide où l'absence de souffle et de courant l'avait comme cloué sur place.

- **Ensuite, on leur a proposé plusieurs sens pour le mot inconnu :**

un moulin	un bateau de pêche	un matériau de construction	
un bateau	une éolienne	un bateau à voiles	une galette

- **Plusieurs réponses sont possibles. Mais parmi elles, une seule est bien précise. Trouve laquelle.**

Procédez ensuite à l'élimination des réponses incorrectes en explicitant les raisons possibles d'erreur :
– *matériau de construction* → confusion avec l'homonyme *brique*.
– *galette* → confusion avec l'homonyme *brick*, galette de blé très fine d'origine maghrébine.
– *moulin / éolienne* → le texte mentionne des voiles, le vent, mais le contexte est clairement maritime
– *bateau* → réponse acceptable mais qui manque de précision.
– *bateau de pêche* → réponse acceptable mais la précision apportée (*de pêche*) n'est pas pertinente dans le contexte.
La meilleure réponse est donc *bateau à voile*, définition vers laquelle convergent tous les indices soulignés.

Pour s'entrainer

Les entrainements sont de même format que l'activité « Pour commencer ».
Selon les activités, le mot dont le sens est inconnu se situe à différents endroits du texte, ce qui amène les élèves à rechercher des indices dans l'ensemble du texte.
Une activité supplémentaire est disponible sur le CD.

Pour aller plus loin

Corrigé :
- **pleutre**
  – définition : *lâche, poltron*
  – indices : *caché / gémissant / la moindre mouche le terrorise*
- **métamorphose**
  – définition : *transformation complète (et soudaine dans le contexte présent)*
  – indices : *tout petit / presque inaperçu VS il saute, il aboie en bavant / la gueule grande ouverte*

J'utilise avec aisance des synonymes

7 À 8 SÉANCES À RÉPARTIR SUR 6 SEMAINES ENV.

DANS LES PROGRAMMES

Repères de progression CM2
Les élèves approfondissent leur maitrise des dictionnaires, en tenant compte des différentes informations fournies par l'article. Ils utilisent le contexte pour comprendre les mots inconnus rencontrés à l'occasion de leur lecture. Ils réutilisent à bon escient le lexique appris à l'écrit et à l'oral.

Attendus de fin de cycle
Raisonner pour analyser le sens des mots en contexte et en prenant appui sur la morphologie.

Connaissances et compétences associées
Enrichir le lexique
- mettre en réseau des mots (groupements par familles de mots, par champ lexical) ;
- connaitre les notions de synonymie, antonymie, homonymie, polysémie.

Exemples de situations, d'activités et de ressources pour l'élève
- activités d'observation, de manipulation des formes, de classements, d'organisation des savoirs lexicaux (coroles lexicales, schémas, établissement de collections, etc.) ;
- constitutions de fiches, carnets, affichage mural, etc. ;
- situations de lecture, d'écriture ou d'oral amenant à rencontrer de nouveaux mots ou à réutiliser les mots et locutions étudiés.

MANUEL DE L'ÉLÈVE **PP. 64-66**

CAHIER D'ACTIVITÉS **P. 9**

AIDE-MÉMOIRE **Leçon n° 8**

LES CHOIX DE CLÉO

La plupart des mots en français étant polysémiques, le travail sur les synonymes ne peut se passer de contexte. Par exemple, les adjectifs *délicieux* et *succulent* sont synonymes seulement si nous parlons d'aliments ou de plats. S'il s'agit de personnes, on peut utiliser l'adjectif *délicieuse* (et dans ce cas, il prendra un sens figuré), mais on ne peut dire « une personne succulente ». C'est donc le contexte qui désigne ces deux adjectifs comme synonymes ou non. D'autre part, la succession des trois adjectifs *bon*, *délicieux*, *succulent* semble indiquer une variation d'intensité croissante entre les trois occurrences. Certes, bon est d'une intensité plus faible que les deux autres adjectifs. Mais avouons que nous sommes bien en peine, et les dictionnaires le confirment, de classer *délicieux* et *succulent*. Pas de variation d'intensité entre les deux, mais une différence de niveau de langue, *succulent* appartenant à un niveau de langue soutenu.

Nous avons donc voulu éviter dans ce chapitre de présenter aux élèves des représentations erronées de la langue. C'est pourquoi nous avons choisi de toujours les faire travailler sur des mots fréquents, polysémiques, rencontrés en contexte. De plus, délibérément, tant la gradation de trois à quatre termes est très souvent malaisée, nous exerçons la réflexion des élèves essentiellement à partir de deux degrés du mot : le degré simple (ex. : *grand*) et son superlatif absolu (ex. : *très grand*).

Pour commencer

Manuel p. 64 • Cahier d'activités p. 9

Les deux situations proposées demandent un travail de recherche de la part des élèves, que vous pouvez conduire par groupes, avec comme outil de vérification un dictionnaire, à partir du cahier d'activités p. 9.

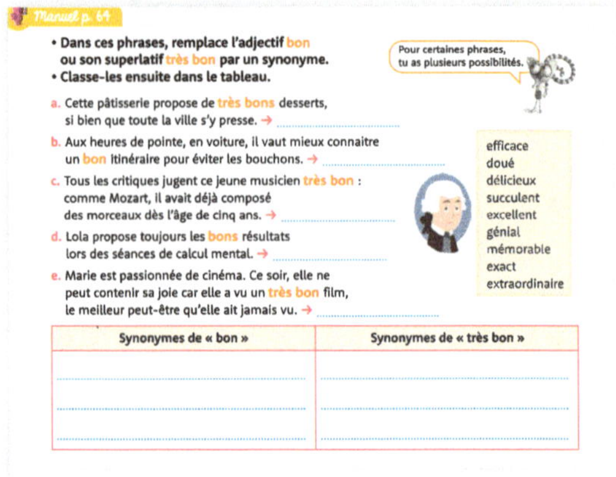
Manuel p. 64

- **Dans ces phrases, remplace l'adjectif bon ou son superlatif très bon par un synonyme.**
- **Classe-les ensuite dans le tableau.**

Pour certaines phrases, tu as plusieurs possibilités.

a. Cette pâtisserie propose de très bons desserts, si bien que toute la ville s'y presse. → ....
b. Aux heures de pointe, en voiture, il vaut mieux connaitre un bon itinéraire pour éviter les bouchons. → ....
c. Tous les critiques jugent ce jeune musicien très bon : comme Mozart, il avait déjà composé des morceaux dès l'âge de cinq ans. → ....
d. Lola propose toujours les bons résultats lors des séances de calcul mental. → ....
e. Marie est passionnée de cinéma. Ce soir, elle ne peut contenir sa joie car elle a vu un très bon film, le meilleur peut-être qu'elle ait jamais vu. → ....

efficace
doué
délicieux
succulent
excellent
génial
mémorable
exact
extraordinaire

Synonymes de « bon »	Synonymes de « très bon »
....	....
....	....
....	....

La mise en commun mettra en évidence les points suivants :

- Pour certaines phrases, il existe plusieurs possibilités (ex. : phrases a et c).
- À l'inverse, certains adjectifs ne peuvent convenir dans certains contextes (ex. : on ne dit pas **un résultat doué*, ou **un film délicieux*).
- La place de l'adjectif peut être amenée à changer, car l'adjectif *bon*, comme beaucoup d'adjectifs monosyllabiques, est souvent antéposé au nom qu'il complète, alors que la plupart du temps en français, l'adjectif est postposé (ex. : un *bon* itinéraire, mais un itinéraire *efficace*).

Corrigé :

Consigne 1

a. délicieux, succulents, excellents.
b. efficace, exact
c. doué, génial (au sens étymologique)
d. exacts
e. excellent, voire mémorable
(qui ajoute une idée en plus)

Consigne 2

Synonymes de « bon »	Synonymes de « très bon »
efficace convenable exact	doué délicieux succulent excellent génial

Pour s'entrainer

Dans ce format d'activité, la contrainte « Choisis chaque mot une seule fois. » oblige l'élève à interroger précisément le sens de chaque phrase, à éliminer les intrus, à comparer les possibles, et à choisir la solution qui lui semble la plus appropriée au contexte, celle qui s'utilise le plus en langue française. Utiliser avec aisance le dictionnaire s'avère ici indispensable.

Notons que les entrainements ne sont pas équivalents : les activités 1, 3, 4 jouent uniquement sur la variation d'intensité de mots dont la signification est assez stable : *dire, peur, aimer*. Par contre, les activités 2, 5, 6, 7 jouent également sur la forte polysémie, selon le contexte, des mots choisis : *mauvais, grand, clair, difficile*, si bien que les mots proposés dans la liste ne sont pas forcément des synonymes. Ce choix peut au premier abord constituer une difficulté supplémentaire pour les élèves, et nous vous conseillons le travail en binômes ou par groupes pour la première activité. Par contre, cet apprentissage nous semble nécessaire et aidera grandement les élèves, dans leurs productions d'écrit, à ne pas choisir des synonymes au hasard.

Faites apprendre la leçon n° 8 de l'aide mémoire après deux ou trois entrainements.

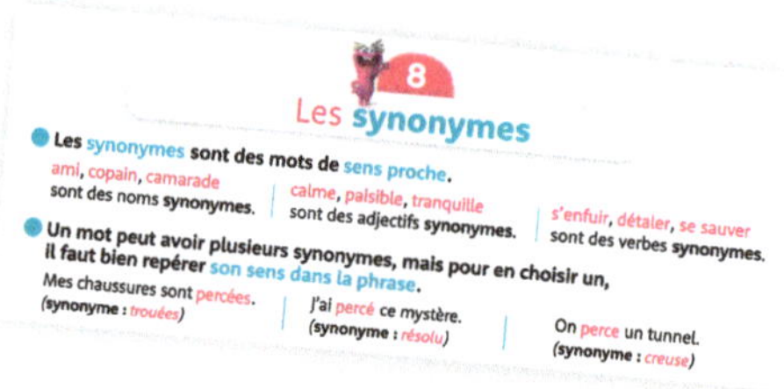
8
Les synonymes

- **Les synonymes sont des mots de sens proche.**

ami, copain, camarade sont des noms **synonymes**. | calme, paisible, tranquille sont des adjectifs **synonymes**. | s'enfuir, détaler, se sauver sont des verbes **synonymes**.

- **Un mot peut avoir plusieurs synonymes, mais pour en choisir un, il faut bien repérer son sens dans la phrase.**

Mes chaussures sont percées. **(synonyme :** trouées**)** | J'ai percé ce mystère. **(synonyme :** résolu**)** | On perce un tunnel. **(synonyme :** creuse**)**

Pour aller plus loin

Pour aller plus loin

Des scientifiques ont écrit un livre qui raconte leur expédition au pôle Nord.
En voici quelques extraits :

Lorsque notre bateau s'est retrouvé pris dans les glaces,
nous avons vécu des moments très éprouvants.

Résister au froid devenait pénible.

La situation devenait de plus en plus compliquée.

Nous savions qu'il s'agissait d'une marche périlleuse.

Les mots en bleu font partie des synonymes qui, dans leur texte, ont servi à éviter la répétition d'un seul et même mot.
Quel est ce mot ? Trouve-le dans la liste suivante.

décourageant | passionnant | ennuyeux | difficile | mauvais | effrayant

Corrigé :
Le mot est : **difficile**.

Je distingue les différents sens d'un verbe

4 À 5 SÉANCES À RÉPARTIR SUR 4 SEMAINES ENV.

DANS LES PROGRAMMES

Repères de progression CM2
Les élèves approfondissent leur maitrise des dictionnaires, en tenant compte des différentes informations fournies par l'article.
Ils utilisent le contexte pour comprendre les mots inconnus rencontrés à l'occasion de leur lecture.
Ils réutilisent à bon escient le lexique appris à l'écrit et à l'oral.

Attendus de fin de cycle
Raisonner pour analyser le sens des mots en contexte et en prenant appui sur la morphologie.

Connaissances et compétences associées
- enrichir son lexique par la lecture, en lien avec le programme de culture littéraire et artistique ;
- enrichir son lexique par l'usage du dictionnaire ou autres outils en version papier ou numérique ;
- savoir réutiliser à bon escient le lexique appris à l'écrit et à l'oral.

Exemples de situations, d'activités et de ressources pour l'élève
comparaison de constructions d'un même verbe (par exemple : *la plante pousse - Lucie pousse Paul - Paul pousse Lucie à la faute*) et réemploi (par exemple *jouer avec, jouer à, jouer pour*, etc.).

MANUEL DE L'ÉLÈVE **PP. 67-68**

AIDE-MÉMOIRE **Leçon n° 6**

LES CHOIX DE CLÉO

Les nouveaux programmes invitent à mettre en relation le fonctionnement syntaxique d'un verbe et ses variations de sens en fonction des constructions. La catégorie du verbe n'échappe pas à un principe plus général de notre langue pour comprendre le sens d'une unité lexicale. En effet, les linguistes s'accordent sur le fait qu'il est nécessaire d'explorer deux grands types de phénomènes :
- la polysémie d'une unité lexicale ;
- son co-texte, c'est-à-dire l'énoncé dans lequel cette unité est employée.

Prenons comme exemple le cas du verbe *jouer*, qui fait partie des verbes très polysémiques, et qui, à ce titre, a intéressé de nombreux linguistes. En fonction de l'énoncé dans lequel il se trouve, il peut aussi bien prendre le sens de *s'amuser*, que de *tromper* ou encore de *interpréter*. Le co-texte, syntaxique certes mais aussi lexical, influe de manière primordiale sur le sens de ce verbe. Par exemple :
- Effet du co-texte syntaxique (type de construction verbale) :
  1. Jouer de quelque chose. (*pratiquer*)
  2. Jouer quelque chose. (*interpréter*)
- Effet du co-texte lexical :
  3. Je joue à la marelle. (*s'amuser*)
  4. Je joue à la bourse. (*miser*)

Ce phénomène est complexe : on peut rarement attribuer un sens pour une construction, et une construction pour un sens. Le co-texte lexical joue un rôle déterminant. Ainsi, pour reprendre un exemple des programmes, les sens de « la plante pousse » et de « Lucie pousse Paul » diffèrent par la construction syntaxique du verbe. Mais, lorsque le verbe « pousser » est utilisé absolument, c'est-à-dire sans complément, il suffit de changer le sujet pour obtenir un autre sens. Par exemple : « tu pousses » (voir « Pour aller plus loin ») prend un sens figuré.
Nous avons donc choisi dans ce chapitre de rendre les élèves sensibles aux liens entre polysémie verbale et construction verbale (co-texte syntaxique), à partir de verbes très fréquents. Cependant, nous ne passons pas sous silence l'importance du co-texte lexical.

Pour commencer

Manuel p. 67

En grammaire, les élèves ont travaillé sur les compléments de verbe (compléments d'objet). Pour la première consigne, en binômes, ils s'appuient uniquement sur le contexte pour trouver la bonne occurrence. Lors de la correction, insistez sur les mots décisifs des phrases qui permettent de choisir la construction exacte.
La deuxième consigne permet d'expliciter le sens général de chaque construction. Il est intéressant de faire remarquer qu'une même construction peut avoir plusieurs sens (exemples *c* et *e*), et qu'il est donc essentiel de tenir compte du contexte. Les élèves apprennent également que le recours au dictionnaire n'est pas forcément systématique.

Corrigé :
a. parlait aux murs = ne pas être écouté.
b. parler affaires = négocier.
c. parle = articuler des paroles.
d. parler à mon voisin = adresser la parole à quelqu'un ; parle de sa santé = s'entretenir sur.
e. a parlé = avouer
f. parler espagnol = s'exprimer dans une langue.

Pour s'entrainer

Avant chaque activité, faites observer l'encadré « Pour t'aider » pour mettre en évidence le fait qu'il s'agit du même verbe avec une construction syntaxique différente. Il peut s'avérer utile de demander aux élèves des exemples de chaque construction, et d'en donner vous-même. Travaillez également sur sens propre / sens figuré (exemple activité 3 : « jouer avec le feu »). Demandez aux élèves de ne pas se servir du dictionnaire, mais de s'appuyer sur le contexte pour trouver la construction verbale à utiliser.
Donnez à apprendre le point 3 de la leçon n° 6 après deux ou trois entrainements.

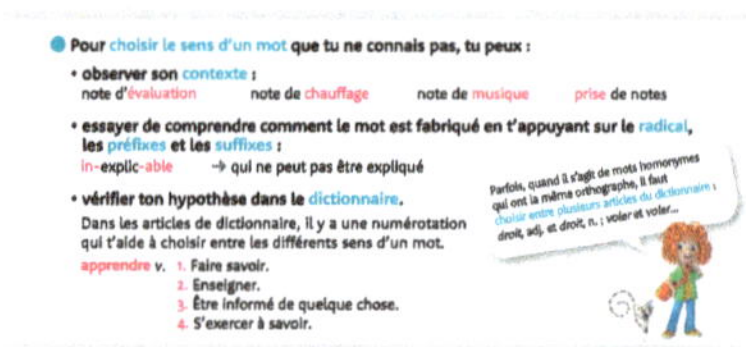
- Pour choisir le sens d'un mot que tu ne connais pas, tu peux :
  - observer son contexte :
    note d'évaluation — note de chauffage — note de musique — prise de notes
  - essayer de comprendre comment le mot est fabriqué en t'appuyant sur le radical, les préfixes et les suffixes :
    in-explic-able → qui ne peut pas être expliqué
  - vérifier ton hypothèse dans le dictionnaire.
    Dans les articles de dictionnaire, il y a une numérotation qui t'aide à choisir entre les différents sens d'un mot.
    apprendre v. 1. Faire savoir. 2. Enseigner. 3. Être informé de quelque chose. 4. S'exercer à savoir.

Pour aller plus loin

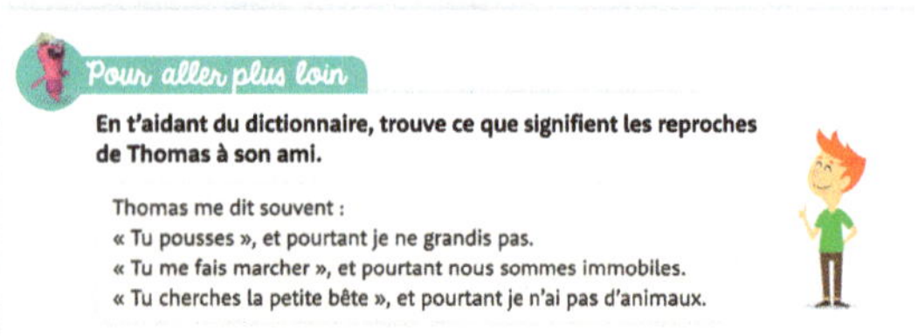
Pour aller plus loin

En t'aidant du dictionnaire, trouve ce que signifient les reproches de Thomas à son ami.

Thomas me dit souvent :
« Tu pousses », et pourtant je ne grandis pas.
« Tu me fais marcher », et pourtant nous sommes immobiles.
« Tu cherches la petite bête », et pourtant je n'ai pas d'animaux.

Corrigé :
Tu pousses = tu exagères.
Tu me fais marcher = tu me mènes en bateau = tu me fais croire des choses fausses pour te moquer de moi.
Tu cherches la petite bête = tu cherches le plus petit détail pour me critiquer.

Je sais utiliser des termes génériques ou spécifiques

3 À 4 SÉANCES
À RÉPARTIR SUR 5 SEMAINES ENV.

DANS LES PROGRAMMES

Repères de progression CM2
Ils réutilisent à bon escient le lexique appris à l'écrit et à l'oral.
Pour un champ lexical donné, ils regroupent des mots.

Attendus de fin de cycle
Raisonner pour analyser le sens des mots en contexte et en prenant appui sur la morphologie.

Connaissances et compétences associées
Enrichir le lexique
- mettre en réseau des mots (groupements par familles de mots, par champ lexical) ;
- connaitre les notions de synonymie, antonymie, homonymie, polysémie.

Exemples de situations, d'activités et de ressources pour l'élève
- activités d'observation, de manipulation des formes, de classements, d'organisation des savoirs lexicaux (coroles lexicales, schémas, établissement de collections, etc.) ;
- constitutions de fiches, carnets, affichage mural, etc. ;
- situations de lecture, d'écriture ou d'oral amenant à rencontrer de nouveaux mots ou à réutiliser les mots et locutions étudiés ;
- utilisation de dictionnaires papier et en ligne.

MANUEL DE L'ÉLÈVE
PP. 69-70

CD-ROM
● ACTIVITÉS D'ENTRAINEMENT SUPPLÉMENTAIRES

CAHIER D'ACTIVITÉS
P. 9

LES CHOIX DE CLÉO

La capacité à catégoriser se réalise dans le langage et nécessite, outre les processus intellectuels à mettre en œuvre pour l'activer, la maitrise d'un lexique adapté. Pour reprendre les termes de Gougenheim, il s'agirait de véritables « contenants de pensée ». Sans développer les compétences nécessaires à cette catégorisation, nous rappellerons cependant l'importance des processus de comparaison, et de catégorisation dans la construction de la pensée.
Ce qui nous importe dans le domaine du vocabulaire, c'est d'outiller nos élèves en leur donnant les moyens d'organiser intellectuellement le lexique. Le terme générique permet de regrouper un inventaire autour de traits caractéristiques communs en trouvant un terme notionnel englobant. Les élèves sont initiés à ce travail depuis le CE2. Au CM2, le travail est affiné puisqu'il s'agit d'ajouter des précisions spécifiques à l'objet défini. Nous avons donc choisi, à l'intérieur d'une même catégorie, de faire distinguer par les élèves différents objets d'après leurs sèmes spécifiques, tant en réception qu'en production.

Pour commencer Manuel p. 69 • Cahier d'activités p. 9

Cette activité est destinée à réactiver les savoirs acquis aux CE2 et CM1, à savoir distinguer un terme spécifique, ici « loup », de termes génériques le concernant (mots de la liste). L'utilisation d'un terme générique prend dans ce travail tout son sens, dans la mesure où il montre aux élèves que le choix du terme générique dépend du contexte, et qu'il n'est pas utilisé au hasard, pour, comme on le dit souvent, simplement « éviter la répétition ».

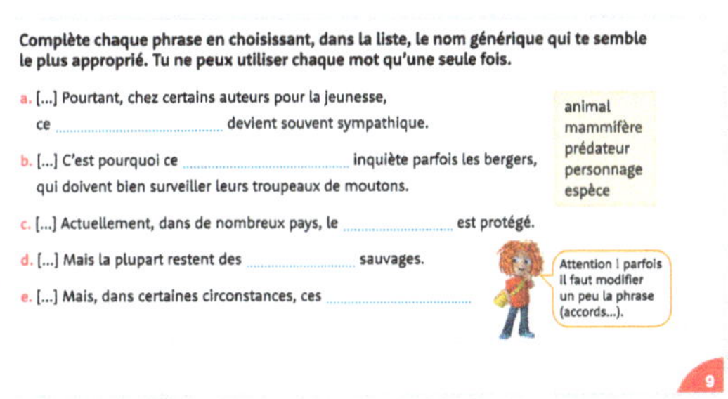
Complète chaque phrase en choisissant, dans la liste, le nom générique qui te semble le plus approprié. Tu ne peux utiliser chaque mot qu'une seule fois.

a. [...] Pourtant, chez certains auteurs pour la jeunesse, ce .... devient souvent sympathique.
b. [...] C'est pourquoi ce .... inquiète parfois les bergers, qui doivent bien surveiller leurs troupeaux de moutons.
c. [...] Actuellement, dans de nombreux pays, le .... est protégé.
d. [...] Mais la plupart restent des .... sauvages.
e. [...] Mais, dans certaines circonstances, ces ....

animal
mammifère
prédateur
personnage
espèce

9

1 Faites lire silencieusement les courts paragraphes, et, à l'oral, mettez en commun les hypothèses sur le mot répété. Faites justifier les propositions avec des éléments des phrases.

2 Les élèves, en binômes et sur leur cahier d'activités, se mettent d'accord sur le terme générique à utiliser pour chaque texte. La mise en commun permettra des essais de définition des termes génériques, à compléter éventuellement grâce au dictionnaire, et des explications sur le caractère plus approprié de l'utilisation de tel mot générique dans telle situation. Ainsi, quand on parle des portées de la louve (paragraphe e), « mammifère » est le terme le plus adapté.

Corrigé :

Consigne 1

a. personnage b. prédateur c. espèce d. animaux e. mammifères

Consigne 2

a. Dans les contes traditionnels, le loup inspire la peur. Pourtant, chez certains auteurs pour la jeunesse, ce personnage devient souvent sympathique.
b. Le loup se nourrit d'animaux capturés vivants. C'est pourquoi ce prédateur inquiète parfois les bergers, qui doivent bien surveiller leurs troupeaux de moutons.
c. En France, les loups, qu'on avait exterminés dans les années 1930, sont à nouveau observés dans plusieurs régions de montagne. Actuellement, dans de nombreux pays, l'espèce est protégée.
d. Certains loups ont été domestiqués au cours de l'histoire, et sont devenus des chiens. Mais la plupart restent des animaux sauvages.
e. Les portées de la femelle du loup comptent de un à sept petits, qu'elle allaite. Mais, dans certaines circonstances, ces mammifères peuvent avoir jusqu'à onze louveteaux par portée.

Pour s'entrainer

Faites l'activité 1 collectivement à l'oral pour que les élèves se familiarisent avec le format d'exercice choisi. Il s'agit de :
– repérer dans les phrases le terme générique qui est répété chaque fois ;
– choisir un terme spécifique selon les caractéristiques données dans chaque devinette ;
– créer deux devinettes en étant capable de donner des précisions spécifiques à l'objet.

Pour les autres entrainements, les élèves peuvent éventuellement s'aider d'un dictionnaire, mais seulement en cas de doute ou comme vérification de leurs hypothèses. Dans les exercices, la formulation des devinettes se veut proche de celle des définitions de dictionnaires adaptés à l'âge des élèves.

À un autre moment dans la vie de la classe, les devinettes créées par les élèves peuvent être proposées à l'oral à la classe.

Des activités supplémentaires sont disponibles sur le CD.

Pour aller plus loin

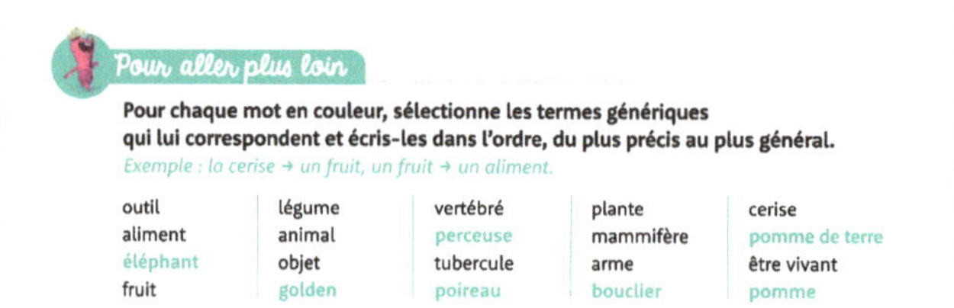
Pour aller plus loin

Pour chaque mot en couleur, sélectionne les termes génériques qui lui correspondent et écris-les dans l'ordre, du plus précis au plus général.

Exemple : la cerise → un fruit, un fruit → un aliment.

outil	légume	vertébré	plante	cerise
aliment	animal	perceuse	mammifère	pomme de terre
éléphant	objet	tubercule	arme	être vivant
fruit	golden	poireau	bouclier	pomme

Corrigé :

golden	→ pomme	→ fruit		→ aliment	
cerise		→ fruit		→ aliment	
poireau		→ légume	→ plante	→ aliment	
pomme de terre	→ tubercule	→ légume	→ plante	→ aliment	
éléphant		→ mammifère	→ vertébré	→ animal	→ Être vivant
perceuse	→ outil	→ objet			
bouclier	→ arme	→ objet			

Je comprends comment les mots sont fabriqués (4) : les adverbes en *-ment*

6 À 7 SÉANCES À RÉPARTIR SUR 2 MOIS ENV.

DANS LES PROGRAMMES

Repères de progression CM2
Les élèves découvrent la notion de dérivation. Ils approfondissent leur connaissance des préfixes et suffixes les plus fréquents, notamment en proposant un classement sémantique.

Attendus de fin de cycle
Raisonner pour analyser le sens des mots en contexte et en prenant appui sur la morphologie.

Connaissances et compétences associées
Enrichir le lexique
- comprendre la formation des mots complexes : par dérivation et par composition ;
- connaitre le sens des principaux préfixes : découvrir des racines latines et grecques ;
- mettre en réseau des mots (groupements par familles de mots, par champ lexical).

Exemples de situations, d'activités et d'outils pour l'élève
- en lecture, entrainement à la compréhension des mots inconnus à l'aide du contexte et de la formation du mot.

MANUEL DE L'ÉLÈVE **PP. 71-72**

AIDE-MÉMOIRE **Leçon n° 3**

LES CHOIX DE CLÉO

RAPPEL POUR L'ENSEIGNANT

La règle générale de formation des adverbes en *-ment* est d'ajouter ce suffixe au féminin de l'adjectif : *douce-ment, amère-ment, nulle-ment, faible-ment.*

C'est ainsi qu'au XVIe siècle, cette règle prévalait, y compris lorsque l'adjectif au masculin se terminait par les voyelles *é, i, u*, puisqu'on écrivait **vraiement, *poliement, *aiséement, *absoluement*. Le *e* du féminin a progressivement disparu à partir du XVIIe siècle, laissant place à un accent circonflexe sur les voyelles *i* et *u*. Depuis les rectifications orthographiques de 1990, cet accent à son tour a disparu, rendant plus aisé l'enseignement de l'orthographe de ces adverbes. Ainsi, l'on écrit dorénavant *gaiment, goulument, indument*, etc., et les élèves n'hésitent plus sur la présence ou non d'un accent circonflexe.

Si les élèves commettent des erreurs sur ces adverbes, ce bref rappel historique vous permettra de les traiter non pas comme des « exceptions », mais comme une régularité. Pour notre part, nous n'avons pas traité ce type d'adverbes, peu nombreux, car ils n'entrainent que très peu d'erreurs chez les élèves.

Dans cet avant-dernier chapitre de la partie Lexique, nous avons choisi de lier vocabulaire, grammaire et orthographe. Les adverbes font partie des mots invariables, et ceux en *-ment* présentent une régularité orthographique exemplaire. Il s'agit pour les élèves d'expérimenter à travers les activités proposées non seulement leur pouvoir d'exercer une certitude orthographique, mais aussi leur capacité à trouver un adjectif de la même famille lexicale que le mot utilisé dans le texte et à le transformer en adverbe. Si vous le jugez utile, vous pourrez vous appuyer sur l'intuition de la langue de vos élèves en variant la place des adverbes dans la phrase et en leur demandant si ce déplacement change le sens de la phrase.

Pour commencer Manuel p. 71

Comme nous y invitent les programmes, ce premier travail s'appuie sur des « activités d'observation, de manipulation des formes, de classement, d'organisation des savoirs lexicaux ».
La première consigne permet de réinvestir les savoirs grammaticaux : distinguer les mots invariables des mots variables. Ces derniers sont plus faciles à identifier dans la mesure où les élèves peuvent les faire varier. Dans cet oral collectif, demandez aux élèves qu'ils justifient leurs hypothèses. Le travail d'élaboration de la règle d'engendrement des adverbes en *-ment* se fera en groupes, avec affichage pour la mise en commun. Règle attendue : un adverbe en *-ment* est formé à partir d'un adjectif au féminin, auquel on ajoute le suffixe *-ment*.

Exemple :
adjectif « lent » → féminin « lente » → adverbe « lentement »

Dans cette activité de recherche, nous n'avons pas introduit d'adjectifs épicènes (forme identique au féminin et masculin ; par exemple « terrible » dans l'activité 1), pour que la règle de formation des adverbes soit plus facilement repérable. Les exercices d'entrainement permettront d'aborder ce point.

Pour s'entrainer

Le format d'activité invite les élèves à remplacer, dans un texte cohérent, un mot ou un groupe de mots par un adverbe. Nous avons varié le plus possible la syntaxe de ces groupes de mots pour que le travail ne soit pas mécanique. Le premier exercice, effectué par binômes au besoin, sera suivi d'une correction où vous montrerez que l'adverbe appartient à la même famille lexicale que l'un des mots en violet.
Après chaque exercice, vous pouvez lire à voix haute avec les élèves les textes et tester des déplacements possibles d'adverbes dans la phrase.

Exemples :
« Vous aurez terriblement peur » (activité 1), « Indiscutablement, il est temps de nous quitter. » (activité 3), etc.

Demandez-vous, avec les élèves, si le sens de la phrase en est changé.
Donnez à relire la leçon n° 3 de l'aide-mémoire après deux ou trois entrainements.

Pour aller plus loin

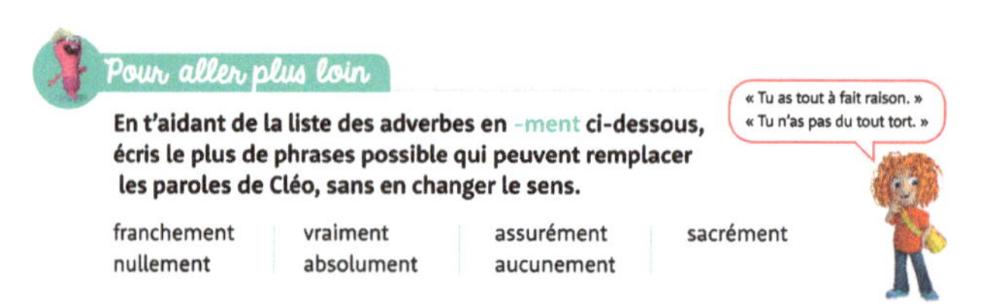

Corrigé :

Tu as tout à fait raison.	Tu n'as pas du tout tort.
Tu as franchement raison. Tu as vraiment raison. Tu as absolument raison. Tu as assurément raison. Tu as sacrément raison.	Tu n'as nullement tort. Tu n'as aucunement tort.

J'utilise le contexte pour trouver le sens d'une expression au sens figuré

6 À 7 SÉANCES
À RÉPARTIR SUR 5 SEMAINES ENV.

DANS LES PROGRAMMES

Repères de progression CM2
Les élèves utilisent le contexte pour comprendre les mots inconnus rencontrés à l'occasion de leur lecture.

Attendus de fin de cycle
Raisonner pour analyser le sens des mots en contexte et en prenant appui sur la morphologie.

Connaissances et compétences associées
Enrichir le lexique
- connaitre les notions de synonymie, antonymie, homonymie, polysémie.

Exemples de situations, d'activités et de ressources pour l'élève
- activités d'observation, de manipulation des formes, de classements, d'organisation des savoirs lexicaux (coroles lexicales, schémas, établissement de collections, etc.) ;
- constitutions de fiches, carnets, affichage mural, etc. ;
- situations de lecture, d'écriture ou d'oral amenant à rencontrer de nouveaux mots ou à réutiliser les mots et locutions étudiés.

MANUEL DE L'ÉLÈVE **PP. 73-75**

AIDE-MÉMOIRE **Leçon n° 6**

LES CHOIX DE CLÉO

RAPPEL POUR L'ENSEIGNANT

- Le **sens propre** d'un mot est le sens originel de ce mot. Il s'agit souvent (mais pas toujours) d'un sens concret. Par exemple, *cultiver* dans *cultiver son champ*.
- Le **sens figuré** est un sens second d'un mot que l'on emploie pour désigner une autre réalité que la réalité désignée originellement. On assimile cette seconde réalité à la première bien qu'elle se situe dans un tout autre univers, souvent (mais pas toujours) un univers abstrait. Par exemple, *cultiver* dans l'expression *cultiver sa passion*.
- Les **expressions au sens figuré** sont des expressions, le plus souvent imagées, qui se sont lexicalisées.

Ce chapitre s'inscrit dans la continuité de C.L.É.O. CM1 : les élèves se sont exercés à identifier des mots utilisés au sens figuré. Nous avons choisi de réactiver cette compétence en travaillant en CM2 sur les expressions au sens figuré. Il s'agit là d'un phénomène de création lexicale très fréquent, présent dès l'origine d'une langue, et qui témoigne de sa vitalité. Il suffit pour s'en convaincre de feuilleter *Le Bouquet des expressions imagées* de Claude Duneton (Seuil, 1990), présenté dans la préface comme « 400 ans d'imaginaire du français ». Il nous a semblé important, au-delà de l'identification d'une expression au sens figuré, de développer la compétence à faire des hypothèses de sens à partir du contexte.

Pour commencer Manuel p. 73

L'activité commence par un travail de lecture silencieuse où les élèves doivent repérer le mot commun utilisé dans chacun des courts textes : *yeux*. Reprenez en collectif chaque paragraphe, demandez aux élèves d'isoler l'expression imagée et notez-la au tableau à l'infinitif. Le contexte est suffisamment explicite pour que les élèves émettent des hypothèses plausibles sur le sens des expressions. Faites justifier les hypothèses par des éléments des textes. Proposez en synthèse votre définition de l'expression imagée, qui servira de trace écrite. L'activité peut se terminer par la substitution orale de l'expression imagée par des éléments de sa définition, et un inventaire des expressions au sens figuré que les élèves connaissent, y compris avec le mot travaillé, au pluriel ou au singulier (ex : *faire les gros yeux ; ne pas avoir les yeux dans sa poche ; avoir quelqu'un à l'oeil ; voir d'un mauvais oeil...*).

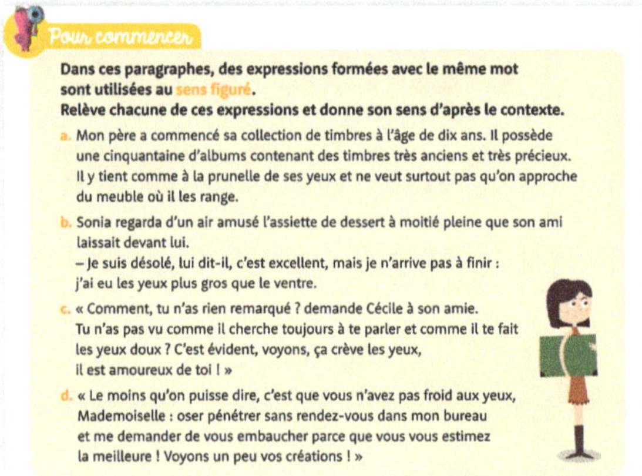
Pour commencer

Dans ces paragraphes, des expressions formées avec le même mot sont utilisées au sens figuré.
Relève chacune de ces expressions et donne son sens d'après le contexte.

a. Mon père a commencé sa collection de timbres à l'âge de dix ans. Il possède une cinquantaine d'albums contenant des timbres très anciens et très précieux. Il y tient comme à la prunelle de ses yeux et ne veut surtout pas qu'on approche du meuble où il les range.

b. Sonia regarda d'un air amusé l'assiette de dessert à moitié pleine que son ami laissait devant lui.
– Je suis désolé, lui dit-il, c'est excellent, mais je n'arrive pas à finir : j'ai eu les yeux plus gros que le ventre.

c. « Comment, tu n'as rien remarqué ? demande Cécile à son amie. Tu n'as pas vu comme il cherche toujours à te parler et comme il te fait les yeux doux ? C'est évident, voyons, ça crève les yeux, il est amoureux de toi ! »

d. « Le moins qu'on puisse dire, c'est que vous n'avez pas froid aux yeux, Mademoiselle : oser pénétrer sans rendez-vous dans mon bureau et me demander de vous embaucher parce que vous vous estimez la meilleure ! Voyons un peu vos créations ! »

Corrigé :

a. Tenir à quelque chose (ou à quelqu'un) comme à la prunelle de ses yeux : y tenir très fort (aimer quelqu'un). *Origine XVIe siècle.*

b. Avoir les yeux plus gros que le ventre : s'imaginer pouvoir manger plus que ne le permet l'estomac ; peut signifier dans un autre contexte se surestimer. *Origine XVIIe siècle: « avoir les yeux plus gros que la panse ».*

c. Faire les yeux doux : chercher à séduire quelqu'un. *Origine fin XVIIe siècle.* Crever les yeux : être si évident qu'il est impossible de ne pas le comprendre. *Origine XVIIe siècle.*

d. Ne pas avoir froid aux yeux : être courageux. *Origine : 1826.*

Pour s'entrainer

Dans ce format d'exercice, les élèves doivent s'appuyer sur le contexte, assez explicite, pour déterminer dans quel paragraphe se trouve l'expression au sens figuré et quelle est sa signification. Faites collectivement une partie de l'exercice 1 en insistant sur l'observation du contexte pour trouver le sens.

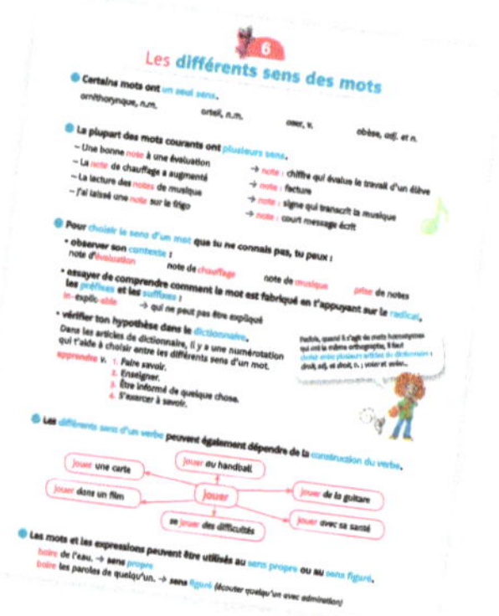

Sur le cahier de l'élève :
2. a. cerise sur le gâteau : avantage supplémentaire qui rend le camping parfait.

Donnez à relire la leçon n° 6 de l'aide-mémoire après deux ou trois entrainements.

Pour aller plus loin

Un dictionnaire des expressions peut être utile pour cette activité.

Corrigé :
Ce matin, quand je suis sorti de chez moi, il faisait **très froid**. Je marchais tranquillement dans la rue quand j'ai assisté à une **dispute** entre deux hommes, qui **s'insultaient**.
– Tu es un **froussard**, tu n'oseras jamais lui parler ! s'énervait l'un.
– Arrête de **te pavaner** ! répliquait l'autre. Dans cette affaire, nous **nous sommes fait avoir** tous les deux, et tu as été **perdant** autant que moi. Ce n'est pas la peine de le **nier**.
Je n'ai pas bien compris ce dont il s'agissait, mais une chose est sure : le premier voulait **attaquer** l'autre, mais ce dernier l'a bel et bien **fait taire**. Ces deux-là, quels **personnages étranges** !

Enseigner la grammaire : avant-propos et éléments théoriques

Afin de vous aider à mieux cerner les différentes dimensions des principales fonctions grammaticales, nous proposons une courte synthèse qui permet d'appréhender ces fonctions sous quatre angles complémentaires :

- **La dimension sémantique :** elle s'appuie sur le sens, sur la signification des éléments linguistiques analysés.
- **La dimension syntaxique :** elle permet d'analyser la manière dont des mots sont organisés pour former des groupes de mots, des phrases.
- **La dimension morphosyntaxique :** elle rend compte des contraintes flexionnelles (variations de genre, de nombre, de personne, etc.) que la syntaxe impose à certains mots.
- **La dimension discursive :** elle prend en compte l'énonciation, c'est-à-dire les conditions d'utilisation de la langue dans un contexte précis, par un locuteur qui produit un discours (oral ou écrit) avec des intentions particulières.

La fonction sujet

- **Dimension syntaxique :** Le sujet est un constituant obligatoire, généralement situé juste avant le verbe.

La fonction sujet est généralement assurée par un nom propre, un groupe nominal ou un pronom.

- **Dimension sémantique :** Le sujet fait (ou subit) l'action.

Définition de la grammaire scolaire traditionnelle.

- **Dimension morphosyntaxique :**

– Le sujet impose sa marque de conjugaison au verbe (temps simple) ou à l'auxiliaire (temps composé).
– Le participe passé employé avec être s'accorde en genre et en nombre avec le sujet.
– Le participe passé employé avec avoir ne s'accorde jamais avec le sujet.

- **Dimension discursive :**

– Le sujet indique généralement le thème de la phrase (De qui, de quoi s'agit-il ?).
– Le groupe verbal (ou prédicat), quant à lui, exprime le rhème, ou le propos (Qu'en dit-on ?).

La fonction complément de verbe (également appelé complément d'objet)

- **Dimension syntaxique :** Le complément de verbe, constituant obligatoire, généralement situé après le verbe, pronominalisable.

– La fonction complément de verbe est généralement assurée par un nom propre, un groupe nominal ou un pronom complément.
– Le complément du verbe a des caractéristiques syntaxiques qu'on peut tester :
  – on ne peut pas le séparer du verbe, ni le supprimer ;
  – on peut le remplacer par un pronom complément.

- **Dimension sémantique :** Le complément de verbe apporte un complément d'information appelé par le sens du verbe.

Cette dimension permet d'insister sur l'étymologie du terme complément : il complète le sens du verbe.

- **Dimension morphosyntaxique :** Seul cas de figure où une règle d'accord lie verbe et complément de verbe : le COD placé avant le participe passé utilisé avec l'auxiliaire *avoir*.

Bien que hors programme, cette dimension est abordée dans C.L.É.O. en orthographe par l'utilisation d'une procédure permettant de gérer l'accord des participes passés sans recourir aux classes ni aux fonctions grammaticales.

- **Dimension discursive :** Le complément du verbe fait partie du groupe verbal (ou prédicat), généralement assimilé au rhème (ou propos) : ce que l'on dit du sujet (ou thème).

Les programmes actuels font l'impasse sur la notion de groupe verbal.

La fonction attribut du sujet

- **Dimension syntaxique :**
  – Seulement avec le verbe *être* ou autre verbe d'état.
  – Usuellement un adjectif ou un GN sans préposition.
  – Se pronominalise par le pronom invariable ***le***.
  – Non supprimable.

Nous avons fait le choix de ne pas travailler sur la pronominalisation de l'attribut du sujet qui est tout à fait atypique :
– Qu'ils soient féminins ou pluriels, tous les attributs du sujet peuvent être remplacés par le pronom **le** :
« Elle n'est pas encore infirmière, mais elle **le** sera bientôt. »
« Ce sont mes meilleurs amis, et ils **le** resteront. »
– C'est la seule construction où un adjectif qualificatif peut être pronominalisé :
« Seront-elles prêtes ? Elles **le** seront. »
La reconnaissance de l'attribut du sujet passe par le repérage d'un nombre fini de verbes d'état (*être, devenir, paraitre, sembler, demeurer, rester*).

- **Dimension sémantique :** L'attribut du sujet exprime une caractéristique du sujet (état, propriété, catégorisation).

Dans C.L.É.O., on insiste beaucoup, dans les activités d'entrainement, sur la différence sémantique entre les constructions :
verbe d'état + AdS ↔ verbe transitif + COD :
Mon père **est** le directeur de l'école ↔ Mon père **rencontre** le directeur de l'école.
qui nous semble l'entrée la plus intéressante pour aller vers la conceptualisation.

- **Dimension morphosyntaxique :** Sujet et attribut du sujet s'accordent en genre et en nombre.

L'attribut du sujet s'accorde en genre et en nombre avec le sujet, sauf dans le cas où il est pronominalisé (voir ci-dessus).

- **Dimension discursive :** Le complément du verbe fait partie du groupe verbal (ou prédicat), généralement assimilé au rhème (ou propos) : ce que l'on dit du sujet (ou thème).

Les programmes actuels font l'impasse sur la notion de groupe verbal.

La fonction complément de phrase (également appelée complément circonstanciel)

- **Dimension syntaxique :** Le complément de phrase est mobile dans la phrase, ce qui constitue sa caractéristique la plus spécifique par rapport aux autres types de compléments.
Il est le plus souvent facultatif, et donc supprimable.
Il ne fait pas partie du groupe verbal.
Habituellement, il se présente sous la forme d'un GN prépositionnel, d'un adverbe, ou d'une subordonnée.

L'étude des subordonnées circonstancielles relève du cycle 4.

- **Dimension sémantique :**
– Le complément de phrase exprime une **circonstance** du procès exprimé par le GS et le GV, d'où la dénomination traditionnelle *complément circonstanciel*.
– La classification grammaticale traditionnelle s'appuie sur le sens : complèment circonstanciel de temps, de lieu, de manière, de cause, de but, de moyen, etc.

Cette dimension pose problème aux élèves car un complément du nom, un complément de verbe, voire un adjectif qualificatif peuvent avoir une valeur circonstancielle :

un déjeuner **sur l'herbe** / Je vais **à Paris**. / un voyage **nocturne**

Nous nous attacherons donc à distinguer CdV complément d'objet et complément circonstanciel par leur « zone d'influence » dans la phrase :

Le maitre pense à la rentrée.

Le complément complète le verbe → C. de verbe (ou d'objet)

À la rentrée, j'irai dans une autre école.

Le complément complète la phrase → C. de phrase (ou circonstanciel)

- **Dimension morphosyntaxique :** Elle est inexistante : il n'y a aucune relation d'accord entre le complément de phrase et un quelconque élément de la phrase.

- **Dimension discursive :** Certains compléments de phrase ont une **fonction scénique**, ils « plantent le décor » :

En septembre, les jours commencent à raccourcir.

D'autres ont une **fonction rhématique**, le thème étant alors constitué par S + GV :

Les jours ne commencent pas à raccourcir en aout, **mais en septembre**.

Dans cette phrase, le complément « en septembre » n'a rien de circonstanciel, il apporte au contraire l'information essentielle de la phrase.
Placer le complément circonstanciel en tête de phrase constitue un procédé de mise en relief de l'information :

Dès le lever du jour, la ruche se met à bourdonner.

La dimension discursive brouille souvent la reconnaissance du complément circonstanciel : quand le complément circonstanciel a une fonction rhématique, les élèves répugnent à le supprimer car l'information apportée semble (à juste titre) indispensable.

Le spectacle commencera **dès la tombée de la nuit**.

Le groupe nominal

- **GN minimal** { → **Déterminant** / → **Nom** }

- **Les expansions du nom**
Les grammaires scolaires présentent parfois les expansions du nom comme non essentielles, facultatives, non obligatoires. La notion d'« *enrichissement du nom* » n'est pas forcément adéquate. En réalité, deux cas peuvent se présenter :

– L’information apportée par un **adjectif**, un **complément du nom** ou une **relative** est effectivement accessoire : dans ce cas, l’expansion peut être supprimée sans dommage pour la compréhension du message, car sa valeur est descriptive.

J’ai acheté une cravate **rayée / de soie / qui était en soldes**. → J’ai acheté une cravate.

– L’information apportée est déterminante pour la compréhension du message : dans ce cas, la suppression de l’expansion du nom provoque un déficit d’information tel qu’il peut provoquer un contresens :

J’ai horreur des cravates **rayées / de mon patron / que m’offre ma belle-mère**. → J’ai horreur des cravates.

On voit bien que les expansions du nom, dans ces exemples, sont indispensables au maintien du sens de la phrase, et constituent plus que de simples « enrichissements » du nom.

→ **L’adjectif** : Il s’accorde généralement avec le nom-noyau du groupe nominal.
Cependant, une nouvelle « génération » d’adjectifs est apparue au cours des dernières décennies : il s’agit de formes abrégées (*super, sympa, vidéo*) ou d’emprunts à l’anglais (*top, cool*) : *Des jeux vidéo, une super journée, de la musique cool*… Ces adjectifs sont invariables. On pourra expliquer les raisons de cette invariabilité, et constituer une liste avec les élèves au fil de l’année.

Je maitrise la ponctuation

5 À 6 SÉANCES
À RÉPARTIR
SUR 6 SEMAINES ENV.

DANS LES PROGRAMMES

Repères de progression CM2
Les élèves s'appuient sur leurs connaissances de la ponctuation, de la syntaxe pour écrire.

Connaissances et compétences associées
Identifier les constituants d'une phrase simple
- approfondir la connaissance des trois types de phrases (déclaratives, interrogatives et impératives) et des formes négative et exclamative.

Exemples de situations, d'activités et de ressources pour l'élève
- construction de phrases : amplification et réduction d'une phrase ;
- création et analyse de phrases grammaticalement correctes.

MANUEL DE L'ÉLÈVE
PP. 76-78

AIDE-MÉMOIRE
Leçons n°s 11, 12 et 13

CAHIER D'ACTIVITÉS
P. 10

SITE COMPAGNON
● TEXTES DES ACTIVITÉS D'ENTRAINEMENT DUPLIQUÉS ET TEXTES SUPPLEMENTAIRES

CD-ROM
● TEXTES DES ACTIVITÉS D'ENTRAINEMENT DUPLIQUÉS ET TEXTES SUPPLEMENTAIRES

LES CHOIX DE CLÉO

RAPPEL POUR L'ENSEIGNANT

Les types de phrases

Il existe en français trois types de phrases : les types déclaratif, interrogatif et injonctif. On considère maintenant que la forme exclamative n'est pas un type à part entière, puisqu'elle est facultative et qu'elle se combine toujours avec l'un des trois types obligatoires.

Les types déclaratif, interrogatif et injonctif sont mutuellement exclusifs : par exemple, une phrase ne peut pas être injonctive **et** déclarative en même temps.

Chacun des trois types obligatoires correspond à un acte de langage spécifique :
– type déclaratif → fournir une information
– type interrogatif → poser une question
– type impératif → donner un ordre, un conseil

La forme exclamative, quant à elle, apporte une information supplémentaire : le sentiment du locuteur sur ce qui est dit.

Ainsi :
– « Le prix de l'essence a encore pris 10 centimes ! » est une phrase à la fois déclarative et exclamative.
– « Quelle bêtise a-t-il encore faite ?! » est une phrase à la fois interrogative et exclamative (présence possible, notamment dans la bande dessinée, d'une double ponctuation).
– « Ne me dis pas que tu as encore raté ton permis ! » est une phrase à la fois impérative et exclamative.

L'impératif présent sera étudié en 6e, ce qui n'empêche pas de reconnaitre les phrases de type impératif par le sens qu'elles portent.

Pour commencer

Manuel p. 76 • Cahier d'activités p. 10

Cette activité peut être proposée en travail individuel ou par groupes.
Faites observer l'activité du manuel p. 76.
Sur le cahier d'activités (p. 10), demandez aux élèves d'associer chacune des quatre phrases à une illustration, puis d'ajouter la ponctuation manquante.

La lecture à haute voix des quatre phrases et l'explicitation des situations permettra de distinguer les phrases interrogatives (« Est-ce que c'est bon, cher Monsieur ? / Quelles chaussures choisir ? ») des phrases exclamatives (« Découvrez le plaisir de marcher sur l'eau ! / Ne mange pas trop, gourmand ! »)

Demandez ensuite aux élèves, par binômes, de préparer une lecture à haute voix des trois courts dialogues proposés. Après avoir écouté quelques paires d'élèves, faites expliciter les différents sentiments qui sont induits par les points d'exclamation et montrez que les phrases ponctuées d'un point d'exclamation sont ***à la fois*** à la forme exclamative et à l'un des trois types obligatoires.

– Phrases à la forme exclamative, de type déclaratif :

- « Quel drôle de métier ! » (étonnement)
- « Zut, je suis en retard ! » (contrariété)
- « Nous sommes riches ! » (joie)
- « Moi qui croyais que nous étions de vrais amis ! » (déception)

– Phrases à la forme exclamative, de type impératif :

- « Alors ne perds pas de temps ! » (encouragement, conseil)
- « Ne t'inquiète pas ! » (empathie)

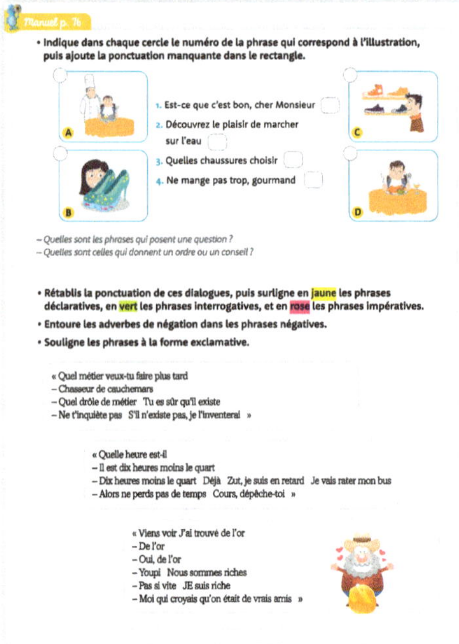
Manuel p. 76

• Indique dans chaque cercle le numéro de la phrase qui correspond à l'illustration, puis ajoute la ponctuation manquante dans le rectangle.

1. Est-ce que c'est bon, cher Monsieur
2. Découvrez le plaisir de marcher sur l'eau
3. Quelles chaussures choisir
4. Ne mange pas trop, gourmand

A B C D

– *Quelles sont les phrases qui posent une question ?*
– *Quelles sont celles qui donnent un ordre ou un conseil ?*

• Rétablis la ponctuation de ces dialogues, puis surligne en jaune les phrases déclaratives, en vert les phrases interrogatives, et en rose les phrases impératives.
• Entoure les adverbes de négation dans les phrases négatives.
• Souligne les phrases à la forme exclamative.

« Quel métier veux-tu faire plus tard
– Chasseur de cauchemars
– Quel drôle de métier Tu es sûr qu'il existe
– Ne t'inquiète pas S'il n'existe pas, je l'inventerai »

« Quelle heure est-il
– Il est dix heures moins le quart
– Dix heures moins le quart Déjà Zut, je suis en retard Je vais rater mon bus
– Alors ne perds pas de temps Cours, dépêche-toi »

« Viens voir J'ai trouvé de l'or
– De l'or
– Oui, de l'or
– Youpi Nous sommes riches
– Pas si vite JE suis riche
– Moi qui croyais qu'on était de vrais amis »

Pour s'entrainer

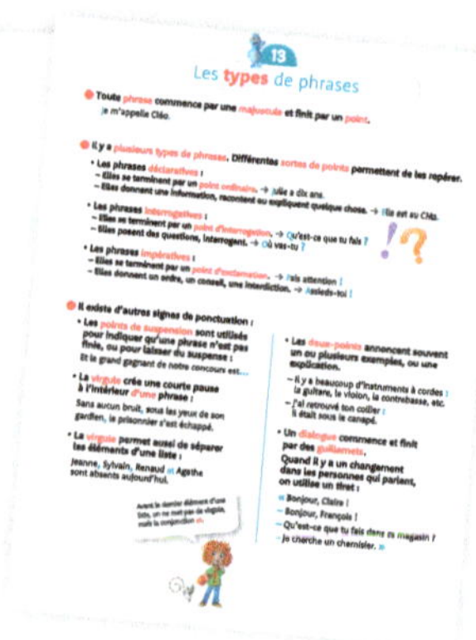
13
Les types de phrases

En préambule au travail individuel, vous pouvez faire préparer le texte des activités en travail à la maison, et le faire lire en début de séance. La plupart des textes étant des dialogues, l'intonation spécifique à chaque type de phrases sera exigée, et rectifiée au besoin.

Vous trouverez le texte de toutes les activités sur le CD (et en ligne) afin que les élèves puissent rétablir la ponctuation manquante directement sur la photocopie.

Donnez à apprendre les leçons 11, 12 et 13 après quelques entrainements.

Pour aller plus loin

Corrigé :

a. **Serez-vous prêts à l'heure ?** C'est la question que je me pose…
Un bon conseil : **Soyez prêts à l'heure !** Le train ne vous attendra pas !
Vous êtes prêts à l'heure. Rien d'étonnant, vous n'êtes jamais en retard.

b. **Tu as fini ton travail.** C'est bien, je suis content de toi.
As-tu fini ton travail ? Non, pas encore ?
Finis ton travail ! Ne perds pas de temps, cesse de rêver !

c. **Est-ce que tu viendras avec moi au cinéma ?** C'est pour savoir si je t'achète une place.
Tu as besoin de te changer les idées : **Viens avec moi au cinéma !**
Tu viens avec moi au cinéma. C'est ta maman qui vient de me le confirmer au téléphone.

Je conjugue les verbes au présent

6 À 7 SÉANCES
À RÉPARTIR
SUR 2 MOIS ENV.

DANS LES PROGRAMMES

Repères de progression CM2
En plus des temps déjà appris, les élèves mémorisent, **au cours de l'année**, le passé simple et le plus-que-parfait pour :
- *être* et *avoir* ;
- les verbes du 1er et du 2e groupes ;
- les verbes irréguliers du 3e groupe : *faire, aller, dire, venir, pouvoir, voir, vouloir, prendre.*

Connaissances et compétences associées
Acquérir l'orthographe grammaticale
- connaitre les régularités des marques de temps et de personne ;
- mémoriser: le présent, l'imparfait, le futur, le passé simple, le passé composé, le plus-que-parfait de l'indicatif, le conditionnel présent et l'impératif présent pour :
- *être* et *avoir* ;
- les verbes du 1er et du 2e groupes ;
- les verbes irréguliers du 3e groupe : *faire, aller, dire, venir, pouvoir, voir, vouloir, prendre.*

Exemples de situations, d'activités et de ressources pour l'élève
- comparaison et tri de verbes à tous les temps simples pour mettre en évidence :
- les régularités des marques de personne (marques terminales) ;
- les régularités des marques de temps (imparfait, futur, passé simple, présent de l'indicatif, présent du conditionnel, présent de l'impératif).

MANUEL DE L'ÉLÈVE
PP. 79-81

AIDE-MÉMOIRE
Leçons nos 21 et 28 (colonne du présent)

CAHIER D'ACTIVITÉS
P. 11

SITE COMPAGNON
- AFFICHES Nos 6 À 10
- ACTIVITÉ D'ENTRAINEMENT SUPPLÉMENTAIRE

CD-ROM
- AFFICHES Nos 6 À 10 (PRÉSENT DES VERBES EN *-ER*, EN *-IR/-RE/-OIR*, EN *-DRE*, *ÊTRE* ET *AVOIR*).
- ACTIVITÉ D'ENTRAINEMENT SUPPLÉMENTAIRE

LES CHOIX DE CLÉO

La notion de règle de formation des temps verbaux nous semble essentielle : en effet, quand on maitrise le « meccano » du système verbal, il devient inutile de surcharger la mémoire de tableaux de conjugaison aussi touffus qu'inaccessibles pour beaucoup d'élèves qui peinent à y voir les grandes régularités de conjugaison.

Le présent chapitre consacré à l'étude du présent de l'indicatif s'appuie[1] sur un découpage didactique qui s'éloigne de la présentation traditionnelle de ce temps. On distingue :
– les verbes en *-er* (1er groupe) → terminaisons du singulier : *-e, -es, -e*.
– les verbes en *-ir, -re, -oir* (soit l'immense majorité des verbes des 2e et 3e groupes) → terminaisons du singulier : *-s, -s, -t*.
– les verbes en *-dre* (3e groupe) → terminaisons du singulier : *-ds, -ds, -d*.

Les terminaisons du pluriel, remarquables par leur régularité (*-ons, -ez, -(e)nt*), posent beaucoup moins de problèmes aux élèves.

C'est la recherche systématique de l'infinitif qui permet aux élèves d'appliquer une procédure accessible et automatisable, qui fonctionne avec presque tous les verbes.

Les formes irrégulières du présent qui sont au programme (*vous dites, je peux*, etc.) seront apprises par cœur.

Pour commencer

Manuel p. 79 • Cahier d'activités p. 11

Faites observer la situation sur le manuel p. 79 puis demandez aux élèves d'ouvrir leur cahier d'activités (p. 11).

Sur le cahier, faites d'abord procéder à l'élimination des mots qui ne sont pas des formes verbales dans la liste. Les élèves remplissent ensuite le tableau.

Manuel p. 80

• **Pour chaque paire de mots, barre celui qui n'est pas un verbe conjugué.**

- revois / parfois
- râpeux / peux
- espère / étagère
- impatient / retient
- indiens / reviens
- réponds / profonds
- weekend / reprend
- prononcent / innocent
- merguez / naviguez
- vieux / veux
- dites / marmites
- autoroute / écoute
- hommes / sommes
- vont / front
- boa / va
- fiançailles / travailles
- attends / révérends
- venons / guenons

À quelles classes grammaticales appartiennent les mots que tu as barrés ?

• **Classe maintenant toutes les formes verbales dans le tableau suivant.**

Verbes en -er	Verbes en -ir -oir -re	Verbes en -dre	Verbes irréguliers
j'	je	j'	je peux
tu	tu revois tu	tu	tu
il espère	elle	il	elle
nous	nous	nous	nous
vous	vous	vous	vous
elles	ils	elles	ils

Lors de la mise en commun, insistez sur l'explicitation de la procédure permettant de trouver la terminaison des verbes au présent : « Puisque le verbe *travailler* est un verbe en *-er*, je sais que les terminaisons du présent sont : *-e, -es, -e*. Donc, *tu travailles* : *-es*. Puisque le verbe *répondre* est un verbe en *-dre*, je sais que…, etc. »

Dans l'aide-mémoire, présentez les leçons n°s 21 et 28 (colonne du présent). Donnez à apprendre en priorité la leçon n° 21, qui doit être sue sans hésitation.

Au cours des semaines suivantes, donnez à apprendre, en quatre leçons, le présent des verbes irréguliers (*être* et *avoir* ; *faire* et *dire* ; *aller*, *venir* et *voir* ; *pouvoir* et *vouloir*). L'apprentissage de ces leçons fera l'objet de dictées de formes conjuguées lors du « 5 minutes chrono ».

Présentez également les affiches n°s 6 à 10.

affiche n° 6

affiche n° 7

affiche n° 8

affiche n° 9

affiche n° 10

Pour s'entrainer

Avant l'activité individuelle écrite, vous pouvez demander à vos élèves de lire à haute voix le texte : cette préparation permet de prendre connaissance du texte dans sa globalité avant de se focaliser sur les verbes conjugués. Ce passage par l'oral facilite également, pour beaucoup d'élèves, la recherche des formes verbales attendues.

Plusieurs activités sont disponibles sur le CD et le site compagnon.

RAPPEL POUR L'ENSEIGNANT

Une compétence à entrainer : savoir sélectionner ce qu'il faut recopier dans le cahier quand on travaille avec le manuel.

Nous pensons les élèves capables de choisir eux-mêmes ce qu'il est nécessaire de recopier pour que la trace écrite dans le cahier garde un minimum de cohérence. Cependant, il sera sans doute utile de réfléchir avec eux (par exemple, au cours d'activités « 5 minutes chrono ») sur cette habileté.

Exemple :

Texte de l'activité 1 p. 79 :

– 12/7, dit le médecin en retirant son stéthoscope. C'est très bien, ça, Monsieur Lecœur. Vous avez un cœur de jeune homme. Vous pouvez rabattre votre manche de chemise maintenant.

– Alors, docteur, vous n'allez pas me prescrire de pilule pour l'attention ?

– Assurément, non ! Je viens de la mesurer, votre tension, elle est tout à fait bonne.

Etc.

Sur le cahier de l'élève :
12/7, dit le médecin.
C'est très bien.
Vous avez un cœur de jeune homme…
Vous pouvez rabattre votre manche…
Vous n'allez pas me prescrire de pilule … ?
Je viens de la mesurer, elle est bonne…
Etc.

Pour aller plus loin

Corrigé :

excellent (adj.)	ils excellent (v. exceller)
sommes (n.)	nous sommes (v. être)
couvent (n.)	elles couvent (v. couver)
différent (adj.)	ils diffèrent (v. différer)
précédent (adj.)	ils précèdent (v. précéder)
polissons (n. ou adj.)	nous polissons (v. polir)
président (n.)	ils président (v. présider)
somnolent (adj.)	ils somnolent (v. somnoler)
parent (n.)	ils parent (v. parer)
asperge (n.)	il asperge (v. asperger)
mentons (n.)	nous mentons (v. mentir)
rayons (n.)	nous rayons (v. rayer)
sales (adj.)	tu sales (v. saler)
seconde (n. ou adj.)	il seconde (v. seconder)
sombre (adj.)	il sombre (v. sombrer)

Je reconnais les noms, les verbes et les adjectifs

8 À 9 SÉANCES
À RÉPARTIR SUR 2 MOIS ENV.

DANS LES PROGRAMMES

Connaissances et compétences associées
Acquérir l'orthographe grammaticale
- identifier les classes de mots subissant des variations : le nom et le verbe ; le déterminant ; l'adjectif ; le pronom.

Exemples de situations, d'activités et de ressources pour l'élève
À partir d'observations de corpus de phrases :
- activités de classement et raisonnements permettant de mettre en évidence les régularités ;
- manipulations syntaxiques (remplacement, par exemple par un pronom, expansion, etc.) ;
- activités d'entrainement pour fixer les régularités et automatiser les accords simples ;
- activités de réinvestissement en écriture (relectures ciblées, matérialisation des chaînes d'accord, verbalisation des raisonnements, etc.).

MANUEL DE L'ÉLÈVE
PP. 82-84

AIDE-MÉMOIRE
Leçons n°s 14, 17 et 20

CAHIER D'ACTIVITÉS
P. 11

SITE COMPAGNON
- AFFICHES N°1 (LES NOMS), N°2 (LES ADJECTIFS) ET N°3 (LES VERBES)

CD-ROM
- AFFICHES N°1 (LES NOMS), N°2 (LES ADJECTIFS) ET N°3 (LES VERBES)

LES CHOIX DE CLÉO

Cette séquence s'appuie sur les nombreuses paires d'homonymes noms / verbes, noms / adjectifs ou verbes adjectifs dans la langue française (de type : *la bouche / je bouche* ; *les bêtes / des questions bêtes ; tu prêtes / les valises sont prêtes*). Leur utilisation permet d'accentuer le contraste entre ces trois classes grammaticales. En effet, l'observation et la manipulation de ces homonymes est un moyen très efficace de travailler à la fois sur leur sens et sur leur fonctionnement syntaxique : un déterminant

précède généralement le nom, un pronom sujet précède généralement le verbe. Quant à l'adjectif, s'il se trouve à proximité d'un nom (directe ou non), la caractéristique qui permet de le reconnaitre est qu'il fournit une information complémentaire sur un nom. Ces procédures de reconnaissance sont celles que nous privilégions car elles nous paraissent les mieux à même d'aider l'élève de CM2 à caractériser et à catégoriser ces mots.
D'autres procédures, d'autres savoirs viendront s'ajouter au fil des séquences pour renforcer la connaissance :
– du nom, pivot du groupe nominal, qui sera encore mieux perçu quand déterminants et expansions du groupe nominal auront été manipulés et reconnus ;
– du verbe, conjugué aux divers temps, dont on peut trouver l'infinitif et qui s'accorde avec le sujet ;
– de l'adjectif, qui s'accorde en genre et en nombre avec le nom qu'il qualifie.

Pour commencer

Manuel p. 82 • Cahier d'activités p. 11

Faites observer attentivement les illustrations du manuel p. 82 et indiquez la classe grammaticale des mots ajoutés.
Individuellement ou par groupes, demandez aux élèves de compléter les phrases sur leur cahier d'activités (p. 11).
Procédez ensuite à une mise en commun au tableau :
– Il porte (V) une montre (N).
– Elle lit (V) un livre (N).
– Il montre (V) la porte (N).
– Il livre (V) un lit (N).
– Voici un rouge (N) à lèvres rose (Adj).
– Voilà une rose (N) rouge (Adj).
– Le sculpteur grave (V) un accent grave (Adj).

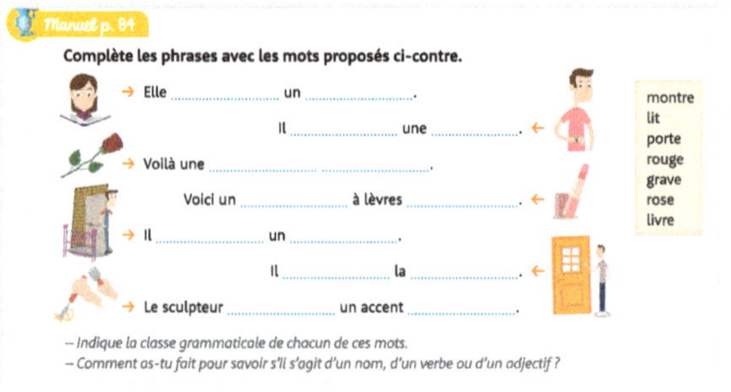
Manuel p. 84
Complète les phrases avec les mots proposés ci-contre.
→ Elle .... un ....
Il .... une .... ←
→ Voilà une ....
Voici un .... à lèvres .... ←
→ Il .... un ....
Il .... la .... ←
→ Le sculpteur .... un accent ....
montre
lit
porte
rouge
grave
rose
livre
– Indique la classe grammaticale de chacun de ces mots.
– Comment as-tu fait pour savoir s'il s'agit d'un nom, d'un verbe ou d'un adjectif ?

(Cahier d'activités)

Faites ensuite préciser aux élèves par quelle procédure on peut reconnaitre un nom, un verbe ou un adjectif. Vous les récapitulerez dans un tableau de ce type :

Verbe	Essayer de le conjuguer avec divers pronoms sujets ; à divers temps.
Nom	Placer un déterminant devant.
Adjectif	Se demander s'il donne un renseignement sur un nom. Essayer de le remplacer par d'autres adjectifs qu'on connait bien : petit, grand, beau, rouge, etc.
Toutes classes grammaticales	Utiliser le dictionnaire.

Présentez les affiches n°s 1, 2 et 3.
Conclure la séance en insistant sur l'importance stratégique de la reconnaissance des classes grammaticales : « Si les noms et les adjectifs se terminent généralement par -s au pluriel, ce n'est pas le cas des verbes dont la terminaison au pluriel est *-(e)nt*. »

Les noms
enfant - enfants
tête - têtes
maison - maisons
animal - animaux
ours
histoire - histoires
jardin - jardins
idée - idées
cheveu - cheveux

affiche n° 1

Les adjectifs

petit	joli	fermé
petite	jolie	fermée
petits	jolis	fermés
petites	jolies	fermées
gros	mauvais	heureux
grosse	mauvaise	heureuse
grosses	mauvaises	heureuses
énorme	magique	triste
énormes	magiques	tristes

affiche n° 2

Les verbes

en -er 1er groupe	en -ir, -re, -oir 2e groupe	3e groupe
chanter	finir	venir
trouver	réfléchir	tenir
regarder	remplir	courir
arriver	réussir	prendre
penser	guérir	répondre
donner	grandir	faire
laisser	choisir	vivre
chercher	réunir	vouloir

affiche n° 3

Pour s'entrainer

La tâche est assez similaire à celle de l'activité « Pour commencer ». Lors des premiers entrainements, faites lire les phrases à haute voix et trouver les paires d'homonymes (bêtes, droite, lâches, etc.) avant de laisser les élèves travailler individuellement. Vous pouvez également faire d'abord utiliser les procédures de reconnaissance oralement et collectivement, sur quelques phrases écrites au tableau.

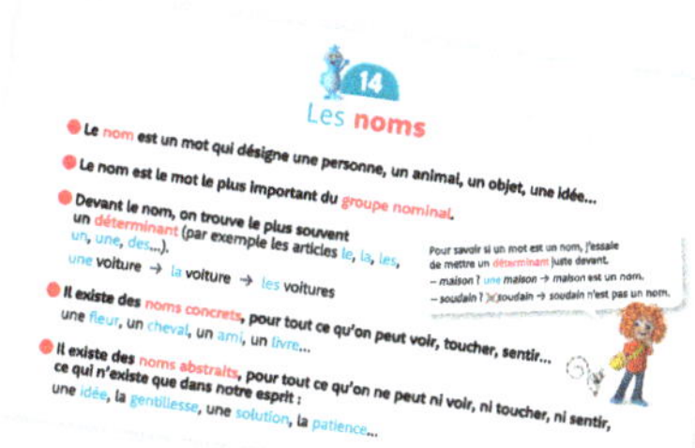

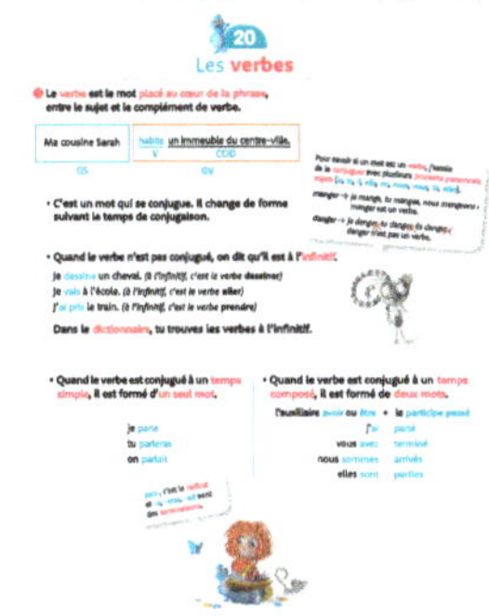

Après quelques séances d'entrainement, faites apprendre successivement les leçons n°s 14, 17 et 20.

Dans les semaines qui suivent, consacrez plusieurs séances « 5 minutes chrono » à la reconnaissance de la classe grammaticale de mots homonymes, ou à la recherche d'intrus (un verbe parmi des noms, un adjectif parmi des verbes, etc.).

Pour aller plus loin

Pour aller plus loin

Dans les couples de phrases ci-dessous, certains mots sont beaucoup moins courants que leur homonyme.
Trouve leur signification et leur classe grammaticale dans le dictionnaire, comme dans l'exemple.

Exemple : Mon voisin est un brave homme (adjectif ; signifie : honnête, serviable).
Le bateau de pêche brave la tempête (verbe braver ; signifie : affronter).

a. Dans l'immense décharge flottait une odeur infecte.
J'ai appliqué un antiseptique sur la plaie, de peur qu'elle ne s'infecte.

b. Je reprendrais volontiers une tranche de gâteau.
Après avoir hésité, Josette tranche pour des vacances en Espagne.

c. Le bus pile au milieu du carrefour pour éviter un cycliste imprudent.
Ma montre retarde, il faut que je change la pile.

d. J'ai aménagé une petite chambre sous les combles de ma maison.
Chaque année, à Noël, tu combles ta famille de cadeaux.

e. Les aventuriers ont descendu ce rapide sur leur canoë.
Les questions de l'animatrice se succédaient à un rythme rapide.

Corrigé :

… une odeur **infecte** : adjectif, signifie : écœurante.
… de peur qu'elle ne **s'infecte** : verbe, signifie : être contaminé par des microbes.

… une **tranche** de gâteau : nom, signifie : une part.
… Josette **tranche** pour des vacances : verbe, signifie : décider pour.

Le bus **pile** : verbe, signifie : s'arrêter brusquement.
… la **pile** : nom, signifie : la batterie.

… les **combles** de ma maison : nom, signifie : grenier.
… tu **combles** ta famille : verbe, signifie : gâter.

… ce **rapide** : nom, signifie : passage où le courant est fort.
… un rythme **rapide** : adjectif, signifie : soutenu, précipité.

Je repère le groupe sujet et le groupe verbal de la phrase

5 À 6 SÉANCES
À RÉPARTIR SUR 6 SEMAINES ENV.

DANS LES PROGRAMMES

Connaissances et compétences associées

Identifier les constituants d'une phrase simple en relation avec sa cohérence sémantique ; distinguer phrase simple et phrase complexe.

Mise en évidence des groupes syntaxiques : le sujet de la phrase (un groupe nominal, un pronom, une subordonnée) ; le prédicat de la phrase, c'est-à-dire ce qu'on dit du sujet (très souvent un groupe verbal formé du verbe et des compléments du verbe s'il en a) ; le complément de phrase (un groupe nominal, un groupe prépositionnel, un adverbe ou un groupe adverbial, une subordonnée).

Exemples de situations, d'activités et de ressources pour l'élève

- Construction de phrases : amplification et réduction d'une phrase.
- Observation et analyse de l'ordre des mots et des groupes syntaxiques.

MANUEL DE L'ÉLÈVE **PP. 85-86**

CAHIER D'ACTIVITÉS **P. 12**

AIDE-MÉMOIRE **Leçons n°s 10 et 29**

LES CHOIX DE CLÉO

Les programmes mettent l'accent sur l'étude des constituants de la phrase de base : le groupe sujet, le groupe verbal et les compléments circonstanciels éventuels.
On identifie le sujet à ce dont il est question dans la phrase, et le groupe verbal à ce qu'on apprend de nouveau sur le sujet.

Exemple :
Léa a passé son permis.
De qui parle cette phrase ? De **Léa** → C'est le sujet de la phrase.
Et qu'apprend-on sur Léa ? Qu'elle **a passé le permis**. → C'est le groupe verbal.

RAPPEL POUR L'ENSEIGNANT

Qu'est-ce que la progression thématique ?

La progression thématique d'un texte caractérise la manière dont les informations sont organisées dans ce texte.

On distingue trois types de progression thématique, que nous avons schématisés ainsi :

La progression à thème constant, qui garde le même sujet tout au long du texte.

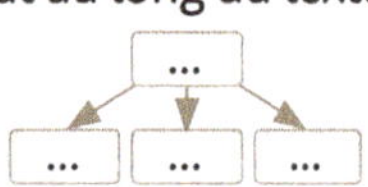

Exemple :
Le loup est un mammifère. Ce carnivore se nourrit parfois de fruits ou de champignons. Il vit en meutes fortement hiérarchisées. *Canis Lupus*, autrefois exterminé, est en train de reconquérir l'Europe.

La progression linéaire, qui utilise l'information portée par le groupe verbal pour en faire le thème de la phrase suivante. ... → ... → ... →

Exemple :
La femelle du papillon pond ses œufs sur une plante nourricière.
Après une semaine ou deux, les œufs laissent sortir de minuscules chenilles.
Lorsque les chenilles ont assez grossi, elles se transforment en chrysalides.
Un jour, la chrysalide se déchire et laisse sortir un papillon.
Le papillon va bientôt s'envoler et chercher une femelle pour s'accoupler.

La progression en éventail, qui s'organise à partir d'un thème principal et de thèmes dérivés.

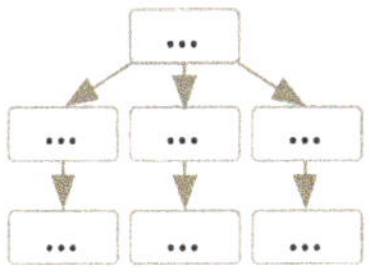

Exemple :
Les dents des animaux sont adaptées à leur mode de vie.
Les grosses incisives plates de l'écureuil rongent les graines. Elles poussent en continu !
Les crocs du tigre sont de très longues canines. Ils servent à tuer les proies.
Les crochets du cobra injectent un venin redoutable.
Leur morsure est mortelle.
Les défenses du sanglier sont deux grandes incisives.
Elles aident à fouiller le sol.

Dans ce chapitre, on rencontrera des textes à progression linéaire ou en éventail. Les élèves les distingueront par le type de schématisation qu'ils permettent, mais sans aller au-delà.

Les coroles lexicales et les cartes heuristiques permettent de représenter graphiquement les différents types de progressions thématiques.

Pour commencer

Manuel p. 85 • Cahier d'activités p. 12

Présentez l'activité de la p.85 du manuel. Ce texte sur la formation des caries suit une progression linéaire. Faites ouvrir les cahiers d'activités (p. 12 : *cf.* ci-contre).

Manuel p. 87

- **Numérote ce texte dans l'ordre.**

Que se passe-t-il quand tu manges ?

- ◯ Les acides creusent des petits trous dans l'émail.
- ◯ Le sucre et les autres aliments se collent à tes dents.
- ◯ Ces petits trous s'appellent des caries.
- ◯ Ces déchets collants constituent la plaque dentaire.
- ◯ Ces bactéries fabriquent des acides.
- ◯ La plaque dentaire est le menu préféré des bactéries !

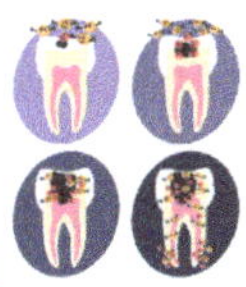

- **Pour chaque phrase, pose-toi ces deux questions :**
  1. **De qui, de quoi parle cette phrase ? → C'est le groupe sujet : surligne-le en jaune.**
  2. **Qu'apprend-on à propos du sujet ? → C'est le groupe verbal : surligne-le en rose.**

Est-ce que l'ordre des phrases est important dans ce texte ?

- **Continue le schéma ci-dessous pour résumer ce texte.**

sucre + autres aliments → plaque dentaire → … → … → … → …

Les élèves remettent les phrases dans l'ordre en les numérotant.
Puis faites surligner les GS et GV.
Prenez le temps d'expliciter la procédure suivante :
– Pour trouver le sujet, on se demande : de qui, de quoi parle cette phrase ?
– Pour trouver le groupe verbal on se demande : qu'apprend-on à propos du sujet ?
Suscitez les remarques de vos élèves : l'information apportée par le GV de la première phrase (se collent à tes dents) est reprise sous une autre forme pour devenir le sujet de la deuxième (Ces déchets collants).
Poursuivez le fil du texte jusqu'à sa fin.

Répondez oralement à la question posée : « Est-ce que l'ordre des phrases est important dans ce texte ? »
La réponse est affirmative, car le texte décrit une succession d'informations qui s'enchainent.
Concluez la séance en terminant le schéma proposé. Insistez sur le fait qu'on n'écrit pas toute la phrase dans les étiquettes, seulement l'information principale, c'est à dire les mots-clés.

Pour s'entrainer

Exceptionnellement, la première activité d'entrainement constitue plutôt une seconde activité « Pour commencer », car on y manipule un texte à progression en éventail pour la première fois. Vous pouvez donc reprendre le déroulement de la séance « Pour commencer ». La différence principale est que les élèves s'apercevront vite qu'ils ne peuvent pas remettre le texte dans l'ordre, car il n'y a pas d'enchainement logique d'une phrase à l'autre. Il leur sera donc facile de conclure que c'est le deuxième type de schéma proposé dans l'encadré « Pour t'aider » qui conviendra ici.

1

À chaque animal ses dents

- Les grosses incisives plates de l'écureuil rongent les graines. • Elles aident à fouiller le sol.
- Leur morsure est mortelle. • Les défenses du sanglier sont deux grandes incisives.
- Les dents du requin forment plusieurs rangées. • Ils servent à tuer les proies.
- Elles poussent en continu ! • Les crocs du tigre sont de très longues canines.
- Les crochets du cobra injectent un venin redoutable. • Elles sont très coupantes !

Donnez à apprendre les leçons n° 10 et 29 de l'aide-mémoire après deux ou trois entrainements.

Je découvre les compléments du nom

5 SÉANCES RÉPARTIES SUR UN MOIS ET DEMI ENVIRON

DANS LES PROGRAMMES

Repères de progression CM2
Au sein du groupe nominal, les élèves identifient le complément du nom et l'épithète.

Connaissances et compétences associées
Identifier les constituants d'une phrase
- analyser le groupe nominal : notions d'épithète et de complément du nom.

Exemples de situations, d'activités et d'outils pour l'élève
- construction de phrases : amplification et réduction d'une phrase ;
- création et analyse de phrases grammaticalement correctes; - observation et analyse de l'ordre des mots et des groupes syntaxiques;
- repérage de groupes nominaux en position de compléments.

MANUEL DE L'ÉLÈVE **PP. 87-88**

AIDE-MÉMOIRE **Leçon n° 31**

LES CHOIX DE CLÉO

L'étude du complément du nom, autrefois commencée au CE2, est désormais au programme du CM2. Dans cette séquence, le complément du nom est d'abord envisagé sous l'angle sémantique. Alors que certaines grammaires le décrivent comme un élément facultatif du groupe nominal, il nous a paru plus intéressant de le présenter comme un moyen de lever l'imprécision, d'apporter une information décisive dans la compréhension du groupe nominal.

Pour commencer

Manuel p. 87

Faites observer l'activité.

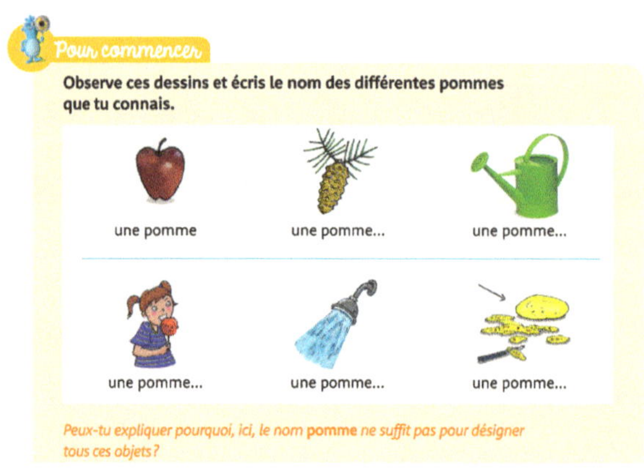

Les élèves écrivent sur leur cahier d'essais les groupes nominaux suggérés par les illustrations.

Écrivez au tableau les six groupes nominaux. Demandez aux élèves d'ajouter un adjectif de couleur à la première pomme. Faites comparer *rouge* à :
– *de pin ;*
– *d'arrosoir ;*
– *d'amour ;*
– *de douche ;*
– *de terre.*
Montrez que les compléments du nom n'ont pas le même statut que les adjectifs : ils sont composés de deux mots au moins, et ne s'accordent pas automatiquement avec le nom. Pourtant, ils ont une fonction similaire : apporter une information complémentaire au nom.

Faites compléter oralement quelques noms, tantôt par des adjectifs, tantôt par des compléments du nom. Choisissez des noms féminins ou au pluriel pour faciliter la distinction.

Exemple :

– ***une voiture bleue / une voiture de course ;***

– ***des légumes verts / des légumes du marché ;***

– etc.

Pour s'entrainer

Les entrainements ne devraient pas poser de problèmes particuliers, si ce n'est d'orthographe.

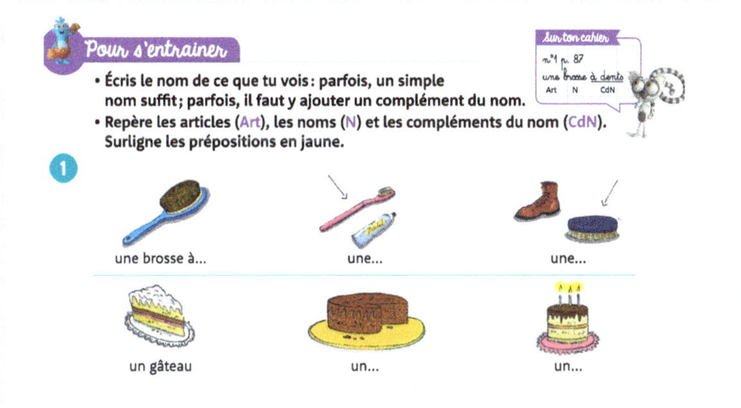
Pour s'entrainer

Sur ton cahier
n°1 p. 87
une brosse à dents
Art N CdN

• Écris le nom de ce que tu vois : parfois, un simple nom suffit ; parfois, il faut y ajouter un complément du nom.
• Repère les articles (Art), les noms (N) et les compléments du nom (CdN). Surligne les prépositions en jaune.

1

une brosse à...
une...
une...
un gâteau
un...
un...

Encouragez les élèves à réfléchir sur le sens des compléments du nom pour les écrire correctement : « Une *brosse à dents*, c'est pour se brosser les dents, donc, comme il y a plusieurs dents, *dents* est au pluriel, il faut un -*s*. »

Faites préciser ces justifications au moment de la mise en commun.

Donnez la leçon n° 31 de l'aide-mémoire à apprendre après deux ou trois entrainements.

31
Les compléments du nom

• Comme les adjectifs épithètes, les compléments du nom donnent des renseignements sur le nom.

un crayon de couleur
D N CdN

une machine à laver
D N CdN

un mouchoir en papier
D N CdN

le chat des voisins
D N CdN

Le complément du nom est toujours après le nom.

• Il y a au moins deux mots dans un complément du nom, mais il peut être beaucoup plus long.

les élèves de la classe de CM2 de l'école Jules Ferry
D N CdN

• Un complément du nom commence toujours par une préposition : à, de, pour, en, sans, etc.

Pour aller plus loin

Pour aller plus loin

• **Voici des noms. Trouve un ou deux compléments du nom pour chacun.**
• **Emploie-les dans une phrase.**

un fauteuil	un match	un jour	un gant	la fête
une voiture	une averse	une cour	une étoile	une table

Précisez aux élèves qu'il n'est pas obligatoire de traiter les mots dans l'ordre, ni de trouver des compléments pour tous les noms.

Je distingue les compléments du nom et les compléments du verbe

5 À 6 SÉANCES
À RÉPARTIR
SUR 1 MOIS ENV.

DANS LES PROGRAMMES

Repères de progression CM2
Dans des situations simples, les élèves distinguent les COD et COI. Au sein du groupe nominal, ils identifient le complément du nom et l'épithète.

Connaissances et compétences associées
Identifier les constituants d'une phrase simple
- identifier les constituants d'une phrase simple et les hiérarchiser ;
- différencier les compléments : COD, COI, compléments circonstanciels de temps, lieu et cause ;
- analyser le groupe nominal : notions d'épithète et de complément du nom.

MANUEL DE L'ÉLÈVE
PP. 89-90

CD-ROM
● ACTIVITÉ D'ENTRAINEMENT SUPPLÉMENTAIRE

AIDE-MÉMOIRE
Leçons n°s 31 et 32

CAHIER D'ACTIVITÉS
P. 12

LES CHOIX DE CLÉO

Le complément du nom et le complément du verbe ont souvent une structure identique (préposition + GN). La procédure la plus simple pour les distinguer consiste à repérer la classe grammaticale du mot qui les précède :
– la **fête** de l'école → complément du nom ;
– ils **sortent** de l'école → complément du verbe.
Cette séquence entraine cette procédure en utilisant des groupes nominaux semblables (ou très similaires) dans des fonctions différentes.

Pour commencer

Manuel p. 89 • Cahier d'activités p. 12

Faites observer l'activité de cette rubrique p. 89. Individuellement ou par groupes, demandez à vos élèves de compléter le texte sur leur cahier d'activités p. 12 (*cf.* ci-contre).

Lis ce texte et complète-le avec les éléments proposés.

La forêt était la seule passion .... : il en connaissait tous les secrets.
En été, il cueillait .... ; en automne, il ramassait ....
Parfois, des promeneurs se moquaient ....
Pourtant, s'ils avaient gouté sa confiture .... ou son omelette .... , ils auraient compris que l'apparence .... n'était pas si importante que ça !

des | Bastien | champignons | de | framboises | ses vêtements usés | aux

Observe les compléments que tu as construits : s'agit-il de compléments du nom (CdN) ou de compléments du verbe (COI) ?

Lors de la mise en commun, écrivez au fur et à mesure les extraits des phrases contenant les compléments formés par les élèves.

Exemple :
la seule passion de Bastien
il cueillait des framboises
il ramassait des champignons
des promeneurs se moquaient de ses vêtements usés
sa confiture de framboises
son omelette aux champignons
l'apparence de ses vêtements usés

Demandez aux élèves quel mot est complété par ces compléments dans chaque extrait : est-ce un nom ou un verbe ?
Tracez des flèches entre les compléments et le mot qui les précède, ainsi que les abréviations N ou V.

Exemple :
la seule passion **de Bastien** (N) / il cueillait **des framboises** (V) / etc.

Rappelez qu'un complément du nom complète un nom, et qu'un complément du verbe complète un verbe.
Faites également observer que le même groupe nominal peut, selon les phrases, changer de fonction : il peut être complément du nom ou complément du verbe.
Pour conclure la séance, donnez ces quelques phrases à analyser (sur l'ardoise ou le cahier d'essais) :

C'est la fête de la musique.
C'est le premier jour des vacances.
C'est l'anniversaire de mon cousin.
Nous n'avons plus de pain.

Je joue de la musique.
On a parlé des vacances.
Je m'occupe de mon cousin.
Je ramasse les miettes de pain.

Pour s'entrainer

Avant le travail individuel sur cahier, faites lire à haute voix le texte des activités pour éclaircir les éventuels problèmes de compréhension.
Faites observer l'encadré « Sur ton cahier » et expliciter l'utilisation des abréviations CdN et CdV.
Précisez à vos élèves qu'il n'est pas nécessaire de recopier tout le texte sur le cahier, et qu'ils ne doivent sélectionner que les parties de phrases dont ils ont besoin pour répondre à la consigne.

Vous pouvez traiter collectivement, si nécessaire, les trois premiers compléments :

1

Mon grand père est journaliste : c'est un spécialiste du cinéma.
Il travaille pour une émission qui parle du cinéma.
Il a une mémoire incroyable : il peut raconter dans le détail
le scénario de nombreux films, même s'il manque de temps
pour voir tous les films. Chaque année, au festival de Cannes,
il rencontre des acteurs célèbres. Grâce à lui, j'ai vu
de nombreux films. Moi aussi, je rêve de Cannes et de son festival :
un jour, il a promis qu'il m'y emmènerait. C'est seulement une question de temps !

– un spécialiste du cinéma
– Il travaille pour une émission qui parle du cinéma.
– le scénario de nombreux films.

Donnez à apprendre successivement les leçons n°s 31 et 32 de l'aide mémoire.
Une activité supplémentaire est disponible sur le CD si vous souhaitez poursuivre l'entrainement.

Pour aller plus loin

Les éléments proposés permettent de construire deux phrases de sens différents, chacune comportant un complément du nom et un complément du verbe.

Exemple :
Les amateurs de soleil (CdN) se méfient de la pluie (CdV).
Les amateurs de pluie (CdN) se méfient du soleil (CdV).

Pour aller plus loin

Forme deux phrases avec les éléments proposés et indique s'il s'agit d'un complément du nom (CdN) ou d'un complément du verbe (COI).

sur ton cahier
a. p. 90.
Les amateurs de soleil se méfient de la pluie.
N CdN V COI
Les amateurs de pluie...

a. amateurs - pluie - soleil - se méfier
b. enfants - école - revenir - village
c. maitresse - s'occuper - Sarah - CM1
d. sœur - se moquer - copain - Jérémy
e. marché - fraises - bois - venir
f. marchand - légumes - manger - poisson

Je découvre l'attribut du sujet (1)

4 SÉANCES RÉPARTIES SUR UN MOIS ENVIRON

DANS LES PROGRAMMES

Identifier les constituants d'une phrase simple
- identifier les constituants d'une phrase simple et les hiérarchiser;
- identifier l'attribut du sujet.

Repères de progression CM2
Les élèves identifient l'attribut du sujet.

MANUEL DE L'ÉLÈVE **PP. 91-92**

AIDE-MÉMOIRE **Leçon n° 34**

LES CHOIX DE CLÉO

L'attribut du sujet et le complément d'objet direct partagent un certain nombre de caractéristiques, surtout si l'attribut est un groupe nominal :

Ma mère est *la directrice de l'école* (AdS) */ Ma mère rencontre* *la directrice de l'école* (COD).

C'est pourquoi, nous avons choisi de travailler d'abord sur les différences entre attribut du sujet et complément d'objet, puis d'explorer plus précisément les différents types d'attributs dans un autre chapitre.

Pour commencer

Manuel p. 91

Faites lire l'activité.

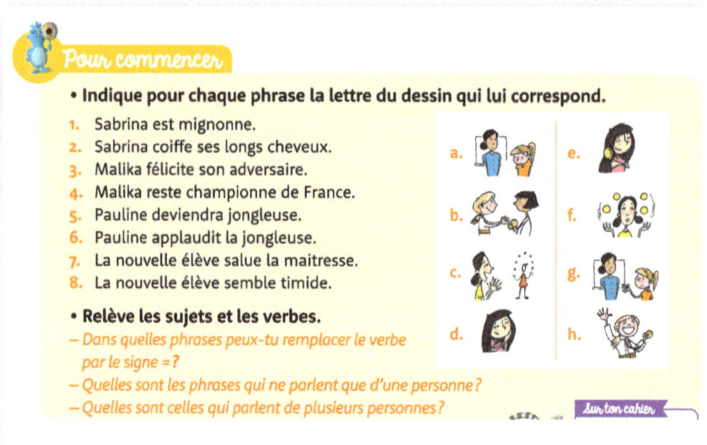

Pour commencer

- **Indique pour chaque phrase la lettre du dessin qui lui correspond.**
1. Sabrina est mignonne.
2. Sabrina coiffe ses longs cheveux.
3. Malika félicite son adversaire.
4. Malika reste championne de France.
5. Pauline deviendra jongleuse.
6. Pauline applaudit la jongleuse.
7. La nouvelle élève salue la maitresse.
8. La nouvelle élève semble timide.

- **Relève les sujets et les verbes.**
  - *Dans quelles phrases peux-tu remplacer le verbe par le signe = ?*
  - *Quelles sont les phrases qui ne parlent que d'une personne ?*
  - *Quelles sont celles qui parlent de plusieurs personnes ?*

Individuellement ou par groupes, les élèves associent les phrases et les dessins : 1-d ; 2-e ; 3-b ; 4-h ; 5-f ; 6-c ; 7-g ; 8-a.

Ensuite, faites relever les sujets et les verbes, puis demandez aux élèves de symboliser le verbe par le signe « = » dans les phrases où c'est possible, puis de trier les phrases dans deux colonnes sur le cahier d'essais.

Phrases où le verbe peut être remplacé par le signe =	Autres phrases
Sabrina est mignonne. S Vé Ads Sabrina = mignonne Malika reste championne de France S Vé Ads Malika = championne de France …	Sabrina coiffe ses longs cheveux. S V COD Malika félicite son adversaire. S V COD …

Faites analyser les phrases de la 2e colonne : S, V, COD.

Les élèves remarquent les différences entre les deux catégories :

Un COD ne désigne pas la même personne ou la même chose que le sujet. Le verbe devant un COD ne peut pas être remplacé par le signe =.

Expliquez aux élèves que les phrases de la première colonne ont une construction particulière. Elles utilisent le verbe **être**, ou un autre verbe qui peut être remplacé par le signe =.

Ces verbes ne sont pas suivis par un COD, mais par un attribut du sujet, qui donne une information sur le sujet. Sujet et attribut du sujet désignent la même personne.

Reprenez les couples de phrases ci-dessous et demandez aux élèves de les comparer :

Malika reste championne de France. *« Malika » et « championne de France » désignent la même personne.* *Le verbe peut être remplacé par le signe =, « championne de France » est un AdS.*	Malika félicite son adversaire. *« Malika » et « son adversaire » sont des personnes différentes.* *Le verbe ne peut pas être remplacé par le signe =, « son adversaire » est un COD.*
Pauline deviendra jongleuse. *« Pauline » et « jongleuse » désignent la même personne.* *Le verbe peut être remplacé par le signe =, « jongleuse » est un AdS.*	Pauline applaudit la jongleuse. *« Pauline » et « la jongleuse » sont des personnes différentes.* *Le verbe ne peut pas être remplacé par le signe =, « la jongleuse » est un COD.*

Listez les verbes des phrases avec attribut du sujet : ***être, rester, devenir, sembler***. Indiquez aux élèves que ces verbes font partie d'une catégorie appelée les ***verbes d'état***.

Concluez la séance en lisant la leçon n° 34 de l'aide-mémoire.

Pour s'entrainer

1

ⓐ • M. Dupré se gare sur le parking de l'école, puis entre dans la cour, un gros cartable à la main. Il demande où est la classe des CM1.
→ Monsieur…

• Notre maitre, M. Vallin, nous a prévenus : il doit aller en stage cette semaine, mais avant de partir…
→ monsieur…

est / accueille / le remplaçant / Dupré / Vallin

ⓑ • Ce soir, ma mère organise une réunion de parents. Elle va recevoir les familles des futurs élèves de CP pour leur faire visiter l'école et répondre à leurs questions.
→ …

• Nous venons de déménager. Aujourd'hui, maman a rendez-vous dans ma nouvelle école pour m'inscrire dans la classe de CM1.
→ …

Ma mère / rencontre / est / Maman / la directrice de l'école

Lisez et faites expliciter la consigne de l'activité, afin que les élèves saisissent les différentes étapes du travail :

1. lire le petit texte ;
2. avec les étiquettes, former une fin plausible ;
3. analyser la phrase : S/V/COD ou S/Vé/AdS.

Vous pouvez traiter collectivement, au tableau, la première phrase, en explicitant bien le raisonnement : *« Si M. Dupré demande où est la classe des CM1, c'est donc qu'il n'est pas le maitre habituel : quels éléments allons-nous choisir pour former la première phrase ? → M. Dupré est le remplaçant. Dans cette phrase, est-ce que 'M. Dupré' et 'le remplaçant' désignent une seule personne ou deux personnes différentes ? Quel est le verbe utilisé ? Est-ce un verbe d'état ? Si besoin, vérifiez dans votre aide-mémoire s'il s'agit d'une phrase avec un COD ou un AdS. »*

Après un ou deux entrainements, donnez la leçon n° 34 à apprendre.

34

L'attribut du sujet

L'attribut du sujet (AdS) donne une information sur le sujet de la phrase.

- Il se trouve toujours après un verbe d'état.

Mes yeux sont bleus.
La maison semble inhabitée.
Paula deviendra trapéziste.
Les élèves restent calmes.
Elle demeure silencieuse.
Il paraît fatigué.

Verbes d'état : être, sembler, devenir, rester, demeurer, paraître

- L'attribut du sujet peut être un adjectif qualificatif, un nom ou un groupe nominal.

Paul est courageux. (Adj.)
Paul est pompier. (N)
Paul est un pompier très courageux. (GN)

Attention ! Il ne faut pas confondre l'attribut du sujet et le complément d'objet direct (COD) !

- Un attribut du sujet désigne la même personne ou la même chose que le groupe sujet.

Pedro deviendra jongleur. (GS = AdS)
Ma mère est la directrice de l'école. (GS = AdS)

- Un COD, au contraire, ne désigne pas la même personne ou la même chose que le groupe sujet.

Pedro applaudit le jongleur. (GS ≠ COD)
Ma mère rencontre la directrice de l'école. (GS ≠ COD)

Pour aller plus loin

Les titres de journaux fournissent beaucoup de phrases à verbe d'état.

Vous pouvez demander à vos élèves d'en trouver d'autres, dans les journaux et revues disponibles en classe ou à la BCD.

J'utilise les pronoms sujets et les pronoms compléments

4 À 5 SÉANCES
À RÉPARTIR
SUR 1 MOIS ENV.

DANS LES PROGRAMMES

Repères de progression CM2
Les élèves poursuivent le travail sur l'identification des classes de mots subissant des variations en s'intéressant à l'adjectif et au pronom.

Connaissances et compétences associées
Identifier les constituants d'une phrase simple
– différencier les classes de mots ;
NB : le nom, l'article (défini et indéfini), l'adjectif, le verbe, le pronom personnel sujet, les mots invariables ont été vus au cycle 2.
– le pronom personnel objet.

MANUEL DE L'ÉLÈVE **PP. 93-94**

CAHIER D'ACTIVITÉS **P. 13**

AIDE-MÉMOIRE **Leçon n° 19**

LES CHOIX DE CLÉO

Habituellement, les activités de grammaire font remplacer des GN ou des noms propres par des pronoms sujets ou compléments. Ici, la tâche est inversée : il s'agit, en s'appuyant sur le contexte, de rétablir les GN ou des noms propres plausibles remplacés par des pronoms, de manière à ce que le texte retrouve une lisibilité normale.
La compréhension des pronoms compléments est essentielle, et c'est par leur manipulation qu'on escompte l'améliorer. Le pronom lui pose un problème particulier puisqu'il est parfois perçu comme exclusivement masculin par les élèves.
Pour explorer les différences d'usage des pronoms selon qu'ils se substituent à des êtres vivants ou non, vous trouverez des supports d'activités dans le chapitre « 5 minutes chrono ».
De nombreux élèves ont besoin d'être sensibilisés à la différence entre des phrases de type :
– *J'**en** ai rêvé cette nuit.* ⟷ *J'ai rêvé **de lui** cette nuit.*
– *J'**y** ai pensé.* ⟷ *J'ai pensé **à elles**.*

Pour commencer

Manuel p. 93 • Cahier d'activités p. 13

1 Avant de lire le texte « Pour commencer » p. 93, faites observer les trois dessins a, b et c : « Que voit-on ? Quel animal est visible dans la main de la petite fille ? » (selon le cas, une souris blanche ou un hamster).

2 Demandez aux élèves de repérer l'illustration correspondant exactement au texte, et de se préparer à justifier leur réponse : « Elle le sortit de sa poche, ça ne peut être que le hamster. »

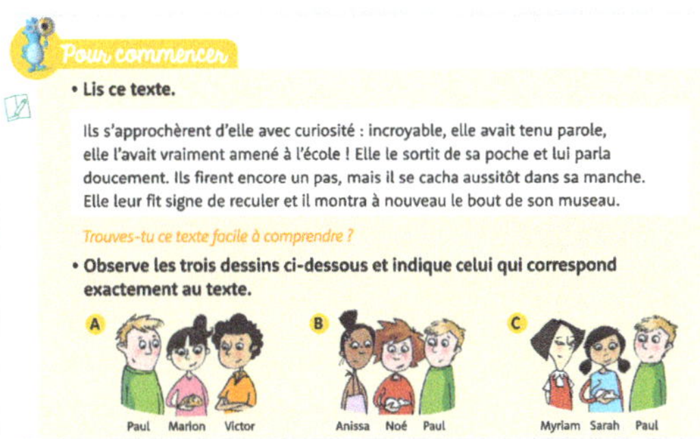
Pour commencer

• **Lis ce texte.**

Ils s'approchèrent d'elle avec curiosité : incroyable, elle avait tenu parole, elle l'avait vraiment amené à l'école ! Elle le sortit de sa poche et lui parla doucement. Ils firent encore un pas, mais il se cacha aussitôt dans sa manche. Elle leur fit signe de reculer et il montra à nouveau le bout de son museau.

Trouves-tu ce texte facile à comprendre ?

• **Observe les trois dessins ci-dessous et indique celui qui correspond exactement au texte.**

3 Faites ouvrir ensuite le cahier d'activités p. 13 (ou photocopiez le texte du manuel). Individuellement, ou par groupes, demandez aux élèves de rendre le texte plus lisible en remplaçant les pronoms par des noms propres ou des groupes nominaux là où cela permettra de clarifier le sens.

Au besoin, pour limiter la charge de travail des élèves, vous pouvez préparer collectivement une liste comportant différentes désignations des personnages : *elle / Marion / la petite fille ; Paul et Victor / les deux garçons / ils*, etc.

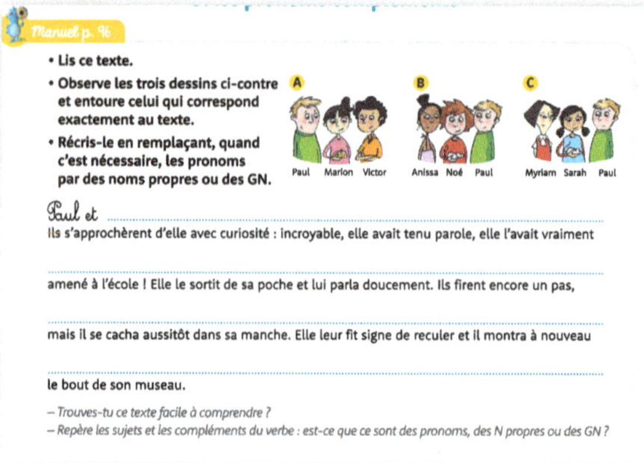
Manuel p. 96

• Lis ce texte.
• Observe les trois dessins ci-contre et entoure celui qui correspond exactement au texte.
• Récris-le en remplaçant, quand c'est nécessaire, les pronoms par des noms propres ou des GN.

Paul et ....
Ils s'approchèrent d'elle avec curiosité : incroyable, elle avait tenu parole, elle l'avait vraiment
....
amené à l'école ! Elle le sortit de sa poche et lui parla doucement. Ils firent encore un pas,
....
mais il se cacha aussitôt dans sa manche. Elle leur fit signe de reculer et il montra à nouveau
....
le bout de son museau.

– Trouves-tu ce texte facile à comprendre ?
– Repère les sujets et les compléments du verbe : est-ce que ce sont des pronoms, des N propres ou des GN ?

Exemple de texte modifié :

Paul et Victor s'approchèrent de Marion avec curiosité : incroyable ! Elle avait tenu parole, elle avait vraiment amené son hamster à l'école ! Elle le sortit de sa poche et lui parla doucement. Les deux garçons firent encore un pas, mais le petit animal se cacha aussitôt dans sa manche. Marion fit signe à ses amis de reculer et le hamster montra à nouveau le bout de son museau.

4 Enfin, demandez aux élèves de repérer la classe grammaticale et la fonction des noms propres, groupes nominaux et pronoms du texte (initial et modifié). Cette recherche pourra être présentée ainsi au tableau :

GS	Compléments de verbe (compléments d'objet)	
Ils (pronom) Paul et Victor (noms propres) elle (pronom) Marion (nom propre) Les deux garçons (GN) Ils (pronom) le petit animal (GN) il (pronom) le hamster (GN)	son hamster (GN) l' (pronom) le (pronom)	d'elle (pronom) de Marion (GN) lui (pronom) à ses amis (GN) leur (pronom)

Faites remplacer chaque pronom rencontré par un GN ou un nom propre, afin de faciliter la recherche de la fonction assurée par ce pronom, par exemple : « ... *et lui parla doucement* : qui est représenté par *lui*, quel GN pourrait être mis à la place de ***lui*** ? On pourrait dire : *et parla doucement **à son hamster*** ; ***à son hamster*** est un CO, puisque ce complément complète un verbe. *Lui* est donc un pronom CO. »

5 Concluez la séance en faisant manipuler les pronoms COD ***le, la, les*** : « Que deviendrait le texte si c'était une souris blanche, et non un hamster, que Marion avait amenée à l'école ? Et s'il y avait deux hamsters ? » Faites remarquer qu'ici, *le, la, les* ne sont pas des déterminants, puisqu'ils ne se trouvent pas devant un nom, mais des pronoms, puisqu'ils remplacent un GN.

ENTRONS DANS LA CLASSE DE MARC (CM2)

Ce début de séance, qui s'appuie sur la rubrique « Pour commencer », permet d'observer une stratégie d'ordre général chez cet enseignant : laisser le temps aux élèves de réfléchir, et faire en sorte de ne pas court-circuiter leur réflexion.

Interactions en classe		Analyse
Enseignant	Alors pour démarrer, on va découvrir ce texte. Lisez-le en entier silencieusement. *[les élèves lisent]*. Alors, de quoi parle ce texte ? *[Long silence.]*	
Un.e élève	Ça parle de trois écoliers.	*L'enseignant fait le choix de ne pas aider la réflexion à ce stade, car il a perçu que la première lecture n'a pas permis de comprendre le texte.*
Enseignant	Oui d'accord. Et puis ?	
Un.e élève	Ça parle d'une fille.	
Un.e élève	D'une fille et deux garçons.	

Enseignant	Et qu'est-ce qui se passe, dans cette histoire ? *[Le vidéoprojecteur est éteint.]* Difficile à dire, hein ! Relisez le texte encore une fois… *[Nouveau temps de lecture silencieuse.]*	
Un.e élève	Ça parle d'une souris.	
Un.e élève	Elle l'a amenée à l'école.	
Enseignant	Elle l'a amenée à l'école… Qu'est-ce qu'elle a amené ?	
Un.e élève	Sa petite souris…	
Enseignant	Alors on va regarder les trois images, l'une après l'autre… première image : on voit Paul, Marion et Victor.	*Observation détaillée des trois images, car l'enseignant perçoit un flottement dans la classe : les élèves n'ont pas encore commencé à comprendre ce qu'on attend d'eux.*
Un.e élève	Oui, les trois écoliers.	
Un.e élève	Et la petite souris. *[Certains élèves contestent.]*	
Enseignant	Ah ! Tout le monde n'est pas d'accord.	
Plusieurs élèves	Un hamster.	*L'intuition de l'enseignant était bonne : la plupart des élèves n'avaient pas vu qu'il s'agissait d'un hamster.*
Enseignant	Oui, plutôt un hamster. Sur les autres dessins, c'est des souris blanches. Maintenant, il faut choisir quel dessin va exactement avec le texte. Écrivez la lettre *A*, *B* ou *C* sur votre ardoise. *[Temps de réflexion et de réponse.]* Tout le monde n'a pas la même lettre… Alors, on va réfléchir ensemble maintenant…	
Un.e élève	[*Ayant choisi C.*] *Ils s'approchèrent d'elle avec curiosité…* J'ai choisi le *C*… Ils s'approchèrent d'elle avec curiosité. Myriam et Paul, je pense que c'est deux garçons. *[L'enseignant rectifie.]*	*Problème de compréhension dû à la méconnaissance d'un prénom. L'élève n'est pas en mesure d'expliciter le lien entre « une fille » et « elle ». Le concept de pronom n'est pas encore formalisé.*
Un.e élève	Elle l'avait vraiment amené à l'école. C'est le *C*. Parce que c'est une fille.	
Un.e élève	Parce que c'est une souris.	
Enseignant	Comment tu as repéré qu'on parle d'une souris dans le texte ?	
Un.e élève	Parce que c'est écrit : il montra à nouveau le bout de son museau.	
Enseignant	Koffi, quand je dis : il montra le bout de son museau, je suis en train de parler de qui ?	*Confusion de genre, assez répandue chez les élèves ayant une autre langue que le français comme langue maternelle.*
Koffi	De la souris.	
Enseignant	C'est bizarre, parce que moi, j'avais pensé que si ça parlait de la souris, j'aurais lu autre chose… *[Koffi ne saisit pas la balle au bond.]* Parce que là, c'est écrit : ***il** se cacha, **il** montra… [Toujours pas de réaction.]* Quand on dit « il », est-ce que ça peut parler de la souris ?	*L'enseignant évite de donner l'explication trop vite, mais Koffi n'est pas en mesure de le faire à ce stade.*
Élève en réussite	On dit : ***une*** souris et ***un*** hamster.	
Enseignant	Une souris, c'est un nom…	*L'enseignant de tourne vers d'autres élèves plus avancés. Les mots de la grammaire sont prononcés pour la première fois de la séance.*
Un.e élève	Féminin.	
Enseignant	Et un hamster…	
Un.e élève	Masculin.	
Enseignant	Alors, quand je dis : *il montra à nouveau le bout de son museau*, est-ce que je parle d'une souris ou d'un hamster ?	
Plusieurs élèves	D'un hamster.	

Koffi	C'est le *A*. Parce que quand on dit : *ils s'approchent d'elle*, ça veut dire que c'est deux garçons qui s'approchent.	*Ce rappel de savoir est efficace pour Koffi.*
Enseignant	Quand tu lis ce mot-là *[Il montre « ils ».]*, on comprend qu'il s'agit de…	*L'enseignant n'a pas cédé à l'envie de gagner du temps et de donner une explication. Cette stratégie a été gagnante, car Koffi est parvenu à comprendre.*
Koffi	Deux garçons.	
Enseignant	Et quand tu lis ce mot-là [« elle »] ?	
Koffi	La fille. Y'a que la *A* qui peut aller.	
Enseignant	Le problème des deux autres images, c'est quoi ?	
Un.e élève	C'est la souris. [*L'enseignant fait relire à haute voix le texte.*]	
Enseignant	Alors, ce texte, est-ce qu'il est facile à comprendre, la première fois qu'on le lit ?	
Plusieurs élèves	Non.	
Enseignant	Pourquoi il n'est pas facile à comprendre ?	
Un.e élève	Parce qu'ils sont remplacés par des « ils » et des « elle ».	
Enseignant	Voilà, on ne sait jamais exactement de qui ça parle. Comment peut-on améliorer ça ?	
Koffi	On remplace par « il.s » ou « elle.s ».	*Ici Koffi semble s'être souvenu d'activités antérieures : il est vrai que le plus souvent la tâche demandée est le remplacement des GN par des pronoms, rarement l'inverse.*
Un.e élève	On remplace par le prénom des enfants.	
Enseignant	Ou bien par un nom qui n'est pas écrit, je vais l'écrire au tableau : le hamster. Mais on ne va pas remplacer tous les pronoms : pour savoir ceux qu'on remplace, on relit dans sa tête, on écoute si ça sonne bien, si le texte est agréable à écouter.	

Pour s'entrainer

Avant la tâche écrite individuelle, préparez soigneusement l'activité collectivement, en faisant décrire l'illustration qui fournit des indices sur la situation, et/ou en préparant une liste de GN et noms propres possibles dans laquelle les élèves viendront puiser ce dont ils ont besoin pour rétablir un texte plus compréhensible.
Invitez les élèves à se reporter à la leçon n° 19 de l'aide-mémoire en cas de besoin. Donnez cette même leçon à apprendre après un ou deux entrainements.

Pour aller plus loin

Pour aller plus loin

Pour t'aider : y - en - eux- elle(s)

Observe l'exemple et fais le même travail.

Exemple : Mon oncle a bien profité de ses vacances. → Il en a bien profité.

a. Sofia n'a pas pensé à ses petits soucis de santé aujourd'hui.
Sofia pense souvent à sa meilleure amie.

b. Sébastien s'est occupé de ses neveux pendant les vacances.
Sébastien s'est occupé de la facture à régler dès son retour du bureau.

Corrigé :

Sofia n'y a pas pensé aujourd'hui.
Sofia pense très souvent à elle.

Sébastien s'est occupé d'eux pendant les vacances.
Sébastien s'en est occupé dès son retour du bureau.

Je repère les compléments de phrase (compléments circonstanciels) et les compléments du verbe (compléments d'objet)

6 À 7 SÉANCES
À RÉPARTIR SUR 2 MOIS ENV.

DANS LES PROGRAMMES

Repères de progression CM2
Les élèves identifient les prépositions.
Ils distinguent un COI d'un CC introduit également parune préposition (*il parle à sa soeur/il s'endort à 20 h*).

Attendus de fin de cycle
– être capable de repérer les principaux constituants d'une phrase simple et complexe.

Connaissances et compétences associées
Identifier les constituants d'une phrase simple
- identifier les constituants d'une phrase simple et les hiérarchiser : différencier les compléments : COD, COI, compléments circonstanciels de temps, lieu et cause.

MANUEL DE L'ÉLÈVE **PP. 95-96**

CD-ROM
● ACTIVITÉS D'ENTRAINEMENT SUPPLÉMENTAIRES

AIDE-MÉMOIRE **Leçon n°32, 33 et 35**

CAHIER D'ACTIVITÉS **P. 13**

LES CHOIX DE CLÉO

Nous privilégions dans cette séquence une approche comparative et contrastive : qu'est-ce qui différencie les compléments du verbe et les compléments de phrase ?
Nous avons mis en avant deux caractéristiques qui relèvent de la dimension syntaxique (le complément de phrase n'est pas indispensable / il est mobile dans la phrase) et une troisième qui relève de la dimension sémantique (le complément de phrase apporte généralement un complément d'information portant sur la phrase dans son ensemble, alors que le complément du verbe complète spécifiquement le verbe).
Leur « zone d'influence » est différente. Comparez :

Le maitre pense à la rentrée. À la rentrée, j'irai dans une autre école.
COI CC

Pour commencer

Manuel p. 95 • Cahier d'activités p. 13

1 Faites lire les deux premières phrases du « Pour commencer » p. 95 (ou cahier d'activités p. 13 : *cf.* ci-contre).
Les élèves répondent aux questions et explicitent la différence entre les deux types de compléments. Procédez à quelques substitutions de compléments :

Le maitre pense… { à ses élèves. / aux vacances. / à la rentrée.

• **Lis ces phrases et observe les compléments soulignés.**
Le maitre pense à la rentrée. À la rentrée, j'irai dans une autre école.
– *Dans les deux phrases, essaie de déplacer le complément : à la rentrée. Que remarques-tu ?*
• **Effectue le même travail avec les phrases suivantes. Écris CO (complément d'objet) ou CC (complément circonstanciel) sous chaque complément souligné.**
a. De la fenêtre, je peux voir la mer.
Quand j'aurai réparé les volets, je m'occuperai de la fenêtre.
b. Je ne prends jamais ma douche le matin.
Pour faire du sport, je préfère le matin.
c. Je me méfie de cette échelle : elle a l'air vermoulue.
De cette échelle, vous pourrez atteindre le haut du cerisier.

Ces compléments complètent le verbe, ce sont des compléments d'objet : ils donnent une information sur ce à quoi pense le maitre.

À la rentrée,
Après les vacances de printemps, } … j'irai dans une autre école.
L'année prochaine,

Ces compléments complètent toute la phrase, ils donnent un complément d'information sur « j'irai dans une autre école », et pas seulement sur le verbe « irai » : ce sont des compléments circonstanciels..

2 Demandez aux élèves de faire le même travail sur les couples de phrases suivants.
Lors de la mise en commun, faites commenter systématiquement le rôle tenu par les compléments :
– il complète le sens du verbe → c'est un complément du verbe, ou complément d'objet ;
– il complète le sens de toute la phrase → c'est un complément de phrase, ou complément circonstanciel.
Demandez ensuite aux élèves de déplacer les compléments dans la phrase : « Quels sont ceux qui permettent ce déplacement ? »

Exemple :
Je ne prends jamais ma douche **le matin.** → **Le matin**, je ne prends jamais ma douche.
Pour faire du sport, je préfère **le matin**. → ***Le matin**, pour faire du sport, je préfère.

3 Demandez aux élèves de formuler une conclusion :
« On peut déplacer les compléments circonstanciels dans la phrase.
On ne peut pas déplacer les compléments d'objet, leur place habituelle est juste après le verbe. »

Pour s'entrainer

Lors des premières séances d'entrainement, prenez le temps de passer en revue les deux étapes de la consigne. Vous pouvez traiter une phrase ou deux, collectivement, au tableau, pour vous assurer que tous les élèves ont saisi toutes les composantes de la tâche :

1 Essayer de placer le complément en tête de phrase.

2 Indiquer sa fonction : complément de verbe, complément de phrase.

Exemple :
Ces derniers mois, mon grand frère a beaucoup changé.
CdPh
Mon grand frère a changé la roue de son scooter.
CdV

Donnez à apprendre les leçons n° 32, 33 et 35.
Des activités supplémentaires sont par ailleurs proposées sur le CD.

Pour aller plus loin

Corrigé :
a. Les chauvesouris chassent la nuit.
CdPh

Les premiers rayons du soleil chassent la nuit.
CdV

b. Vous êtes invités à la fête de l'école : un spectacle de marionnettes ouvrira l'après-midi.
CdV

Désormais, notre magasin sera fermé le matin et ouvrira l'après-midi.
CdPh

c. Comme un pot de peinture renversé, le soleil couchant rougit le soir.
CdV

Le soleil est rose le matin, puis il tourne au jaune éclatant pendant la journée. Enfin, il rougit le soir.
CdPh

ENTRONS DANS LA CLASSE DE VALÉRIE

Pour aller plus loin

Lis ces phrases et indique si les compléments encadrés sont des compléments d'objet (CO) ou des compléments circonstanciels (CC).

a. Les chauvesouris chassent [la nuit].
Les premiers rayons du soleil chassent [la nuit].

b. Vous êtes invités à la fête de l'école :
un spectacle de marionnettes ouvrira [l'après-midi].
Désormais, notre magasin sera fermé le matin et ouvrira [l'après-midi].

Dans ce CM2, les élèves les plus rapides sont invités à réaliser l'activité « Pour aller plus loin » pendant que leurs camarades achèvent l'activité « Pour s'entrainer ».

En fin de séance, tous les élèves réfléchissent collectivement sur ces couples de phrases assez subtils à analyser, même s'ils n'y ont pas travaillé individuellement. C'est une manière intéressante de faire bénéficier toute la classe de ces moments de réflexion. Il s'agit d'une forme de différenciation qui permet de ne pas trop creuser les écarts entre les élèves.

Interactions en classe		Analyse
Benjamin	Les premiers rayons du soleil chassent la nuit. Euh... On peut enlever la deuxième partie.	
Enseignante	Vas-y...	
Benjamin	*Les premiers rayons du soleil chassent.*	*Après avoir manipulé un certain nombre de phrases, certains élèves n'ont plus le recul nécessaire pour juger de la correction des phrases produites.*
Camille	On ne peut pas dire...	
Enseignante	On ne peut pas dire ?	
Élève	Si on peut le dire !	
Enseignante	*Les premiers rayons du soleil chassent.* On peut le dire, ça ?	
Plusieurs élèves	Ben non / ça veut rien dire / on sait pas ce que ça chasse.	
Enseignante	C'est quoi le sens de cette phrase ? Ça veut dire quoi, *les premiers rayons du soleil chassent la nuit ?*	*L'enseignante sait bien qu'il est plus facile de juger de la correction d'une phrase qu'on écoute que d'une phrase qu'on produit soi-même.*
Élève	Ils enlèvent la nuit ?	
Enseignante	Est-ce que les rayons du soleil ce sont des chasseurs ? Est-ce qu'ils chassent avec des flèches ou un fusil ?	*L'enseignante a repéré un possible obstacle de compréhension dans la confusion entre sens propre et sens figuré.*
Élève	Non !	
Élève	Ça veut dire qu'en fait les rayons du soleil, c'est la première lumière, c'est le jour, et le noir, il s'éclaire.	
Enseignante	Donc, en fait, ici le verbe *chasse*, il est utilisé dans un sens un peu spécial... Le sens est...	*Ce rappel de savoir est utile pour que tous les élèves comprennent la phrase sur laquelle on travaille.*
Plusieurs élèves	... figuré !	
Enseignante	Ça ne veut rien dire *les premiers rayons du soleil chassent*, donc ici, le complément, on ne peut pas le supprimer, donc c'est bien un...	
Plusieurs élèves	... complément du verbe.	
Élève	Donc dans les phrases qui ont un complément de phrase, il y a aussi des verbes ?	*Cet élève est en train de concevoir une règle toute personnelle : « Tout complément suivant un verbe est un complément de verbe. » L'enseignante prend le temps de déconstruire cette conception erronée à l'aide d'un exemple.*
Enseignante	Eh oui, regarde cette phrase *[elle montre une phrase avec complément de phrase]* il y a un verbe et pourtant il n'y a pas de complément de verbe, il y a un complément de phrase. Quand un complément est juste derrière le verbe, ça ne veut pas forcément dire que c'est un complément de verbe, attention !	
Enseignante	J'aimerais bien une explication pour la deuxième phrase : *Les chauvesouris chassent la nuit.*	
Élève	On peut changer...	
Enseignante	Vas-y !	
Élève	Euh... *La nuit, les chauvesouris chassent.* Ça veut dire quelque chose.	
Enseignante	Elles chassent quoi ? Est-ce que cette phrase dit ce que les chauvesouris chassent ?	

Interactions en classe		Analyse
Plusieurs élèves	Non !	
Élève	C'est au sens propre !	
Enseignante	Et là, on peut déplacer le groupe *la nuit*. Gwendoline ?	*L'enseignante sait qu'il est important de faire fonctionner les procédures à de multiples reprises pour qu'elles permettent l'acquisition solide des compétences.*
Gwendoline	On peut enlever *la nuit*.	
Enseignante	Vas-y, enlève !	
Gwendoline	*Les chauvesouris chassent*. Ça a un sens.	
Enseignante	Oui, ça un sens. *Les chauvesouris chassent*. Il y a des animaux qui ne chassent pas, et il y a des animaux qui chassent.	*L'enseignante place la phrase dans un nouveau contexte qui éclaire et illustre l'emploi du verbe "chasser" sans complément de verbe. Elle met à la portée de tous ce qui n'a sans doute été perçu, à ce stade, que par certains.*

Je conjugue les verbes à l'imparfait et au passé composé

5 À 6 SÉANCES
À RÉPARTIR
SUR 2 MOIS ENV.

DANS LES PROGRAMMES

Connaissances et compétences associées

Acquérir l'orthographe grammaticale

- connaitre les régularités des marques de temps et de personne ;
- mémoriser : le présent, l'imparfait, le futur, le passé simple, le passé composé, le plus-que-parfait de l'indicatif, le conditionnel présent et l'impératif présent pour :
- être et avoir ;
- les verbes du 1er et du 2e groupe ;
- les verbes irréguliers du 3e groupe : faire, aller, dire, venir, pouvoir, voir, vouloir, prendre ;
- distinguer temps simples et temps composés ;
- comprendre la notion de participe passé.

Exemples de situations, d'activités et de ressources pour l'élève

- Comparaison et tri de verbes à tous les temps simples pour mettre en évidence :
- les régularités des marques de personne (marques terminales) ;
- les régularités des marques de temps (imparfait, futur, passé simple, présent de l'indicatif, présent du conditionnel, présent de l'impératif) ;
- l'assemblage des temps composés.
- Classification des verbes en fonction des ressemblances morphologiques (verbes en *-er* / *en -dre* / *en -ir* / *en -oir*…).

MANUEL DE L'ÉLÈVE
PP. 97-99

AIDE-MÉMOIRE
Leçons nos 24 et 28 (colonne de l'imparfait)

CAHIER D'ACTIVITÉS
P. 14

SITE COMPAGNON
- AFFICHES Nos 13, 14 ET 15

CD-ROM
- ACTIVITÉ D'ENTRAINEMENT SUPPLÉMENTAIRE
- AFFICHES Nos 13, 14 ET 15

LES CHOIX DE CLÉO

Dans ce chapitre, nous avons choisi de présenter en même temps le couple de temps imparfait / passé composé, puisque leur usage conjoint est la règle dans de nombreux types de textes. De même, plus tard dans l'année, nous proposerons un chapitre traitant du couple imparfait / passé simple. Ce choix permet aux élèves d'entrer pleinement dans la notion de système des temps du passé. Étudier séparément l'imparfait, puis le passé composé, ce serait prendre le risque de n'envisager la conjugaison du verbe que sous un aspect formel, sans enclencher la nécessaire réflexion sur l'emploi respectif de ces temps du passé. Même si les règles de formation de ces deux temps a été apprise les années précédentes, la réitération des situations d'entrainement permettra leur renforcement progressif, sur un temps long.

RAPPEL POUR L'ENSEIGNANT

En français, deux systèmes des temps du récit cohabitent :

- l'un est aujourd'hui réservé à l'écrit littéraire : les temps de base en sont le **passé simple** et l'**imparfait** ;
- l'autre, caractéristique de l'oral, du récit journalistique, est devenu la norme dans le français contemporain : les temps de base en sont le **passé composé** et l'**imparfait**.

D'autres temps (notamment le plus-que-parfait) complètent ces deux temps de base.

L'opposition imparfait, d'une part, passé simple ou passé composé, d'autre part, peut être synthétisée de la manière suivante :

Imparfait	Passé simple	Passé composé
Aspect **duratif**	Aspect **ponctuel**	
→ L'orage grondait depuis des heures.	→ Soudain, la foudre frappa la maison.	→ Soudain, la foudre a frappé la maison.
Expression de la **simultanéité**	Expression de la **successivité**	
La pluie tombait, le vent soufflait, les éclairs zébraient le ciel.	→ Il but son café, enfila sa veste puis *sortit*.	→ Il a bu son café, a enfilé sa veste puis est sorti.
Caractère **habituel, répétitif**	Caractère **unique**	
→ Tous les automnes, il cassait du bois pour l'hiver.	→ Ils se marièrent en 1982.	→ Ils se sont mariés en 1982.
Arrière plan (description, décor)	**Premier plan** (évènement, action)	
→ La ville dormait paisiblement.	→ Une silhouette mystérieuse apparut au coin de la rue.	→ Une silhouette mystérieuse est apparue au coin de la rue.

Pour commencer

Manuel p. 97 • Cahier d'activités p. 14

Cette activité peut être proposée en travail individuel ou par groupes.

Commencez l'activité p. 97 du manuel oralement et collectivement (sur les deux premières phrases du texte). À ce stade, il ne s'agit pas de justifier l'emploi de l'un ou l'autre temps, mais d'être en mesure de choisir la forme verbale qui « sonne juste » dans le contexte proposé. Laissez ensuite vos élèves faire de même, par écrit, jusqu'à la fin du texte, sur leur cahier d'activités (p. 14 : *cf.* ci-contre).

Lors d'une mise en commun, validez les formes verbales correctement choisies, et faites relire le texte entier par un élève.

Demandez ensuite aux élèves de trier toutes ces formes verbales dans le tableau proposé. Précisez-leur d'accompagner chaque verbe de son sujet.

Manuel p. 100

• **Lis ce texte et colorie les formes verbales qui conviennent.**

Depuis des jours, la pluie (tombait / est tombée) sans interruption
et la rivière (menaçait / a menacé) de déborder.
Les habitants de mon quartier (craignaient / ont craint) une catastrophe :
hélas, hier après-midi, elle (arrivait / est arrivée). L'eau (envahissait / a envahi)
la rue principale, puis elle (s'infiltrait / s'est infiltrée) dans les maisons.
Dans mon salon, les meubles (flottaient / ont flotté) à un mètre du sol,
je n'en (croyais pas / n'ai pas cru) mes yeux. Nous (nous réfugiions / nous sommes réfugiés) au premier étage,
et nous (quittions / avons quitté) la maison sur une barque des pompiers.
Ce matin, l'eau (se retirait / s'est retirée). Elle (partait / est partie) en laissant derrière
elle une épaisse couche de boue et de déchets. L'inondation (a tout sali / salissait tout)
sur son passage, mais les gens (commençaient / ont commencé) à nettoyer avec courage.

• **Trie les formes verbales dans ce tableau, en t'aidant des exemples.**

Verbe conjugué à un temps simple	Verbe conjugué à un temps composé…	
	… avec avoir	… avec être
la pluie tombait		elle est arrivée
Ce temps s'appelle	Ce temps s'appelle	

Explique l'emploi de ces deux temps dans ce texte.

14

Corrigé :

Verbe conjugué à un temps simple	Verbe conjugué à un temps composé…	
	avec une forme du verbe *avoir*	avec une forme du verbe *être*
la pluie tombait la rivière menaçait ils craignaient les meubles flottaient je n'en croyais pas	l'eau a envahi nous avons quitté elle a tout sali ils ont commencé	elle est arrivée elle s'est infiltrée nous nous sommes réfugiés l'eau s'est retirée elle est partie
Ce temps s'appelle l'imparfait.	Ce temps s'appelle le passé composé.	

Demandez à vos élèves de répondre à ces questions : « Comment reconnait-on l'imparfait, le passé composé ? Quelles sont les terminaisons de l'imparfait ? » Consultez les leçons n°s 22 et 24 de l'aide-mémoire puis présentez les affiches n°s 13, 14 et 15.

affiche n° 13

affiche n° 14

Concluez la séance en répondant à la consigne posée dans le manuel : « Explique l'emploi de ces deux temps dans le texte. » Il ne s'agit pas d'être exhaustif ou trop technique dans cette phase, mais plutôt de sensibiliser les élèves aux différences d'emploi de ces deux temps, par exemple à l'aide de cette phrase :
Depuis des jours, la pluie tombait sans interruption. (action qui dure)
L'eau a envahi la rue principale. (action ponctuelle)
Les meubles flottaient. (arrière-plan : description, décor)
Nous nous sommes réfugiés. (premier plan : évènement, action)

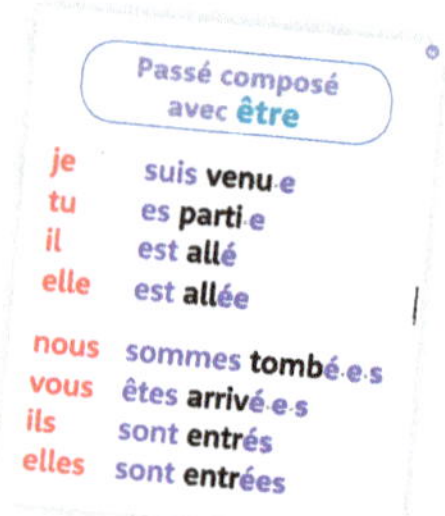

affiche n° 15

Pour s'entrainer

Pour les premières séances d'entrainement, faites lire à haute voix le texte des activités en demandant aux élèves de construire à l'oral les formes verbales correctement conjuguées.
Invitez les élèves à utiliser les tableaux de leur aide-mémoire, leçons n°s 22 et 24.

> **N.B. :** La question de l'accord du participe passé sera travaillée en détail plus tard dans l'année.
> Dans cette séquence, renvoyez les élèves qui s'interrogeraient sur cet accord aux deux phrases situées dans les bulles à côté des tableaux du passé composé, leçon n° 24 de l'aide-mémoire :
> « Avec l'auxiliaire avoir, le participe passé ne s'accorde jamais avec le sujet.
> Avec l'auxiliaire être, le participe passé s'accorde toujours avec le sujet. »

Les erreurs d'accord ne seront pas sanctionnées pour l'instant dans l'évaluation des performances des élèves.

À partir de la séance 3 ou 4, donnez à apprendre, successivement, les leçons n°s 22, 24 et 28 (colonne de l'imparfait uniquement).
Si vous souhaitez prolonger l'entrainement, une activité supplémentaire est disponible sur le CD.

Consacrez plusieurs séances « 5 minutes chrono » à ces deux temps :
– Conjuguez *dormir*, *voir*, *faire*, etc. à l'imparfait, à toutes les personnes.
– Conjuguez *marcher*, *tomber*, *naitre*, etc. au passé composé, à toutes les personnes.

Pour aller plus loin

Corrigé :
a. J'écoutais de la musique quand soudain le téléphone a sonné.
b. Quand nous sommes rentrés du ski, un bon feu brulait déjà dans la cheminée.
c. Nina s'ennuyait tellement qu'un jour elle a décidé de faire le tour du monde.
d. En rentrant de promenade, nous avions tellement soif que nous avons bu un litre d'eau !
e. Comme il ne rangeait jamais sa chambre, un soir, Philémon n'a pas réussi à atteindre son lit.

Je découvre l'attribut du sujet (2)

4 SÉANCES
RÉPARTIES SUR
UN MOIS ENVIRON

DANS LES PROGRAMMES

Identifier les constituants d'une phrase simple
- identifier les constituants d'une phrase simple et les hiérarchiser;
- identifier l'attribut du sujet.

Repères de progression CM2
Les élèves identifient l'attribut du sujet.

MANUEL DE L'ÉLÈVE
PP. 100-101

AIDE-MÉMOIRE
Leçon n° 34

LES CHOIX DE CLÉO

Dans ce second chapitre consacré à l'attribut du sujet, les élèves vont continuer à repérer l'attribut en opposition avec le COD, tout en renforçant la connaissance des principaux verbes d'état.

Pour commencer MANUEL P. 100

Faites lire le texte de l'activité.

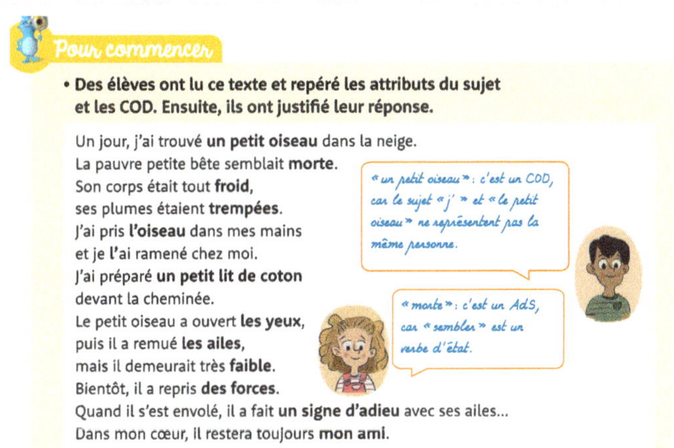
Pour commencer

• **Des élèves ont lu ce texte et repéré les attributs du sujet et les COD. Ensuite, ils ont justifié leur réponse.**

Un jour, j'ai trouvé **un petit oiseau** dans la neige.
La pauvre petite bête semblait **morte**.
Son corps était tout **froid**,
ses plumes étaient **trempées**.
J'ai pris **l'oiseau** dans mes mains
et je **l'**ai ramené chez moi.
J'ai préparé **un petit lit de coton**
devant la cheminée.
Le petit oiseau a ouvert **les yeux**,
puis il a remué **les ailes**,
mais il demeurait très **faible**.
Bientôt, il a repris **des forces**.
Quand il s'est envolé, il a fait **un signe d'adieu** avec ses ailes…
Dans mon cœur, il restera toujours **mon ami**.

Faites ensuite commenter les explications d'élèves fictifs sur le repérage des premiers attributs et COD du texte. Cette phase permet de rappeler les caractéristiques propres à l'AdS et au COD :

- L'AdS désigne la même personne ou la même chose que le sujet, ce qui n'est pas le cas pour le COD.
- Un AdS peut être un adjectif qualificatif.
- L'AdS se trouve derrière un verbe d'état (faites observer la liste donnée dans l'encadré « Pour t'aider »).

Voici les principaux **verbes d'état** : être - sembler - devenir - rester - paraitre - demeurer

Individuellement ou par groupe, les élèves continuent ce travail.

Lors de la mise en commun, prenez le temps de faire expliciter systématiquement toutes les caractéristiques des COD et AdS repérés.

Attributs du sujet	Compléments du verbe
Son corps était tout **froid** (Vé)	je **l'**ai ramené chez moi
ses plumes étaient **trempées** (Vé)	J'ai pris **l'oiseau**
il demeurait très **faible** (Vé)	J'ai préparé **un petit lit de coton**
il restera toujours **mon ami** (Vé)	Le petit oiseau a ouvert **les yeux**
	il a remué **les ailes**
	il a repris **des forces**
	il a fait **un signe d'adieu**

Pour s'entrainer

Pour les premières séances d'entrainement, faites lire à haute voix le texte de l'activité en demandant aux élèves d'ajouter, à l'oral, les AdS et les COD.

Pour s'entrainer

Sur ton cahier
n°1 p. 100
Parfois, la personne parait peu aimable.
S Vé AdS

- **Lis le texte et complète-le avec les propositions qui te sont faites.**
- **Puis, dans les parties de phrase en bleu, repère :**
  - **les sujets** (S) ; – **les verbes d'état** (Vé) ; – **et les attributs du sujet** (AdS).
  - **les sujets** (S) ; – **les autres verbes** (V) ; – **et les compléments d'objet direct** (COD).

1

Quand on voit quelqu'un pour la première fois, on ne sait pas toujours si l'on va s'entendre. Parfois, la personne parait .... Parfois, au contraire, elle semble .... La première impression n'est pas forcément .... Pour cette raison, j'évite .... , je prends .... Souvent, j'ai eu .... Beaucoup de gens deviennent .... alors qu'au début, ils ne s'appréciaient pas du tout ! S.M.

d'excellents amis – de bonnes surprises – peu aimable – les jugements hâtifs – la bonne – mon temps – très sympathique

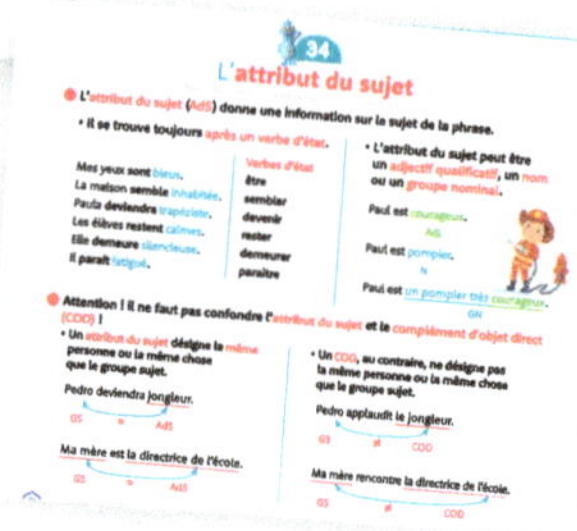

Vous pouvez analyser collectivement, au tableau les premiers AdS et COD rencontrés pour vous assurer que tous les élèves ont bien saisi la tâche.

Après un ou deux entrainements, donnez à apprendre la leçon n° 34 de l'aide-mémoire.

Pour aller plus loin

Pour aller plus loin

• **Dans ce jeu de logique, il y a cinq personnages qui ont tous un métier différent :**

	Albert	Jacques	Michel	Laurent	Bastien
directeur					F
médecin	F				F
pompier	F	F	F	F	V
gendarme					F
ingénieur					F

• **Complète le tableau de vérité pour trouver le nom et le métier de chacun.**

– Albert remercie le médecin.
→ Donc Albert n'est pas le médecin : F (faux) dans le tableau.

– Bastien est pompier.
→ Donc, c'est vrai pour Bastien V (vrai) et F (faux) pour les autres dans le tableau.

– Jacques salue le gendarme.

– Michel a rencontré le directeur de l'école.

– Laurent était gendarme, mais il est devenu ingénieur.

– Le directeur de l'école a téléphoné à Albert.

– Le gendarme et l'ingénieur n'aiment pas Michel.

Aide-toi des exemples de conclusions trouvées grâce aux indices :
Bastien est pompier.

Cette activité s'inspire des logigrammes.

Une fois l'énigme résolue, vous pouvez demander à vos élèves de repérer tous les attributs du sujet, à la fois dans les indices et dans leur réponse.

Je manipule les adjectifs et les compléments du nom

6 À 7 SÉANCES
À RÉPARTIR
SUR 1 MOIS ENV.

DANS LES PROGRAMMES

Repères de progression CM2
Au sein du groupe nominal, les élèves identifient le complément du nom et l'épithète.

Identifier les constituants d'une phrase simple
- identifier les constituants d'une phrase simple et les hiérarchiser ;
- analyser le groupe nominal : notions d'épithète et de complément du nom.

Exemples de situations, d'activités et de ressources pour l'élève
- construction de phrases : amplification et réduction d'une phrase ;
- création et analyse de phrases grammaticalement correctes.
- observation et analyse de l'ordre des mots et des groupes syntaxiques.
- repérage de groupes nominaux en position de compléments

MANUEL DE L'ÉLÈVE **PP. 102-104**

CAHIER D'ACTIVITÉS **P. 15**

AIDE-MÉMOIRE **Leçons nos 17, 30 et 31**

LES CHOIX DE CLÉO

Cette séquence donne l'occasion de faire une synthèse sur les connaissances acquises à propos du groupe nominal. Le format d'activité retenu montre que les expansions du nom, souvent présentées comme facultatives, sont en fait le plus souvent essentielles pour la constitution du sens. Ici, adjectifs, compléments du nom permettent tour à tour de définir précisément des noms de sens voisin, tels que *homard* et *écrevisse*, ou *autobus* et *autocar*.
Le recours au dictionnaire sera encouragé dès que les élèves manifesteront un doute sur la signification exacte d'un mot.

Pour commencer

Manuel p. 102 • Cahier d'activités p. 15

Présentez l'activité « Pour commencer » du manuel (p. 102).
Faites compléter les deux premières phrases sur le cahier d'activités (p. 15 : *cf.* ci-contre).
En cas de doute, invitez vos élèves à vérifier le sens des mots dans un dictionnaire.
Corrigez au tableau, puis faites repérer les composantes des deux GN formés :

a. Le coassement, c'est **le cri** de la grenouille ou du crapaud.
D N — CdN — CdN
Le croassement, c'est **le cri** de la corneille ou du corbeau.
D N — CdN — CdN

Rappelez la procédure pour repérer un complément du nom (suit un nom, donne une information sur ce nom).
Posez ensuite cette question : « Quel adjectifs pourrait-on insérer pour donner d'autres précisions sur le nom ***cri***, dans chaque phrase ? »

Les élèves proposent des adjectifs tels *horrible / sinistre / étrange / inquiétant / curieux / long…*
Ils insèrent un ou plusieurs de ces adjectifs dans les GN déjà formés, par exemple :

Un coassement, c'est **le** curieux **cri de la grenouille ou du crapaud.**
Un croassement, c'est **le cri** sinistre **de la corneille ou du corbeau.**

Faites rappeler alors que l'adjectif, dans le GN, est placé directement avant ou après le nom « chef de groupe ». Testez son déplacement après le CdN pour montrer que c'est impossible, sauf à modifier complètement le sens :

Un coassement, c'est **le cri de la grenouille ou du crapaud** *curieux.

Demandez ensuite aux élèves de compléter les autres GN :

b. Une décade, c'est une période de dix jours.
Une décennie, c'est une période de dix ans.
c. Un accident, c'est un évènement grave.
Un incident, c'est un évènement sans gravité.
d. Une balade, c'est une promenade sans difficulté.
Une ballade, c'est un morceau de musique doux.

Vérifiez que les élèves ont bien analysé le type d'expansion du nom dans chaque cas, en leur demandant de rappeler les caractéristiques propres à l'adjectif ou au complément du nom. Faites enfin remplacer certains CdN par un adjectif de sens similaire :

sans difficulté → facile
sans gravité → bénin

Concluez la séance en parcourant avec vos élèves les leçons n°s 18, 30 et 31.

Pour s'entrainer

Dans cette série d'entrainements, les élèves remplaceront des relatives (qu'ils manipulent sans les nommer) par des adjectifs et compléments du nom dont le sens est proche.

Les listes contiennent parfois :

- des intrus :

un film que l'on peut aller voir en famille → un film ***familial*** */ un film* ~~***familier***~~

- des mots ou expressions qu'il faut utiliser en fonction d'une nuance qu'ils introduisent :

un musicien qui a du talent
→ un musicien ***doué***
un musicien qui a un talent unique
→ un musicien ***d'exception***

- ou encore des mots de sens proche, ou de la même famille, mais qu'on ne peut employer que dans certains contextes :

une histoire qu'on a du mal à croire
→ une histoire ***incroyable***
une personne qui n'en croit pas ses oreilles
→ une personne ***incrédule***

Certains mots, peu ou pas connus (filaire, incrédule, centennal, etc.) peuvent être trouvés par déduction, ou en s'appuyant sur le repérage du radical. Ce format d'activité porte autant sur des compétences lexicales que grammaticales.

Faites apprendre ou revoir successivement les leçons n°s 17, 30, 31 après quelques entrainements.

Pour aller plus loin

Corrigé :

a. Un biscuit, c'est un petit gâteau sec.
Une madeleine, c'est un gâteau moelleux en forme de coquille.
Un petit-beurre, c'est un gâteau au beurre de forme le plus souvent rectangulaire.

b. Un losange est un quadrilatère aux côtés de même longueur et à angles quelconques.
Un carré est un quadrilatère aux côtés de même longueur et à angles droits.
Un rectangle est un quadrilatère aux côtés égaux deux à deux et à angles droits.

c. Une avenue, c'est une large voie de circulation à l'intérieur d'une ville.
Une route, c'est une voie de circulation à l'extérieur des villes.
Une rue, c'est une voie de circulation de taille moyenne à l'intérieur d'une ville.
Une ruelle, c'est une voie étroite à l'intérieur d'une ville.

d. Une chaise, c'est un siège individuel à dossier sans accoudoirs.
Un fauteuil, c'est un siège individuel à accoudoirs.
Un canapé, c'est un siège à dossier pour plusieurs personnes.
Un tabouret, c'est un petit siège à trois ou quatre pieds sans dossier.

Je distingue l'attribut du sujet et le complément d'objet direct (COD)

4 À 5 SÉANCES
À RÉPARTIR SUR 6 SEMAINES ENV.

DANS LES PROGRAMMES

Repères de progression CM2
Dans des situations simples, les élèves distinguent les COD et COI. Ils identifient l'attribut du sujet.

Identifier les constituants d'une phrase simple
– différencier les compléments : COD, COI, compléments circonstanciels de temps, lieu et cause ;
– identifier l'attribut du sujet.

Exemples de situations, d'activités et d'outils pour l'élève
– construction de phrases : amplification et réduction d'une phrase ;
– création et analyse de phrases grammaticalement correctes.
– observation et analyse de l'ordre des mots et des groupes syntaxiques.
– repérage de groupes nominaux en position de compléments.

MANUEL DE L'ÉLÈVE
PP. 105-107

AIDE-MÉMOIRE
Leçons n° 32 et 34

CAHIER D'ACTIVITÉS
P. 16

SITE COMPAGNON
- AFFICHE N°4 (LES VERBES D'ÉTAT)

CD-ROM
- ACTIVITÉS D'ENTRAINEMENT SUPPLÉMENTAIRES
- AFFICHE N°4 (LES VERBES D'ÉTAT)

LES CHOIX DE CLÉO

L'attribut du sujet et le complément du verbe partagent un certain nombre de caractéristiques, surtout si l'attribut est un groupe nominal.

Exemple :
Ma mère est la directrice de l'école (AdS). / Ma mère rencontre la directrice de l'école (COD).

C'est pourquoi nous avons choisi de travailler précisément sur les différences entre attribut du sujet et COD, sans oublier le cas où l'attribut du sujet est un adjectif. La reconnaissance de l'attribut du sujet suppose également une bonne connaissance des verbes d'état (être, paraitre, sembler, devenir, rester, demeurer).

Pour commencer

Manuel p. 105 • Cahier d'activités p. 16

Faites lire le premier texte de l'activité « Pour commencer » p. 105 et répondez collectivement aux trois questions posées :

- On peut remplacer le verbe par le signe = dans la phrase :
… le moyen de transport le plus rapide reste (=) le TGV.
En revanche c'est impossible pour l'autre phrase en gras :
Fatiah ≠ le moyen de transport le plus rapide.
- Le verbe **chercher** est un verbe « ordinaire ». Le verbe **rester** fait partie de la liste des verbes d'état, que les élèves ont découverts précédemment. Demandez-leur de lister tous les verbes d'état dont ils se souviennent.
- Le verbe **chercher** est complété par un COD, alors que le verbe d'état **rester** est suivi par un attribut du sujet. Le COD comme l'attribut sont ici des GN. Profitez-en pour expliciter le sens du sigle TGV et la manière dont il est formé.

Demandez ensuite aux élèves de faire le même travail pour les deux textes suivants sur leur cahier d'activités (p. 16 : *cf.* ci-contre).

Lors de la mise en commun, faites rappeler les caractéristiques propres à l'attribut du sujet et au COD :
– L'AdS représente la même personne ou la même chose que le sujet, ce qui n'est pas le cas pour le COD.
– Un adjectif qualificatif peut être AdS, mais pas COD.
– L'AdS se trouve derrière un verbe d'état.

Les verbes d'état

Ils sont suivis d'un attribut du sujet.

être
sembler
devenir
rester
demeurer
paraitre

affiche n° 4

Concluez la séance en lisant avec vos élèves les leçons n°s 32 et 34 de l'aide-mémoire et l'affiche n°4.

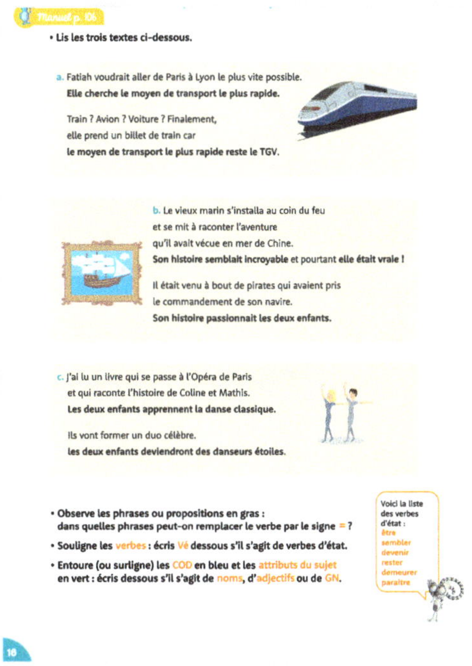

Manuel p. 106

• **Lis les trois textes ci-dessous.**

a. Fatiah voudrait aller de Paris à Lyon le plus vite possible.
Elle cherche le moyen de transport le plus rapide.
Train ? Avion ? Voiture ? Finalement,
elle prend un billet de train car
le moyen de transport le plus rapide reste le TGV.

b. Le vieux marin s'installa au coin du feu
et se mit à raconter l'aventure
qu'il avait vécue en mer de Chine.
Son histoire semblait incroyable et pourtant **elle était vraie !**
Il était venu à bout de pirates qui avaient pris
le commandement de son navire.
Son histoire passionnait les deux enfants.

c. J'ai lu un livre qui se passe à l'Opéra de Paris
et qui raconte l'histoire de Coline et Mathis.
Les deux enfants apprennent la danse classique.
Ils vont former un duo célèbre.
les deux enfants deviendront des danseurs étoiles.

• **Observe les phrases ou propositions en gras : dans quelles phrases peut-on remplacer le verbe par le signe = ?**
• **Souligne les verbes : écris Vé dessous s'il s'agit de verbes d'état.**
• **Entoure (ou surligne) les COD en bleu et les attributs du sujet en vert : écris dessous s'il s'agit de noms, d'adjectifs ou de GN.**

16

Pour s'entrainer

Lors du premier entrainement, aidez au besoin les élèves à comprendre la tâche, en complétant avec eux, oralement, les deux premières phrases à l'aide des éléments proposés dans les étiquettes.

Donnez à apprendre la leçon n° 34 de l'aide-mémoire après quelques entrainements.

34
L'attribut du sujet

L'attribut du sujet (AdS) donne une information sur le sujet de la phrase.

Verbes d'état : être, sembler, devenir, rester, demeurer, paraitre

Attention ! Il ne faut pas confondre l'attribut du sujet et le complément d'objet direct (COD) !

Pedro deviendra jongleur.

Ma mère est la directrice de l'école.

Pedro applaudit le jongleur.

Ma mère rencontre la directrice de l'école.

Si vous souhaitez poursuivre l'entrainement, des activités supplémentaires sont disponibles sur le CD.

Pour aller plus loin

Pour aller plus loin

Alice, Julie, Émilie et Sarah sont quatre amies.
• **Découvre et rassemble les trois indices donnés sur chacune d'elles.**
• **Ensuite, indique la structure de chaque phrase d'indice :**
S + V + COD **ou** S + Vé + AdS.

Alice est astucieuse. | Julie a un stylo rouge. | Émilie expose ses statues. | Sarah est endurante.

elle | aime | des enquêtes | est | patiente | les enfants | mène | court | une artiste | est | utilise | une loupe | possède | le marathon | de nombreuses chaussures de sport | travaille | la glaise

• **Précise la profession de chacune : détective / athlète / sculptrice / enseignante.**

Corrigé :

Alice est astucieuse. (S + Vé + AdS)
elle mène des enquêtes (S + V + CdV)
elle utilise une loupe (S + V + CdV)
→ **Alice est détective** (S + Vé + AdS)

Julie a un stylo rouge. (S + V + CdV)
elle aime les enfants (S + V + CdV)
elle est patiente (S+ Vé + AdS)
→ **Julie est enseignante** (S+ Vé + AdS)

Émilie expose ses statues. (S + V + CdV)
elle est une artiste renommée (S+ Vé + AdS)
elle travaille la glaise (S + V + CdV)
→ **Émilie est sculptrice** (S + Vé + AdS)

Sarah est endurante. (S + Vé + AdS)
elle court le marathon (S + V + CdV)
elle possède de nombreuses chaussures de sport (S + V + CdV)
→ **Sarah est athlète** (S + Vé + AdS)

Je maitrise les déterminants

3 À 4 SÉANCES
À RÉPARTIR SUR
1 MOIS ENV.

DANS LES PROGRAMMES

Connaissances et compétences associées

Maitriser la forme des mots en lien avec la syntaxe.

- Identification des classes de mots subissant des variations : le nom et le verbe ; le déterminant ; l'adjectif ; le pronom.
- Notion de groupe nominal et accords au sein du groupe nominal.

Exemples de situations, d'activités et de ressources pour l'élève

À partir d'observations de corpus de phrases :

- Manipulations syntaxiques (remplacement, déplacement, pronominalisation, encadrement, réduction, expansion) permettant d'identifier les classes de mots et leur fonctionnement syntaxique.
- Activités d'entrainement pour fixer les régularités et automatiser les accords simples.

MANUEL DE L'ÉLÈVE
PP. 108-109

AIDE-MÉMOIRE
Leçon n° 16

CAHIER D'ACTIVITÉS
P. 17

SITE COMPAGNON
- AFFICHE N°5 (LES DÉTERMINANTS)

CD-ROM
- ACTIVITÉS D'ENTRAINEMENT SUPPLÉMENTAIRES
- AFFICHE N°5 (LES DÉTERMINANTS)

LES CHOIX DE CLÉO

Le repérage des déterminants ne pose généralement pas de problème, tant ils sont inséparables du nom. Les déterminants courants (notamment les articles) font partie des mots les plus fréquents du français, leur orthographe est acquise dès le début du CP et leur emploi ne pose pas de problèmes particuliers, si l'on excepte les cas d'homonymie (la/là, son/sont, ses/ces...) qui font l'objet d'une étude spécifique dans plusieurs chapitres du domaine Orthographe.

RAPPEL POUR L'ENSEIGNANT

Article indéfini	Article défini
Il permet de faire référence à un élément **quelconque** d'un ensemble : *Ce matin, pour aller voir mon patron, j'ai mis* ***une*** *cravate.* (C'est le fait d'avoir mis une cravate qui a de l'importance, peu importe laquelle.)	Il permet de faire référence à un élément **précis** qui sera identifié par le récepteur du message grâce à la situation, en contexte : *Tu devrais acheter* ***la*** *cravate rayée.* (Celui à qui s'adresse ce conseil sait très bien de quelle cravate il s'agit.)
Il permet d'extraire un élément **particulier** d'un ensemble, cet élément n'ayant encore fait encore l'objet d'aucun repérage référentiel : *Ce matin,* ***un*** *homme a frappé violemment à la porte.* (On comprend bien que cet homme, au départ inconnu, ne va pas rester indéfini longtemps.)	Il permet de faire référence à un élément **précis** auquel on a déjà fait allusion dans le texte ou le discours : *Quand j'ai ouvert,* ***l'****homme s'est précipité à l'intérieur.* (On comprend qu'il s'agit du même homme que dans la phrase précédente.)

Pour commencer

Manuel p. 108 • Cahier d'activités p. 17

Observez collectivement l'activité du manuel p. 108. Faites copier et compléter les devinettes sur le cahier d'activités (p. 17 : *cf.* ci-contre), individuellement ou en groupes, puis procédez à une mise en commun au tableau.

Manuel p. 109

• **Complète les phrases suivantes avec des déterminants.**
Tu devras utiliser des déterminants de différentes catégories.

Consulte ton aide-mémoire, leçon n° 15.

Devinettes

- Trouve .... animal dont le nom commence par C.
- Devine .... animal auquel je pense : il se déplace par bonds et son nom commence par K.
- .... animal bizarre a un bec de canard, une queue de castor et pond des œufs ?
- Devine quel est .... animal préféré : il a une fourrure très douce, aime les carottes et a de grandes oreilles.
- Préfères-tu .... animal ou celui-là ?

Chaque catégorie de déterminants a un emploi particulier. Explique-le.

• **Complète les deux dialogues avec les déterminants qui conviennent.**

a. « .... maison habites-tu ?
– .... petite maison, là, au milieu de la photo.
C'est .... maison qui ne paie pas de mine,
mais c'est .... seule maison qui me plaisait,
alors je l'ai achetée !
– Elle me plait bien, ... maison ! »

b. « Lola et moi, nous allons en Martinique
pour .... vacances.
– De .... vacances parlez-vous : Noël ou été ?
– Des vacances de Noël. Ce seront .... premières
vacances en amoureux !
Ça fait longtemps que nous voulions prendre
.... vacances ensemble.
– Vous devez les attendre avec impatience, ... vacances ! »

Le recours à l'aide-mémoire (leçon n° 16) est possible en cas de besoin.

Commentez avec vos élèves l'usage de chaque catégorie de déterminants :

• ***Trouve un animal dont le nom commence par C.*** Il y a beaucoup d'animaux dont le nom commence par C, on ne demande pas de trouver un animal particulier, bien défini : au contraire, **n'importe quel** animal dont l'initiale est C peut convenir : d'où l'emploi du déterminant **un**.

• ***Devine l'animal auquel je pense : il se déplace par bonds et son nom commence par K.*** Ici, celui qui pose la devinette a choisi un animal bien défini, une seule réponse est possible : d'où l'emploi du déterminant **l'**.

• ***Quel animal bizarre a un bec de canard, une queue de castor et pond des œufs ?*** La devinette est une question : le déterminant utilisé est un mot interrogatif, **quel**.

• ***Devine quel est mon animal préféré ?*** Celui qui pose cette devinette exprime une préférence personnelle : d'où l'usage du déterminant **mon**. On appelle cette catégorie déterminants possessifs, car ils indiquent ce qu'on possède.

• ***Préfères-tu cet animal ou celui-là ?*** On imagine bien que l'auteur de la question, au moment où il la pose, désigne, montre du doigt successivement les deux animaux dont il est question, d'où l'emploi du déterminant **cet**. Il s'agit de la catégorie des déterminants démonstratifs. (Montrez la racine commune, monstr-/montr– de ces deux mots)

Demandez ensuite à vos élèves de compléter le court dialogue (ainsi que le deuxième dialogue si vous utilisez le cahier d'activités) avec les déterminants qui conviennent : précisez que, dans chaque dialogue, ils doivent utiliser un déterminant de chaque catégorie.

Corrigé :

– **Quelle** maison habites-tu ?
– **Cette** petite maison, là, au milieu de la photo. C'est **une** maison qui ne paie pas de mine, mais c'est **la** seule maison qui me plaisait, alors je l'ai achetée !
– Elle me plait bien, **ta** maison !

Sur le cahier d'activités seulement
– Lola et moi, nous allons à la Martinique pour **les** vacances.
– De **quelles** vacances parlez-vous, Noël ou été ?
– Des vacances de Noël. Ce seront **nos** premières vacances en amoureux ! Ça fait longtemps que nous voulions prendre **des** vacances ensemble.
– Vous devez les attendre avec impatience, **ces** vacances !

Commentez ensemble l'usage des déterminants.

Concluez la séance en rappelant les caractéristiques principales des déterminants :
– on les trouve toujours devant un nom ;
– ils s'accordent avec le nom ;
– chaque catégorie de déterminants a un usage particulier : dire ce qu'on possède (déterminants possessifs), montrer, poser une question (déterminants interrogatifs), etc.

Puis lisez et commentez ensemble la leçon n°16 de l'aide-mémoire, ainsi que l'affiche n°5.

Les déterminants

articles définis	articles indéfinis
le - l'	un
la - l'	une
les	des

déterminants possessifs
mon - ta - ses - notre - vos - leurs...

déterminants démonstratifs
ce - cet - cette - ces

autres déterminants
quelques - plusieurs aucun - aucune...

affiche n° 5

Pour s'entrainer

Pour la première séance d'entrainement, faites lire à haute voix le texte de l'activité n°1 en demandant aux élèves de rétablir les déterminants absents.

Invitez les élèves à utiliser si nécessaire leur aide-mémoire, leçon n° 16. Donnez à apprendre cette leçon après un ou deux entrainements.

16
Les déterminants

Pour aller plus loin

Corrigé :

Tu me **la montres**, ta collection de coquillages ? (PrC + V)
Cette chanson, nous **l'avions** apprise autrefois. (PrC + V)
Cet horloger répare les réveils et **les montres**. (D + N)
Le savon m'a glissé des mains. (D + N)
J'ai collé **les timbres** sur les enveloppes. (D + N)
La secrétaire pèse les colis puis elle **les timbre**. (PrC + V)
Notre rôle pour la pièce de théâtre, nous **le savons** par cœur. (PrC + V)

Je repère le groupe sujet, le groupe verbal et les compléments de phrase (compléments circonstanciels)

6 À 7 SÉANCES
À RÉPARTIR SUR 6 SEMAINES ENV.

DANS LES PROGRAMMES

Repères de progression CM2
Dans des situations simples, les élèves distinguent les COD et COI. Ils repèrent la préposition qui introduit le COI ; ils distinguent un COI d'un CC introduit également par une préposition (*il parle à sa soeur/il s'endort à 20 h*)
Ils identifient les CC de temps, lieu et cause. Ils identifient le sujet, même quand il est inversé. Au sein du groupe nominal, ils identifient le complément du nom et l'épithète. Ils identifient l'attribut du sujet.

Connaissances et compétences associées
Identifier les constituants d'une phrase simple
- identifier les constituants d'une phrase simple et les hiérarchiser :
- approfondir la connaissance du sujet (sujet composé de plusieurs noms ou groupes nominaux, sujet inversé) ;
- différencier les compléments : COD, COI, compléments circonstanciels de temps, lieu et cause.

MANUEL DE L'ÉLÈVE
PP. 110-111

CAHIER D'ACTIVITÉS
P. 18

AIDE-MÉMOIRE
Leçons nos 10 et 29

LES CHOIX DE CLÉO

Cette séquence fait travailler sur la dimension discursive du sujet (de qui, de quoi parle cette phrase ?) et du groupe verbal (ce qu'on apprend sur le sujet), tout en renforçant leur repérage dans la phrase. En manipulant de nombreuses phrases de sens très proches, on fait découvrir aux élèves que les choix syntaxiques (et donc l'organisation des informations dans la phrase) permettent de mettre en valeur certaines d'entre elles.

Exemple :

Des astronautes | ont atterri | pour la première fois | sur la Lune | en 1969.
GS – GV – CC – CC – CC

Phrase mettant en relief **les acteurs de l'évènement**, en position sujet.

la Lune | a accueilli des astronautes | en 1969 | pour la première fois.
GS – GV – CC – CC

Phrase mettant en relief **le lieu de l'évènement**, en position sujet.

1969 | est l'année du premier pas de l'homme sur la Lune.
GS – GV

Phrase mettant en relief **le moment de l'évènement**, en position sujet.

Pour commencer

Manuel p. 110 • Cahier d'activités p. 18

Commencez la séance, manuels et cahiers d'activités fermés.
Ecrivez au tableau cette phrase, avec un découpage en groupes syntaxiques erroné :
L'ami de ma | sœur a visité un château | abandonné pendant les vacances.

Suscitez les réactions des élèves : « sœur » devrait faire partie du premier groupe de sens. De même, « abandonné » est un adjectif inséparable du nom « château ».
Modifiez l'emplacement des traits verticaux en conséquence des remarques formulées.

Faites observer ensuite le début de l'activité « Pour commencer » p. 110 (ou cahier d'activités p. 18 : *cf.* ci-contre).
Faites vérifier que les traits verticaux orange séparent bien les éléments principaux de la phrase, et que chacun de ces éléments est porteur d'un sens plein et complet.
Au tableau, rappelez la procédure pour trouver le groupe sujet, le groupe verbal, les compléments de phrase (compléments circonstanciels).

> Manuel p. 110
>
> • **Observe ces phrases : des élèves ont séparé d'un trait vertical les éléments principaux (groupe sujet, groupe verbal, complément de phrase).**
>
> La neige | tombera | la nuit prochaine.
> L'ami de ma sœur | a visité un château abandonné | pendant les vacances.
> Avec précaution, | l'infirmier | change le pansement du blessé.
> À la moindre caresse, | mon chat | ronronne.
> Tu | boudes ?
> Dans la forêt voisine, | Lucie et Anatole | cueillent des champignons.
> Les trapézistes | exécutent leur numéro | à plus de dix mètres du sol.
>
> 
>
> • **Maintenant, souligne le sujet de chaque phrase : de qui, de quoi parle cette phrase ?**
> • **Entoure ensuite le groupe verbal : qu'est-ce qu'on apprend sur le sujet de la phrase ?**
> • **Cherche enfin s'il y a un complément de phrase (ou complément circonstanciel) : on peut le déplacer dans la phrase, on peut aussi le supprimer. Surligne-le en rose.**

Laissez ensuite les élèves, individuellement ou par groupes, repérer chaque groupe syntaxique : GS / GV / CC.
Lors de la correction, faites expliciter les procédures utilisées par les élèves.

Répondez enfin aux deux dernières questions posées :
– *Y a-t-il toujours un complément circonstanciel ? (non)*
– *Combien de mots composent au minimum le GS ? le GV ? (un mot)*
Pour conclure, lisez en commun les leçons n°s 10 et 29 de l'aide-mémoire.

Pour s'entrainer

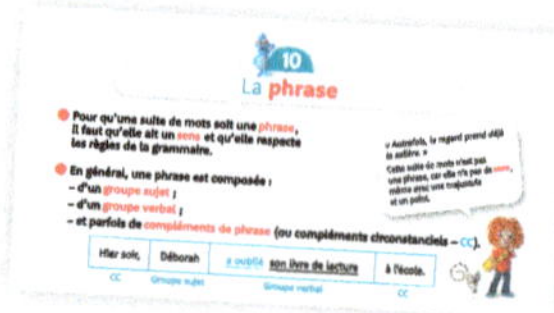

Le format de l'activité est de même nature que celui de l'activité « Pour commencer », mais ce sont les élèves qui doivent assurer seuls le découpage en groupes syntaxiques.
La principale difficulté est de ne pas séparer le verbe de son complément du verbe lors du repérage du groupe verbal.
Lors des premiers entrainements, vous pouvez travailler collectivement à l'oral, ou au tableau, sur une ou deux phrases. Assurez-vous que les élèves utilisent à bon escient les différentes procédures enseignées.

Donnez successivement à apprendre ou à revoir les leçons n°s 10 et 29 après un ou deux entrainements.

Pour aller plus loin

Ici, les élèves doivent être attentifs à la composante sémantique.

Exemple :
« Le Président accueille les journalistes à l'Élysée » est la seule phrase que l'on peut composer avec les éléments fournis. En effet, la phrase « Les journalistes accueillent le Président à l'Élysée » est correcte sur le plan syntaxique, mais pas au niveau du sens.

Pour aller plus loin

- **Observe les éléments proposés et construis uniquement des phrases logiques.**
- **Ensuite, repère le groupe sujet, le groupe verbal et le complément circonstanciel.**

a. à l'Élysée | accueillir | Président | journalistes

b. parents d'élèves | maitresse | recevoir | à l'école

c. la petite Thelma endormie | Sébastien et Bénédicte | surveiller | berceau

d. aspirateur | client | régler | caisse

e. blessé | emporter | infirmiers | hôpital

f. bijouterie | désarmer | cambrioleurs | police

Corrigé :
a. Le Président accueille les journalistes à l'Élysée.
b. La maitresse reçoit les parents d'élèves à l'école.
c. Sébastien et Bénédicte surveillent la petite Thelma endormie dans son berceau.
d. Le client règle l'aspirateur à la caisse.
e. Les infirmiers emportent le blessé à l'hôpital.
f. La police désarme les cambrioleurs de la bijouterie.

Je distingue les compléments circonstanciels

6 SÉANCES À RÉPARTIR SUR 5 SEMAINES

DANS LES PROGRAMMES

Repères de progression CM2
Dans des situations simples, les élèves distinguent les COD et COI. Ils repèrent la préposition qui introduit le COI ; ils distinguent un COI d'un CC introduit également par une préposition *(il parle à sa soeur/il s'endort à 20 h)* Ils identifient les CC de temps, lieu et cause.

Identifier les constituants d'une phrase simple
- identifier les constituants d'une phrase simple et les hiérarchiser :
- différencier les compléments : COD, COI, compléments circonstanciels de temps, lieu et cause ;

MANUEL DE L'ÉLÈVE **PP. 112-114**

AIDE-MÉMOIRE **Leçon n° 35**

LES CHOIX DE CLÉO

Dans un précédent chapitre, les élèves ont appris à distinguer les compléments de verbe (ou d'objet) et les compléments de phrase (ou circonstanciels). Ce chapitre va permettre de reconnaitre de nombreux compléments circonstanciels de temps, de lieu et de cause, sous la forme de groupes nominaux (la plupart du temps introduits par une préposition).

Pour commencer

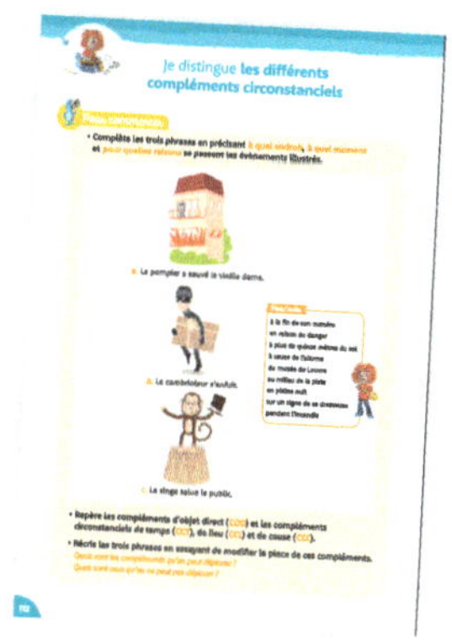

Présentez l'activité « Pour commencer » p. 112. Traitez la première phrase collectivement, au tableau :
ajoutez progressivement les compléments proposés par les élèves. (Il est préférable d'écrire les phrases **a.**, **b.** et **c.** ainsi que les compléments proposés dans l'encadré sur des bandes de papier, de manière à simplifier les manipulations à venir.) Vous obtenez par exemple :
Pendant l'incendie, en raison du danger, le pompier a sauvé la vieille dame à plus de quinze mètres du sol.

Faites repérer le type d'information apportée par les compléments circonstanciels :
à plus de quinze mètres du sol, → information sur ***le lieu***, ***l'endroit*** où se produit l'action.
Pendant l'incendie → information sur ***le moment***, ***le temps*** où se produit l'action.
en raison du danger → information sur ***la cause*** de l'action.
Indiquez aux élèves que ces compléments portent respectivement le nom de *complément circonstanciel de temps, de cause et de lieu.*

Individuellement ou par groupes, demandez aux élèves de faire le même travail pour les phrases **b.** et **c.** Repérez et entourez les prépositions qui se trouvent au début de certains de ces GN : ***à***, ***pendant***, ***d'***, ***sur***.
Vous pouvez préciser que l'article contracté ***au*** est mis pour ***à + le*** : il y a donc une préposition « incluse » dans ce déterminant.

Demandez aux élèves d'essayer de déplacer tous les compléments dans la phrase, qu'ils soient compléments d'objet ou compléments circonstanciels.

Exemple :
Pendant l'incendie, à plus de quinze mètres du sol le pompier a sauvé la vieille dame en raison du danger.
Demandez aux élèves comment s'appellent ces compléments que l'on peut déplacer dans la phrase. Complètent-ils seulement le verbe ou la phrase entière ? Faites également rechercher le sujet, le verbe et le COD. Montrez, si c'est nécessaire, que ce COD ne peut pas être déplacé et que sa place ordinaire est derrière le verbe :
À plus de quinze mètres du sol, en raison du danger, ***la vieille dame** le pompier a sauvé pendant l'incendie.
Lisez et commentez la leçon 35 de l'aide-mémoire.

Pour s'entrainer

Lors des premiers entrainements, vous pouvez traiter collectivement une ou deux phrases du texte. Vos élèves doivent être en mesure de déterminer quel type de complément circonstanciel ils ont à analyser.
Vous pouvez en outre constituer au fur et à mesure des entrainements une affiche recensant les prépositions trouvées en début de complément circonstanciel.

Exemples d'explicitations attendues :
Devant ma porte, ce matin , j'ai trouvé une surprise.
Devant ma porte : ce complément indique à quel endroit ça s'est passé : c'est un CC de lieu.
Devant est un mot invariable au début du complément circonstanciel : c'est une préposition.
Ce matin : ce complément indique à quel moment ça s'est passé : c'est un CC de temps. Etc.

Pour aller plus loin

Corrigé :
À cause des conditions météorologiques très mauvaises, le voyage a été annulé.
À force de tirer sur sa laisse, le chien a fini par s'échapper.
Le petit chat a pu redescendre de l'arbre **grâce aux efforts de pompiers**.
La glace a fondu **sous l'effet de la chaleur**.
Compte tenu du manque de neige, la sortie de ski de fond est reportée à la semaine prochaine.
En raison du très grand succès de ce spectacle, de nouvelles représentations sont programmées.

Je conjugue les verbes au futur

7 À 8 SÉANCES
À RÉPARTIR SUR
6 SEMAINES ENV.

DANS LES PROGRAMMES

Repères de progression CM2
En plus des temps déjà appris, ils mémorisent, **au cours de l'année,** le passé simple et le plus-queparfait pour :
- être et avoir ;
- les verbes du 1er et du 2e groupes ;
- les verbes irréguliers du 3e groupe : faire, aller, dire, venir, pouvoir, voir, vouloir, prendre.

Connaissances et compétences associées

Acquérir l'orthographe grammaticale
- connaitre les régularités des marques de temps et de personne ;
- mémoriser: le présent, l'imparfait, le futur, le passé simple, le passé composé, le plus-que-parfait de l'indicatif, le conditionnel présent et l'impératif présent pour :
- *être* et *avoir* ;
- les verbes du 1er et du 2e groupes ;
- les verbes irréguliers du 3e groupe : *faire, aller, dire, venir, pouvoir, voir, vouloir, prendre* :
- distinguer temps simples et temps composés ;
- comprendre la notion de participe passé.

Exemples de situations, d'activités et de ressources pour l'élève

- comparaison et tri de verbes à tous les temps simples pour mettre en évidence :
- les régularités des marques de personne (marques terminales) ;
- les régularités des marques de temps (imparfait, futur, passé simple, présent de l'indicatif, présent du conditionnel, présent de l'impératif).

MANUEL DE L'ÉLÈVE
PP. 115-117

CAHIER D'ACTIVITÉS
P. 18

AIDE-MÉMOIRE
Leçons nos 27 et 28 (colonne du futur)

LES CHOIX DE CLÉO

Le futur est un temps régulier du point de vue des terminaisons, mais posant des problèmes de construction notamment pour le premier groupe : le **e** qui précède le **r** n'est pas toujours prononcé à l'oral (*je chanterai* → *je chant'rai*). De plus, par interférence, les élèves ajoutent parfois un **e** alors qu'il n'en faut pas (*je *prenderai*).
Comme pour le présent, la distinction entre les verbes en *-er* et tous les autres verbes permet de proposer une procédure de formation relativement simple et systématique : les verbes en *-er* sont caractérisés par la marque du futur *-er–* intercalée entre le radical et la terminaison. On peut dire aux élèves que le *-er* de l'infinitif est conservé pour former le futur.
Pour les verbes des autres groupes, c'est la lettre *-r–* seule qui est présente dans les formes du futur.
Ainsi s'expliquent les différences entre :
– *je* ***lierai*** → infinitif ***lier,*** 1er groupe et *je* ***lirai*** → infinitif ***lire,*** 3e groupe ;
– *il* ***confiera*** → verbe ***confier,*** 1er groupe et *il* ***confira*** → infinitif ***confire,*** 3e groupe.

Pour commencer

Manuel p. 115 • Cahier d'activités p. 18

Faites trier les formes verbales de l'activité p. 115 (ou cahier d'activités p. 18 : *cf.* ci-dessous).
Procédez à la mise en commun au tableau.

Manuel p. 115

nous jouerons · il sourira · j'oublierai · ils continueront
tu grandiras · elle skiera · tu apprécieras · je remplirai
vous crierez · nous sortirons · ils s'évanouiront · vous lirez

Continue de trier ces formes verbales au futur dans le tableau.

La terminaison contient les lettres -er-	La terminaison contient la lettre -r-
j'oublierai	je
tu	

Cherche l'infinitif de chaque verbe : que remarques-tu ?

Corrigé :

La terminaison contient les lettres -er-	La terminaison contient la lettre -r-
j'oublierai (oublier) nous oublierons (oublier) vous crierez (crier) elle skiera (skier) tu apprécieras (apprécier) ils continueront (continuer)	tu grandiras (grandir) il sourira (sourire) nous sortirons (sortir) ils s'évanouiront (s'évanouir) je remplirai (remplir) vous lirez (lire)

Suscitez les remarques des élèves : « Les verbes de la 1re colonne sont tous des verbes en *-er*, du 1er groupe, ceux de la 2e colonne sont des verbes en *-ir*, *-re* du 2e et du 3e groupes. Quelle conclusion peut-on en tirer ? Les verbes en *-er* "gardent" les lettres de la terminaison *-er* de l'infinitif au futur. Les autres verbes ont seulement un *-r–* ».

Faites conjuguer le verbe *offrir* au futur, à toutes les personnes, puis le verbe *trier*.
Faites observer que même si le **e** ne s'entend pas comme dans *j'oublierai*, *vous crierez*, etc., puisque l'infinitif est en *-er*, il faut penser à l'écrire.

Concluez la séance en faisant conjuguer sur l'ardoise quelques verbes irréguliers :
– *avoir avec je : Demain, j'... 10 ans.*
– *être avec tu : L'an prochain, tu ... en 6ᵉ.*
– *faire avec elle : Demain, elle ... ses devoirs.*
– *aller avec nous : Demain, nous ... à la piscine.*
– *venir avec vous : La semaine prochain, vous ... nous voir.*
– *voir avec ils : Ce soir, ils ... un film.*
Faites remarquer que les terminaisons sont les mêmes que celles du verbe *avoir* au présent.

Pour s'entrainer

Pour les premières séances d'entrainement, faites lire à haute voix les phrases des activités en demandant aux élèves de construire à l'oral les formes verbales correctement conjuguées.
Invitez les élèves à utiliser les tableaux de leur aide-mémoire, leçons nᵒˢ 27 et 28.

À partir de la séance 3 ou 4, donnez à apprendre ou à revoir, successivement, les leçons nᵒˢ 27 et 28 (colonne du futur uniquement).

Consacrez plusieurs séances « 5 minutes chrono » à ces deux temps :
– Conjuguez *partir, voir, faire*, etc. au futur, à toutes les personnes.
– Conjuguez *oublier, plier, trier, jouer, clouer*, etc. au futur avec *je, nous, elles*...

Pour aller plus loin

Corrigé :
a. Que chacun balaie devant sa porte et les rues **seront** nettes.
4. Il faut s'occuper de ses propres problèmes avant de s'occuper de ceux des autres.

b. Le fruit le plus mûr ne vous **tombera** pas dans la bouche.
6. On n'a rien sans efforts.

c. Fais-toi mouton, le loup te **mangera**.
9. Si tu te montres faible devant un adversaire, il en profitera.

d. Qui rit vendredi, dimanche **pleurera**.
5. Il y a des jours heureux et d'autres moins.

d. Écoute avant de parler, et peut-être **verras**-tu qu'il faut te taire.
2. Celui qui parle trop, sans réfléchir, ferait mieux, souvent, de se taire.

e. **Rira** bien, qui **rira** le dernier !
1. Aujourd'hui c'est toi le vainqueur, mais j'aurai ma revanche, un jour !

f. Ceux qui **viendront** les derniers au repas, **dineront** tard, ou ne **dineront** pas.
8. Quand on est en retard, on risque d'avoir moins que les autres, ou rien du tout.

g. Les jeunes gens disent ce qu'ils font, les vieillards ce qu'ils ont fait, et les sots ce qu'ils **feront**.
7. Il n'est pas prudent ni raisonnable de parler trop tôt de ses projets.

h. Qui a bu **boira**.
3. Celui qui un jour a montré une faiblesse retombera tôt ou tard dans cette même faiblesse.

Je reconnais deux compléments de verbe : les COD et les COI

6 À 7 SÉANCES
À RÉPARTIR SUR
6 SEMAINES ENV.

DANS LES PROGRAMMES

Repères de progression CM2
Dans des situations simples, les élèves distinguent les COD et COI.
Ils repèrent la préposition qui introduit le COI.

Identifier les constituants d'une phrase simple
- identifier les constituants d'une phrase simple et les hiérarchiser :
- différencier les compléments : COD, COI, compléments circonstanciels de temps, lieu et cause ;

MANUEL DE L'ÉLÈVE
PP. 118-119

CAHIER D'ACTIVITÉS
P. 19

AIDE-MÉMOIRE
Leçon n° 33

LES CHOIX DE CLÉO

Le complément d'objet indirect se caractérise par le fait qu'il commence par une préposition (**à** ou **de**). Cette préposition s'intercale, en quelque sorte, entre le verbe et le complément, d'où le qualificatif ***indirect*** qui s'applique à complément, et non à objet. Dans cette séquence, nous avons volontairement évité les articles contractés (du, des, au, aux) qui posent un problème particulier et qui seront étudiés en 6e. Toutefois, un aperçu de leur emploi est donné dans la rubrique « Pour aller plus loin ».
Le COD est défini en opposition au COI : c'est un complément du verbe qui ne commence pas par une préposition.
Cette séquence vise à renforcer dans l'esprit des élèves le caractère ***indispensable*** des compléments d'objet.

Pour commencer

Faites observer la situation de l'activité « Pour commencer » p. 118 / cahier d'activités p.19.
Individuellement, les élèves complètent les phrases.
Correction collective au tableau :

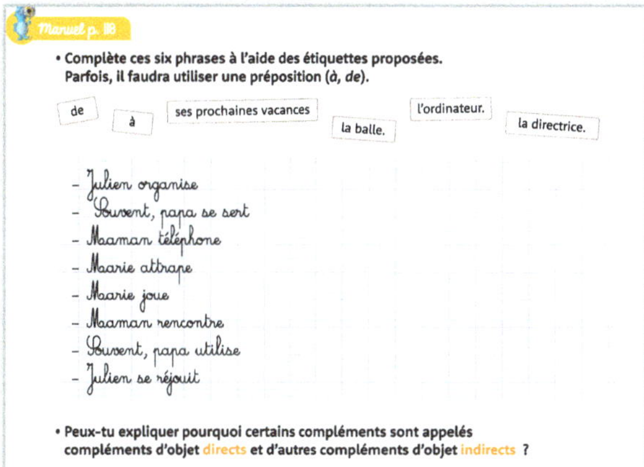
Manuel p. 118
• Complète ces six phrases à l'aide des étiquettes proposées.
Parfois, il faudra utiliser une préposition (*à*, *de*).

de | à | ses prochaines vacances | la balle. | l'ordinateur. | la directrice.

- Julien organise
- Souvent, papa se sert
- Maman téléphone
- Marie attrape
- Marie joue
- Maman rencontre
- Souvent, papa utilise
- Julien se réjouit

• Peux-tu expliquer pourquoi certains compléments sont appelés compléments d'objet directs et d'autres compléments d'objet indirects ?

Julien organise ses prochaines vacances.
Souvent, papa se sert de l'ordinateur.
Maman téléphone à la directrice.
Marie attrape la balle.
Marie joue à la balle.
Maman rencontre la directrice.
Souvent, papa utilise l'ordinateur.
Julien se réjouit de ses prochaines vacances.

Faites repérer les prépositions ***à*** et ***de*** dans les COI au tableau, et demandez aux élèves d'expliquer les mots « direct » et « indirect » dans COD et COI :

*« On parle de complément d'objet **indirect**, parce qu'il y a une préposition (**à** ou **de**) entre le verbe et le complément. Au contraire, il n'y a pas de préposition au début du complément d'objet **direct**. »*
Essayez d'intercaler une préposition dans une phrase à COD, ou au contraire de supprimer la préposition dans une phrase à COI :

Julien organise *de ses prochaines vacances.
Souvent, papa se sert *l'ordinateur.

On s'aperçoit que c'est le verbe qui impose une construction avec ou sans préposition. Faites écrire les abréviations COD, COI, et faites entourez les prépositions.

Concluez en rappelant les caractéristiques des compléments d'objet :

- ils complètent un verbe
- on les appelle également compléments de verbe : les COI commencent par la préposition **à** ou **de** ; les COD ne commencent pas par une préposition.

Pour s'entrainer

Lors des premiers entrainements, traitez collectivement au tableau une ou deux phrases afin de bien modéliser la procédure attendue :

Fatima	se souvient	de ses vacances
S	V	COI

Faites apprendre la leçon 33 de l'aide-mémoire après un ou deux entrainements.

33 Les COD et COI

- Il existe deux sortes de compléments d'objet : les compléments d'objet indirects (COI) et les compléments d'objets direct (COD).
- Les compléments d'objet indirects (COI) commencent par une préposition, à ou de :

  J'écris à mon grand-père. (COI) Je rêve de soleil. (COI)
- Les compléments d'objet direct (COD) ne commencent pas par une préposition :

  Je dessine mon grand-père. (COD) J'adore le soleil. (COD)

Pour aller plus loin

L'activité proposée fait découvrir le fonctionnement des articles contractés **au**, **aux**, **du** et **des** qui « contiennent » les prépositions **à** ou **de**.

Pour aller plus loin

Le savais-tu ?

Je joue à la balle. / aux cartes. / au foot.
L'article aux remplace deux mots : à + les.
L'article au remplace deux mots, lesquels ?

La souris se méfie de la chouette. / du hibou. / des hiboux.
L'article du remplace deux mots : de + le.
Ici, l'article des remplace deux mots, de + les

- **Lis les phrases suivantes, et classe-les en deux catégories : phrases avec COD et phrases avec COI.**

Fais attention aux articles comme **au** ou **des** !

- J'écris au directeur.
- Je rencontre le directeur.
- J'écris à la directrice.
- Je rencontre la directrice.
- Ce paysage me fait penser à l'Espagne.
- Ce paysage me rappelle l'Italie.
- Ce paysage me fait penser aux Etats-Unis.
- Ce paysage me rappelle les Pyrénées.
- Je joue de la guitare.
- Je joue du violon.
- Je joue des cymbales.
- Mon grand-père raconte sa jeunesse.
- Mon grand-père parle du bon vieux temps.
- Mon grand-père parle des enfants.
- Mon grand-père parle de sa jeunesse.

Je distingue les compléments du verbe, du nom, de phrase

4 À 5 SÉANCES
À RÉPARTIR SUR 1 MOIS ENV.

DANS LES PROGRAMMES

Connaissances et compétences associées

Identifier les constituants d'une phrase simple en relation avec sa cohérence sémantique.

- Mise en évidence des groupes syntaxiques : le sujet de la phrase (un groupe nominal, un pronom, une subordonnée) ; le prédicat de la phrase, c'est-à-dire ce qu'on dit du sujet (très souvent un groupe verbal formé du verbe et des compléments du verbe s'il en a) ; le complément de phrase (un groupe nominal, un groupe prépositionnel, un adverbe ou un groupe adverbial, une subordonnée).
- Au sein du groupe nominal, ils identifient le complément du nom.

Exemples de situations, d'activités et de ressources pour l'élève

- Observation et analyse de l'ordre des mots et des groupes syntaxiques.
- Repérage de groupes nominaux en position de compléments et caractérisation par des opérations de suppression, déplacement en début de phrase, pronominalisation (distinction compléments de verbe / compléments de phrase).

MANUEL DE L'ÉLÈVE **PP. 120-121**

CAHIER D'ACTIVITÉS **P. 19**

AIDE-MÉMOIRE **Leçons n°s 31, 32, 33, 35**

LES CHOIX DE CLÉO

Nous privilégions dans cette séquence une approche comparative et contrastive : qu'est-ce qui différencie compléments du verbe, compléments du nom et compléments de phrase ?
Nous avons mis en avant deux caractéristiques qui relèvent de la dimension syntaxique (le complément de phrase n'est pas indispensable, il est mobile dans la phrase) et une troisième, qui relève de la dimension sémantique (le complément de phrase apporte généralement un complément d'information portant sur la phrase dans son entier, alors que le complément du verbe complète le verbe). Leur « zone d'influence » est différente.
Comparez :

Le maitre pense à la rentrée. À la rentrée, j'irai dans une autre école.
CdV CdPh

Le complément du nom, quant à lui, partage souvent avec le COI une structure identique (préposition + GN). La procédure la plus simple pour les distinguer consiste à repérer la classe grammaticale du mot qui les précède :
– *la **fête** de l'école → complément du nom ;*
– *ils **sortent** de l'école → complément du verbe.*

Dans la continuité de C.L.É.O. CE2 et CM1, cette séquence entraine les diverses procédures en faisant utiliser des groupes nominaux semblables (ou très similaires) dans des fonctions différentes.

Pour commencer Manuel p. 120 • Cahier d'activités p. 19

1 Faites lire la consigne de l'activité « Pour commencer » p. 120.

Pour commencer

a. Place les compléments encadrés dans les phrases suivantes.
Y a-t-il plusieurs emplacements possibles ?

la nuit → En été, j'apprécie la fraicheur
de la nuit → Les hiboux se mettent en chasse
la nuit → Leur hululement déchire

un balcon → Mon ancien appartement avait
du balcon → Je peux voir la tour Eiffel
du balcon → Il faut que je repeigne la balustrade
du balcon → Dès que j'aurai fini de balayer le salon, je m'occuperai

b. Observe les trois phrases ci-dessous.

J'ai décoré mon sapin de Noël. Léa et Noé rêvent de Noël.

À Noël, les magasins sont fermés.

- **Observe les flèches, puis explique ce qu'elles signifient.**
  Comment reconnais-tu un complément du nom ? un complément d'objet (ou complément de verbe) ? un complément circonstanciel (ou complément de phrase) ?
- **Dans les phrases ci-dessus, indique si les compléments encadrés sont des compléments du nom, des compléments d'objet ou des compléments circonstanciels.**

Individuellement ou par groupes, les élèves placent les compléments proposés dans les phrases (point b.). Lors de la mise en commun, écrivez les phrases complétées, en précisant celles pour lesquelles il y a plusieurs emplacements possibles :

Corrigé :
En été, j'apprécie la fraicheur **de la nuit**.
La nuit, les hiboux se mettent en chasse. / Les hiboux se mettent en chasse **la nuit**.
Leur hululement déchire **la nuit**.

Mon ancien appartement avait **un balcon**.
Du balcon, je peux voir la Tour Eiffel. / Je peux voir la Tour Eiffel **du balcon**.
Il faut que je repeigne la balustrade **du balcon**.
Dès que j'aurai fini de balayer le salon, je m'occuperai **du balcon**.

2 Collectivement, faites observer les trois phrases comprenant des compléments et des flèches. Faites expliquer que les flèches symbolisent la partie de la phrase qui est complétée par le complément :

- parfois, c'est un nom qui est complété : J'ai décoré mon sapin de Noël.
- parfois, c'est le verbe : Léa et Noé rêvent de Noël.
- parfois, c'est la phrase entière : À Noël, les magasins sont fermés.

Explicitez clairement chaque dénomination de complément : quand un complément complète un nom, on l'appelle complément du nom. Etc.
Sur le cahier d'essais, les élèves soulignent les compléments des phrases de l'activité *a* et relient ce complément au nom, au verbe ou à la phrase qu'ils complètent.

Exemple :
En été, j'apprécie la fraicheur de la nuit.

La nuit, les hiboux se mettent en chasse.

Leur hululement déchire la nuit.

Collectivement, corrigez ce travail en prenant le temps de bien analyser chaque complément avec vos élèves:

• Dans la première phrase, ***de la nuit*** complète le nom ***fraicheur***. Ce n'est pas la fraicheur ***du soir***, ou ***du matin***, mais ***de la nuit***. Le mot qui est précisé, c'est fraicheur, c'est un nom : ***de la nuit*** est donc un **complément du nom**.

• Dans la deuxième phrase, ***la nuit*** complète toute la phrase : les hiboux ne se mettent pas en chasse ***à l'aube***, ou ***au crépuscule***, mais ***la nuit***. Cette information complète toute la phrase, la nuit est donc un **complément de phrase** ou **complément circonstanciel**.

• Dans la troisième phrase, la nuit complète le sens du verbe ***déchire***. Leur hululement aurait pu déchirer le silence, ou le calme de la forêt, mais ici on apprend qu'il déchire ***la nuit*** : cette information complète le sens du verbe, c'est donc un **complément du verbe**, ou **complément d'objet**.

Procédez de même pour les autres phrases.

Enfin, relisez avec les élèves les leçons de l'aide-mémoire n°s 31, 32, 33 et 35.

Pour s'entrainer

Les activités proposées reprennent le format de l'activité « Pour commencer ».

Lors des premiers entrainements, vous pouvez prévoir une phase orale où les compléments seront construits oralement. On testera la faculté de ces compléments à être déplacés dans la phrase.

À partir de la séance 2, donnez à apprendre, successivement, les leçons n°s 31, 32, 33 et 35.

Pour aller plus loin

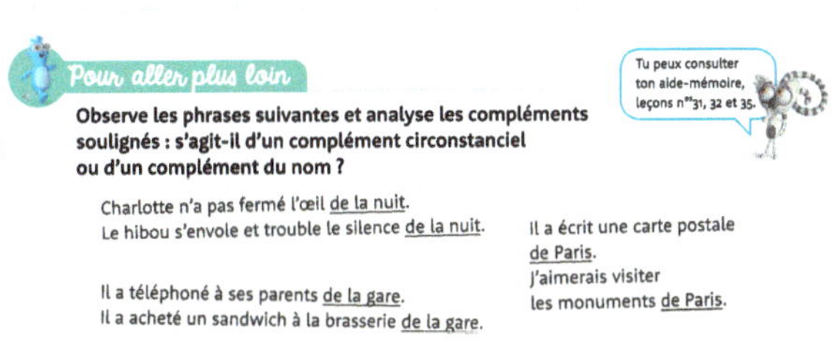
Pour aller plus loin

Observe les phrases suivantes et analyse les compléments soulignés : s'agit-il d'un complément circonstanciel ou d'un complément du nom ?

Tu peux consulter ton aide-mémoire, leçons n°s 31, 32 et 35.

Charlotte n'a pas fermé l'œil de la nuit.
Le hibou s'envole et trouble le silence de la nuit.

Il a téléphoné à ses parents de la gare.
Il a acheté un sandwich à la brasserie de la gare.

Il a écrit une carte postale de Paris.
J'aimerais visiter les monuments de Paris.

Corrigé :

Charlotte n'a pas fermé l'œil de la nuit. → CC
Le hibou s'envole et trouble le silence de la nuit. → CdN

Il a acheté un sandwich à la brasserie de la gare. → CdN
Il a téléphoné à ses parents de la gare. → CC

Il a écrit une carte postale de Paris. → CC
J'aimerais visiter les monuments de Paris. → CdN

Je manipule des phrases simples et des phrases complexes

4 À 5 SÉANCES
À RÉPARTIR SUR UN MOIS ENV.

DANS LES PROGRAMMES

Repères de progression CM2
Les élèves distinguent phrase simple et phrase complexe à partir du repérage des verbes conjugués.

Connaissances et compétences associées
Se repérer dans la phrase complexe
- différencier phrase simple et phrase complexe à partir de la notion de proposition ;
- repérer les différents modes d'articulation des propositions au sein de la phrase complexe : notions de juxtaposition, coordination, subordination ;
- comprendre les différences entre l'usage de la conjonction de coordination et l'usage de la conjonction de subordination.

MANUEL DE L'ÉLÈVE
PP. 122-123

AIDE-MÉMOIRE
Leçon n° 44

CAHIER D'ACTIVITÉS
P. 20

LES CHOIX DE CLÉO

Au cours d'une séquence précédente consacrée aux mots de liaison, nous avons préparé les élèves à la notion de coordination.
Dans ce chapitre, les élèves vont découvrir la distinction phrase simple / phrase complexe. C'est en 6e que les notions de juxtaposition / coordination / subordination seront abordées.

Pour commencer

Manuel p. 122 • Cahier d'activités p. 20

a. Demandez aux élèves de rappeler ce qu'ils savent sur les mots de liaison : ce sont des mots invariables, qui permettent de relier des mots, ou des segments de phrases.
Faites la liste au tableau des conjonctions de coordination (*mais, ou, ni, car, et, donc, or*) et de quelques adverbes de liaison (*pourtant, en effet, par conséquent, cependant*, etc.).

Faites découvrir l'activité « pour commencer » p.122 (p. 20 du cahier d'activités).

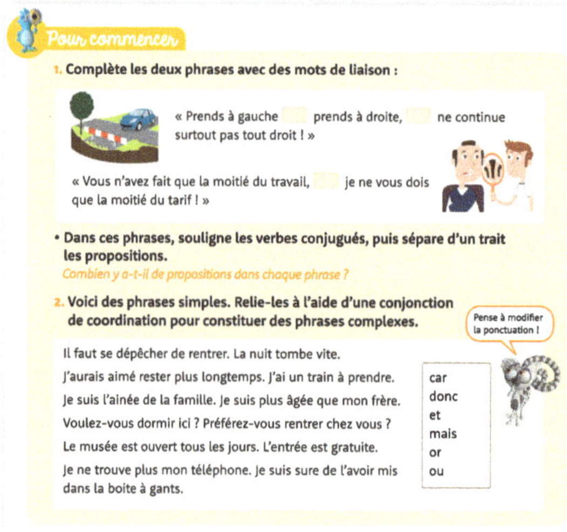
Pour commencer

1. Complète les deux phrases avec des mots de liaison :

« Prends à gauche ___ prends à droite, ___ ne continue surtout pas tout droit ! »

« Vous n'avez fait que la moitié du travail, ___ je ne vous dois que la moitié du tarif ! »

• Dans ces phrases, souligne les verbes conjugués, puis sépare d'un trait les propositions.
Combien y a-t-il de propositions dans chaque phrase ?

2. Voici des phrases simples. Relie-les à l'aide d'une conjonction de coordination pour constituer des phrases complexes.

Pense à modifier la ponctuation !

Il faut se dépêcher de rentrer. La nuit tombe vite.
J'aurais aimé rester plus longtemps. J'ai un train à prendre.
Je suis l'ainée de la famille. Je suis plus âgée que mon frère.
Voulez-vous dormir ici ? Préférez-vous rentrer chez vous ?
Le musée est ouvert tous les jours. L'entrée est gratuite.
Je ne trouve plus mon téléphone. Je suis sure de l'avoir mis dans la boite à gants.

car
donc
et
mais
or
ou

Faites compléter les deux premières phrases avec des mots de liaison :

Prends à gauche **ou** prends à droite, **mais** ne continue surtout pas tout droit !

Vous n'avez fait que la moitié du travail, **donc** je ne vous dois que la moitié du tarif !

Lors d'une mise en commun, écrivez les phrases complétées au tableau, en vous arrangeant pour qu'elles tiennent sur une seule ligne.
Faites rechercher et souligner les verbes conjugués de ces deux phrases.
Séparez d'un trait vertical les propositions et expliquez aux élèves qu'une « partie de phrase » comprenant un verbe conjugué s'appelle une **proposition**.

Délimitez ensuite les propositions comme ci-dessous :

Prends à gauche | ou prends à droite, | **mais** ne continue surtout pas tout droit !
Proposition 1 Proposition 2 Proposition 3

Vous n'avez fait que la moitié du travail, | **donc** je ne vous dois que la moitié du tarif !
Proposition 1 Proposition 2

Faites ensuite transformer les phrases complexes en phrases simples, en modifiant la ponctuation et en supprimant les conjonctions de coordination :

Prends à gauche ! Prends à droite ! Ne continue surtout pas tout droit !

Vous n'avez fait que la moitié du travail. Je ne vous dois que la moitié du tarif !

b. Individuellement, les élèves transforment chaque paire de phrases simples en une phrase complexe, en modifiant la ponctuation et en ajoutant une des conjonctions de coordination proposées dans l'encadré.
(NB : la conjonction de coordination **ni** est absente, car elle ne permet pas de relier deux propositions.)

Il faut se dépêcher de rentrer **car** la nuit tombe vite.
J'aurais aimé rester plus longtemps avec vous, **mais** j'ai un train à prendre.
Je suis plus âgée que mon frère, **donc** je suis l'aînée de la famille.
Voulez-vous dormir ici **ou** préférez-vous rentrer chez vous ?
Le musée ouvre à 10 heures du matin **et** l'entrée est gratuite.
Je ne trouve plus mon téléphone ; **or**, je suis sûre de l'avoir mis dans la boîte à gants.

Commentez avec vos élèves la signification de chacune des conjonctions. La conjonction ***or***, peu courante, a un sens assez proche de ***pourtant***.

Concluez cette séance en relisant ensemble la leçon n° 44 de l'aide-mémoire..

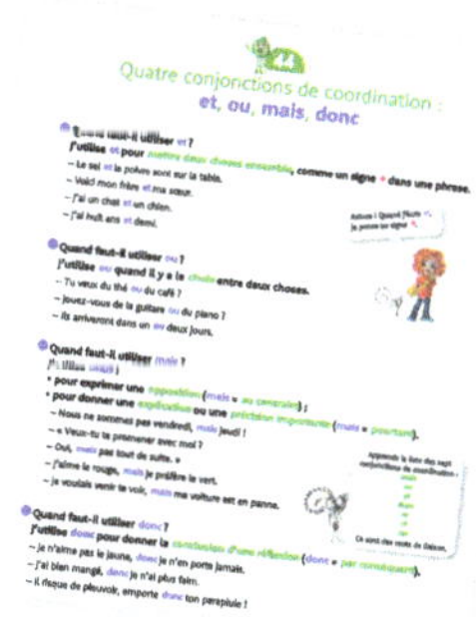

Pour s'entrainer

Ces activités d'entrainement sont longues et complexes, car elles se déclinent en plusieurs tâches successives.
Lors des premières séances, prenez le temps de traiter avec vos élèves une phrase ou deux au tableau, en insistant sur la succession des étapes de travail telles qu'elles sont indiquées dans la consigne.

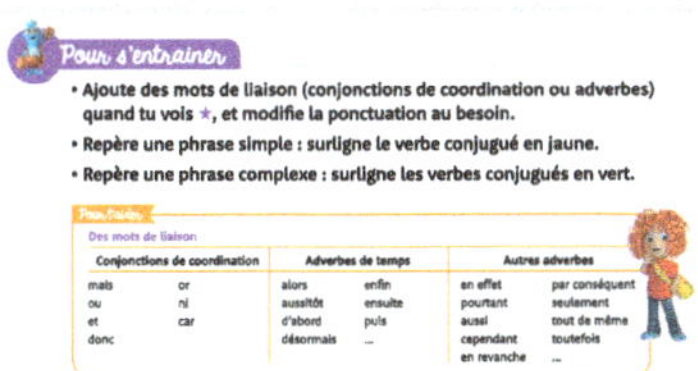

Pour s'entrainer

- Ajoute des mots de liaison (conjonctions de coordination ou adverbes) quand tu vois ★, et modifie la ponctuation au besoin.
- Repère une phrase simple : surligne le verbe conjugué en jaune.
- Repère une phrase complexe : surligne les verbes conjugués en vert.

Des mots de liaison

Conjonctions de coordination		Adverbes de temps		Autres adverbes	
mais	or	alors	enfin	en effet	par conséquent
ou	ni	aussitôt	ensuite	pourtant	seulement
et	car	d'abord	puis	aussi	tout de même
donc		désormais	...	cependant	toutefois
				en revanche	...

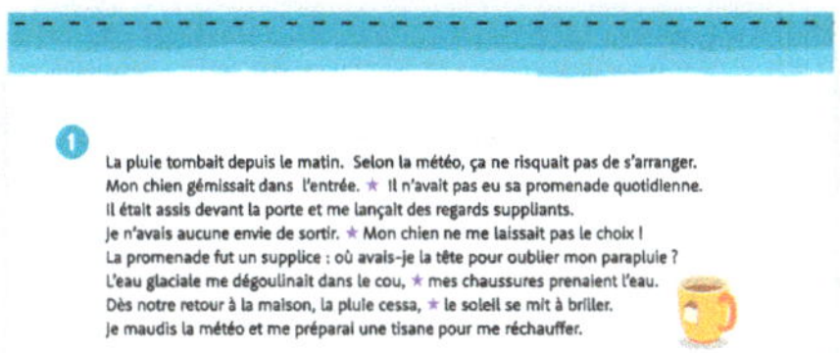

1 La pluie tombait depuis le matin. Selon la météo, ça ne risquait pas de s'arranger.
Mon chien gémissait dans l'entrée. ★ Il n'avait pas eu sa promenade quotidienne.
Il était assis devant la porte et me lançait des regards suppliants.
Je n'avais aucune envie de sortir. ★ Mon chien ne me laissait pas le choix !
La promenade fut un supplice : où avais-je la tête pour oublier mon parapluie ?
L'eau glaciale me dégoulinait dans le cou, ★ mes chaussures prenaient l'eau.
Dès notre retour à la maison, la pluie cessa, ★ le soleil se mit à briller.
Je maudis la météo et me préparai une tisane pour me réchauffer.

Je conjugue les verbes à l'imparfait et au passé simple

5 À 6 SÉANCES À RÉPARTIR SUR SIX SEMAINES ENV.

DANS LES PROGRAMMES

Repères de progression CM2
En plus des temps déjà appris, les élèves mémorisent, **au cours de l'année**, le passé simple et le plus-que-parfait pour :
- *être* et *avoir* ;
- les verbes du 1er et du 2e groupes ;
- les verbes irréguliers du 3e groupe : *faire, aller, dire, venir, pouvoir, voir, vouloir, prendre.*

Ils identifient les marques de temps du passé simple.

Connaissances et compétences associées
Acquérir l'orthographe grammaticale
- connaitre les régularités des marques de temps et de personne ;
- mémoriser: le présent, l'imparfait, le futur, le passé simple, le passé composé, le plus-que-parfait de l'indicatif, le conditionnel présent et l'impératif présent pour :
- *être* et *avoir* ;
- les verbes du 1er et du 2e groupes ;
- les verbes irréguliers du 3e groupe : *faire, aller, dire, venir, pouvoir, voir, vouloir, prendre.*
- distinguer temps simples et temps composés ;
- comprendre la notion de participe passé.

Exemples de situations, d'activités et de ressources pour l'élève
- comparaison et tri de verbes à tous les temps simples pour mettre en évidence :
- les régularités des marques de personne (marques terminales) ;
- les régularités des marques de temps (imparfait, futur, passé simple, présent de l'indicatif, présent du conditionnel, présent de l'impératif).

MANUEL DE L'ÉLÈVE
PP. 124-126

AIDE-MÉMOIRE
Leçons n°s 22, 26, 28 (colonnes de l'imparfait et du passé simple)

CAHIER D'ACTIVITÉS
P. 21

SITE COMPAGNON
- AFFICHE N° 16

CD-ROM
- AFFICHE N° 16
- ACTIVITÉ D'ENTRAINEMENT SUPPLÉMENTAIRE

LES CHOIX DE CLÉO

Comme pour le précédent chapitre consacré au système des temps du passé, nous avons fait le choix de ne pas compartimenter artificiellement l'étude du passé simple : ce temps est donc envisagé dans son environnement naturel, conjointement avec l'imparfait dont l'usage est indissociable. (Pour un rappel sur le système des temps du récit, voir encadré p. 173.)
Les 1re et 2e personnes, au singulier comme au pluriel, sont très peu usitées dans le français contemporain. Nous n'avons introduit leur usage que dans l'activité « Pour aller plus loin ».

Pour commencer

Manuel p. 124
Cahier d'activités p. 21

1 Faites lire à haute voix, puis comparer, les deux premiers textes de la rubrique « Pour commencer » p. 124 du manuel. Faites souligner les verbes sur leur cahier d'activités (p. 21).

Le texte de droite évoque une situation unique, (*cf.* « ce matin-là ») une succession d'actions qui ne se sont produites qu'une fois, dans le passé → emploi du passé simple.
Le texte de gauche évoque une succession d'actions ayant un caractère habituel, répétitif (*cf.* « tous les matins »), dans le passé → emploi de l'imparfait.

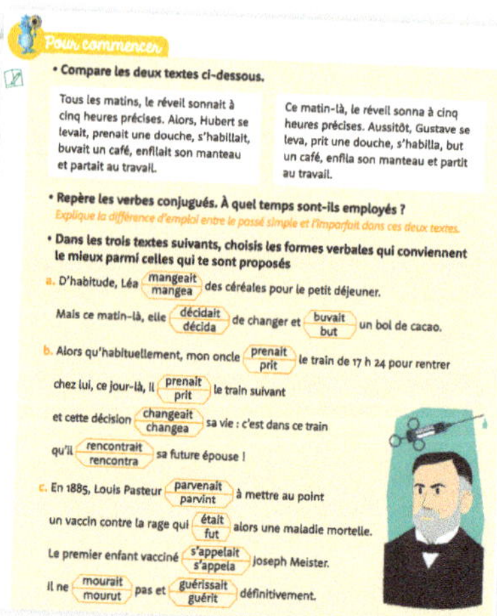
Pour commencer

• Compare les deux textes ci-dessous.

Tous les matins, le réveil sonnait à cinq heures précises. Alors, Hubert se levait, prenait une douche, s'habillait, buvait un café, enfilait son manteau et partait au travail.

Ce matin-là, le réveil sonna à cinq heures précises. Aussitôt, Gustave se leva, prit une douche, s'habilla, but un café, enfila son manteau et partit au travail.

• Repère les verbes conjugués. À quel temps sont-ils employés ?
Explique la différence d'emploi entre le passé simple et l'imparfait dans ces deux textes.

• Dans les trois textes suivants, choisis les formes verbales qui conviennent le mieux parmi celles qui te sont proposés

a. D'habitude, Léa (mangeait / mangea) des céréales pour le petit déjeuner.
Mais ce matin-là, elle (décidait / décida) de changer et (buvait / but) un bol de cacao.

b. Alors qu'habituellement, mon oncle (prenait / prit) le train de 17 h 24 pour rentrer chez lui, ce jour-là, il (prenait / prit) le train suivant et cette décision (changeait / changea) sa vie : c'est dans ce train qu'il (rencontrait / rencontra) sa future épouse !

c. En 1885, Louis Pasteur (parvenait / parvint) à mettre au point un vaccin contre la rage qui (était / fut) alors une maladie mortelle. Le premier enfant vacciné (s'appelait / s'appela) Joseph Meister. Il ne (mourait / mourut) pas et (guérissait / guérit) définitivement.

Faites observer à vos élèves la variété des terminaisons du passé simple à la 3e personne du singulier (*-a*, *-it*, *-ut*), à comparer avec l'unique terminaison de l'imparfait (*-ait*).

2 Demandez ensuite à vos élèves de lire les textes a., b. et c., puis de choisir les formes conjuguées qui conviennent sur leur cahier d'activités.
Lors de la mise en commun, commentez les usages contrastés des deux temps :
- dans les textes a. et b. : opposition entre habitude, répétition (*D'habitude, Léa **mangeait** des céréales*) et caractère unique, exceptionnel (*elle **décida** de changer*).
- dans le texte c. : opposition entre un état de fait qui dure (*la rage **était** une maladie mortelle*) et un évènement ponctuel (*il **guérit** définitivement*)

Testez avec vos élèves l'effet que produit l'utilisation d'un temps qui ne convient pas sur quelques extraits, par exemple :
- *Alors qu'habituellement mon oncle *prit le train de 17 h 21… : contradiction entre* habituellement *et* prit.
- *Joseph Meister *guérissait définitivement : contradiction entre* guérissait *et* définitivement.

Faites ensuite compléter le tableau situé en bas de la page (sur le cahier d'activités) :

Terminaisons	-a / -èrent	-it / -irent	-ut / -urent	-int / -inrent
Verbes	elle décida, v. décider elle changea, v. changer il rencontra, v. rencontrer	il prit, v. prendre il guérit, v. guérir	il mourut, v. mourir	il parvint, v. parvenir

Faites observer les infinitifs :
- verbes du 1er groupe → *-a/-èrent* au passé simple
- verbes du 2e groupe et certains verbes du 3e groupe → *-it/-irent* au passé simple
- certains verbes du 3e groupe → *-ut/-urent* au passé simple
- verbes *venir*, *tenir* et dérivés → *-int /-inrent* au passé simple

Proposez quelques autres verbes à l'infinitif, que les élèves conjugueront au passé simple à la 3e personne du singulier et du pluriel, et ajouteront dans les cases du tableau : *chanter / grandir / boire / se souvenir / mentir / avoir / être*.
Concluez la séance en lisant les leçons nos 22, 26, 28 (colonnes de l'imparfait et du passé simple) de l'aide-mémoire et présentez l'affiche n° 16.

affiche n° 16

Pour s'entraîner

Avant l'activité individuelle écrite, vous pouvez demander à vos élèves de lire à haute voix le texte : cette préparation permet de prendre connaissance du texte dans sa globalité avant de se focaliser sur les verbes conjugués. Ce passage par l'oral facilite également, pour beaucoup d'élèves, la recherche des formes verbales attendues.

Pour aller plus loin

Corrigé :
Nos vacances en Afrique **furent** une véritable aventure.
D'abord nous **rencontrâmes** un troupeau d'hippopotames
Le lendemain, nous **vîmes** des singes à la cime des arbres les plus hauts.
Plein de photos aussitôt nous **prîmes**, absolument sublimes !
Ensuite nous **courûmes** dans la brume à la recherche de gorilles en famille.
Nous les **rencontrâmes** au son des tamtams.
Nous **découvrîmes** des espèces rarissimes
– Est-il vrai que vous **fîtes** des découvertes insolites ?
On dit que vous **rencontrâtes** des petits babouins acrobates, et que vous **aperçûtes** des macaques hirsutes…
– C'est exact, ma chère,
Ces singes nous **stupéfièrent** !
Avant de rentrer, nous nous **plûmes** à ramasser quelques plumes d'autruches magnifiques.
Vraiment, vive l'Afrique !

Je conjugue les verbes à l'imparfait et au plus-que-parfait

6 À 7 SÉANCES À RÉPARTIR SUR UN MOIS ENV.

DANS LES PROGRAMMES

Repères de progression CM2
En plus des temps déjà appris, les élèves mémorisent, au cours de l'année, le passé simple et le plus-que-parfait pour :
- *être* et *avoir* ;
- les verbes du 1er et du 2e groupes ;
- les verbes irréguliers du 3e groupe : *faire, aller, dire, venir, pouvoir, voir, vouloir, prendre.*

Connaissances et compétences associées
Acquérir l'orthographe grammaticale
- mémoriser: le présent, l'imparfait, le futur, le passé simple, le passé composé, le plus-que-parfait de l'indicatif, le conditionnel présent et l'impératif présent pour :
- *être* et *avoir* ;
- les verbes du 1er et du 2e groupes ;
- les verbes irréguliers du 3e groupe : *faire, aller, dire, venir, pouvoir, voir, vouloir, prendre.*
- distinguer temps simples et temps composés.

Exemples de situations, d'activités et d'outils pour l'élève
- comprendre la notion de participe passé.
- comparaison et tri de verbes à tous les temps simples pour mettre en évidence :
- les régularités des marques de personne (marques terminales) ;
- les régularités des marques de temps (imparfait, futur, passé simple, présent de l'indicatif, présent du conditionnel, présent de l'impératif) ;
- l'assemblage des temps composés.

MANUEL DE L'ÉLÈVE **PP. 127-129**
AIDE-MÉMOIRE **Leçons nos 22 et 25**
CAHIER D'ACTIVITÉS **P. 22**

LES CHOIX DE CLÉO

Le plus-que-parfait vient compléter le système des temps du passé, permettant de signifier l'antériorité d'un fait passé par rapport à un autre fait passé. On le trouve donc en compagnie :
- soit de l'imparfait et du passé composé :

Il y **avait** ce soir-là un épais brouillard. J'**ai évité** de peu le semi-remorque qui s'**était immobilisé** au milieu de la route.

• soit de l'imparfait et du passé simple :
Comme il **neigeait** depuis la veille au soir. Lise s'**était levée** plus tôt que d'habitude. Malgré ses précautions, elle **arriva** en retard à son travail.
Les autres emplois de ce temps (notamment dans le style indirect, dans les subordonnées conditionnelles) seront étudiés au collège.

Pour commencer

Manuel p. 127 • Cahier d'activités p. 22

Faites découvrir l'activité p.127 (ou p.22 du cahier d'activités) et demandez aux élèves de repérer les verbes conjugués, puis de compléter l'axe des temps pour les phrases **a.** à **d.** (travail individuel ou en groupes). Écrivez les quatre phrases au tableau et reproduisez sous chacune d'elles l'axe des temps, et demandez aux élèves d'indiquer où ils ont placé les flèches :
a. La neige a fondu, on voit les premières primevères.

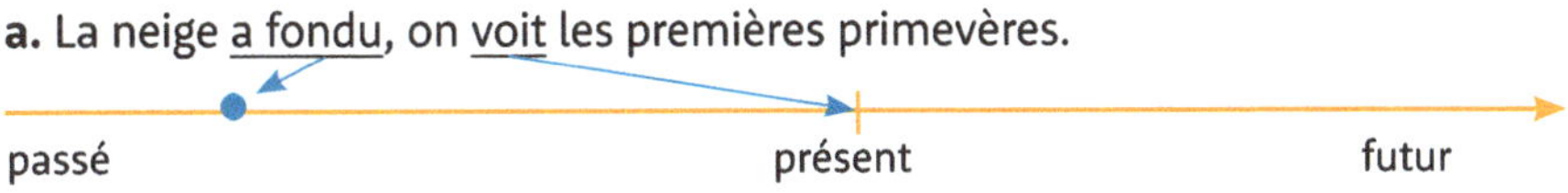

Les élèves remarqueront que, dans les phrases **a.** et **c.**, un des deux verbes est au présent, alors que dans les phrases **b.** et **d.**, tous les faits évoqués renvoient au passé, certains étant antérieurs aux autres.
Analysez les verbes conjugués à un temps composé, faites préciser comment ils sont formés : on utilise avoir, mais à l'imparfait et non au présent, suivi d'un participe passé.
Pointez les différences et les ressemblances entre le passé composé et le plus-que-parfait, et faites transposez les phrases **a.** et **c.** au passé, en employant l'imparfait et le plus-que-parfait. Observez les modifications qui en découlent sur l'axe des temps.
Après une correction collective, faites conjuguer au plus-que-parfait (sur ardoise ou cahier d'essais) quelques verbes donnés soit au passé composé, soit à l'infinitif :

ils ont chanté → ils avaient chanté
finir → j'avais fini
elle a couru → elle avait couru
prendre → vous aviez pris
chanter → ils avaient chanté

Concluez la séance en lisant la leçon 25 de l'aide-mémoire.

25
Le plus-que-parfait

Le plus-que-parfait est un autre temps du passé. Il ressemble au passé composé sauf que l'auxiliaire est conjugué à l'imparfait.

sujet	avoir	participe passé	sujet	avoir	participe passé
j'	avais	marché	nous	avions	ouvert
tu	avais	réfléchi	vous	aviez	compris
il, elle, on	avait	couru	ils, elles	avaient	chanté

Pour s'entrainer

Pour les premières séances d'entrainement, faites lire à haute voix le texte des activités en demandant aux élèves de construire à l'oral les formes verbales correctement conjuguées.

Invitez les élèves à utiliser leur aide-mémoire, leçons 22 et 25.
NB : La question de l'accord du participe passé sera travaillée en détail plus tard dans l'année. Dans cette séquence, renvoyez les élèves qui s'interrogeraient sur cet accord aux deux phrases situées sous les tableaux du passé composé, leçon 24 de l'aide-mémoire :
Avec l'auxiliaire avoir, le participe passé ne s'accorde jamais avec le sujet !
Avec l'auxiliaire être, le participe passé s'accorde toujours avec le sujet !
Les erreurs d'accord ne seront pas sanctionnées pour l'instant dans l'évaluation des performances des élèves.
Après deux ou trois entrainements, donnez à apprendre la leçon 25.
Consacrez plusieurs séances « 5 minutes chrono » au plus-que-parfait :
– Conjuguez *dormir*, *voir*, *faire*, etc., au plus-que-parfait, à toutes les personnes.
– Conjuguez *marcher*, *tomber*, *naitre*, etc. d'abord au passé composé, à la 2e personne du pluriel, puis au plus-que-parfait.

Pour aller plus loin

Corrigé :
Charlotte et Valentin discutaient d'un film qu'ils **avaient vu** la veille.
Malgré ses efforts, Sarah ne **parvenait** pas à fi nir le livre qu'elle **avait commencé**.
Les deux enfants **avaient préparé** eux-mêmes la glace qu'ils **dégustaient** dans la cuisine.
Les graines qu'il **avait semées** deux semaines plus tôt **sortaient** enfin de terre.
Depuis une heure, ils **cherchaient** la clé de la voiture que Manuel **avait perdue** sur la plage.
Après leur mariage, mes parents **s'étaient installés** dans une vieille maison qu'ils **rénovaient** petit à petit.

Je révise toutes les fonctions grammaticales

6 À 7 SÉANCES
À RÉPARTIR SUR
6 SEMAINES ENV.

DANS LES PROGRAMMES

Repères de progression CM2
Dans des situations simples, les élèves distinguent les COD et COI. Ils repèrent la préposition qui introduit le COI ; ils distinguent un COI d'un CC introduit également par une préposition (*il parle à sa soeur/il s'endort à 20 h*)
Ils identifient les CC de temps, lieu et cause.
Ils identifient le sujet, même quand il est inversé.
Au sein du groupe nominal, ils identifient le complément du nom et l'épithète. Ils identifient l'attribut du sujet.

Connaissances et compétences associées

Identifier les constituants d'une phrase simple en relation avec sa cohérence sémantique.
- comprendre et maitriser les notions de nature (ou classe grammaticale) et fonction ;
- identifier les constituants d'une phrase simple et les hiérarchiser :
- approfondir la connaissance du sujet (sujet composé de plusieurs noms ou groupes nominaux, sujet inversé) ;
- différencier les compléments : COD, COI, compléments circonstanciels de temps, lieu et cause ;
- identifier l'attribut du sujet.
- analyser le groupe nominal : notions d'épithète et de complément du nom.

Exemples de situations, d'activités et de ress ources pour l'élève
- construction de phrases : amplification et réduction d'une phrase ;
- création et analyse de phrases grammaticalement correctes.
- observation et analyse de l'ordre des mots et des groupes syntaxiques.
- repérage de groupes nominaux en position de compléments et caractérisation par des opérations de suppression, déplacement en début de phrase, pronominalisation (distinction complément d'objet / complément circonstanciel).
- analyse logique de phrases simples.

MANUEL DE L'ÉLÈVE
PP. 130-131

AIDE-MÉMOIRE
Leçons n°s 29 à 35

CD-ROM
● ACTIVITÉ D'ENTRAINEMENT SUPPLÉMENTAIRE

SITE COMPAGNON
● ACTIVITÉ D'ENTRAINEMENT SUPPLÉMENTAIRE

CAHIER D'ACTIVITÉS
P. 23

LES CHOIX DE CLÉO

Dans cette séquence de révision, les élèves vont être amenés à déterminer la fonction de groupes nominaux comportant un nom identique d'une phrase à l'autre. Cette tâche doit permettre de mieux dissocier la **classe grammaticale** (ici, il s'agira toujours d'un nom commun) et la **fonction** que ce nom, inséré dans un groupe nominal, peut assurer.

Pour commencer

Manuel p. 130 • Cahier d'activités p. 23

Faites lire les six phrases de l'activité p. 130 du manuel (p. 23 du cahier d'activités) : les élèves remarquent que le nom ***café*** apparait dans toutes les phrases, parfois avec le sens de boisson, parfois avec celui de *débit de boisson*.

Pour commencer

• Indique la fonction grammaticale du groupe nominal en couleur.

Les touristes s'installent à la terrasse du café.
Le café n'ouvrira pas avant une heure.
Dans ce café, il n'y a plus une place de libre.
Au petit déjeuner, la boisson préférée des français reste le café.
Débarrasse la table, je m'occupe de ton café.
Mathias a bu un café avant de partir.

CdN S COD
AdS CC
COI

• Puis complète le tableau ci-dessous.

	S	COD	COI	CdN	CC	AdS
Complète un nom.				✔		
Complète un verbe.						
Complète une phrase.						
Peut être déplacé dans la phrase.						
Peut être supprimé dans la phrase.						
Peut être remplacé par un pronom.						
Suit un verbe d'état.						
Précise une caractéristique du sujet.						
Indique de qui ou de quoi il est question dans la phrase.						
Commande l'accord du verbe.						

Faites également rappeler la signification des abréviations listées à droite.
Demandez aux élèves d'indiquer la fonction grammaticale des GN en gras et en couleur, sur leur cahier d'activités.

Corrigé :
Les touristes s'installent à la terrasse **du café**. → CdN
Le café n'ouvrira pas avant une heure. → S
Dans ce café, il n'y a plus une place de libre. → CCL
Au petit déjeuner, la boisson préférée des français reste **le café**. → AdS
Débarrasse la table, je m'occupe **du café**. → COI
Mathias a bu **un café** avant de partir. → COD

Les élèves doivent être en mesure de justifier l'analyse qu'ils ont faite de ces GN. Au besoin, consultez les leçons de l'aide-mémoire.
Individuellement ou par groupes, les élèves complètent le tableau de synthèse proposé sur leur cahier d'activités (p. 23).
Corrigez au tableau.

	S	COD	COI	CdN	CC	AdS
Complète un nom.				✔		
Complète un verbe.		✔	✔			✔
Complète une phrase.					✔	
Peut être déplacé dans la phrase.					✔	
Peut être remplacé par un pronom.	✔	✔	✔			✔
Suit un verbe d'état.						✔
Précise une caractéristique du sujet.						✔
Indique de qui ou de quoi il est question dans la phrase.	✔					
Commande l'accord du verbe.	✔					

Concluez la séance en opposant deux à deux certaines fonctions grammaticales et en listant ce qui les distingue : COD ↔ AdS – COI ↔ CC – COI ↔ CdN.

Pour s'entrainer

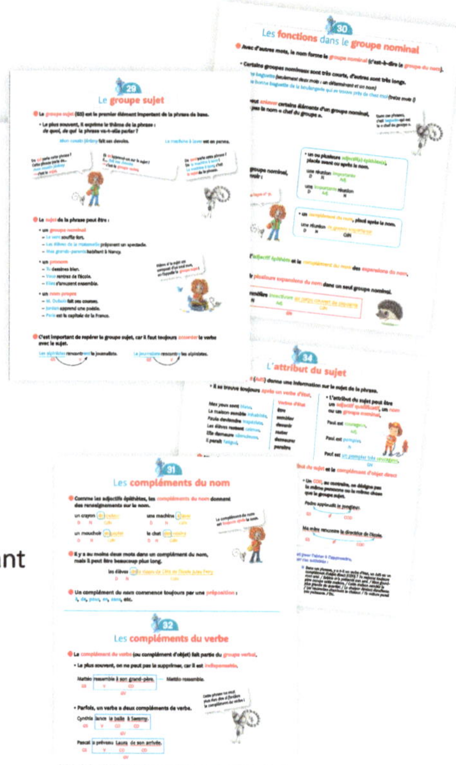

Les activités d'entrainement reprennent la tâche de l'activité « Pour commencer ».

Avant le travail individuel, vous pouvez rappeler toutes les fonctions que des GN peuvent prendre, leurs principales caractéristiques et la manière de les écrire en abrégé :

Sujet	S
Complément d'objet direct	Complément d'objet indirect COI
Attribut du sujet	AdS
Complément circonstanciel	CC
Complément du nom	CdN

Si nécessaire, donnez les leçons de l'aide-mémoire à réviser pendant cette séquence.

Une activité supplémentaire est disponible sur le CD.

Pour aller plus loin

Pour aller plus loin

sur ton cahier

p. 131
J'ai mangé un éclair au café. Au café, ...
Cdn CdPh

Dans chaque paragraphe, deux phrases qui n'ont rien à voir se sont « télescopées » : la fin de la première phrase s'est mélangée avec le début de la seconde.
Récris ces phrases en ajoutant la ponctuation manquante, puis indique la fonction grammaticale des groupes qui appartiennent aux deux phrases.

- J'ai mangé un éclair au café, les clients regardent un match de foot.
- Je suis debout sur le dernier barreau de l'échelle, je peux voir le jardin des voisins.
- Le nageur a bu la tasse est posée sur la table basse.
- Linda a prêté son livre à Florence est une ville italienne de toute beauté.

Corrigé :

- … un éclair au café (CdN). Au café (CdPh), les clients regardent…
- … le dernier barreau de l'échelle (CdN). De l'échelle (CdPh), je peux voir …
- Le lion rêve de sa jungle natale (CdV). De sa jungle natale (CdPh), il n'a plus guère de souvenirs.
- Le nageur a bu la tasse (CdV). La tasse (S) est posée sur la table basse.
- Linda a prêté son livre à Florence (CdV). Florence (S) est une ville italienne de toute beauté.

Je révise toutes les classes grammaticales

7 À 8 SÉANCES
À RÉPARTIR SUR
1 MOIS ENV.

DANS LES PROGRAMMES

Repères de progression CM2
Les élèves identifient les prépositions.

Connaissances et compétences associées

Identifier les constituants d'une phrase simple

- différencier les classes de mots :

NB : le nom, l'article (défini et indéfini), l'adjectif, le verbe, le pronom personnel sujet, les mots invariables ont été vus au cycle 2.

- le déterminant : déterminants possessif et démonstratif ;
- le pronom personnel objet ;
- l'adverbe ;
- la préposition (construire la notion de groupe nominal prépositionnel) ;
- les conjonctions de coordination et les conjonctions de subordination les plus usuelles (quand, comme, si, que, lorsque, parce que, puisque etc.).

Exemples de situations, d'activités et de ressources pour l'élève

- construction de phrases : amplification et réduction d'une phrase ;
- création et analyse de phrases grammaticalement correctes ;
- observation et analyse de l'ordre des mots et des groupes syntaxiques ;
- repérage de groupes nominaux en position de compléments et caractérisation par des opérations de suppression, déplacement en début de phrase, pronominalisation (distinction complément d'objet / complément circonstanciel) ;
- analyse logique de phrases simples.

MANUEL DE L'ÉLÈVE
PP. 132-133

AIDE-MÉMOIRE
Leçons n°s 14 à 20

LES CHOIX DE CLÉO

Dans cette séquence de révision, les élèves vont être amenés à distinguer la classe grammaticale de tous les mots d'une phrase, faisant ainsi la synthèse des compétences acquises dans ce domaine pendant les deux premières années du cycle 3.

Les activités d'entrainement sont volontairement courtes pour ne pas accentuer le caractère fastidieux – bien que nécessaire – de cette série.

Pour commencer

Manuel p. 132

Découvrez collectivement l'activité « Pour commencer » p. 132.

Repérez ensemble la première paire d'homonymes : *le* ***son*** *de la télé* ↔ ***son*** *histoire.*

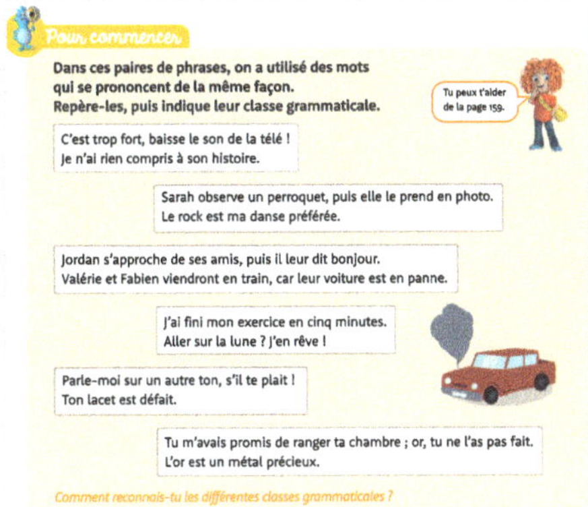
Pour commencer

**Dans ces paires de phrases, on a utilisé des mots qui se prononcent de la même façon.
Repère-les, puis indique leur classe grammaticale.**

Tu peux t'aider de la page 159.

C'est trop fort, baisse le son de la télé !
Je n'ai rien compris à son histoire.

Sarah observe un perroquet, puis elle le prend en photo.
Le rock est ma danse préférée.

Jordan s'approche de ses amis, puis il leur dit bonjour.
Valérie et Fabien viendront en train, car leur voiture est en panne.

J'ai fini mon exercice en cinq minutes.
Aller sur la lune ? J'en rêve !

Parle-moi sur un autre ton, s'il te plait !
Ton lacet est défait.

Tu m'avais promis de ranger ta chambre ; or, tu ne l'as pas fait.
L'or est un métal précieux.

Comment reconnais-tu les différentes classes grammaticales ?

Demandez ensuite aux élèves d'indiquer la classe grammaticale de ces homonymes en justifiant leur réponse, par exemple :

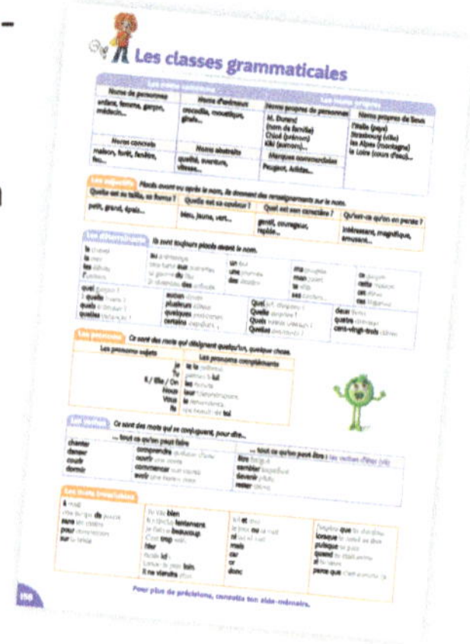

- *le son* → ***son*** est ici un nom, il est précédé par le déterminant ***le***.
- *son histoire* → ***son*** est ici un déterminant possessif, qui précède le nom ***histoire***.

Il permet de préciser qui est le « propriétaire » de l'histoire.
Après vous être assuré que les élèves ont bien compris le format de l'activité, demandez-leur de trouver les homonymes suivants, sans oublier de justifier l'appartenance de ces mots à leur classe grammaticale respective. Indiquez-leur qu'ils peuvent se servir des affichages disponibles, de leur aide-mémoire (en particulier des leçons n°s 13 à 18) ou du tableau récapitulatif qui se trouve p. 158 du manuel.
Procédez ensuite à une correction collective.

Corrigé :
… elle ***le*** prend en photo : pronom CdV, remplace « un perroquet ».
… ***le*** rock : déterminant, placé devant un nom ; indique qu'on parle d'une danse en particulier, et non de n'importe laquelle.

… il ***leur*** dit bonjour : pronom CdV, remplace « à ses amis ».
… ***leur*** voiture : déterminant placé devant le nom ; précise à qui est la voiture.

… ***en*** cinq minutes : mot invariable [préposition].
… j'***en*** rêve : pronom CdV, remplace « aller sur la lune ».

… un autre ***ton*** : nom ; précédé par le déterminant ***un*** et l'adjectif ***autre***.
… ***ton*** lacet : déterminant ; précède le nom ***lacet***, permet de préciser qui possède le lacet.

… ***or***, tu ne l'as pas fait : mot invariable, mot de liaison [conjonction de coordination] ; permet de constater, de déduire quelque chose.
… l'***or*** : nom; précédé d'un déterminant.

Pour s'entrainer

La tâche consiste à indiquer précisément la classe grammaticale de tous les mots d'une phrase. Avec vos élèves, vous pouvez en préambule lister l'ensemble des classes grammaticales connues, accompagnées de leur diminutif.
Au besoin, donnez certaines leçons de l'aide-mémoire (n°s 14 à 20) à réviser pendant l'entrainement.

Déterminant	D
Nom	N
Nom propre	NP
Adjectif	Adj.
Pronom	Pr.
Pronom sujet	Pr.S
Pronom complément	Pr.Co
Verbe	V
Verbe d'état	Vé
Adverbe	Adv.
Préposition	Prép.
Conjonction de coordination	Conj.

Pour aller plus loin

Corrigé :
- des dés (D + N)
- aussi / aux scies (inv./ D + N)
- motard / Meaux, tard (N / NP + adv.)
- écrit tôt / écriteau (V + adv. / N)
- à vent / avant (inv. + N / adv.)
- beaux coups / beaucoup (Adj + N / adv.)
- parcours / pars, cours (N / V + V)
- céleri / C'est le riz (N / Pr + Vé + D + N)
- le pire rit / pitrerie (D + N + V / N)
- samedi / ça me dit (N / Pr + Pr CO + V)
- vraies ment / vraiment (Adj + V / adv.)

Je maitrise les accords dans le groupe nominal

5 À 6 SÉANCES
À RÉPARTIR SUR 2 MOIS ENV.

DANS LES PROGRAMMES

Repères de progression CM2
Les élèves poursuivent le travail sur l'identification des classes de mots subissant des variations en s'intéressant à l'adjectif et au pronom.

Connaissances et compétences associées
Acquérir l'orthographe grammaticale

Exemples de situations, d'activités et de ressources pour l'élève
À partir d'observations de corpus de phrases :
- activités de classement et raisonnements permettant de mettre en évidence les régularités ;
- manipulations syntaxiques (remplacement, par exemple par un pronom, expansion, etc.) ;
- activités d'entrainement pour fixer les régularités et automatiser les accords simples ;
- activités de réinvestissement en écriture (relectures ciblées, matérialisation des chaînes d'accord, verbalisation des raisonnements, etc.).

MANUEL DE L'ÉLÈVE
PP. 134-135

CD-ROM
● ACTIVITÉS D'ENTRAINEMENT SUPPLÉMENTAIRES

AIDE-MÉMOIRE
Leçons n°s 36 et 37

CAHIER D'ACTIVITÉS
P. 23

LES CHOIX DE CLÉO

Ce chapitre qui ouvre le domaine **Orthographe** vise à renforcer l'automatisation de la reconnaissance de l'adjectif qualificatif dans la phrase et à conforter son rôle d'enrichissement du nom, tout en le faisant varier en genre et/ou en nombre.
La transformation des phrases passe obligatoirement par leur compréhension préalable.

Pour commencer

Manuel p. 134 • Cahier d'activités p. 23

Faites observer les trois annonces de l'activité « Pour commencer » p. 134 (ou utilisez le cahier d'activités p. 23), ainsi que les trois banques d'adjectifs proposées.

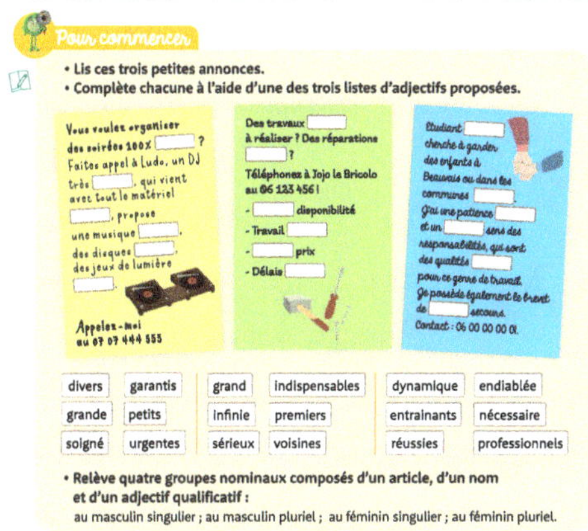
Pour commencer
• Lis ces trois petites annonces.
• Complète chacune à l'aide d'une des trois listes d'adjectifs proposées.

Vous voulez organiser des soirées 100% ___ ? Faites appel à Ludo, un DJ très ___, qui vient avec tout le matériel ___, propose une musique ___, des disques ___, des jeux de lumière ___. Appelez-moi au 07 07 444 555

Des travaux ___ à réaliser ? Des réparations ___ ? Téléphonez à Jojo le Bricolo au 06 123 456 !
- ___ disponibilité
- Travail ___
- ___ prix
- Délais ___

Étudiant ___ cherche à garder des enfants à Beauvais ou dans les communes ___. J'ai une patience ___ et un ___ sens des responsabilités, qui sont des qualités ___ pour ce genre de travail. Je possède également le brevet de ___ secours. Contact : 06 00 00 00 01.

divers	garantis	grand	indispensables	dynamique	endiablée
grande	petits	infinie	premiers	entrainants	nécessaire
soigné	urgentes	sérieux	voisines	réussies	professionnels

• Relève quatre groupes nominaux composés d'un article, d'un nom et d'un adjectif qualificatif :
au masculin singulier ; au masculin pluriel ; au féminin singulier ; au féminin pluriel.

Les élèves complètent le texte des trois annonces, puis relèvent quatre groupes nominaux (au masculin singulier, féminin singulier, masculin pluriel, féminin pluriel).

Lors de la correction collective, attardez-vous sur quelques GN présentant des difficultés ou particularités :
• *des jeux de lumière professionnels* : faites repérer le nom chef de groupe ***jeux*** qui entraine un accord au masculin pluriel. Faites expliciter : « *Ce n'est pas la lumière qui est professionnelle !* »
• *petits prix* : aurait-on pu accorder différemment l'adjectif ***petits*** ? ***Prix*** finissant par un *-x*, il pourrait également être au singulier.
• *étudiant sérieux* : l'adjectif ***sérieux*** a toujours un *-x*, ce n'est pas ici une marque de pluriel.

Pour s'entrainer

On travaille à la fois sur le sens de la phrase, le repérage des adjectifs et l'accord de l'adjectif avec le nom dans le groupe nominal. Dans les deux premières phrases de chaque activité, les adjectifs sont déjà repérés.

Faites apprendre successivement les leçons n°s 36 et 37.

Des activités supplémentaires sont disponibles sur le CD. Les activités c à f ont un format différent de celles du manuel.

36 Le féminin et le masculin des noms et des adjectifs : le genre

37 Le singulier et le pluriel des noms et des adjectifs : le nombre

Pour aller plus loin

Corrigé :

du pain **frais** – une peinture **fraiche**
une situation **épineuse** – un arbuste **épineux**
un nom **propre** – des mains **propres**
un élève **vif** – des couleurs **vives**
du beurre **doux** – une peau **douce**
de **bons** gâteaux – la **bonne** réponse
de **lourds** bagages – une **lourde** peine
de **graves** évènements – une voix **grave**

Je distingue des mots qui se ressemblent

11 À 12 SÉANCES
À RÉPARTIR SUR 3 MOIS ENV.

DANS LES PROGRAMMES

Repères de progression CM2
Les élèves prennent conscience de quelques homophonies lexicales et grammaticales.

Connaissances et compétences associées
Maitriser les relations entre l'oral et l'écrit.
Maitriser :
- l'ensemble des phonèmes du français et des graphèmes associés ;
- la variation et les marques morphologiques du genre et du nombre, à l'oral et à l'écrit (noms, déterminants, adjectifs, pronoms, verbes).

Exemples de situations, d'activités et de ressources pour l'élève
- activités (observations, classements) permettant de prendre conscience des phénomènes d'homophonie lexicale et grammaticale, de les comprendre et, pour certains d'entre eux, de distinguer les homophones en contexte.

Les élèves sont amenés à travailler sur l'homophonie lexicale et grammaticale en fonction des besoins, sans provoquer des rapprochements artificiels entre des séries d'homophones.

MANUEL DE L'ÉLÈVE
PP. 136-138

AIDE-MÉMOIRE
Leçons n°s 44 à 46

CD-ROM
● ACTIVITÉ D'ENTRAINEMENT SUPPLÉMENTAIRE

LES CHOIX DE CLÉO

Le français compte un nombre important d'homophones grammaticaux, qui vont le plus souvent par paires (*à/a, et/est, où/ou*, etc.)

Dans la collection C.L.É.O., nous avons toujours privilégié une approche qui n'oppose pas systématiquement ces homophones. En effet, la mémorisation des nombreuses règles de substitution traditionnelles (*et = et puis, ou = ou bien*, etc.) est paradoxalement cause de confusion chez certains élèves.
C'est pourquoi, avec C.L.É.O. CE2 et CM1, les élèves ont longuement étudié et fait fonctionner les homophones grammaticaux au sein de leur « zone conceptuelle » respective :

- formes conjuguées des verbes ***être*** et ***avoir*** : ***ai – as – a – ont – es – est – sont***.
- conjonctions de coordination : ***et***, ***ou***, ***mais***.
- déterminants : ***la***, ***mes***, ***son***.
- mots invariables ayant comme caractéristique commune un accent grave : ***à***, ***où***, ***là***, ***voilà***.

La visée à long terme de ce travail de fond est de substituer à des règles nombreuses, partielles et superficielles, une vision globale, unifiée et reposant sur une compréhension en profondeur du système dans lequel s'insèrent ces homophones. On évite ainsi la multiplication de savoirs épars, morcelés et non organisés en système. Les deux schémas ci-dessous illustrent plaisamment cette différence d'approche.

Enseignement traditionnel des homophones grammaticaux : les savoirs et savoir-faire constituent un archipel éclaté, sans cohérence apparente, sans repères ni routes de navigation établies.

Enseignement systématisé des homophones grammaticaux : les savoirs et savoir-faire s'organisent en continents et ilots cohérents, bien identifiés, reliés par des routes de navigation sures et balisées.

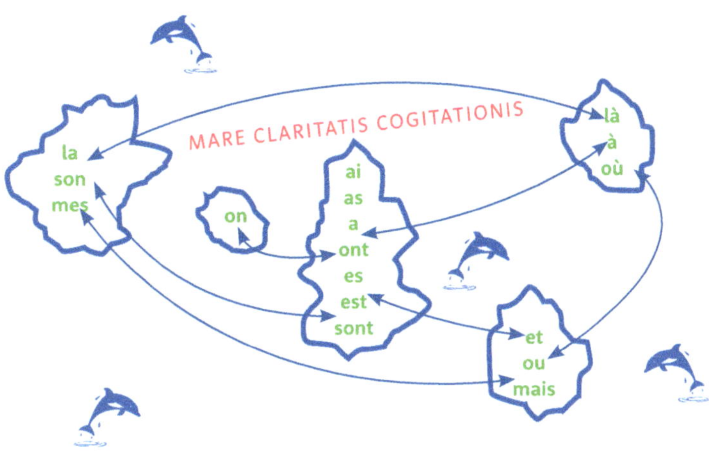

Si vos élèves ont travaillé avec C.L.É.O. CE2 et CM1, voici comment ils ont commencé à conceptualiser les différentes séries d'homonymes :

- ***ai, as, a, ont, es, est*** sont des formes conjuguées d'être et avoir : pour ne pas les confondre avec d'autres mots, on modifie la phrase au singulier ou au pluriel.

Exemple : Il **est** fatigué → ils **sont** fatigués. / Ils **ont** faim → il a faim.

- ***et, ou, mais*** sont des conjonctions de coordination : on peut généralement substituer l'une à l'autre.

Exemple : le sel **ou** le poivre → le sel **et** le poivre → le sel, **mais** pas le poivre.

- ***la, son, mes*** sont des déterminants, se trouvent devant des noms / on peut permuter avec d'autres déterminants pour s'assurer de leur classe grammaticale.

Exemple : **la** fille → **une** fille → **cette** fille.

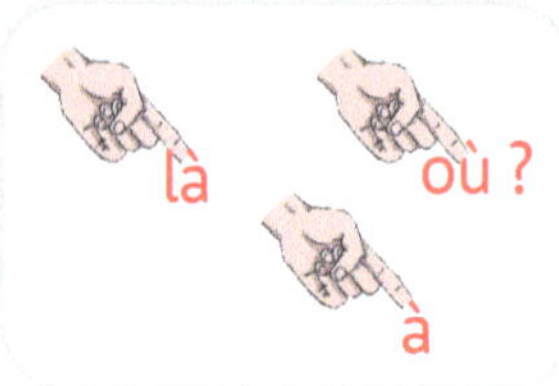

- ***là, où, à, voilà*** sont des mots invariables comportant un accent grave et partageant l'idée de lieu, de direction (réelle ou métaphorique), que l'on symbolise par un doigt pointé qui se superpose à l'accent grave.

Ces procédures et associations conceptuelles sont celles que les élèves retrouveront dans leur aide-mémoire. S'ils ne sont pas familiers avec ces notions, consacrez-leur plusieurs séances « 5 minutes chrono ».

Dans ce chapitre, vos élèves seront amenés à manipuler également :
- ***quel, quelle, quels, quelles*** (nous avons choisi de ne pas aborder en parallèle l'étude de *qu'elle/qu'elles*) ;
- ***leur/leurs*** (nous faisons employer leur·s uniquement en tant que déterminant).

Pour commencer Manuel p. 136

Faites lire par un bon lecteur (ou lisez vous-même) le texte de la p. 136.
Les élèves n'ont pas leur manuel sous les yeux.
Demandez aux élèves ce qu'ils pensent de cette « incroyable expérience ».
Une seconde lecture sera peut-être nécessaire pour que tous les élèves comprennent l'astuce.
Demandez aux élèves d'identifier les trois homonymes présents dans ce texte :
un œuf
un neuf (nom)
neuf (adjectif)

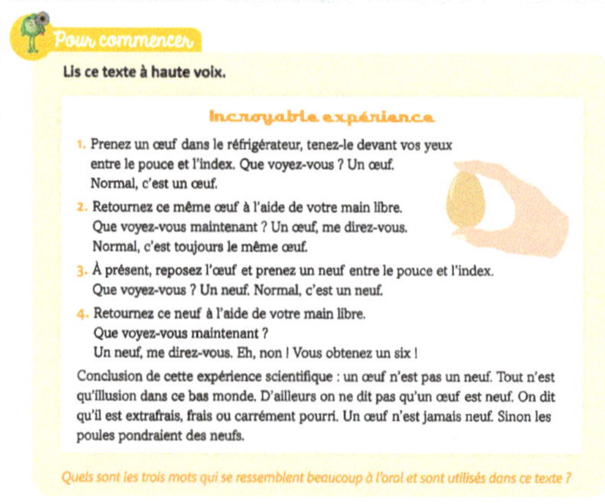
Pour commencer

Lis ce texte à haute voix.

Incroyable expérience

1. Prenez un œuf dans le réfrigérateur, tenez-le devant vos yeux entre le pouce et l'index. Que voyez-vous ? Un œuf. Normal, c'est un œuf.
2. Retournez ce même œuf à l'aide de votre main libre. Que voyez-vous maintenant ? Un œuf, me direz-vous. Normal, c'est toujours le même œuf.
3. À présent, reposez l'œuf et prenez un neuf entre le pouce et l'index. Que voyez-vous ? Un neuf. Normal, c'est un neuf.
4. Retournez ce neuf à l'aide de votre main libre. Que voyez-vous maintenant ? Un neuf, me direz-vous. Eh, non ! Vous obtenez un six !

Conclusion de cette expérience scientifique : un œuf n'est pas un neuf. Tout n'est qu'illusion dans ce bas monde. D'ailleurs on ne dit pas qu'un œuf est neuf. On dit qu'il est extrafrais, frais ou carrément pourri. Un œuf n'est jamais neuf. Sinon les poules pondraient des neufs.

Quels sont les trois mots qui se ressemblent beaucoup à l'oral et sont utilisés dans ce texte ?

N.B. : « un œuf » et « un neuf » sont des homonymes non en *langue*, mais en *discours* ; l'image sonore de ces deux GN est bien identique : [œ̃nœf].

Manuels toujours fermés, relisez le dernier paragraphe de ce texte, et demandez aux élèves d'écrire sous la dictée les propositions en gras :
Conclusion de cette expérience scientifique : ***un œuf n'est pas un neuf***. Tout n'est qu'illusion dans ce bas monde. D'ailleurs ***on ne dit pas qu'un œuf est neuf***. On dit qu'il est extrafrais, frais ou carrément pourri. ***Un œuf n'est jamais neuf. Sinon les poules pondraient des neufs.***
Lors de la correction, demandez à vos élèves sur quoi ils s'appuient pour décider de quel œuf / neuf il s'agit → on s'appuie sur le sens ; on peut remplacer le mot qui pose problème par un synonyme ou un mot de la catégorie grammaticale :
- quand on doit écrire *œuf*, on peut ajouter un complément du nom : œuf de poule ;
- quand *neuf* est un nombre, on peut le remplacer par un autre nombre (sept, huit…) ;
- quand *neuf* est un adjectif, on peut le remplacer par un adjectif synonyme (nouveau).

L'objet de cette réflexion est de rappeler aux élèves qu'il y a toujours un moyen, en transformant la phrase, ou en remplaçant un mot par un mot de la même catégorie, de justifier l'orthographe d'un mot qui a un ou plusieurs homonymes. Ce sera bien sûr vrai quand on travaillera sur les homophones grammaticaux dans la suite de la séquence.

Demandez enfin aux élèves d'inventer une phrase dans laquelle on utilise un des trois homonymes : *un œuf, un neuf* ou *neuf*.
Sélectionnez les meilleures phrases que vous lirez à la classe. Les élèves choisissent et justifient la bonne orthographe.
Parfois, les phrases proposées par les élèves, hors de tout contexte, peuvent laisser planer une ambigüité.

Exemple : *J'ai besoin d'un neuf* (jeu de cartes) / *j'ai besoin d'un œuf* (recette de cuisine).

Il est possible de faire apprendre ce joli texte que nous devons à Fabrice Lauria, et de le jouer à l'occasion d'un spectacle, de la fête de l'école...

Pour s'entrainer

Assurez-vous que le format des activités est bien compris par les élèves : tous les mots manquants du « a », puis du « b », doivent être choisis dans une seule des cinq catégories de l'encadré p. 131. Les élèves manipulent donc toujours, au sein de chaque paragraphe, des mots relevant de la même classe grammaticale ou conceptuelle.
Au cours de cette séquence, donnez successivement à apprendre les leçons n°s 44 à 46 de l'aide-mémoire.

Pour aller plus loin

Corrigé :
ta vieille **tante**
on monte la **tente**.
avec quelle **tente** ou **tante** ? La **tente** ou ta **tante** ?
tu montes la **tente**, mais sans ta **tante**
une **tente** automatique
l'**attente**, moi, j'en ai plus qu'assez
La **tente** ou **tante** ?

Je choisis le participe passé ou l'infinitif

7 À 8 SÉANCES
À RÉPARTIR SUR 2 MOIS ENV.

DANS LES PROGRAMMES

Repères de progression CM2
Les élèves comprennent la notion de participe passé et travaillent sur son accord quand il est employé avec le verbe être.

Connaissances et compétences associées

Acquérir l'orthographe grammaticale
- reconnaitre le verbe (utilisation de plusieurs procédures) ;
- comprendre la notion de participe passé.

Exemples de situations, d'activités et de ressources pour l'élève

- à partir de corpus de phrases, observation et classement des finales verbales en [e] ; mise en oeuvre de la procédure de remplacement par un verbe du 2e ou du 3e groupes.

MANUEL DE L'ÉLÈVE
PP. 139-140

CAHIER D'ACTIVITÉS
P. 24

AIDE-MÉMOIRE
Leçons n°s 23 et 49

CD-ROM
- ACTIVITÉS D'ENTRAINEMENTS SUPPLÉMENTAIRES

LES CHOIX DE CLÉO

Les erreurs d'orthographe sont très nombreuses sur les finales verbales homophones en [e], et particulièrement sur les terminaisons de l'infinitif en *-er* et du participe passé en *-é*.

RAPPEL POUR L'ENSEIGNANT

Traditionnellement, la règle proposée est la suivante :

j'ai chant… → je peux dire : j'ai mordu, j'ai fini → donc : j'ai chanté.

je vais chant… → je peux dire : je vais mordre, je vais finir → donc : je vais chanter.

Cette procédure a un gros avantage : elle est très efficace et peut être appliquée sans recourir à la nomenclature grammaticale (participe passé, infinitif, passé composé.).

Cette règle a cependant un inconvénient qui est souvent ignoré ou mal perçu ; elle suppose que l'élève soit suffisamment habile pour :

1. faire abstraction du sens (« Je veux écrire *j'ai chanté*, pourquoi donc veut-on me faire utiliser *mordu* à la place ? ») ;

2. déduire plus ou moins implicitement que les terminaisons *-é, -i, -u, -is* signalent une même forme verbale (le participe passé) et sont donc interchangeables et équivalentes ; de même pour *-er, -ir, -dre, -re*, « signatures » de verbes à l'infinitif.

C.L.É.O. organise l'acquisition de cette procédure en deux phases :

- au CM1, on a fait manipuler des verbes synonymes (l'avion va *se poser/atterrir* ; l'avion *s'est posé/a atterri*), ce qui permet aux élèves les plus fragiles de comprendre la procédure de substitution en conservant du sens à la phrase ;
- au CM2, cette substitution est réalisée en faisant abstraction du sens, à l'aide de verbes tels *mordre* ou *dormir*. On ajoutera également une autre classe de formes homophones : les verbes à l'imparfait dans un autre chapitre, plus tard dans l'année.

De cette manière, on donne de meilleures chances à tous les élèves de comprendre et d'acquérir solidement cette procédure.

Pour commencer

Manuel p. 139 • Cahier d'activités p. 24

Présentez l'activité « Pour commencer » p. 139. Si vous utilisez le cahier d'activités, faites-le ouvrir à la p. 24 (*cf.* ci-contre) et demandez aux élèves de compléter les six premières phrases, en s'aidant des étiquettes proposées.

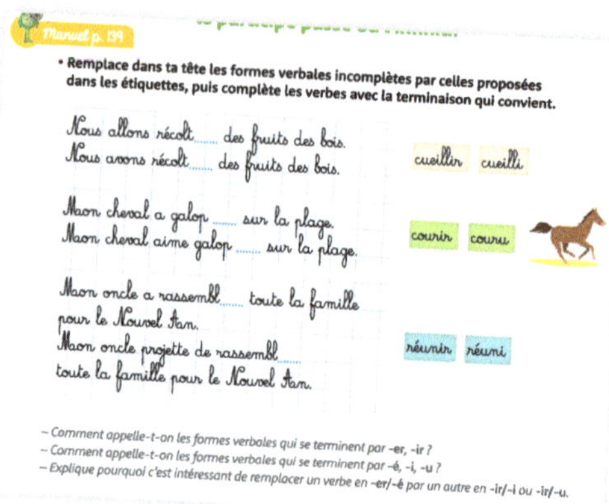
Manuel p. 139

• Remplace dans ta tête les formes verbales incomplètes par celles proposées dans les étiquettes, puis complète les verbes avec la terminaison qui convient.

Nous allons récolt…… des fruits des bois.
Nous avons récolt…… des fruits des bois.
cueillir cueilli

Mon cheval a galop…… sur la plage.
Mon cheval aime galop…… sur la plage.
courir couru

Mon oncle a rassembl…… toute la famille pour le Nouvel An.
Mon oncle projette de rassembl…… toute la famille pour le Nouvel An.
réunir réuni

– Comment appelle-t-on les formes verbales qui se terminent par **-er, -ir** *?*
– Comment appelle-t-on les formes verbales qui se terminent par **-é, -i, -u** *?*
– Explique pourquoi c'est intéressant de remplacer un verbe en **-er/-é** *par un autre en -ir/-i ou -ir/-u.*

Corrigé :
Nous allons récolter des fruits des bois.
Nous avons récolté des fruits des bois.
Mon cheval a galopé sur la plage.
Mon cheval aime galoper sur la plage.
Mon oncle a rassemblé toute la famille pour le Nouvel An.
Mon oncle projette de rassembler toute la famille pour le Nouvel An.

Faites rechercher les verbes conjugués au passé composé. Demandez aux élèves de rappeler la règle de formation de ce temps, notamment celle du participe passé (au besoin, reportez-vous à la leçon n° 23 de l'aide-mémoire).

Écrivez au tableau, sur deux colonnes, les participes passés et les infinitifs :

récolter	récolté
cueillir	cueilli
galoper	galopé
courir	couru
rassembler	rassemblé
réunir	réuni

Rappelez que pour certains verbes, ceux en *-ir* par exemple, on voit et on entend la différence entre le participe passé et l'infinitif : il n'y a donc pas de problème pour les écrire.
En revanche, les verbes en *-er* posent un problème particulier, puisqu'il n'y a pas de différence, à l'oral, entre l'infinitif et le participe passé.
Faites expliciter par les élèves l'intérêt de substituer à un verbe en *-er* un autre verbe en *-ir, -oir, -dre*…
Avec votre aide, ils devraient être capables de formuler une explication de ce type :

« Quand je remplace *il est arrivé* par *il est parvenu*, j'entends que *parvenu* est un participe passé, donc *arrivé* est aussi un participe passé, il se termine par *-é*. »
« Quand je remplace *il va arriver* par *il va parvenir*, j'entends que *parvenir* est un infinitif, donc *arriver* est aussi un infinitif, il se termine par *-er*. »

Lisez ensuite le paragraphe suivant :

« Il n'y a pas toujours un verbe synonyme pour t'aider à choisir entre *-é* ou *-er* ! Mais tu peux utiliser d'autres verbes, comme *mordre/mordu* ou *dormir/dormi*, même si la phrase n'a plus vraiment de sens. Dans ta tête, essaie les deux possibilités puis complète les terminaisons des verbes. »

Les élèves complètent les six phrases suivantes.

Corrigé :
Mamie a regardé la télé en fin d'après-midi.
Maman aime regarder la télé en fin d'après-midi.
Qu'est-ce que tu vas préparer à manger ce soir ?
Qu'est-ce que tu as préparé à manger ce soir ?
L'incendie a dévasté la forêt.
L'incendie risque de dévaster la forêt.

Lors de la correction, demandez aux élèves de trouver de nombreux verbes en *-ir, -oir, -dre*, dans le but de les habituer à remplacer un verbe par un autre sans tenir compte du sens :
– *Mamie a regardé / couru / choisi / mordu / fini / compris…*
– *Mamie aime regarder / courir/ choisir / mordre / finir / comprendre…*

Faites observer que quand on utilise le participe passé, c'est que l'action est déjà passée, comparez des phrases.

Exemple :
L'incendie a dévasté la forêt. / L'incendie risque de dévaster la forêt.
Dans la première phrase, l'incendie est passé, dans la seconde, l'incendie n'est pas encore passé.

Concluez la séance en lisant la leçon n°15 dans l'aide-mémoire.

N.B. : Les indications sur l'imparfait peuvent être mises en attente jusqu'au chapitre suivant sur cette difficulté.

Pour s'entrainer

Lors des premiers entrainements, vous pouvez traiter une ou deux phrases collectivement pour vous assurer que tous les élèves savent comment faire fonctionner la procédure.
Faites apprendre la leçon n°49 après quelques entrainements.

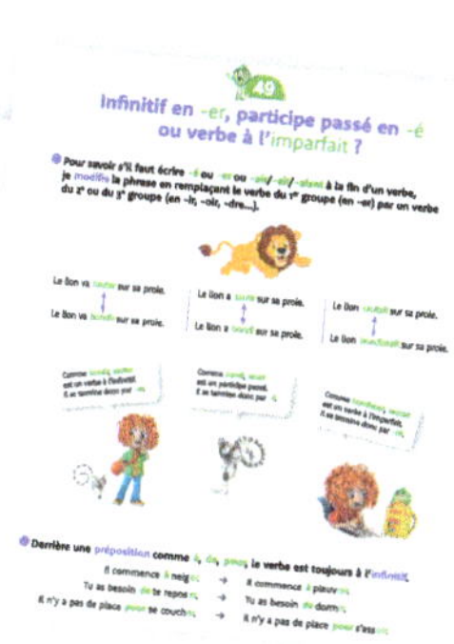

J'accorde le verbe avec le sujet

7 À 8 SÉANCES
À RÉPARTIR SUR
2 MOIS ENV.

DANS LES PROGRAMMES

Repères de progression CM2
Les élèves maitrisent l'accord du verbe avec le sujet, même quand celui-ci est inversé.

Connaissances et compétences associées

Maitriser la forme des mots en lien avec la syntaxe.

- Observation des marques du genre et du nombre entendues et écrites.
- Identification des classes de mots subissant des variations : le nom et le verbe ; le déterminant ; l'adjectif ; le pronom.
- Notion de groupe nominal et accords au sein du groupe nominal.
- Accord du verbe avec son sujet, de l'attribut avec le sujet, du participe passé avec *être* (à rapprocher de l'accord de l'attribut avec le sujet).
- Élaboration de règles de fonctionnement construites sur les régularités.

Exemples de situations, d'activités et de ressources pour l'élève

À partir d'observations de corpus de phrases :
- activités de comparaison des marques d'accord entendues et écrites ;
- activités de classement et raisonnement permettant de mettre en évidence les régularités ;
- manipulations syntaxiques (remplacement, déplacement, pronominalisation, encadrement, réduction, expansion) permettant d'identifier les classes de mots et leur fonctionnement syntaxique.
- Activités d'entrainement pour fixer les régularités et automatiser les accords simples.

Les élèves identifient le sujet (soit un groupe nominal - un pronom - un nom propre) et gèrent l'accord en personne avec le verbe (sujet avant le verbe, plus ou moins éloigné et inversé).

MANUEL DE L'ÉLÈVE
PP. 141-143

CAHIER D'ACTIVITÉS
P. 25

AIDE-MÉMOIRE
Leçon n° 29

LES CHOIX DE CLÉO

Dans ce chapitre, nous continuons à aiguiser la vigilance orthographique des élèves dans le domaine crucial de l'accord sujet-verbe.

Outre l'inversion du sujet, nous travaillons sur d'autres cas spécifiques qui rendent cet accord plus difficile à réaliser en raison de la présence de distracteurs. En effet, l'accord sujet-verbe est généralement régi par trois caractéristiques que l'élève a intégrées implicitement :

– l'ordre d'apparition dans la phrase : le sujet précède le verbe ;
– la contigüité : sujet et verbe ne sont pas séparés dans la phrase ;
– l'unicité : le sujet est constitué d'un seul groupe nominal.

Dès que la construction de la phrase vient contredire un ou plusieurs de ces principes de fréquence, le risque d'erreur d'accord s'accroit.

Dans les activités d'entrainement, on trouvera :

– des phrases où la présence d'un complément du nom intercalé constitue un obstacle à la réalisation de l'accord. C'est notamment le cas quand le nom noyau du GN est au singulier alors que le complément du nom est au pluriel, ou vice-versa :

→ *Les élèves de ce groupe présentent un exposé.*

– des phrases où deux sujets au singulier impliquent une forme verbale au pluriel :

→ *La jument et son poulain galopent dans le pré.*

– des inversions du sujet :

→ *Dans les fentes du mur se cache un petit lézard.*

– des phrases où sujet et verbe sont très éloignés l'un de l'autre :

*Les porteclés que collectionne Maé Li **s'accumulent** dans le tiroir de son bureau.*

Pour commencer

Manuel p. 141 • Cahier d'activités p. 25

La séance « Pour commencer » de la p. 141 est tout entière consacrée à la découverte des deux formats d'activités des séances « Pour s'entrainer ».
Suivez le déroulement tel qu'il est exposé dans le manuel, en alternant les phases de travail individuel et collectif. Si vous utilisez le cahier d'activités, faites compléter les phrases par les élèves directement sur le cahier (*cf.* ci-dessous).

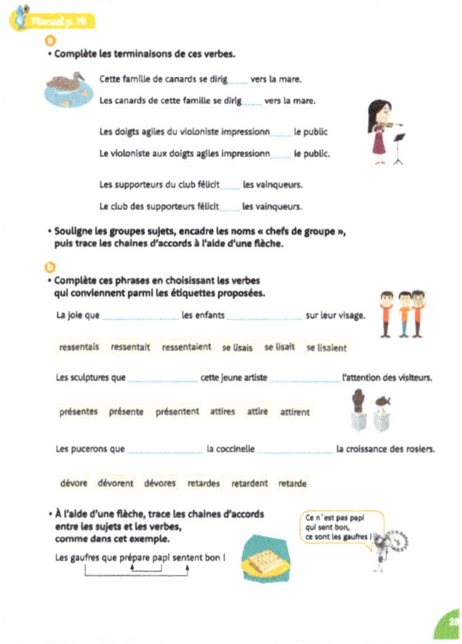
Manuel p. 141

a
• Complète les terminaisons de ces verbes.

Cette famille de canards se dirig___ vers la mare.
Les canards de cette famille se dirig___ vers la mare.

Les doigts agiles du violoniste impressionn___ le public
Le violoniste aux doigts agiles impressionn___ le public.

Les supporteurs du club félicit___ les vainqueurs.
Le club des supporteurs félicit___ les vainqueurs.

• Souligne les groupes sujets, encadre les noms « chefs de groupe », puis trace les chaines d'accords à l'aide d'une flèche.

b
• Complète ces phrases en choisissant les verbes qui conviennent parmi les étiquettes proposées.

La joie que ___ les enfants ___ sur leur visage.

ressentais ressentait ressentaient se lisais se lisait se lisaient

Les sculptures que ___ cette jeune artiste ___ l'attention des visiteurs.

présentes présente présentent attires attire attirent

Les pucerons que ___ la coccinelle ___ la croissance des rosiers.

dévore dévorent dévores retardes retardent retarde

• À l'aide d'une flèche, trace les chaines d'accords entre les sujets et les verbes, comme dans cet exemple.

Les gaufres que prépare papi sentent bon !

Pour s'entrainer

Cette série d'entrainements a une organisation particulière : en effet, dans chaque séance, il est prévu de panacher une activité de chaque type (chaque page de cette double page propose un format d'activité différent). Ainsi, la première séance sera composée de l'activité 1 des pages 142 et 143.

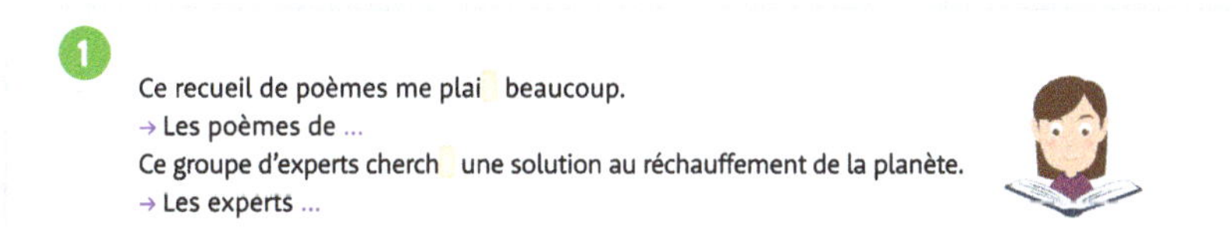
1
Ce recueil de poèmes me plai beaucoup.
→ Les poèmes de …
Ce groupe d'experts cherch une solution au réchauffement de la planète.
→ Les experts …

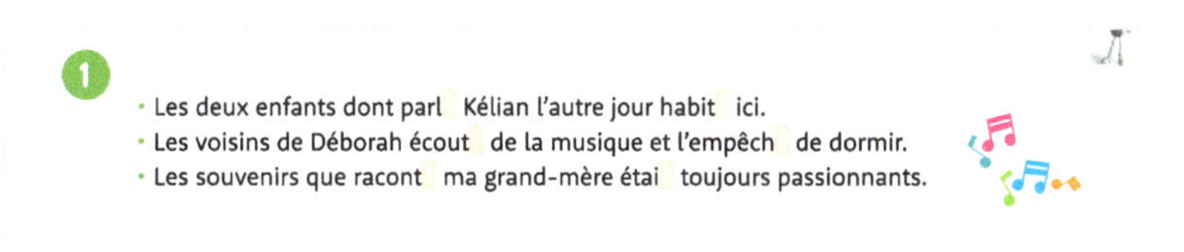
1
• Les deux enfants dont parl Kélian l'autre jour habit ici.
• Les voisins de Déborah écout de la musique et l'empêch de dormir.
• Les souvenirs que racont ma grand-mère étai toujours passionnants.

Donnez à apprendre ou à revoir la leçon n° 29 dans l'aide-mémoire après quelques entrainements.

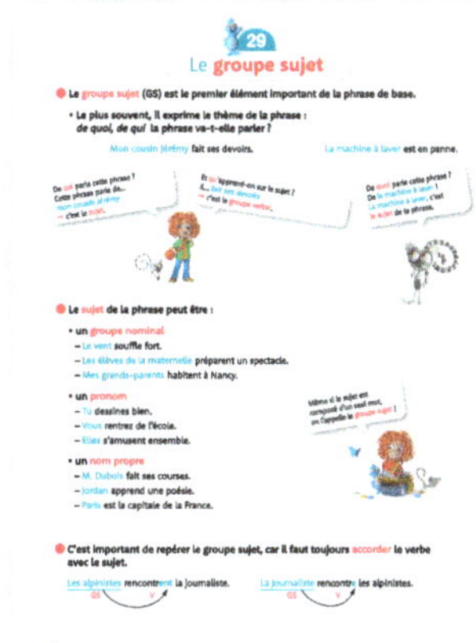
29
Le groupe sujet

● Le groupe sujet (GS) est le premier élément important de la phrase de base.
• Le plus souvent, il exprime le thème de la phrase : *de quoi, de qui* la phrase va-t-elle parler ?

Mon cousin Jérémy fait ses devoirs. La machine à laver est en panne.

● Le sujet de la phrase peut être :
• un groupe nominal
– Le vent souffle fort.
– Les élèves de la maternelle préparent un spectacle.
– Mes grands-parents habitent à Nancy.
• un pronom
– Tu dessines bien.
– Vous rentrez de l'école.
– Elles s'amusent ensemble.
• un nom propre
– M. Dubois fait ses courses.
– Jordan apprend une poésie.
– Paris est la capitale de la France.

● C'est important de repérer le groupe sujet, car il faut toujours accorder le verbe avec le sujet.

Les alpinistes rencontrent la journaliste. (GS → V) La journaliste rencontre les alpinistes. (GS → V)

Je comprends la présence d'un -*e* muet à la fin de certains mots

6 À 7 SÉANCES
À RÉPARTIR SUR 3 MOIS ENV.

DANS LES PROGRAMMES

Repères de progression CM2
Les élèves poursuivent le travail sur l'identification des classes de mots subissant des variations en s'intéressant à l'adjectif et au pronom.

Connaissances et compétences associées

Acquérir l'orthographe grammaticale
- identifier les classes de mots subissant des variations : le nom et le verbe ; le déterminant ; l'adjectif ; le pronom.
- élaborer des règles de fonctionnement construites sur les régularités.

Exemples de situations, d'activités et de ressources pour l'élève
- À partir d'observations de corpus de phrases :
- activités de classement et raisonnements permettant de mettre en évidence les régularités ;
- manipulations syntaxiques (remplacement, par exemple par un pronom, expansion, etc.) ;
- activités d'entrainement pour fixer les régularités et automatiser les accords simples.

MANUEL DE L'ÉLÈVE
PP. 144-145

CD-ROM
• ACTIVITÉS D'ENTRAINEMENT SUPPLÉMENTAIRES

CAHIER D'ACTIVITÉS
P. 27

LES CHOIX DE CLÉO

Le -*e* final, marque habituelle du féminin, a été repéré et intégré dès le CP. On pourrait s'étonner de voir un chapitre consacré à cette notion au CM2. En réalité, ce -*e* final continue à poser de redoutables problèmes d'orthographe, car il peut être tout autre chose que la marque du féminin, notamment la terminaison des verbes du 1er groupe aux 1re et 3e personnes du singulier au présent.
Par ailleurs, de nombreuses paires de formes homonymes coexistent en français, telles : *plongé – plongée / vu – vue / ski – skie*, etc. Dans ce type de cas, l'élève a tendance à récupérer en mémoire la forme la plus fréquente, indépendamment de sa classe grammaticale ou de considérations d'accord.
L'entrainement proposé dans ce chapitre vise à mettre en place des procédures précises permettant de déterminer la classe grammaticale du mot à orthographier, et à repérer la chaine d'accord dont il fait éventuellement partie.

N.B. : Le cas particulier des noms en -*té* est abordé dans le chapitre « Je sais former des noms abstraits à partir d'adjectifs » (manuel p. 48).

Pour commencer

Manuel p. 144 • Cahier d'activités p. 27

Individuellement ou par groupes, les élèves complètent les paires de phrases a. à e. de l'activité « Pour commencer » p. 144 (ou sur leur cahier d'activités p. 27 : *cf.* ci-contre).

Manuel p. 144

• **Complète les phrases avec les mots proposés dans les étiquettes.**

a. Un petit signal vert indique la .... de secours.
Lilian est .... du bureau pour prendre l'air.

b. La .... de la rivière a inondé les rues les plus basses de la ville.
Je leur ai raconté mon histoire, mais ils ne m'ont pas ....

c. Quand Zoé vit son papa arriver, elle poussa un .... de joie.
On ne .... pas dans les couloirs, car ça gênerait les autres classes.

d. L'.................. du château est bordée d'arbres magnifiques.
Léo est .... au Mexique.

e. La .... est une ancienne mesure de distance qui valait environ 4,5 km.
La place du marché est le .... de rencontre préféré de tous les habitants du village.

allé – allée
cri – crie
cru – crue
lieu – lieue
sorti – sortie

Ils justifient ensuite la terminaison de chaque mot placé dans les phrases, en s'aidant de l'exemple donné sur le manuel.

la sortie : nom féminin, se termine par -e

Lors de la mise en commun, organisez dans des colonnes les justifications des élèves au tableau :

Nom féminin en *-e*	Nom masculin : autre terminaison (pas de *-e*)	Participe passé	Verbe en *-er* : terminaison *-e*
la sortie la crue l'allée la lieue	un cri le lieu	Lilian est sorti ils ne m'ont pas cru Léo est allé	on ne crie pas

Revenez sur chaque type de cas rencontré pour expliciter sa justification orthographique :
- les noms féminins se terminent très généralement par *-e*.
- les noms masculins ne se terminent généralement pas par *-e*.
- Les verbes en *-er* se terminent par *-e* avec les sujets *je* et *il/elle* au présent.

Le cas du participe passé est à développer : demandez aux élèves de transformer les trois phrases de l'activité comprenant un participe passé, en modifiant le sujet ou le pronom CdV :

Lilian est sorti → Liliane …
ils ne m'ont pas cru → Et si c'est une fille qui parle ? …
Léo est allé → Léa …

Les élèves rappellent que :
- les participes passés peuvent se terminer par *-é, -i, -u, -s ou -t.*
- les participes passés s'accordent parfois : dans ce cas ils prennent les marques du féminin ou du pluriel.

Concluez la séance par une rapide dictée de mots :

une **partie** de cartes / elle est **partie** / ils sont **partis**
j'ai **revu** ton frère en ville / une **revue** de mots croisés
il **essaie** de mieux travailler / c'est son premier **essai**
on **applaudit** les artistes / la star est très **applaudie** / j'**applaudis** les artistes

Dans chaque cas, les élèves expliquent la terminaison à l'aide des règles et des connaissances acquises.

Pour s'entrainer

Conseillez à vos élèves de vérifier la terminaison des mots peu connus dans leur dictionnaire.
Vous pouvez commencer les premières séances d'entrainement par un rappel des différents cas de figures qui peuvent se présenter, et traiter oralement les premières phrases de l'activité.

Pour aller plus loin

Corrigé :

pelle → une **pelletée** de terre
gorge → une **gorgée** d'eau
bouche → une **bouchée** de pain
bras → une **brassée** de fleurs
poing → une **poignée** de cerises
bol → une **bolée** de cidre
table → une **tablée** d'amis
nid → une **nichée** d'oisillons
four → une **fournée** de pain frais

J'écris les mots en *-ail, -eil, -euil*...

5 À 6 SÉANCES
À RÉPARTIR SUR 2 MOIS ENV.

DANS LES PROGRAMMES

Repères de progression CM2
Les élèves prennent conscience de quelques homophonies lexicales et grammaticales.

Connaissances et compétences associées
Maitriser les relations entre l'oral et l'écrit.
Maitriser :
- l'ensemble des phonèmes du français et des graphèmes associés ;
- la variation et les marques morphologiques du genre et du nombre, à l'oral et à l'écrit (noms, déterminants, adjectifs, pronoms, verbes).

Exemples de situations, d'activités et de ressources pour l'élève
- activités (observations, classements) permettant de clarifier le rôle des graphèmes dans l'orthographe lexicale et l'orthographe grammaticale ;
- activités (observations, classements) permettant de prendre conscience des phénomènes d'homophonie lexicale et grammaticale, de les comprendre et, pour certains d'entre eux, de distinguer les homophones en contexte.

MANUEL DE L'ÉLÈVE **PP. 146-147**

CAHIER D'ACTIVITÉS **P. 26**

LES CHOIX DE CLÉO

Les mots en [aj], [ɛj], [uj], [œj] et [ij] posent un double problème : une difficulté phonologique d'abord, et une difficulté qui tient au repérage de leur classe grammaticale. En effet, ces mots sont soit des noms (masculins ou féminins), soit des verbes : c'est d'ailleurs une bonne occasion de renforcer la reconnaissance de ces classes grammaticales.

Pour commencer

Manuel p. 146 • Cahier d'activités p. 26

Cahier d'activités et manuel fermés, demandez aux élèves de trouver et d'épeler un verbe conjugué en [uj], un autre en [ɛj], un nom féminin en [œj], un nom masculin en [ɛj], etc. Écrivez ces mots au tableau en faisant justifier les différentes terminaisons.

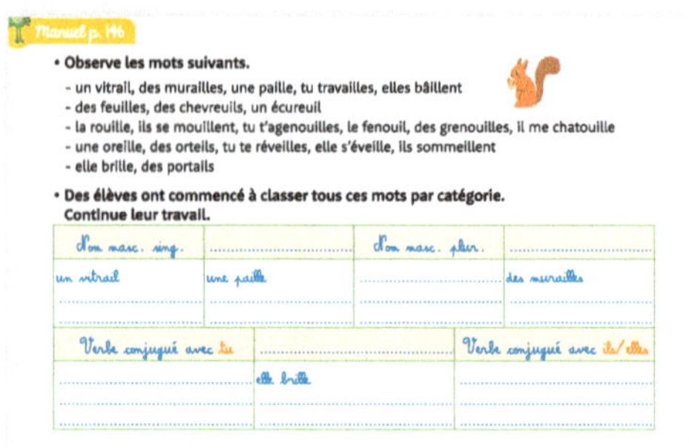
Manuel p. 146

• Observe les mots suivants.
- un vitrail, des murailles, une paille, tu travailles, elles bâillent
- des feuilles, des chevreuils, un écureuil
- la rouille, ils se mouillent, tu t'agenouilles, le fenouil, des grenouilles, il me chatouille
- une oreille, des orteils, tu te réveilles, elle s'éveille, ils sommeillent
- elle brille, des portails

• Des élèves ont commencé à classer tous ces mots par catégorie.
Continue leur travail.

Nom masc. sing.		Nom masc. plur.	
un vitrail	une paille		des murailles

Verbe conjugué avec tu		Verbe conjugué avec ils/elles
	elle brille	

Faites ensuite découvrir l'activité « Pour commencer » dans le manuel et/ou dans le cahier d'activités : il s'agit de compléter des finales de mots en *-ail*, *-eil*, *-euil*, *-ouil*, etc.
Les élèves complètent le tableau proposé sur leur cahier d'activités (*cf.* ci-dessus).

N.B. : Certains mots du manuel ne figurent pas dans le cahier d'activités (indiqués en couleur ci-dessous). Ils seront ajoutés en collectif au tableau, lors de la mise en commun.

Corrigé :

Nom masculin singulier	Nom masculin pluriel	Nom féminin singulier	Nom féminin pluriel
un vitrail un écureuil le fenouil	des chevreuils des orteils des portails	une paille la rouille une oreille une aiguille	des murailles des feuilles des grenouilles des merveilles des filles

Verbe conjugué avec *tu*, terminaison *-es*	Verbe conjugué avec *je/il/elle*, terminaison *-e*	Verbe conjugué avec *ils/elles*
tu travailles tu t'agenouilles tu te réveilles tu t'habilles	il braille il me chatouille elle s'éveille elle brille	ils se mouillent ils sommeillent ils sautillent elles bâillent

Procédez à une mise en commun au tableau, en commentant les différentes finales possibles :

- ***-ail, -eil, -ouil...*** pour un nom masculin singulier ;
- ***-ails, eils, euils, ...*** pour un nom masculin pluriel ;
- ***-ille, -aille, -ouille...*** pour un nom féminin singulier ou un verbe en *-er* conjugué avec *je* ou *il/elle/on* au présent ;
- ***-illes, -eilles, euilles...*** pour un nom féminin pluriel ou un verbe en *-er* conjugué à la 2e personne du singulier du présent ;
- ***-illent, -aillent, -ouillent...*** pour un verbe en *-er* conjugué avec *ils/elles* au présent.

Concluez la séance en demandant aux élèves de rappeler les procédures de reconnaissance des verbes et des noms.

> Exemple :
> « *Ils **gaspillent** leur argent.* C'est un verbe car je peux le conjuguer avec différents sujets : *je gaspille, tu gaspilles, on gaspille*, etc.
> *Trois **grenouilles**.* C'est un nom car je peux placer différents déterminants devant : *une grenouille, la grenouille, cette grenouille*, etc. »

Pour s'entrainer

Faites lire les textes à haute voix avant de laisser travailler les élèves individuellement. Expliquez le sens des mots peu connus comme *vaciller, ferrailler, défaillir...*
Par ailleurs, l'orthographe des mots en *-ail, -eil, -ouil...* pourra faire l'objet d'un renforcement lors de séances « 5 minutes chrono ».

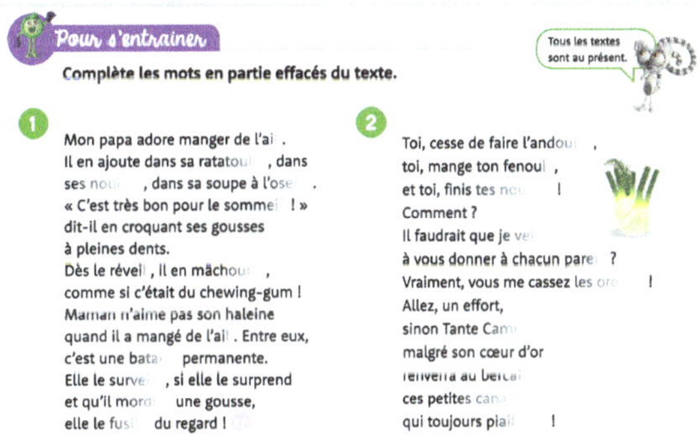
Pour s'entrainer
Complète les mots en partie effacés du texte.
Tous les textes sont au présent.

1
Mon papa adore manger de l'ai .
Il en ajoute dans sa ratatou , dans
ses nou , dans sa soupe à l'ose .
« C'est très bon pour le somme ! »
dit-il en croquant ses gousses
à pleines dents.
Dès le révei , il en mâchou ,
comme si c'était du chewing-gum !
Maman n'aime pas son haleine
quand il a mangé de l'ai . Entre eux,
c'est une bata permanente.
Elle le surve , si elle le surprend
et qu'il mord une gousse,
elle le fusi du regard !

2
Toi, cesse de faire l'andou ,
toi, mange ton fenoui ,
et toi, finis tes no !
Comment ?
Il faudrait que je ve
à vous donner à chacun pare ?
Vraiment, vous me cassez les or !
Allez, un effort,
sinon Tante Cam
malgré son cœur d'or
renverra au berca
ces petites can
qui toujours pia !

Pour aller plus loin

Cette activité fait découvrir et comprendre l'orthographe particulière des trois noms masculins dérivés de « feuille » : *mille-feuille, chèvrefeuille, portefeuille*.

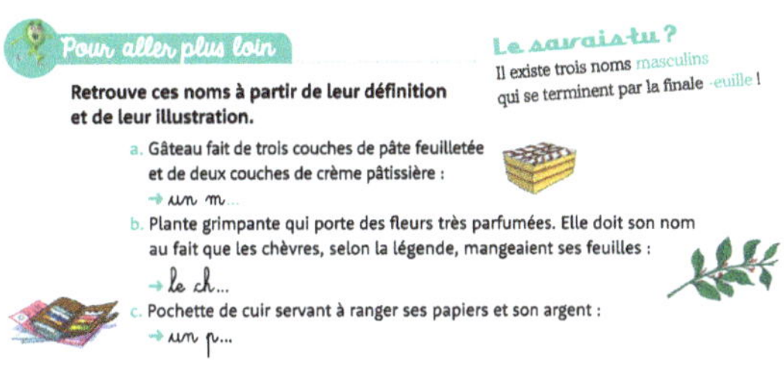
Pour aller plus loin
Retrouve ces noms à partir de leur définition et de leur illustration.
Le savais-tu ?
Il existe trois noms masculins qui se terminent par la finale -euille !
a. Gâteau fait de trois couches de pâte feuilletée et de deux couches de crème pâtissière :
→ un m...
b. Plante grimpante qui porte des fleurs très parfumées. Elle doit son nom au fait que les chèvres, selon la légende, mangeaient ses feuilles :
→ le ch...
c. Pochette de cuir servant à ranger ses papiers et son argent :
→ un p...

Je maitrise les finales verbales : problèmes d'accents

9 À 10 SÉANCES
À RÉPARTIR SUR
3 MOIS ENV.

DANS LES PROGRAMMES

Connaissances et compétences associées

Maitriser les relations entre l'oral et l'écrit.
- l'ensemble des phonèmes du français et des graphèmes associés ;
- la variation et les marques morphologiques du genre et du nombre, à l'oral et à l'écrit (noms, déterminants, adjectifs, pronoms, verbes).

Exemples de situations, d'activités et de ressources pour l'élève
- activités (observations, classements) permettant de clarifier le rôle des graphèmes dans l'orthographe lexicale et l'orthographe grammaticale ;
- activités (observations, classements) permettant de prendre conscience des phénomènes d'homophonie lexicale et grammaticale, de les comprendre et, pour certains d'entre eux, de distinguer les homophones en contexte.

MANUEL DE L'ÉLÈVE
PP. 148-149

SITE COMPAGNON
● CORRIGÉ DU « POUR ALLER PLUS LOIN »

AIDE-MÉMOIRE
Leçons n°s 21 et 42

CD-ROM
● CORRIGÉ DU « POUR ALLER PLUS LOIN »

CAHIER D'ACTIVITÉS
P. 26

LES CHOIX DE CLÉO

Les verbes en *-eler* et en *-eter* sont concernés par les rectifications orthographiques de 1990. Tous s'écrivent désormais avec *-èl–* dans toutes les formes conjuguées en [ɛl] : *j'épèle, je renouvèle, je déchiquète...*
Tous... sauf deux, ***jeter*** et ***appeler***, ainsi que leurs dérivés : *je jette, je me rappelle...* Conserver des exceptions quand on rectifie, voilà un choix qui peut surprendre !
Ce chapitre donne en outre l'occasion de revoir les principes qui président au choix de l'accent grave, aigu, ou de l'absence d'accent sur le *e*.

RAPPEL POUR L'ENSEIGNANT

Règles d'emploi des accents grave et aigu

La lettre **e** prononcée [e] ou [ɛ] ne prend un accent qu'à condition de se trouver en fin de syllabe :
– *une **ves** / te* (absence d'accent)
– *la **vé** / ri / **té*** (accent aigu)
– *la vi / **pè** / re* (accent grave)

• **La prononciation permet-elle de choisir entre é et è ?**

La prononciation fermée de **é** tend généralement à se confondre avec celle de **è**, traditionnellement plus ouverte.
Pour beaucoup d'élèves, la différenciation, à l'oral, entre **é** et **è** ne sera donc pas d'un grand secours pour choisir l'accent grave ou aigu (voir paragraphes ci-dessous).

• **L'accent grave**

Il existe des règles positionnelles qui expliquent la présence de l'accent grave :
– Une syllabe contenant **è** est suivie d'une autre syllabe contenant un **e** muet. Cette règle explique, par exemple, le changement d'accent entre *je préfè<u>re</u>* et *préfé<u>ré</u>*.
– La plupart du temps, la syllabe contenant **è** est l'avant-dernière du mot.
Exceptions à cette règle : quelques mots invariables, comme *très, près, après, auprès, exprès, dès,* ainsi que quelques noms, comme *abcès, procès, excès, succès, congrès, progrès*.

• **L'accent aigu**

Un **e** placé en fin de syllabe doit porter un accent aigu :
– s'il se prononce [e] ;
– et s'il n'est pas suivi d'une syllabe contenant un e muet.

Remarque : un mot finissant par **-é** ne change pas d'accent quand il est mis au féminin ou au pluriel :
*un défi**lé** / des défi**lés***
*Il est arri**vé**. / Elle est arri**vée**.*

Pour commencer

Manuel p. 148 • Cahier d'activités p. 26

Les élèves repèrent les verbes conjugués, trouvent leur infinitif et trient les formes verbales dans le tableau qu'ils reproduisent sur leur cahier d'essais ou qu'il complète sur leur cahier d'activités p. 25 (*cf.* ci-dessous).

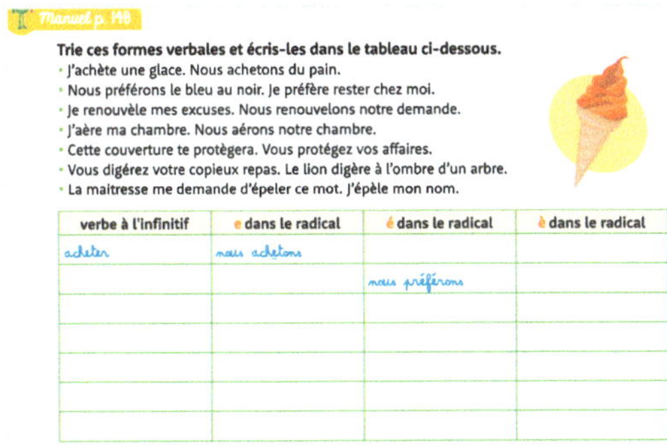

Manuel p. 148

Trie ces formes verbales et écris-les dans le tableau ci-dessous.
- J'achète une glace. Nous achetons du pain.
- Nous préférons le bleu au noir. Je préfère rester chez moi.
- Je renouvèle mes excuses. Nous renouvelons notre demande.
- J'aère ma chambre. Nous aérons notre chambre.
- Cette couverture te protègera. Vous protégez vos affaires.
- Vous digérez votre copieux repas. Le lion digère à l'ombre d'un arbre.
- La maitresse me demande d'épeler ce mot. J'épèle mon nom.

verbe à l'infinitif	e dans le radical	é dans le radical	è dans le radical
acheter	nous achetons		
		nous préférons	

Corrigez au tableau cette activité :

verbe à l'infinitif	e dans le radical	é dans le radical	*è dans le radical*
acheter	nous achetons		j'achète
préférer		nous préférons	je préfère
renouveler	nous renouvelons		je renouvèle
aérer		nous aérons	j'aère
protéger		vous protégez	elle te protègera
digérer		vous digérez	il digère
épeler			j'épèle

Explicitez avec les élèves l'emploi de *é*, *è* ou *e* dans ces formes verbales :
– quand on veut entendre [ə], c'est simple : il suffit d'écrire « **e** » : *acheter / nous renouvelons*, etc.
– quand on veut entendre [e] ou [ɛ], il faut faire attention à la syllabe suivante :
– si elle ne contient pas de « **e** » muet, on écrit **é** : *nous préférons / vous digérez / aérer.*
– si elle contient un « **e** » muet, on écrit **è** : *j'aère / il digère / j'épèle.*

N.B. : Si vos élèves ne sont pas familiers avec cette procédure permettant de choisir *é* ou è, consacrez-y plusieurs séances « 5 minutes chrono ».

Assurez-vous de la bonne compréhension des procédures au moyen d'une courte dictée de mots sur ardoise. Chaque forme verbale sera commentée et justifiée :
– *l'eau* ***gèle*** */ l'eau a* ***gelé*** */ nous* ***gèlerons***
– *j'espère / vous* ***espérez***
– *le miroir* ***reflète*** *la lumière / le miroir peut* ***refléter*** *la lumière*

Lisez dans l'aide-mémoire et commentez avec vos élèves la leçon n° 42, ainsi que le paragraphe « quelques particularités à retenir » de la leçon n° 21.

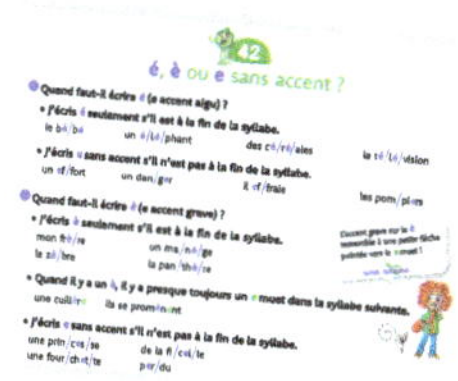

Pour s'entrainer

Une correction collective, juste après le travail individuel, est particulièrement recommandée, au moins pour les premiers entrainements de la série, afin de s'assurer que les procédures de choix entre *é*, *è* ou *e* sont bien comprises et correctement utilisées.

Je choisis l'infinitif en *-er*, le participe en *-é* ou l'imparfait en *-ais*, *-ait*, *-aient*

7 À 8 SÉANCES
À RÉPARTIR SUR
3 MOIS ENV.

DANS LES PROGRAMMES

Repères de progression CM2
Les élèves prennent conscience de quelques homophonies lexicales et grammaticales.

Connaissances et compétences associées

Acquérir l'orthographe grammaticale

- mémoriser: le présent, l'imparfait, le futur, le passé simple, le passé composé, le plus-que-parfait de l'indicatif, le conditionnel présent et l'impératif présent pour :
- *être* et *avoir* ;
- les verbes du 1er et du 2e groupes ;
- les verbes irréguliers du 3e groupe : *faire, aller, dire, venir, pouvoir, voir, vouloir, prendre*.
- distinguer temps simples et temps composés ;
- comprendre la notion de participe passé.

Exemples de situations, d'activités et de ressources pour l'élève

À partir de corpus de phrases, observation et classement des finales verbales en [e] ; mise en œuvre de la procédure de remplacement par un verbe dont l'infinitif est en *-dre*, en *-ir* ou en *-oir*.

MANUEL DE L'ÉLÈVE
PP. 150-151

CD-ROM
● ACTIVITÉ D'ENTRAINEMENT SUPPLÉMENTAIRE

AIDE-MÉMOIRE
Leçons nos 22, 23 et 49

CAHIER D'ACTIVITÉS
P. 27

LES CHOIX DE CLÉO

Tout d'abord, il n'est pas sûr que vous (ou vos élèves) considériez que ***allais*** et ***allé***, ***jouait*** et ***joué***, ***oubliaient*** et ***oublié*** soient des formes verbales homophones : en effet, même si la distinction [e] / [ɛ] tend à s'estomper pour beaucoup de locuteurs francophones, c'est loin d'être le cas pour tous (voir encadré « Pour l'enseignant » ci-dessous).

Les erreurs d'orthographe sont très nombreuses sur les finales verbales homophones en [ɛ], et particulièrement sur les terminaisons de l'infinitif en *-er* et du participe passé en *-é*. À ces confusions s'ajoutent celles entre terminaisons de l'imparfait, de l'infinitif et du participe passé dans les régions où la distinction [e] / [ɛ] est peu perçue.

Ce chapitre fait suite au chapitre « Je choisis le participe passé ou l'infinitif » étudié en début d'année.

RAPPEL POUR L'ENSEIGNANT

[e] ou [ɛ] : une différence qui s'estompe

La différence entre [e] et [ɛ] tend à se neutraliser, c'est-à-dire à n'être ni perçue ni produite par les francophones. Ce phénomène varie selon les régions. Souvent, un même locuteur alternera les deux prononciations possibles d'un même mot, sans en prendre lui-même conscience.

Les auteurs du *Petit Robert*[1] ont pris la mesure de cette évolution. Ils indiquent dans l'introduction : « Si l'on s'en tenait à noter la prononciation commune aux francophones, on aurait noté un seul son (archiphonème) pour les voyelles à deux timbres, par exemple E pour [e] et [ɛ]. »

Au niveau orthographique, les conséquences de cette neutralisation ne simplifient pas notre tâche d'enseignant. Des formes qui n'étaient pas homophones le sont devenues, et parmi elles : *et / est – chanté / chantait – je chanterai / je chanterais*.

Pour certaines personnes, ces mots ne posent pas de problème orthographique car ils ne les ressentent pas comme véritablement homophones. Pour la majorité, ils le sont bel et bien : il est donc devenu nécessaire d'enseigner des procédures pour les distinguer, leur prononciation ne suffisant plus. Pour exemple, dans le tableau ci-dessous, un rappel de la prononciation standard d'un certain nombre de mots :

[e] (= é)	[ɛ] (= è)
je chant**ai**, vous chant**ez**	je chant**ais**, elle chant**ait**
je chanter**ai**, vous chanter**ez**	je chanter**ais**, ils chanter**aient**
un gu**é**, g**ai**,	le gu**et**
et	il **est**
je l'**ai**, un l**é**	le l**ait**, l**aid**
for**er**, for**é**	un for**et**, la for**êt**
bouch**é**, un bouch**er**, une bouch**ée**	il bouch**ait**, ils bouch**aient**
un roul**é**-boul**é**	il roul**ait**, un boul**et**

Si, dans votre région, ces différences sont encore plus ou moins perçues, il y a tout intérêt à les faire respecter par vos élèves quand ils travaillent sur la langue ou qu'ils lisent à haute voix, et à les associer systématiquement aux finales qui les produisent : vous leur donnerez ainsi un avantage certain en orthographe.

Si, en revanche, la neutralisation *é / è* est généralisée, votre action sera moins déterminante... mais peut-être pas totalement inutile ! Vous enseignerez alors cette distinction un peu à la manière dont on distingue *mouse* et *mouth* en anglais, ou *Kirsche* et *Kirche* en allemand ! En effet, comme quand on apprend une langue étrangère, il faut de fait sensibiliser l'oreille à des distinctions qu'elle ne perçoit pas spontanément.

1 *Le Nouveau Petit Robert*, 1993.

Pour commencer

Manuel p. 150 • Cahier d'activités p. 27

1 Présentez l'activité « Pour commencer » p. 150 du manuel ou p. 27 du cahier d'activités (cf. ci-contre), et demandez aux élèves de compléter les trois premières phrases de deux façons différentes sur leur cahier d'activités (ou ils reproduisent les phrases sur leur cahier d'essais) :

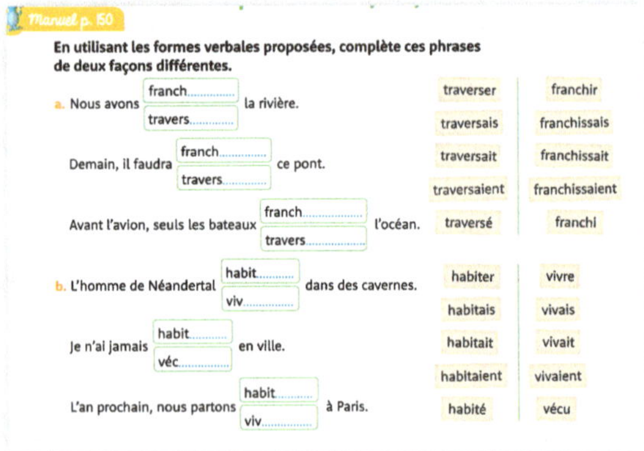
Manuel p. 150

En utilisant les formes verbales proposées, complète ces phrases de deux façons différentes.

a. Nous avons franch…… / travers…… la rivière.
Demain, il faudra franch…… / travers…… ce pont.
Avant l'avion, seuls les bateaux franch…… / travers…… l'océan.

traverser	franchir
traversais	franchissais
traversait	franchissait
traversaient	franchissaient
traversé	franchi

b. L'homme de Néandertal habit…… / viv…… dans des cavernes.
Je n'ai jamais habit…… / véc…… en ville.
L'an prochain, nous partons habit…… / viv…… à Paris.

habiter	vivre
habitais	vivais
habitait	vivait
habitaient	vivaient
habité	vécu

*a. Nous avons **traversé** la rivière. / Nous avons **franchi** la rivière.*
*Demain, il faudra **traverser** ce pont. / Demain, il faudra **franchir** ce pont.*
*Avant l'avion, seuls les bateaux **traversaient** l'océan. / Avant l'avion, seuls les bateaux **franchissaient** l'océan.*

Faites rechercher les verbes conjugués au passé composé. Demandez aux élèves de rappeler la règle de formation de ce temps, ainsi que celle du participe passé.

2 Expliquez que pour certains verbes, ceux en *-ir, -oir, -re*, on voit et on entend la différence entre le participe passé et l'infinitif : il n'y a donc pas de problème pour les écrire.
En revanche, les verbes en *-er* posent un problème particulier, puisqu'il n'y a pas de différence, à l'oral, entre l'infinitif et le participe passé.
Faites expliciter par les élèves l'intérêt de substituer à un verbe *-er* un autre verbe *-ir, -oir, -re*.

> Exemple :
> « Quand je remplace *traversé* par *franchi*, j'entends que *franchi* est un participe passé, donc *traversé* est aussi un participe passé, il se termine par *-é*.
> Quand je remplace *traverser* par *franchir*, j'entends que *franchir* est un infinitif, donc *traverser* est aussi un infinitif, il se termine par *-er*. »

3 Donnez ensuite les trois phrases suivantes à compléter :
– *L'homme de Néandertal **habitait / vivait** dans des cavernes.*
– *Je n'ai jamais **habité / vécu** en ville.*
– *L'an prochain, nous partons **habiter / vivre** à Paris.*

Faites à nouveau expliciter la procédure par quelques élèves.

4 Concluez la séance en lisant la leçon n° 49 dans l'aide-mémoire.

Pour s'entrainer

Dans les activités 1 à 4 les verbes en *-er* sont remplacés par des synonymes.
Lors des premiers entrainements, vous pouvez traiter une ou deux phrases collectivement pour vous assurer que tous les élèves savent comment utiliser la procédure.
Dans les activités 5 à 7, les substitutions des verbes en *-er* ne se feront non plus avec des synonymes, mais avec les verbes *dormir* ou *mordre*, par exemple. Rappelez que le sens de la phrase est complètement modifié par cette manipulation, mais que le procédé permet tout de même de choisir entre participe passé ou infinitif. Il sera sans doute nécessaire, lors des premiers entrainements de cette deuxième série d'activités, de procéder à un travail collectif plus important, en préparation de l'activité individuelle et/ou en correction, pour que les élèves fragiles aient l'occasion d'oraliser ce type de substitution sous votre contrôle, et de justifier le choix de la terminaison.
Donnez à apprendre la leçon n°49 après quelques entrainements.
Une activité supplémentaire est proposée sur le CD.

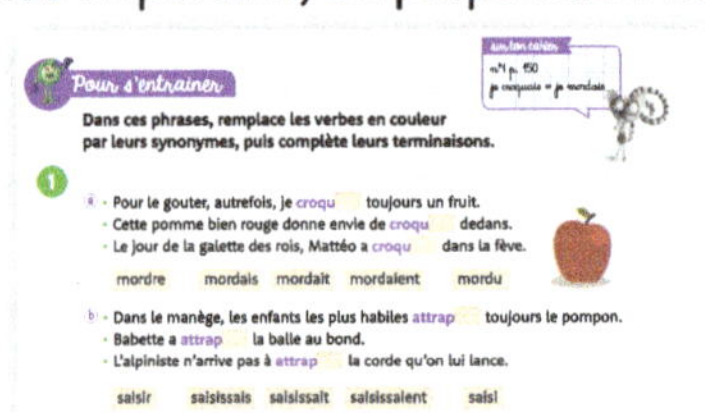

ENTRONS DANS LA CLASSE DE NATHALIE (CM2)

La séance débute par un rappel de la procédure déjà entrainée quatre ou cinq fois au cours du mois précédent (remplacer le verbe en *-er* par un verbe synonyme en *-ir, -oir, -dre*).

Ce jour-là, la séance porte sur un élargissement de la procédure, en utilisant un verbe (tel *mordre, mordu, mordait*...) qui, bien que dépourvu de sens dans le contexte de la phrase, permet de déterminer la forme verbale adéquate.

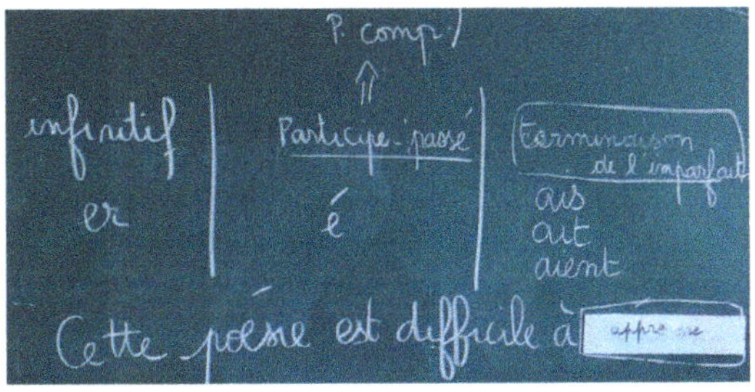

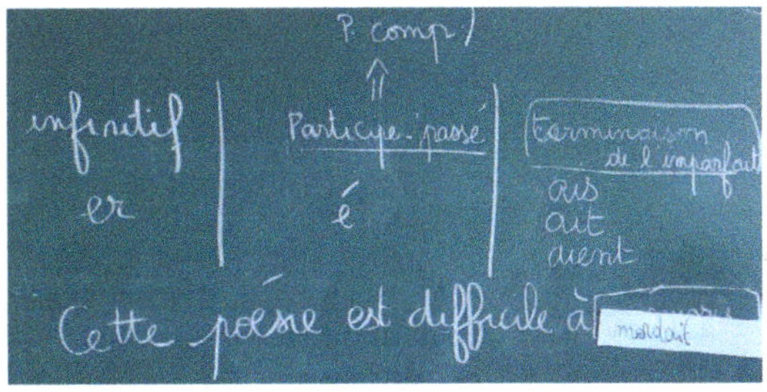

Interactions en classe		Analyse
Élève	Je change mémoriser par un autre mot... un autre verbe à peu près pareil. Apprendre... Par exemple je mets *-ais* à apprendre *[test oral après avoir écrit* apprenais *au tableau]* : cette poésie est difficile* à *apprenais*... C'est pas la bonne terminaison.	
Enseignante	Est-ce que tu peux faire un autre test ? Avec le participe passé ?	*L'enseignante relance, aide les élèves à aller au bout de la procédure engagée.*
Élève	Cette poésie est difficile à *appris*. Non...	
Élève	Cette poésie est difficile à *apprendre*... Ça fonctionne.	
Enseignante	Alicia a choisi le verbe *apprendre*. Vous voyez pourquoi elle a choisi le verbe *apprendre* ?	*L'enseignante oriente les débats sur la question du sens, et sur le fait qu'on peut choisir un verbe qui n'a pas de sens dans le contexte de la phrase.*
Élève	Parce que c'est pas un verbe du 1er groupe.	
Élève	Peut-être parce que ça a du sens avec la phrase. Mais on peut aussi utiliser un verbe qui n'a pas de sens avec la phrase.	
Élève	Mordre...	*Plusieurs élèves témoignent de leur compréhension en trouvant des exemples.*
Élève	Ou dormir... Cette poésie est difficile à mordais... Ça marche pas.	
Enseignante	Alors on va faire un deuxième test. Cette poésie est difficile* à *mordu*...	
Enseignante	Est-ce que ça marche ?	
Élève	Non.	
Élève	Alors qu'est-ce qu'on élimine ?	*L'enseignante fait procéder à une nouvelle synthèse partielle.*
Enseignante	Le participe passé et l'imparfait.	
Élèves	Cette poésie est difficile à *mordre*... Ça marche !	
Enseignante	Il faut prendre un verbe que vous connaissez bien dans ses trois formes : infinitif, participe passé et imparfait.	
Élève	*Danser, dansé, dansait.*	*Remarque passée inaperçue d'un élève.*
Élève	*Écrire*. Cette poésie est difficile à *écrire*.	

Élève	Cette poésie est difficile à *dormir*.	
Enseignante	Qu'en pensez-vous ?	
Élève	Je pense que c'est bien parce que c'est un verbe du 3e groupe et ben euh… ça marche.	*Nombreux essais concluants : les élèves témoignent qu'ils se saisissent de la procédure en cours d'apprentissage.*
Élève	Cette poésie est difficile à *vomir* (rires).	
Élève	Cette poésie est difficile à *vendre*.	
Élève	Des fois on peut voir *une auxiliaire avant le verbe, du coup moi je sais que c'est directement du participe passé.	*Intervention de deux élèves que l'enseignante a pris soin de ne pas faire intervenir trop tôt dans l'échange, car leurs compétences d'élèves avancés ne sont pas à la portée de tous : leurs procédures sont intéressantes, mais tous les élèves ne sont pas en mesure de s'en saisir à ce stade de la séquence.*
Enseignante	Vous avez compris ? Il va regarder s'il y a un temps composé dans la phrase, s'il remarque un auxiliaire, il sait tout de suite qu'il y a derrière un participe passé.	
Élève	À l'infinitif, parfois il peut y avoir une préposition comme, ici, il y a *à* et aussi parfois, pas très souvent il y a un verbe qui peut être, par exemple, euh, au passé composé, et après, souvent, l'autre verbe, eh ben, il est à l'infinitif.	
Élève	Moi je voulais dire, c'est pour choisir l'imparfait, ben, souvent, si la phrase elle a du sens, ben, ça se déroule au passé, c'est pour ça qu'on sait que c'est de l'imparfait.	*Cette dernière procédure témoigne d'un sens de la langue avancé chez cet élève. Pour autant, la procédure proposée n'est pas très opératoire, car elle n'empêche pas totalement les confusions participe passé / imparfait.*

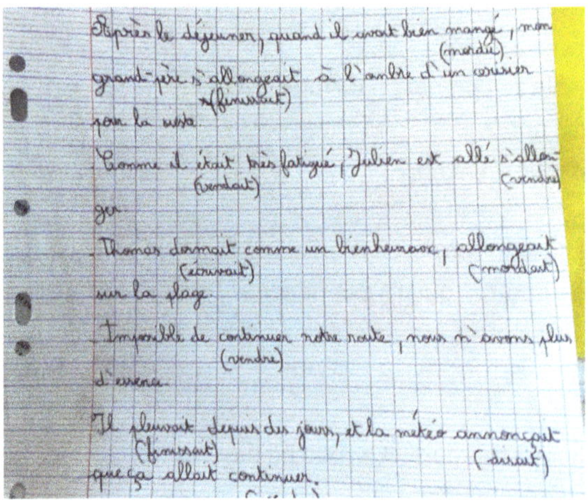
Après le déjeuner, quand il avait bien mangé (mordu), mon grand-père s'allongeait (finissait) à l'ombre d'un cerisier pour la sieste.
Comme il était (vendait) très fatigué, Julien est allé s'allon- (vendre) ger.
Thomas dormait (écrivait) comme un bienheureux, allongeait (mordait) sur la plage.
Impossible de continuer (vendre) notre route, nous n'avons plus d'essence.
Il pleuvait (finissait) depuis des jours, et la météo annonçait (durait) que ça allait continuer.

Travail écrit individuel qui témoigne de l'appropriation de la procédure… à une exception près !

Pour aller plus loin

Lis ces phrases et complète les verbes qui sont à l'infinitif ou au participe passé.

a. J'ai vu le technicien install le matériel sur scène.
J'ai vu que le technicien install les micros.
Ensuite, j'ai vu le même technicien install dans un confortable fauteuil.

b. J'ai vu mon petit frère cach sous son lit.
J'ai vu mon petit frère cach quelque chose sous son lit.
C'est alors que j'ai compris qu'il me cach quelque chose !

c. J'ai vu la petite fille enfil son manteau.
J'ai vu qu'elle enfil son manteau à l'envers.
J'ai vu le manteau enfil à l'envers.

Corrigé :
a. installer / installait / installé
b. caché / cacher / cachait
c. enfiler / enfilait / enfilé

Je maitrise les finales verbales : cas particuliers

7 À 8 SÉANCES
À RÉPARTIR SUR
3 MOIS ENV.

DANS LES PROGRAMMES

Repères de progression CM2
En plus des temps déjà appris, les élèves mémorisent, **au cours de l'année**, le passé simple et le plus-queparfait pour :
- *être* et *avoir* ;
- les verbes du 1er et du 2e groupes ;
- les verbes irréguliers du 3e groupe : *faire, aller, dire, venir, pouvoir, voir, vouloir, prendre*.

Connaissances et compétences associées
Maitriser les relations entre l'oral et l'écrit.
Maitriser :
- l'ensemble des phonèmes du français et des graphèmes associés ;
- la variation et les marques morphologiques du genre et du nombre, à l'oral et à l'écrit (noms, déterminants, adjectifs, pronoms, verbes).

Exemples de situations, d'activités et de ressources pour l'élève
- activités (observations, classements) permettant de clarifier le rôle des graphèmes dans l'orthographe lexicale et l'orthographe grammaticale ;
- activités (observations, classements) permettant de prendre conscience des phénomènes d'homophonie lexicale et grammaticale, de les comprendre et, pour certains d'entre eux, de distinguer les homophones en contexte.
- Activités (observations, classements) permettant de prendre conscience des phénomènes d'homophonie lexicale et grammaticale et de les comprendre.

MANUEL DE L'ÉLÈVE **PP. 152-153**

CD-ROM
● ACTIVITÉS D'ENTRAINEMENT SUPPLÉMENTAIRES

CAHIER D'ACTIVITÉS **P. 28**

LES CHOIX DE CLÉO

Les verbes en *-yer* et en *-ier* posent un problème très spécifique de conjugaison : à la 1re et à la 2e personnes du pluriel de l'imparfait, la juxtaposition du radical et des terminaisons crée des formes verbales qui semblent « contrenature » à beaucoup d'élèves, mais qui permettent de les distinguer des formes correspondantes du présent :

– *nous crions* ↔ *nous criions* – *vous vous souciez* ↔ *vous vous souciiez*
– *nous balayons* ↔ *nous balayions* – *vous vous ennuyez* ↔ *vous vous ennuyiez*

En outre, les verbes en *-ayer* possèdent une autre particularité : deux formes verbales coexistent pour quatre des six personnes du présent :

– *j'essaie* ou *j'essaye* – *il essaie* ou *il essaye*
– *tu essaies* ou *tu essayes* – *ils essaient* ou *ils essayent*

Nous avons choisi de ne pas présenter cette particularité aux élèves, car elle n'implique pas de risque d'erreur orthographique.

Nous profitons de ce chapitre pour revoir également l'étude des verbes en *-cer*, et en *-ger*, et donc réviser les modalités d'emploi de *c/ç* et *g/ge*.

Pour commencer

Manuel p. 152 • Cahier d'activités p. 28

Avant que les élèves ne complètent le tableau de l'activité « Pour commencer » sur leur cahier d'activités p. 28 (ou reproduisent le tableau sur leur cahier à partir du manuel p. 152), précisez-leur que les formes de l'imparfait sont toujours différentes de celles du présent.

N.B. : Nous avons privilégié la forme « je balaie » plutôt que « je balaye », car c'est la plus couramment utilisée. C'est aussi la forme la plus utile à retenir, puisque les verbes en *-oyer* et *-uyer* s'écrivent avec un *i* sauf avec les sujets *nous* et *vous*.

Manuel p. 152

• Complète ces deux tableaux.

Infinitif	Présent avec je	Présent avec nous	Présent avec vous
avancer	j'avance		
foncer			vous foncez
nager			
manger			
crier	je crie		
oublier		nous oublions	
balayer	je balaie		
essuyer			vous essuyez

Infinitif	Imparfait avec je	Imparfait avec nous	Imparfait avec vous
avancer			
foncer			
nager			vous nagiez
manger		nous mangions	
crier			
oublier			
balayer	je balayais		
essuyer			

• Explique les particularités orthographiques :
- des verbes en -cer ;
- des verbes en -ger ;
- des verbes en -ier ;
- des verbes en -yer.

Attention, les formes de l'imparfait sont toujours différentes de celles du présent !

(Cahier d'activités)

Lors de la mise en commun, prenez le temps d'explorer les écritures erronées, afin de pouvoir mieux expliciter les orthographes correctes :

- Si j'écrivais nous **commencons*, j'entendrai [kõ] au lieu de [sõ].
- Si j'écrivais nous **nagons*, j'entendrais [gõ] au lieu de [ʒõ].
- À l'imparfait, si j'écrivais *nous crions*, il n'y aurait pas de différence avec le présent : le 1er ***i*** fait partie du radical du verbe, le 2e ***i*** fait partie de la terminaison *-ions* de l'imparfait.
- Etc.

Concluez la séance en demandant aux élèves de formuler (à l'oral ou par écrit) les règles particulières qui concernent les verbes en *-ier, -yer, -cer* et *-ger* :

- Verbes en *-ier* et *-yer* : à l'imparfait, ils conservent toujours le *y* ou le *i* du radical, même avec les terminaisons *-ions* et *-iez* : *nous ri|ions / vous croy|iez.*
- Verbes en *-cer* : devant *a* et *o*, le *c* prend une cédille : *j'avançais / nous avançons* pour entendre [s].
- Verbes en *-ger* : devant *a* et *o*, il faut un *e* après le *g* : *je mangeais / nous mangeons* pour entendre [ʒ].

Pour s'entrainer

Nous avons privilégié l'insertion des formes verbales à orthographier dans un contexte le plus authentique possible, même s'il faut reconnaitre que l'utilisation de certaines formes est extrêmement rare... pour ne pas dire réservée aux manuels scolaires !
Des activités supplémentaires sont proposées sur le CD.

Je maitrise les déterminants et les pronoms qui commencent par s ou c

4 À 5 SÉANCES
À RÉPARTIR SUR
6 SEMAINES ENV.

DANS LES PROGRAMMES

Repères de progression CM2
Les élèves prennent conscience de quelques homophonies lexicales et grammaticales.

Connaissances et compétences associées
Maitriser les relations entre l'oral et l'écrit.
Maitriser :
- l'ensemble des phonèmes du français et des graphèmes associés ;
- la variation et les marques morphologiques du genre et du nombre, à l'oral et à l'écrit (noms, déterminants, adjectifs, pronoms, verbes).

Exemples de situations, d'activités et de ressources pour l'élève
- activités (observations, classements) permettant de clarifier le rôle des graphèmes dans l'orthographe lexicale et l'orthographe grammaticale ;
- activités (observations, classements) permettant de prendre conscience des phénomènes d'homophonie lexicale et grammaticale, de les comprendre et, pour certains d'entre eux, de distinguer les homophones en contexte.

Les élèves sont amenés à travailler sur l'homophonie lexicale et grammaticale en fonction des besoins, sans provoquer des rapprochements artificiels entre des séries d'homophones.

MANUEL DE L'ÉLÈVE **PP. 154-155**

CD-ROM
• ACTIVITÉS D'ENTRAINEMENT SUPPLÉMENTAIRES

AIDE-MÉMOIRE **Leçon n° 47**

CAHIER D'ACTIVITÉS **P. 29**

LES CHOIX DE CLÉO

Alors que, dans C.L.É.O., les homophones grammaticaux ne sont généralement pas présentés en opposition, cette séquence fait exception : cependant, cette opposition n'est pas envisagée seulement sous l'angle orthographique, mais également sous l'angle sémantique (les initiales « s » des possessifs et les réfléchis, et « c » des démonstratifs sont porteuses de sens).
De plus, la procédure enseignée permet à l'élève d'organiser des mots de différentes classes grammaticales selon des principes sémantiques :

s initial		c initial
signale ce qui est à soi	signale ce qu'on fait à soi-même	signale ce que l'on désigne, ce dont on parle
déterminants possessifs : son, sa, ses pronoms possessifs : le sien, la sienne, les siens, les siennes	pronoms réfléchis : se/s', soi, soi-même	déterminants démonstratifs : ce, cet, cette, ces pronoms démonstratifs : cela, ça, ce celui, celle, ceux, celles

Cette approche a l'avantage de substituer une procédure unique aux règles traditionnelles opposant *ce/se, c'est/s'est, c'était/s'était, ça/sa*.
L'opposition sémantique constatée a des conséquences orthographiques, il est donc pertinent de renforcer ces liens sens/graphie et de les rendre explicites pour l'élève.
Pour ce faire, nous nous appuyons sur une paire de gestes associés, qui permettent de consolider encore le lien entre l'initiale et le sens qu'elle porte.

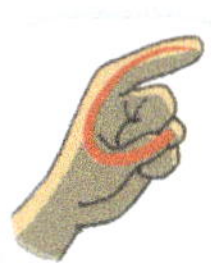

Le premier de ces gestes a été proposé par Jeanine et Jean Guion dans la collection O.R.T.H. (éd. Hatier). La forme d'un c est suggérée par l'index et le pouce d'une main qui pointe vers quelque chose, qui désigne quelque chose : ce geste est donc associé en mémoire aux démonstratifs commençant par c.

Nous proposons un autre geste qui convient aussi bien pour évoquer ce qui est à soi ou ce que l'on fait à soi-même : l'index forme un *s* qui s'achève sur la poitrine. Ce geste est associé en mémoire aux possessifs et aux réfléchis commençant par *s*.

Pour commencer

Manuel p. 154 • Cahier d'activités p. 29

Présentez l'activité « Pour commencer » p. 154.

Commentez les premières phrases et la procédure de résolution du problème orthographique : « Il cherche son sac… ***son** sac* (*faites le geste du s au moment où vous dites « son »*), c'est-à-dire le sien, il est bien à lui, ce sac, (refaites le geste associé) ; *son* est un déterminant qui commence par **s**, on peut donc faire ce geste qui signifie : à elle, ou à lui, ou à soi-même. Vous voyez, quand je fais ce geste, je trace un **s** en l'air. »

« *Ce vélo est hors de prix* ; on pourrait faire ce geste, qui montre le vélo (*faites le geste associé aux démonstratifs*) : vous voyez, ma main forme une sorte de **c** quand je fais ce geste, un **c** comme dans le mot ***ce***. »

Ensuite, les élèves complètent le tableau, individuellement ou par groupes sur leur cahier d'activités p. 29 : *cf.* ci-contre (ou ils le reproduisent sur leur cahier).

Au moment de la mise en commun, demandez-leur de justifier systématiquement l'emploi d'un mot commençant par **c** ou par **s** à l'aide des gestes associés et d'un commentaire explicatif.

> Exemple :
> *Celui-là est moins cher* → « Celui-là, c'est-à-dire celui que je montre, donc **celui-là** commence par **c**. »
> *Le singe se gratte la tête.* → « Il gratte la tête « de lui-même », **se** commence par **s**. »

Ensuite, les élèves choisissent entre *s* ou *c* (éventuellement ç) pour compléter les phrases proposées sur leur cahier d'activités. De même, lors de la correction collective, ils justifieront leurs choix.

Concluez la séance en lisant la leçon n° 43 de l'aide-mémoire.

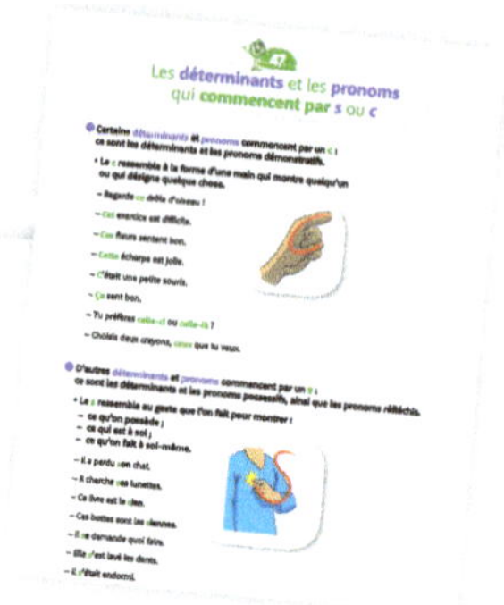

Pour s'entrainer

Donnez à apprendre la leçon n° 47 de l'aide-mémoire après quelques entrainements.

En cas de besoin, des activités supplémentaires sont proposées sur le CD.

Pour aller plus loin

Corrigé :

- Philippe **se lève** à cinq heures du matin.
- Grâce à **ce travail**, il gagne bien sa vie.
- Ce papier **se plie** facilement.
- Quand une chaussette **se troue**, c'est qu'elle est usée !
- **Ce trou** dans la route est dangereux.
- Samedi prochain, Nathalie **se marie** avec Djamel.
- **Ce mari** est très attentionné pour son épouse.
- La pâte à sel **se travaille** comme de la pâte à modeler.
- **Ce réveil** n'est pas à l'heure.
- Ce n'est pas très élégant, **ce trou** sur ton pantalon.
- Barbara **se peigne** soigneusement tous les soirs.

Je maitrise l'accord du participe passé

8 À 9 SÉANCES À RÉPARTIR SUR 2 MOIS ENV.

DANS LES PROGRAMMES

Repères de progression CM2
Les élèves comprennent la notion de participe passé et travaillent sur son accord quand il est employé avec le verbe être.

Connaissances et compétences associées
Maitriser la forme des mots en lien avec la syntaxe.
Maitriser les relations entre l'oral et l'écrit
Maitriser :
- l'ensemble des phonèmes du français et des graphèmes associés ;
- la variation et les marques morphologiques du genre et du nombre, à l'oral et à l'écrit (noms, déterminants, adjectifs, pronoms, verbes).

Acquérir l'orthographe grammaticale
- maitriser l'accord du verbe avec son sujet y compris inversé, de l'attribut avec le sujet, du participe passé avec être (cas les plus usuels).

Exemples de situations, d'activités et de ressources pour l'élève
À partir d'observations de corpus de phrases :
- activités de classement et raisonnements permettant de mettre en évidence les régularités ;
- manipulations syntaxiques (remplacement, par exemple par un pronom, expansion, etc.) ;
- activités d'entrainement pour fixer les régularités et automatiser les accords simples ;
- activités de réinvestissement en écriture (relectures ciblées, matérialisation des chaînes d'accord, verbalisation des raisonnements, etc.).

MANUEL DE L'ÉLÈVE **PP. 156-157**

CAHIER D'ACTIVITÉS **P. 30**

AIDE-MÉMOIRE **Leçon n° 48**

LES CHOIX DE CLÉO

L'accord du participe passé pose de redoutables problèmes ; malgré les efforts déployés entre le CM1 et la 3e du collège, bien des élèves ne parviennent pas à les surmonter à l'issue de la scolarité obligatoire. Il faut dire que le traitement traditionnel de cette question passe par la maitrise concomitante d'un nombre impressionnant de savoirs grammaticaux :
– temps composés de l'indicatif conjugués avec *avoir* ou *être* ;
– reconnaissance du COD, y compris sous la forme du pronom COD (qu'il soit personnel ou relatif) ;
– tournure passive ;
– forme pronominale (avec distinction entre verbes *essentiellement* et *accidentellement* pronominaux).

Pourtant, il existe une procédure unique qui permet d'assurer l'orthographe du participe passé en s'appuyant non sur une analyse grammaticale mais sur une compréhension fine de la phrase dans laquelle le participe est inséré. C'est cette procédure que nous privilégions dans C.L.É.O. car elle permet, dès le CM1, d'assurer l'accord du participe passé dans tous les cas de figures, ou presque. Elle n'a rien de révolutionnaire, puisqu'on en trouve la première mention dans un ouvrage publié en... 1754[3]:
« Si l'on demande, comme ont fait quelques grammairiens, pourquoi le participe se décline [= s'accorde], lorsqu'il vient après son régime [= son complément] ; et qu'au contraire, lorsqu'il le précède, il ne se décline pas : je m'imagine qu'en cela nos Français, sans y entendre finesse, n'ont songé qu'à leur plus grande commodité. On commence une phrase, quelquefois sans savoir quel substantif viendra ensuite. Il est donc commode, pour ne pas s'enferrer par trop de précipitation, de laisser indéclinable un participe, dont le substantif n'est point encore annoncé, et peut-être n'est point encore prévu. »

3 *Opuscules sur la langue françoise,* par divers académiciens [M. l'abbé de Dangeau, M. l'abbé de Choisy, M. Huet, M. Patru, M. l'abbé d'Olivet]– B. Brunet (Paris) – 1754.

Illustrons par quelques exemples cette explication !

Au moment où l'auteur de ces phrases en écrit les trois premiers mots, *j'ai acheté...*, il n'a pas encore écrit ce qu'il a acheté : le participe passé ne peut donc s'accorder avec un complément encore non exprimé. Si l'on symbolise par une flèche la relation qu'entretiennent participe passé et COD, cette flèche va systématiquement vers la droite.

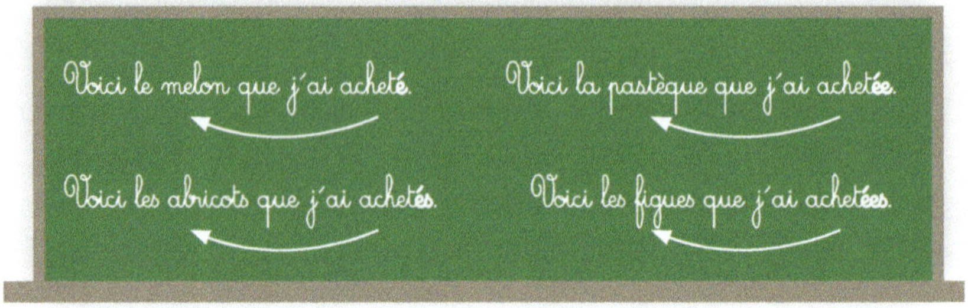

Dans ces phrases, au contraire, les fruits achetés apparaissent ***avant*** le participe passé : dans la mesure où le doute n'est plus permis sur la nature des achats, on accorde donc le participe passé avec le complément.

Et dans ce cas, la flèche symbolisant la relation qu'entretiennent participe passé et COD va systématiquement vers la gauche.

Cette explication est d'un grand intérêt pédagogique, car elle met à la portée des élèves une justification sémantique qu'ils peuvent élaborer de manière autonome.

De plus, cette procédure ne se limite pas aux phrases comportant un COD.

Observez ces diverses constructions :

– *indicatif présent, tournure passive :*
Ta montre est répar**ée**.

Au moment d'écrire *réparée*, on a déjà écrit ce qui est réparé : on accorde donc le participe passé avec *ta montre*, qui se trouve être le sujet de la phrase.

– *passé composé, auxiliaire* être :
La pomme est tomb**ée** de l'arbre.

Au moment d'écrire *tombée*, on a déjà écrit ce qui est tombé : on accorde donc le participe passé avec *la pomme*, qui se trouve être le sujet de la phrase.

– *formes pronominales :*
Elle s'est bross**é** les cheveux.

On n'a pas encore écrit, au moment d'écrire *brossé*, ce qui a été brossé : le participe passé ne s'accorde donc pas.

Elle s'est peign**ée**.

Au moment d'écrire *peignée*, on a déjà écrit qui s'est peigné : on accorde donc le participe passé avec *elle*, qui se trouve être le sujet de la phrase.

La procédure ne nécessite pas de passer par la reconnaissance de la construction verbale, ni de l'auxiliaire, ni du COD, ni du sujet. La question que l'on se pose ne relève pas de compétences syntaxiques mais d'une compréhension fine de la phrase : Quelque chose (ou quelqu'un) est ***réparé*** (ou ***tombé***, ou ***brossé***, ou ***peigné***...), de quoi (ou de qui) s'agit-il ?

Ce nom, ou ce pronom, est-il placé ***avant*** ou ***après*** le verbe ?

S'il est placé ***avant***, il impose sa marque d'accord au participe passé.

S'il est placé ***après***, alors le participe passé ne peut s'accorder avec lui.

Grâce à cette procédure, les élèves pourront, le cas échéant, assurer l'orthographe du participe passé dans les constructions passives ou pronominales, bien qu'elles ne soient pas au programme du cycle 3.

N.B. : Dans quelques rares cas, la procédure enseignée pourra être à l'origine d'erreurs de type :
*Maman a *sourie.*
*Les arbres ont *soufferts de la tempête.*
Il s'agit soit de verbes intransitifs, soit de verbes transitifs indirects qui ne permettent pas de formuler une question de type : « Qui est-ce qui *est souri ? Qu'est-ce qui *est souffert ? »
De ce fait, les élèves ont tendance à modifier la question posée en : « Qui est-ce qui a souri ? Qu'est-ce qui a souffert ? » Ce questionnement les amène à repérer le sujet.
Face à ce type d'erreurs, on signalera que si l'on ne peut pas formuler les questions *qu'est-ce qui est/qui est-ce qui est [+ part. passé] ?*, c'est que la question de l'accord du participe passé ne se pose pas : il reste donc invariable.

Pour commencer

Manuel p. 156 • Cahier d'activités p. 30

1 Faites observer la situation « Pour commencer » p. 156 (ou utilisez seulement le cahier d'activités p. 30 : *cf.* ci-contre).

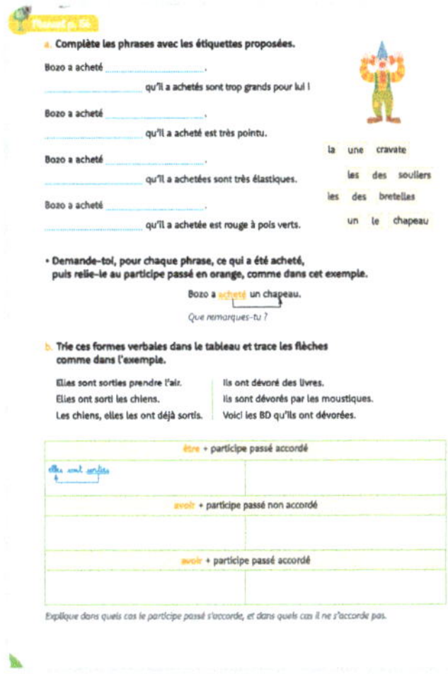
a. Complète les phrases avec les étiquettes proposées.

Bozo a acheté ....
.... qu'il a achetés sont trop grands pour lui !
Bozo a acheté ....
.... qu'il a acheté est très pointu.
Bozo a acheté ....
.... qu'il a achetées sont très élastiques.
Bozo a acheté ....
.... qu'il a achetée est rouge à pois verts.

la une cravate
les des souliers
les des bretelles
un le chapeau

• Demande-toi, pour chaque phrase, ce qui a été acheté, puis relie-le au participe passé en orange, comme dans cet exemple.

Bozo a acheté un chapeau.

Que remarques-tu ?

b. Trie ces formes verbales dans le tableau et trace les flèches comme dans l'exemple.

Elles sont sorties prendre l'air.
Elles ont sorti les chiens.
Les chiens, elles les ont déjà sortis.
Ils ont dévoré des livres.
Ils sont dévorés par les moustiques.
Voici les BD qu'ils ont dévorées.

être + participe passé accordé	
elles sont sorties	
avoir + participe passé non accordé	
avoir + participe passé accordé	

Explique dans quels cas le participe passé s'accorde, et dans quels cas il ne s'accorde pas.

Demandez aux élèves d'expliciter ce qu'ils auront à faire. Remarquez que les phrases 2, 4, 6 et 8 donnent un indice important pour choisir les étiquettes. Individuellement ou par groupes, laissez les élèves écrire les huit phrases.

2 Corrigez collectivement au tableau, en respectant si possible cette présentation.

Corrigé :
Bozo a acheté des souliers. Les souliers qu'il a achetés sont trop grands pour lui !
Bozo a acheté un chapeau. Le chapeau qu'il a acheté est très pointu.
Bozo a acheté des bretelles. Les bretelles qu'il a achetées sont très élastiques.
Bozo a acheté une cravate. La cravate qu'il a achetée est rouge à pois verts.

3 Demandez aux élèves de tracer une flèche entre le participe passé « acheté(e)(s) » et ce qui a été acheté.
Lors de la mise en commun, ajoutez les flèches au tableau.

Corrigé :
Bozo a acheté des souliers. Les souliers qu'il a achetés sont trop grands pour lui !
Bozo a acheté un chapeau. Le chapeau qu'il a acheté est très pointu.
Bozo a acheté des bretelles. Les bretelles qu'il a achetées sont très élastiques.
Bozo a acheté une cravate. La cravate qu'il a achetée est rouge à pois verts.

Les élèves observent que, dans la première phrase de chaque paire, le participe passé reste invariable alors que, dans la seconde phrase, il s'accorde en genre et en nombre avec ce qui a été acheté. Il est probable que les élèves ne pourront pas, d'emblée, fournir d'explication à cet état de fait…

4 Écrivez au tableau la phrase « Bozo a acheté… » (bien faire apparaitre les points de suspension) et proposez cette explication : « Quand j'écris *Bozo a acheté* …, je n'ai pas encore écrit ce qu'il a acheté : ça pourrait être une chemise, un pantalon, n'importe quoi. Je peux encore changer d'avis, si je veux ! Donc, je ne peux pas accorder le participe passé *acheté*, puisqu'on ne sait pas encore ce qui a été acheté ! Mais regardez cet autre exemple. (*Montrez au tableau la phrase « Les souliers qu'il a achetés. »*) Ici, c'est différent : quand j'écris le participe passé *achetés*, j'ai déjà écrit *les souliers*. Là, il n'y a aucun doute, je sais ce qui a été acheté, ce sont les souliers ! Donc, je dois accorder le participe passé au masculin pluriel. » Recommencez la même démonstration avec la deuxième paire de phrases, puis progressivement demandez aux élèves d'assurer eux-mêmes l'explication.

5 Terminez en indiquant que si la flèche qui part du participe passé va *vers la gauche*, c'est-à-dire vers l'arrière, cela signifie qu'on sait avec quoi l'accorder. Si cette flèche va *vers la droite*, c'est-à-dire vers l'avant, c'est qu'on ne sait pas encore avec quoi accorder le participe passé au moment où on l'écrit.

Pour conclure la séance, lisez et commentez la leçon n° 48 de l'aide-mémoire.

Pour s'entrainer

Les activités 1 à 5 des pages 156-157 sont de même format : elles permettent d'utiliser un participe passé unique dans diverses constructions syntaxiques, y compris dans la tournure passive que les élèves n'ont pas encore étudiée : *Ces affiches ont été posées à l'envers*. Ceci ne les empêche aucunement d'assurer l'accord du participe passé dans ces phrases.
Donnez à apprendre la leçon 48 de l'aide-mémoire après quelques séances d'entrainement.

Pour aller plus loin

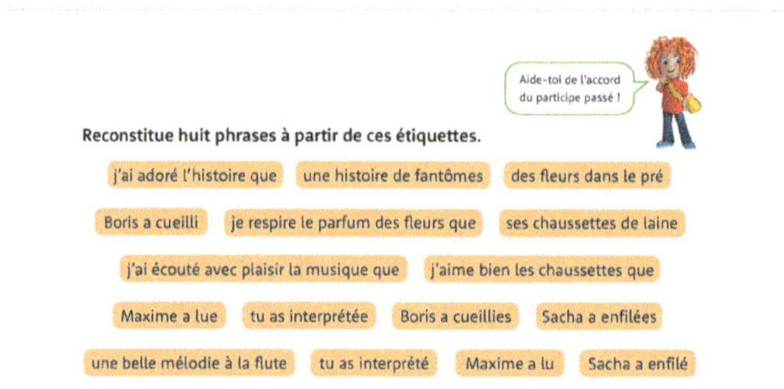

Corrigé :
J'ai adoré l'histoire que Maxime a lue.
Maxime a lu une histoire de fantômes.
Boris a cueilli des fleurs dans le pré.
Je respire le parfum des fleurs que Boris a cueillies.
Sacha a enfilé ses chaussettes de laine.
J'aime bien les chaussettes que Sacha a enfilées.
J'ai écouté avec plaisir la musique que tu as interprétée.
Tu as interprété une belle mélodie à la flute.

Les ateliers d'écriture du cahier d'activités CM2 (PP. 30-62)

La plupart de ces ateliers d'écriture sont organisés en deux temps :
- **Découverte et observation :** situation déclenchant l'écriture, texte introducteur, structure à imiter, etc.
- **Activité d'écriture courte et dynamique**, commencée sur le cahier d'activités mais pouvant avoir un prolongement sur un autre support (manuscrit ou numérique).

Drôles de comptines ! - p. 31

Objectif

Cette activité s'inspire d'une proposition de l'Oulipo dénommée « littérature définitionnelle ».
Il s'agit de transformer tous les mots d'une catégorie grammaticale (ici, les noms) en les remplaçant par leur définition trouvée dans le dictionnaire.
En pratique, des aménagements sont à prévoir sur les définitions pour qu'elles s'insèrent plaisamment dans le texte d'origine.
Aménagements possibles : réduction de la définition / reformulation partielle / accords en genre et en nombre.
Cette activité permet de travailler agréablement sur la recherche de mots dans le dictionnaire et la compréhension des définitions.

1. Faites lire la comptine.

2. Reprenez une à une les expressions surlignées : *« petit mammifère, rongeur à longue queue* → *de quel animal s'agit-il ? »* Etc.

3. Écrivez au tableau :
« Dansons la capucine
Il n'y a pas de pain chez nous. »
Faites repérer les noms : *capucine* et *pain*.

4. Dans leur dictionnaire, les élèves recherchent la définition de ces deux noms.

Par exemple :
Capucine *n.f.* Plante de la famille des Tropaéolacées, dont la fleur est terminée par un prolongement en forme de capuchon.
Pain *n.m.* Aliment cuit au four, à base de farine, d'eau et de levure.

5. Essayez de remplacer les noms par leur définition :
« Dansons ***la plante de la famille des Tropaéolacées, dont la fleur est terminée par un prolongement en forme de capuchon***
*Il n'y a pas d'****aliment cuit au four, à base de farine, d'eau et de levure*** *chez nous. »*

6. Expliquez aux élèves qu'on peut adapter les définitions d'origine pour qu'elles s'insèrent mieux dans la comptine :
« Dansons ***la plante aux fleurs en forme de capuchon***
*Il n'y a pas d'****aliment cuit au four, à base de farine*** *chez nous. »*

7. Individuellement ou par binômes, les élèves choisissent une des trois comptines proposées et l'adaptent en suivant la même démarche.

Prolongements

• Il est amusant d'essayer de chanter la comptine transformée en respectant plus ou moins la mélodie d'origine.
Voir « La souris verte » revisitée par une classe de CM2, en écoute ici :
http://blogs.editions-retz.com/antoine-fetet/droles-de-comptines-244.html
• On peut également choisir une autre catégorie grammaticale comme cible des transformations, les verbes en particulier.

Le trésor des devises - p. 32

Objectif

Cette activité permet de réinvestir, dans une situation d'écriture courte, l'utilisation de noms abstraits féminins en *-té*, *-esse* et *-ise*, et de réfléchir à leur signification (*cf.* « Je sais former des noms abstraits à partir d'adjectifs », p. 48 du manuel).

1. *Oral collectif*. Partez de la devise de la France, que tous les élèves connaissent. Demandez-leur d'illustrer chacun des trois mots avec des exemples précis, et de citer des contrexemples, ce qui permet de montrer qu'une devise est un idéal à atteindre. Expliquez également la valeur symbolique du drapeau.

2. Toujours à l'oral, faites rechercher sur une carte de l'Afrique la situation géographique des autres pays et laissez les élèves émettre des hypothèses sur la signification de leur devise.

3. Les élèves ferment les yeux et imaginent le pays de leurs rêves : À quoi va-t-il ressembler ? Quels paysages ? Quels climats ? Qui y habitera ? Quelles activités y seront pratiquées ?... Les volontaires peuvent ensuite décrire leur pays.

4. *Travail écrit individuel.* Demandez aux élèves de sélectionner les valeurs auxquelles ils tiennent pour vivre dans le pays de leurs rêves. Chacun lit les mots qu'il a choisis. Écrivez-les au tableau pour constituer un corpus où puiser pour l'écriture individuelle. Ex. : générosité, beauté, vérité, bonheur...

5. *Production d'écrit.* Chacun commence par écrire la devise sur son cahier et le texte explicatif. Dans un second temps, les élèves inventent le nom du pays et dessinent le drapeau.

Prolongement

Dessiner une carte imaginaire de tous les pays imaginés, avec leur nom, leur drapeau et leur devise.

Polyglotte - p. 33

Objectif

Cette activité, dans la continuité du chapitre « Je manipule des mots composés à partir d'éléments latins ou grecs » (manuel p. 53), permet de manipuler de façon ludique des racines latines et grecques, et de se familiariser avec elles. En définissant des mots imaginaires, les élèves apprendront à écrire une définition de dictionnaire qui ressemble à une « vraie » définition.

1. Expliquez le titre, lui-même composé de deux bases grecques, si les élèves ne le connaissent pas. On peut aussi faire écouter la chanson d'Henri Dès, *Le Polyglotte*.

Polyglotte

2. Faites observer et nommer les illustrations : « Qu'ont de particulier les personnages ? Décrivez-les. Par binômes, cherchez un titre à chaque illustration en vous aidant du tableau. »

3. Mise en commun : comparez les réponses des doublettes. Noms possibles : première illustration : *chromodactyle* ; deuxième : *ornithovore* ; troisième : *mégarhinoïde*. Plusieurs réponses peuvent être acceptées : par exemple, *chromophile, rhinalgie*.

4. À l'aide du tableau, chaque élève invente trois ou quatre mots et les définit. Une vérification dans le dictionnaire s'impose : de nombreux mots existent déjà. Ex : *xylophage, chromothérapie* (ou *chromathérapie*)...

5. Les élèves plus rapides peuvent illustrer leurs mots.

Prolongements

- Devinettes orales : un élève fait deviner son mot aux autres en partant de la définition, ou vice versa.
- Écrire un glossaire de tous les mots trouvés.
- Élaborer un jeu de cartes où l'on associe mots et définitions, ou illustrations et mots.

Le journal du bonheur - p. 34

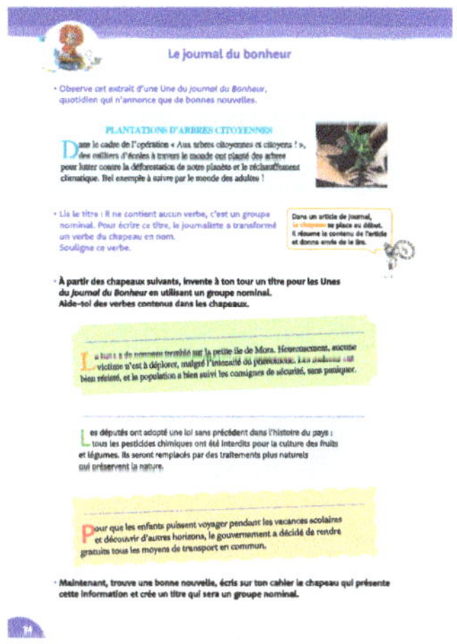
Le journal du bonheur

Objectif

Cette activité permet de réinvestir le travail sur la nominalisation (*cf.* « Je transforme les verbes en nom », p. 55 du manuel). En effet, cette dernière est très fréquente dans les titres de journaux. Le titre a également valeur de sélection de l'essentiel de l'article, de synthèse de la nouvelle. Il s'agit ici de prendre le contrepied d'un journal habituel qui a tendance à annoncer des catastrophes.

1. Les élèves lisent silencieusement le premier extrait et répondent à la consigne en soulignant le verbe du chapeau *ont planté*. Lors de la correction, on peut aussi en collectif faire inventer d'autres titres à partir d'un autre verbe du chapeau.
Ex. : *lutter -> Lutte contre la déforestation.*

2. Travail de recherche en binômes.
Titres possibles :
- chapeau 1 : *trembler -> Tremblement de terre sur l'ile de Mora* ;
- chapeau 2 : *adopter -> Adoption d'une loi écologique* (ou *Adoption d'une loi contre les pesticides chimiques*) ; *interdire -> Interdiction des pesticides chimiques ; préserver -> Préservation de la nature* ;
- chapeau 3 : *voyager = Voyages gratuits pour les enfants.*

N.B. : Les élèves peuvent partir d'autres verbes synonymes de ceux contenus dans les chapeaux ; ainsi, beaucoup d'autres solutions sont possibles. La seule condition nécessaire est l'absence dans les titres d'un verbe conjugué.

3. Pour trouver une idée de bonne nouvelle, on peut s'inspirer des journaux existants et annoncer le contraire (voir ci-dessous, l'exemple de l'album *Scoop*).

Prolongements

- Éditer un journal des bonnes nouvelles de l'école.
- Pour continuer dans le registre des journaux qui annoncent de bonnes nouvelles, et travailler la forme négative, on peut étudier l'album de Gianni Rodari et Pef, *Scoop*, aux éditions Rue du monde, 1999.

Étrange annuaire - p. 35

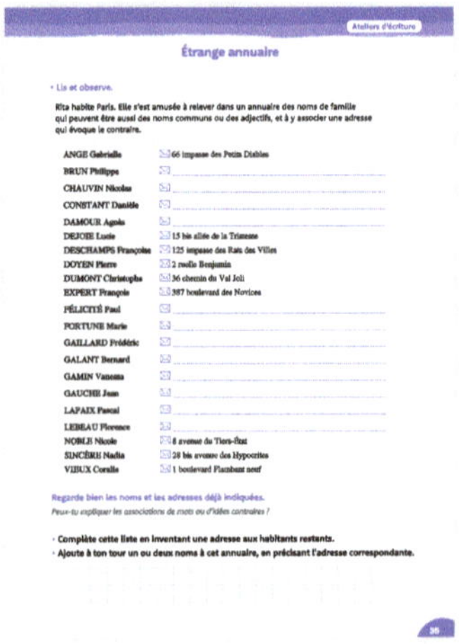
Étrange annuaire

Objectif

Cette activité s'inspire de poèmes écrits par l'écrivain oulipien Jacques Roubaud, extraits de son recueil *La forme d'une ville change plus vite, hélas, que le cœur des humains* (Gallimard, 2006). Elle permet, sous une forme ludique, de réinvestir le travail sur les antonymes et l'idée de contraire (dans la continuité du chapitre « J'utilise des mots de sens contraire », p. 60 du manuel).

1. *Oral collectif*. Apportez des annuaires format papier pour en faire comprendre le principe et les comparer à l'annuaire proposé dans le cahier d'activités.

2. *Oral collectif*. Chaque élève choisit une adresse et explique en quoi celle-ci semble entrer en contradiction avec le nom de famille. Pour les adresses moins évidentes, expliquez.

3. *Travail en binômes avec affiche*. Partagez les noms par équipes pour trouver les adresses manquantes. Donnez plusieurs noms par équipe et le même nom dans plusieurs équipes afin d'obtenir pour chaque nom plusieurs propositions d'adresse.

4. Les propositions sont affichées au tableau, sans commentaire.

5. Chaque élève choisit les propositions qu'il va retenir pour son propre annuaire.

6. Pour inventer deux noms avec les adresses, les élèves peuvent puiser des idées dans les annuaires papier.

Prolongements

- Au lieu d'antonymes, on peut faire créer un annuaire avec des synonymes.
Ex. : *Félicité Paul 89, boulevard du Bonheur.*
- En lecture, on peut faire découvrir les poèmes de Jacques Roubaud.

Le piquenique - p. 36

Le piquenique

Objectif

Cette activité fait travailler sur les mots et expressions de sens contraire (voir « J'utilise des mots de sens contraire », p. 60 du manuel).

1. Faites lire le texte, puis faites surligner tout ce qui est négatif dans le texte. Faites observer les différents procédés utilisés :
– Phrase négative : *Le temps **n'était pas** très beau…*
– Tournures négatives : *des sandwichs **peu** appétissants…*
– Lexique à connotation négative : *pénible, casser les oreilles…*

2. Il y a bien sûr de multiples façons de transformer le texte. L'utilisation du dictionnaire pourra aider dans la recherche et la sélection de termes contraires :
– *des cailloux **pointus** et **humides** → des cailloux **plats** / **arrondis** / **doux** / **accueillants** / **chauds** / **secs**…*
– *Quelle **horrible** / **terrible** / **atroce** / **triste** journée → Quelle **bonne** journée / quelle journée **charmante** / **délicieuse** / **agréable** / **merveilleuse** / **plaisante** / **joyeuse**…*

La machine à textes - p. 37

Objectif

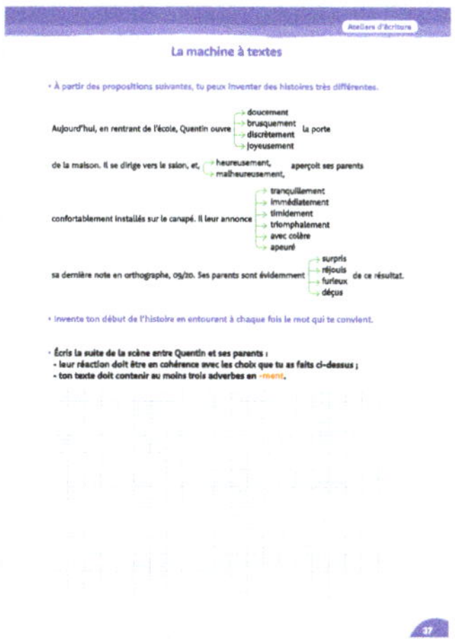
Ateliers d'écriture

La machine à textes

• À partir des propositions suivantes, tu peux inventer des histoires très différentes.

Aujourd'hui, en rentrant de l'école, Quentin ouvre (doucement / brusquement / discrètement / joyeusement) la porte de la maison. Il se dirige vers le salon, et, (heureusement, / malheureusement,) aperçoit ses parents confortablement installés sur le canapé. Il leur annonce (tranquillement / immédiatement / timidement / triomphalement / avec colère / apeuré) sa dernière note en orthographe, 09/20. Ses parents sont évidemment (surpris / réjouis / furieux / déçus) de ce résultat.

• Invente ton début de l'histoire en entourant à chaque fois le mot qui te convient.

• **Écris la suite de la scène entre Quentin et ses parents :**
- leur réaction doit être en cohérence avec les choix que tu as faits ci-dessus ;
- ton texte doit contenir au moins trois adverbes en -ment.

37

Cette activité permet de travailler la cohérence textuelle, tout en laissant la part belle aux paradoxes, aux possibles narratifs, à l'imagination et, pourquoi pas, à l'absurde et/ou à l'humour. Cette proposition d'écriture renouvèle l'exercice traditionnel de suite de texte et amène à produire des textes de genres très différents. Il est important d'explorer le plus de situations possible. Ainsi, les parents de Quentin (et Quentin lui-même) peuvent être réjouis d'un 9/20 en orthographe si le garçon est abonné d'habitude au zéro...

La contrainte d'écriture permet également de réinvestir l'utilisation des adverbes en *-ment* (dans la continuité du chapitre « Je comprends comment les mots sont fabriqués (4) : les adverbes en *-ment* », p. 71 du manuel).

1. *Lecture à voix haute*. Dans un premier temps, demandez aux élèves de lire silencieusement le texte et de choisir l'histoire qui leur convient. Le plus d'élèves possible sont invités à lire à voix haute leur version (différente des versions déjà proposées), tandis que les autres écoutent sans regarder le texte. À chaque lecture, on explicite à quelle situation ce début d'histoire pourrait correspondre (caractère de l'enfant, des parents, résultats habituels de Quentin, etc.). Si les textes lus sont trop conventionnels, proposez vous-même une lecture surprenante pour ouvrir l'imagination.

2. Chaque élève choisit son début d'histoire en entourant ses choix au crayon de papier (ces choix peuvent être révisés par souci de cohérence lors de l'écriture de la suite de l'histoire). Rappelez que la suite dépend étroitement de leurs choix de départ.

3. *Écriture individuelle*. Pour les élèves à court d'idées, échangez oralement avec eux afin qu'ils explicitent les choix possibles. Les réponses à la consigne 1 peuvent être modifiées pour faciliter l'écriture.

4. Organisez ensuite une séance de lecture à voix haute des textes produits.

Prolongements

- Faire un recueil de toutes les histoires.
- Étudier *Histoires à la courte-paille* de Gianni Rodari (Hachette Jeunesse, 2003). Le lecteur a le choix du dénouement.

Un métier à part entière - p. 38

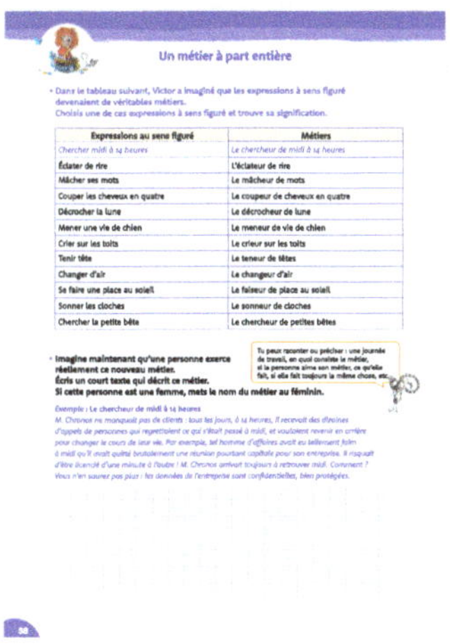
Un métier à part entière

• Dans le tableau suivant, Victor a imaginé que les expressions à sens figuré devenaient de véritables métiers.
Choisis une de ces expressions à sens figuré et trouve sa signification.

Expressions au sens figuré	Métiers
Chercher midi à 14 heures	*Le chercheur de midi à 14 heures*
Éclater de rire	L'éclateur de rire
Mâcher ses mots	Le mâcheur de mots
Couper les cheveux en quatre	Le coupeur de cheveux en quatre
Décrocher la lune	Le décrocheur de lune
Mener une vie de chien	Le meneur de vie de chien
Crier sur les toits	Le crieur sur les toits
Tenir tête	Le teneur de têtes
Changer d'air	Le changeur d'air
Se faire une place au soleil	Le faiseur de place au soleil
Sonner les cloches	Le sonneur de cloches
Chercher la petite bête	Le chercheur de petites bêtes

• **Imagine maintenant qu'une personne exerce réellement ce nouveau métier.**
Écris un court texte qui décrit ce métier.
Si cette personne est une femme, mets le nom du métier au féminin.

Tu peux raconter ou préciser : une journée de travail, en quoi consiste le métier, si la personne aime son métier, ce qu'elle fait, si elle fait toujours la même chose, etc.

Exemple : Le chercheur de midi à 14 heures
M. Chronos ne manquait pas de clients : tous les jours, à 14 heures, il recevait des dizaines d'appels de personnes qui regrettaient ce qui s'était passé à midi, et voulaient revenir en arrière pour changer le cours de leur vie. Par exemple, tel homme d'affaires avait eu tellement faim à midi qu'il avait quitté brutalement une réunion pourtant capitale pour son entreprise. Il risquait d'être licencié d'une minute à l'autre ! M. Chronos arrivait toujours à retrouver midi. Comment ? Vous n'en saurez pas plus : les données de l'entreprise sont confidentielles, bien protégées.

Objectif

Cette activité s'inspire d'un texte d'André Hardellet, *L'Essuyeur de tempêtes*, 1979 (voir Prolongements). Il s'agit de transformer une expression à sens figuré en un métier où elle retrouve un sens propre.

Signification des expressions à sens figuré :
– *Chercher midi à 14 heures* : faire d'une chose simple quelque chose de compliqué.
– *Éclater de rire* : rire de façon brusque et très fort.
– *Mâcher ses mots* : s'utilise à la forme négative : « ne pas mâcher ses mots » : parler de manière très franche, directe.
– *Couper les cheveux en quatre* : se donner du mal inutilement.
– *Décrocher la lune* : obtenir l'impossible.

– *Mener une vie de chien* : vivre une vie pénible.
– *Crier sur les toits* : dévoiler une information à tout le monde.
– *Tenir tête* : s'opposer à quelqu'un.
– *Changer d'air* : aller ailleurs.
– *Se faire une place au soleil* : trouver une place enviable dans la société.
– *Sonner les cloches* : disputer.
– *Chercher la petite bête* : être trop minutieux, très critique.

1. *Oral collectif :* lecture des expressions à sens figuré du tableau et recherche d'hypothèses sur leur sens.

2. Formez des petits groupes d'élèves qui ont choisi la même expression. Ils vérifient le sens de l'expression, puis imaginent le métier. Tournez dans les groupes, et insistez sur le fait que l'on doit comprendre pourquoi ce métier existe, quel est son intérêt pour les personnes.

3. *Écriture individuelle.* Les métiers au masculin se terminant tous par *-eur*, le féminin se forme soit en *-euse* (le plus courant), soit en *-eure*, soit avec la forme épicène précédée du déterminant féminin. Les métiers n'existant pas, les élèves peuvent choisir entre les trois féminins. Exemple : le décrocheur de lune devient *la décrocheuse de lune*, ou *la décrocheure de lune*, ou *la décrocheur de lune*.

Prolongements

• Illustrer les métiers et/ou en faire un abécédaire de la classe.
• Transformer les textes en fiches-métiers.
• Étudier le début du texte d'André Hardellet, *L'Essuyeur de tempêtes* (éd. Plasma, 1979) et faire écrire la suite.

L'essuyeur de tempêtes

L'expression « essuyer une tempête » remonte à la plus haute antiquité.
Si vous désirez qu'une tempête vous fasse de l'usage, entretenez la convenablement. Et commencez donc par l'essuyer.
Possesseur d'une bonne tempête d'origine (en France, les meilleures proviennent de Brest et des environs), assurez-vous les services d'un essuyeur de qualité et ne lésinez pas sur le tarif.
Le procédé relève du bon sens : avant d'essuyer un objet, il convient de le sécher ; il en va des tempêtes comme du reste.
L'essuyeur prend sa tempête, l'expose au soleil et attend qu'elle ait perdu son humidité. Il lui faut parfois, surtout en hiver, la transporter à des distances considérables pour trouver le climat idéal – du Pas-de-Calais aux criques de Saint-Raphaël. N'importe, il va son chemin, emmenant sa tempête avec lui et ne cessant de la surveiller. […]

André Hardellet
DR

Le loup a dévoré un livre - p. 39

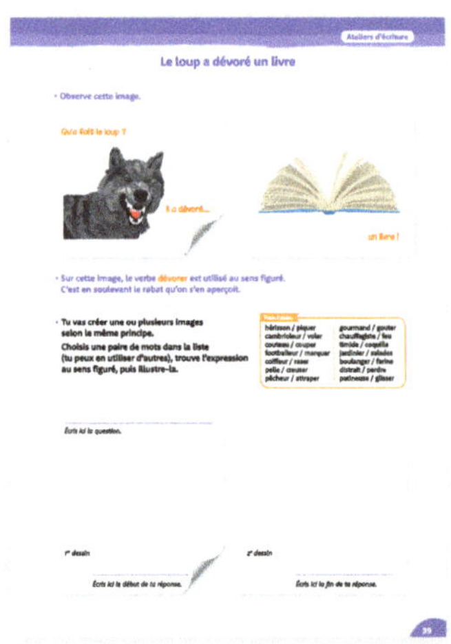

Objectif

Cette activité joue sur le sens propre et le sens figuré d'expressions ou de mots (*cf.* « J'utilise le contexte pour trouver le sens d'une expression au sens figuré », p. 73 du manuel), ou encore sur les différents sens d'un mot.

1. Avant de commencer la phase de production d'écrit, assurez-vous que le principe a été bien compris en faisant observer la première image.

2. Les questions posées sont au passé composé. Le cadre « Pour t'aider » donne de nombreuses idées.

Exemples

– Qu'est-ce que le hérisson a piqué ? Il a piqué… mon argent.
– Qu'est-ce que m'a volé le cambrioleur ? Il m'a volé… la vedette.
– Le couteau m'a coupé… la parole.
– Le footballeur a marqué… son nom sur le mur.
– Le coiffeur a rasé… les murs.
– La pelle a creusé… la question / l'appétit.
– Le pêcheur a attrapé… la grippe.
– Le gourmand a gouté… à la liberté.
– Le chauffagiste a mis le feu aux poudres / a les joues en feu.
– Le timide est sorti… de sa coquille.
– Le jardinier a raconté… des salades.
– Le boulanger m'a roulé… dans la farine.
– Le distrait a perdu… la tête.
– La patineuse a glissé… sa main dans la mienne.

Prolongements

Cette activité trouvera sa place dans une exposition de travaux d'élèves, avec l'avantage d'être interactive. La plastification des œuvres leur donnera longue vie.
On peut aussi relier les propositions des élèves pour en faire un album à destination de la BCD.

C'est du propre ! - p. 40

Objectif

Cette activité permet de travailler sur la différence entre sens propre et sens figuré.

1. Faites lire l'exemple rédigé avec l'expression « *les yeux en face des trous* », et comparez le texte à l'illustration : l'expression est illustrée au sens propre. Le personnage dessiné n'a réellement pas les yeux en face des trous !

2. Faites rechercher l'expression illustrée dans les autres dessins :
– *couper les cheveux en quatre*
– *mettre les pieds dans le plat*
– *les murs ont des oreilles*
– *voir trente-six chandelles*
– *avoir l'estomac dans les talons*
– *avoir la main verte*
– *avoir d'autres chats à fouetter / pas de quoi fouetter un chat*
– *avoir un mot sur le bout de la langue*
– *passer du coq à l'âne*

3. Faites expliciter le sens figuré de chacune des expressions.

4. Les élèves choisissent ensuite une expression et écrivent un paragraphe illustrant son sens figuré.

Prolongements

Constituez un recueil des expressions illustrées, sous forme de devinettes, à destination d'une autre classe.
Publiez le travail des élèves sur le blog de l'école ou sur le journal scolaire.

Le cœur sur la main - p. 41

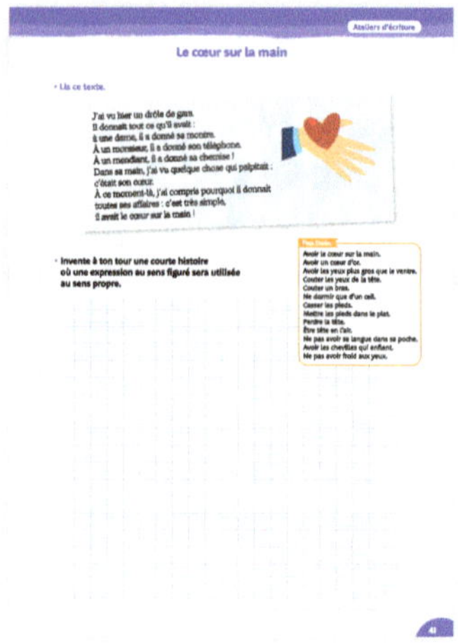

Objectif

Cette activité fait travailler sur la différence entre sens propre et sens figuré, mais cette fois c'est à l'élève d'imaginer un court récit où une expression imagée est mise en situation au sens propre.

1. Faites lire le texte, puis faites repérer l'expression au sens figuré (*avoir le cœur sur la main*) utilisée ici au sens propre.

2. Dégagez collectivement la structure du texte :
– description d'un personnage et de ses actions (en rapport avec l'expression que l'on souhaite illustrer) ;
– évocation de l'expression prise au sens propre, apportant une touche étrange, voire un peu inquiétante *(« Dans sa main j'ai vu quelque chose qui palpitait : c'était son cœur »)* ;
– mise en relation explicite des deux utilisations de l'expression, au sens propre et au sens figuré.

3. Laissez vos élèves choisir une des expressions, et demandez-leur de préparer les idées et le plan de leur texte. Une carte heuristique peut être un bon moyen d'organiser et de sélectionner ses idées.

Exemple :

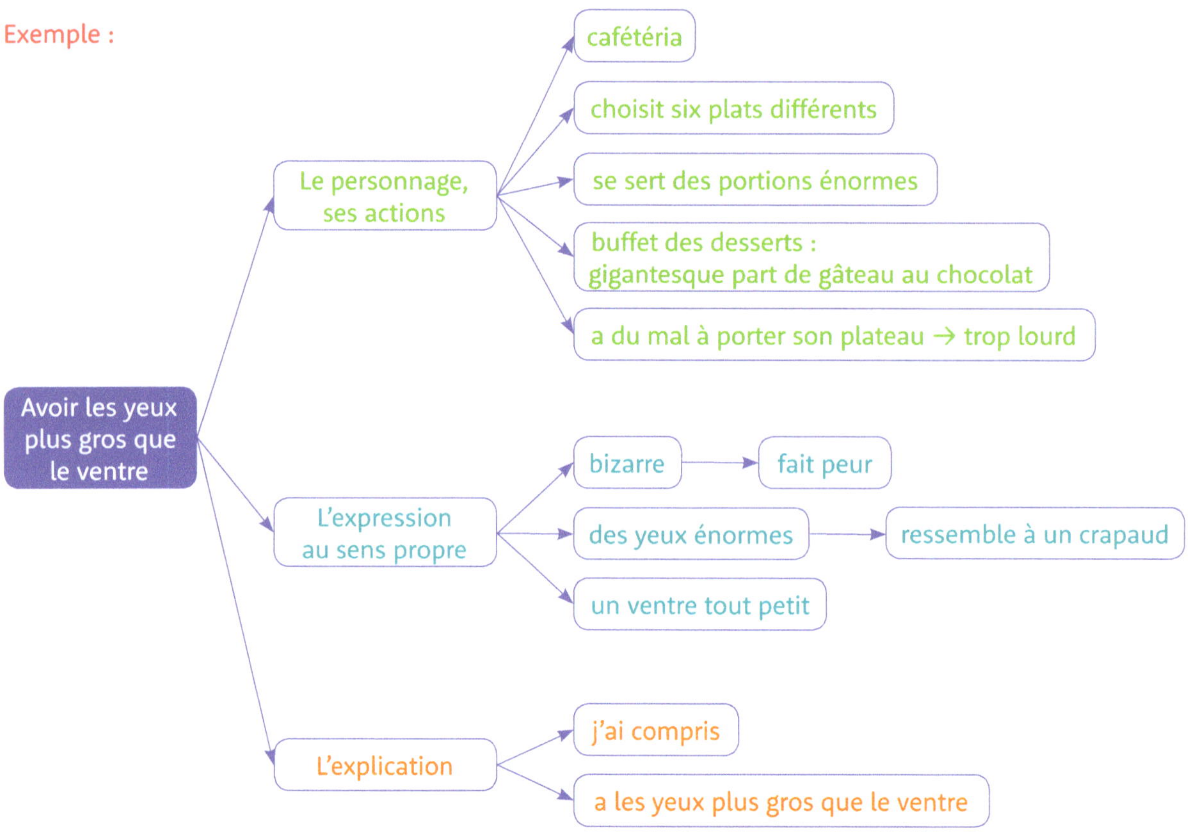

Prolongements

Les textes peuvent être valorisés dans le journal scolaire, sur le blog de l'école, dans un recueil pour la BCD…

Un point, c'est tout ! - p. 42

Objectif

Cette activité permet de manipuler la phrase et sa ponctuation, de manière plaisante et originale (*cf.* « Je maitrise la ponctuation », p. 76 du manuel).

1. Faites repérer les différences entres les deux illustrations en haut de la page : expression sur le visage du voleur et des enfants, place du bâton, etc.

2. Faites lire à haute voix le texte sous la 1re image. Dépourvu de ponctuation, la lecture est difficile car certains compléments sont placés à la jonction de deux phrases. De ce fait, ils peuvent être compris comme terminant une phrase ou commençant la suivante.

3. Les élèves ajoutent la ponctuation et les majuscules. Conseillez-leur l'usage du crayon à papier pour pouvoir rectifier si nécessaire. Corrigez collectivement.

Corrigé

1re image :	2e image :
Un voleur entre par la fenêtre, un bâton à la main. Je l'attends, debout derrière la porte. Mon copain se cache, tremblant de peur. Le malfaiteur arrive à la cuisine, sans crainte. Je m'avance pour le faire fuir.	Un voleur entre par la fenêtre. Un bâton à la main, je l'attends. Debout, derrière la porte, mon copain se cache. Tremblant de peur, le malfaiteur entre dans la cuisine. Sans crainte, je m'avance pour le faire fuir.

4. Faites observer l'image de la maitresse et commentez l'expression (plaisir ou crainte) sur le visage des enfants : comment chacun d'eux a-t-il compris la phrase de la maitresse ?
Faites rectifier la phrase pour lui donner son sens le plus logique !

5. Dans les phrases illustrées, les élèves doivent repérer le détail qui permet d'ajouter la ponctuation adéquate.

Corrigé

– *Il faut cueillir les pommes, qui sont bien mures.* → *toutes* les pommes sont mures = image a.
Il faut cueillir les pommes qui sont bien mures. → *seulement* les pommes bien mures = image b.
– *Regarde, cet homme essaie de voler, Paul !* → image a
Regarde, cet homme essaie de voler Paul ! → image b

Les deux dernières phrases sont à illustrer par les élèves eux-mêmes, après avoir rétabli les deux ponctuations possibles, par exemple :
– *Moi, j'adore escalader, les amis !* (personne au pied d'une falaise)
– *Moi, j'adore escalader les amis !* (pyramide humaine)
– *Et si on mangeait, Grand-mère ?* (enfant parlant avec sa grand-mère)
– *Et si on mangeait Grand-mère ?* (dans une famille d'ogres ou parole d'un Grand méchant loup)

Prolongements

Voici d'autres phrases permettant le même type de travail :
je mange une glace au café
→ *Je mange une glace, au café.*
→ *Je mange une glace au café.*

il faut jeter les livres qui sont en mauvais état
→ *Il faut jeter les livres qui sont en mauvais état.* (seulement ceux en mauvais état)
→ *Il faut jeter les livres, qui sont en mauvais état.* (tous les livres)

les élèves qui n'ont pas fait leur travail seront punis
→ *Les élèves qui n'ont pas fait leur travail seront punis.* (seulement certains élèves)
→ *Les élèves, qui n'ont pas fait leur travail, seront punis.* (tous les élèves)

Un serpent à café avec un moulin à lunettes - p. 43

Un serpent à café avec un moulin à lunettes

Faites lire le poème « Cortège » de Jacques Prévert, tout du moins les premiers vers.
Oralement, faites expliciter le procédé d'écriture.
Au tableau, visualisez les commutations de compléments du nom de cette manière :

Un serpent à lunettes avec un moulin à café

Un serpent à café avec un moulin à lunettes

Aidez ensuite vos élèves à constituer une liste fournie de groupes nominaux contenant un complément du nom.
Quelques suggestions sont données sur le cahier pour amorcer le travail.

Incitez vos élèves à essayer de nombreux échanges de compléments jusqu'à ce qu'ils trouvent les combinaisons les plus comiques ou les plus surprenantes.

Pendant que... - p. 44

Objectif

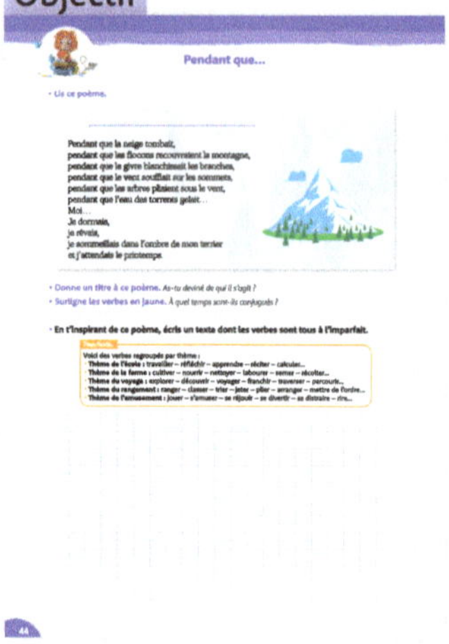
Pendant que...

Cette activité est particulièrement indiquée pour faire utiliser les verbes à l'imparfait (voir p. 100 et p. 123 du manuel).

1. Faites lire le poème et demandez aux élèves de lui trouver un titre, par exemple : *Un hiver de marmotte.*

2. Faites repérer les verbes et le temps de conjugaison : l'imparfait.

3. L'activité d'écriture est facilitée par des propositions de thèmes. Précisez aux élèves qu'il est souhaitable de prévoir une rupture à la fin du poème, par exemple une opposition entre deux personnages.

- Thème de l'école : *Pendant que l'un apprenait, l'autre faisait l'école buissonnière.*
- Thème de la ferme : *Pendant que l'un travaillait dur, l'autre se reposait.*
- Thème du voyage : (opposition entre deux personnages) *Pendant que l'un explorait le monde, l'autre l'attendait à la maison.*
- Thème du rangement : (opposition entre deux personnages) *Pendant que l'un rangeait, l'autre recréait du désordre.*
- Thème de l'amusement : (opposition entre deux personnages) *Pendant que l'un s'amusait, l'autre était triste.*

Déterminants à toutes les sauces ! - p. 45

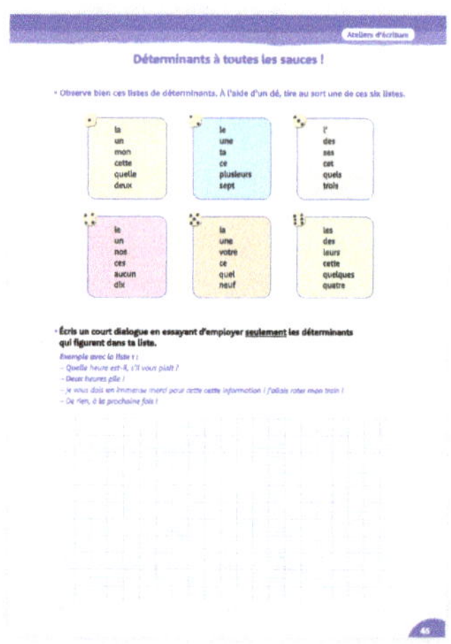
Déterminants à toutes les sauces !

Objectif

Cette activité crée une contrainte d'écriture forte. Contrairement à ce que l'on imagine parfois, l'écriture est souvent encouragée par l'imposition d'une contrainte. Déclenchant un processus créatif, constituant un défi à relever, elle stimule l'imagination et contribue à la motivation d'écrire.

1. Faites lire le texte correspondant à la liste n°1. Vérifiez que seuls les déterminants de la liste ont été utilisés, et uniquement ceux-là.

2. Les élèves tirent au sort l'une des six listes et rédigent leur dialogue.
Deux problèmes fréquemment rencontrés :
– l'emploi d'autres déterminants que ceux de la liste ;
– les problèmes d'accord (par exemple : **quels histoire !*).
La relecture croisée entre élèves permettra de repérer la plupart des points à revoir.

Je dirais même plus ! - p. 46

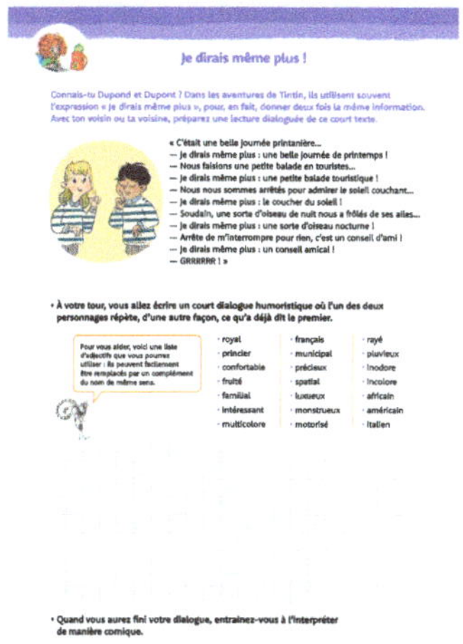

Cet atelier renforcera la connaissance du groupe nominal et de l'équivalence de fonction adjectif / complément du nom.

Avant ou après la lecture dialoguée du texte en haut de page, vous pouvez faire surligner les adjectifs et compléments du nom de même sens. (Utilisez différentes couleurs.)

Prolongements

Dans les albums de Tintin, faire repérer les extraits de dialogue où les « Dupondt » utilisent le procédé comique du « Je dirais même plus ! »

La météo en folie - p. 47

Objectif

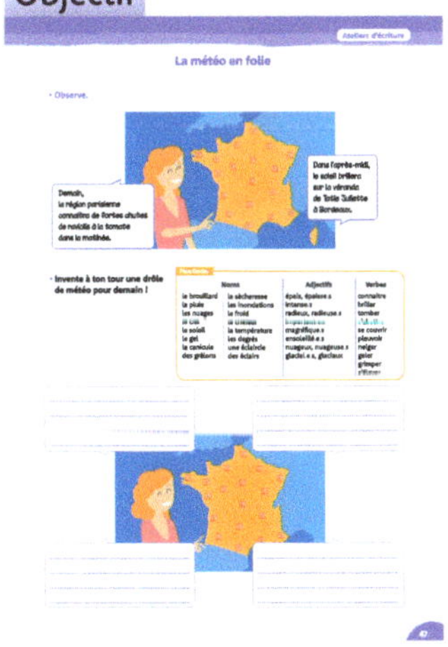

Cette activité fournit un support de choix pour faire utiliser le futur (voir p. 113 du manuel).

1. Faites découvrir la première situation en haut de page. Invitez à repérer les verbes au futur. Précisez que l'on peut, tout comme dans les exemples, proposer des phrases loufoques.

2. Le cadre « Pour t'aider » présente le champ lexical de la météo et permettra aux élèves de se lancer en activant la vigilance orthographique au moment même où ils rédigent.

Prolongements

On peut faire une vidéo humoristique en sélectionnant les propositions les plus amusantes, à diffuser lors d'une fête d'école ou sur le blog de l'école.

La fanfare - p. 48

Objectif

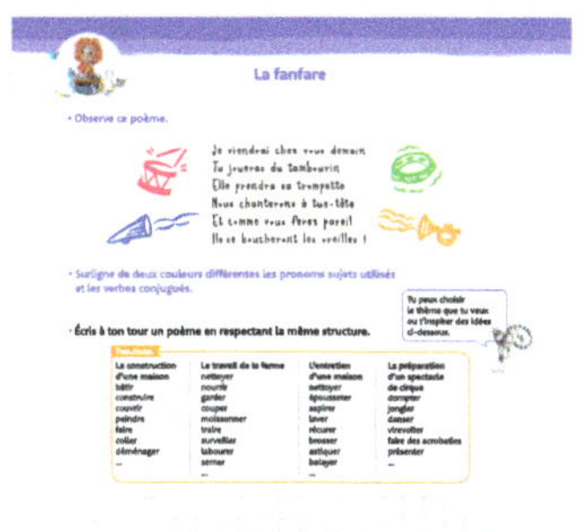

Cette activité donne l'occasion de réviser la conjugaison d'un temps verbal : ici, il s'agit du futur, mais le principe est le même pour le présent, l'imparfait ou le passé composé.

1. Faites découvrir le texte, puis surligner de deux couleurs différentes les pronoms sujets et les verbes conjugués.

Les élèves remarquent que les pronoms sont utilisés dans l'ordre habituel où on les présente dans les tableaux de conjugaison (*je – tu – elle – nous – vous – ils*). Faites également remarquer la présence de rimes (cette contrainte pourra être facultative pour la production des élèves).

2. Les thèmes proposés doivent permettre à tous les élèves de se mettre rapidement au travail. Ce type d'activité d'écriture, dont la structure est très balisée, se prête bien à l'activation de la vigilance orthographique au moment même où l'on écrit.

Mots croisés au futur – p. 49

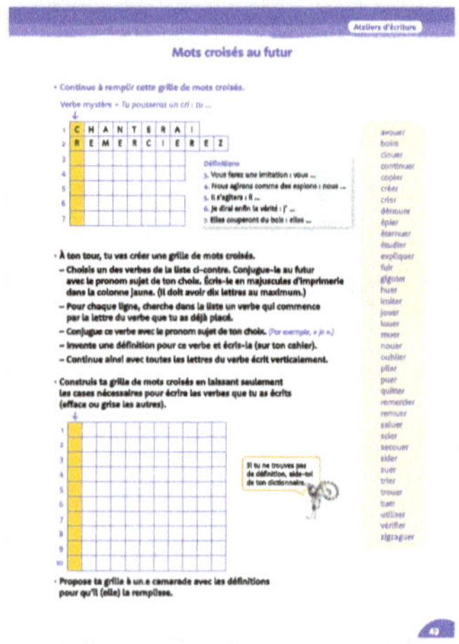

Objectif

Cette activité fait travailler certains verbes en *-er* qui posent un problème au futur : le *e* qu'ils contiennent n'est pas perçu à l'oral, et fréquemment oublié à l'écrit. La plupart des verbes proposés dans la liste sont de ce type.

1. Commencez à remplir la première grille avec vos élèves. Précisez-leur que tous les verbes à utiliser sont dans la liste fournie à droite.
2. Corrigez cette grille collectivement. Faites observez que seule la première colonne (en jaune) contient un verbe appelé « verbe mystère ».
3. Chaque élève choisit son « verbe mystère », qu'il conjugue au futur avec le pronom de son choix. Vérifiez bien qu'à ce stade aucun élève n'a fait d'erreur orthographique.
4. Ensuite, en utilisant les lettres du « verbe mystère » comme initiales, les élèves complètent la grille à l'horizontale, toujours avec des verbes conjugués au futur. Ils créent une définition pour chacun de ces verbes. Le dictionnaire sera une aide appréciable pour rédiger ces définitions.
5. Chaque élève reproduit sa grille en ne traçant que les cases réellement utilisées.
6. La validation des grilles (et leur modification, si nécessaire) se fera par les élèves eux-mêmes qui s'échangeront leur production pour la tester.

Prolongements

On peut, selon le même principe, créer une grille où le mot mystère n'est pas en position initiale, mais intégré dans la grille.

Exemple

			P	R	I	E	R	E	Z	
		J	O	U	E	R	A			
	S	A	L	U	E	R	A	I		
			L	O	U	E	R	A		
T	R	O	U	E	R	O	N	S		
S	C	I	E	R	A	S				
		T	R	I	E	R	A	I		
	C	L	O	U	E	R	E	Z		
			N	O	U	E	R	A		
M	U	L	T	I	P	L	I	E	R	A

Dialogue de sourds - p. 50

Objectif

Cette activité fait manipuler des homophones lexicaux, tels que : *flan / flanc, chaine / chêne, tante / tente*, etc. Certains mots, non homophones hors contexte, le deviennent quand ils sont utilisés dans certaines conditions : *l'épaule / les pôles, l'attente / la tente.*

1. Faites observer la situation en haut de la page.

Il est probable que certains de vos élèves ne connaissent pas le nom *flanc* ; dans ce cas, cherchez sa définition dans le dictionnaire. Faites expliciter ce que voulait dire la première personne, et ce que la seconde a compris.

2. Avec vos élèves, évoquez de nombreux contextes où la confusion entre deux homophones est possible.

Exemples

– partir en vacances sans sa tente/tante
– couper le pain/pin
– souffler dans un cor/corps
– la langue des signes/cygnes
– ranger les cuillères/l'écuyère
– nettoyer les tables/l'étable
– écrire à sa maire/mère
– etc.

Précisez que la seconde personne doit faire un commentaire montrant qu'elle n'a pas bien compris ce qu'a dit la première.

3. L'illustration de base (sans le contenu des bulles) est disponible en pdf sur le CD et sur le site compagnon. Vous pouvez la réutiliser pour mettre en page les dialogues créés par vos élèves.

Prolongements

Exposez les meilleures trouvailles, publiez-les sur le blog de l'école, rassemblez-les dans un recueil pour la BCD.

Souvenirs, souvenirs... - p. 51

Objectif

Cette séance permet de faire manipuler de nombreux participes passés, en lien avec la séance « Je maitrise l'accord du participe passé », p. 155 du manuel.

1. Faites lire le poème. Les élèves surlignent ensuite chaque participe passé, puis tracent une flèche matérialisant l'accord avec ce qui a été *planté, compté, vécu, perdu*, etc. Les flèches étant toutes orientées vers la gauche, on rappelle qu'il faut accorder le participe passé avec le nom vers lequel pointe la flèche.

2. La phase de production pourra être préparée en recherchant collectivement les participes passés des verbes listés dans l'encadré « Pour t'aider », ou du moins certains, tels que :
compris / comprise / comprises
appris / apprise / apprises
découvert / découverte / découverts / découvertes
mis / mise / mises
etc.

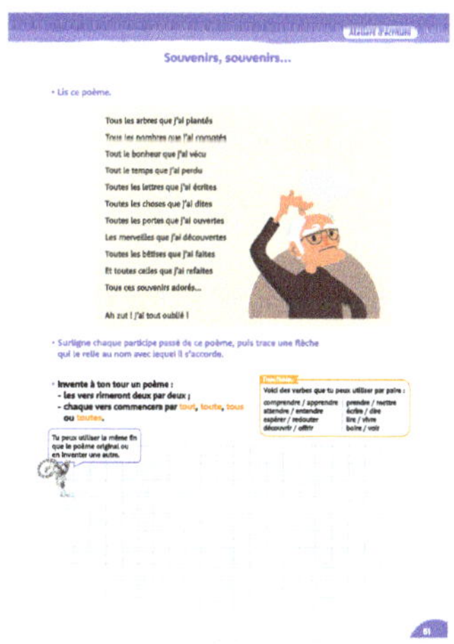

Un « remue-méninges » permettra d'évoquer oralement des associations d'idées possibles : *apprendre + leçons, découvrir + pays, faire + erreurs*, etc. La contrainte de commencer chaque vers par ***tout.e.s*** permet de s'assurer que les élèves manipuleront beaucoup de noms (et donc de participes passés) au pluriel.

Il est probable que certains accords surprendront vos élèves, car l'accord du participe passé tend à disparaitre (au moins à l'oral) chez un grand nombre de locuteurs francophones.

Exemples

– Les leçons que j'ai apprises.
– Les choses que j'ai comprises.

Défi imaginatif - p. 52

Objectif

Cette séance d'écriture favorise la conception d'un plan d'actions enchainées, permettant la réalisation d'un objectif – ici, la récupération de l'appareil photo entre les pattes du gorille. Cette tâche permet d'utiliser des connecteurs temporels tels que : *d'abord, ensuite, puis*, etc.

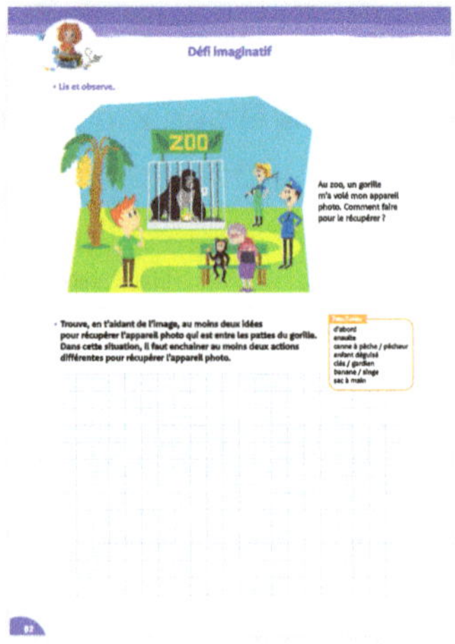

Défi imaginatif

• Lis et observe.

Au zoo, un gorille m'a volé mon appareil photo. Comment faire pour le récupérer ?

• Trouve, en t'aidant de l'image, au moins deux idées pour récupérer l'appareil photo qui est entre les pattes du gorille. Dans cette situation, il faut enchaîner au moins deux actions différentes pour récupérer l'appareil photo.

d'abord
ensuite
canne à pêche / pêcheur
enfant déguisé
clés / gardien
banane / singe
sac à main

1. Détaillez l'image avec les élèves et, après un temps de réflexion suffisamment long, évoquez oralement différentes idées pour récupérer l'appareil photo. Chaque élève devrait avoir au moins une idée à proposer.

N'acceptez pas les solutions peu réalistes ou simplistes, du type : « *Je passe la main dans la cage pour récupérer l'appareil.* » Faites expliciter en quoi cette solution n'est pas valable, car dangereuse. Les élèves ne manquent généralement pas d'imagination, et certains échafaudent des plans d'action astucieux ! D'autres inventent des solutions assez… hardies. Pourquoi pas ! L'essentiel est d'écrire, et d'y prendre plaisir !

Exemples de corrigé

• D'abord, je demande au pêcheur de me prêter sa canne à pêche. Ensuite, je vais cueillir des bananes et je les pose à droite, dans la cage du gorille. Pendant que le gorille mange les bananes, je récupère l'appareil photo avec la canne à pêche.

• D'abord, je demande au pêcheur de me prêter sa canne à pêche. Ensuite, je vais derrière le gardien du zoo et sans qu'il s'en aperçoive, j'attrape les clés de la cage avec la canne à pêche. Puis je demande à l'enfant déguisé de s'approcher de la cage du gorille. Le gorille va voir le petit garçon, parce qu'il croit que c'est vraiment un singe. Pendant ce temps, j'ouvre la porte de la cage et je reprends vite l'appareil photo. Et voilà !

2. Les élèves doivent être ensuite en mesure de décrire précisément ce qu'ils vont faire, dans un oral spécifique, celui qui prépare à l'écrit : phrases complètes, utilisation de connecteurs.
Un travail en binômes est possible, et souvent bénéfique, car il permet mieux la prise de distance nécessaire à l'observation de ses propres écrits.

Voyage au centre de la Terre - p. 53

Ateliers d'écriture

Voyage au centre de la Terre

• Lis ce texte.

Il fait un drôle de bruit, cet ascenseur. Il craque, il gémit, on dirait qu'il ne s'arrêtera jamais. Je vois les étages défiler sur l'écran : 3e… 2e… 1er… Rez-de-chaussée… Quoi ? Mais il ne s'arrête pas au rez-de-chaussée ?? 1er sous-sol… 2e sous-sol… 3e sous-sol… 4e sous-… Hein ? Mais c'est impossible ! Il n'y a que deux niveaux de sous-sol dans mon immeuble ! Tout à coup, la cabine s'arrête avec un grand claquement. L'écran indique : 7e sous-sol ! Mais je suis arrivée au centre de la Terre, ma parole ! La porte grince en s'ouvrant. Devant mes yeux, un paysage incroyable…

• Tu vas écrire la suite du texte.
Pour t'y préparer, mets-toi à la place du personnage de l'histoire, et commence par écrire des mots, des idées, des expressions à propos de ce qui t'entoure.

Ce que tu vois : lumière ou obscurité ? souterrain, grotte, mine ? désert ou végétation ? animaux ?	Ce que tu entends : silence ou bruits ? cris d'animaux, vent, bruits de machine ? grincements, hurlements ?	Ce que tu sens : courants d'air chaud ou glacé ? odeurs insupportables ou parfums délicieux ? humidité froide ou chaleur torride ?	Ce que tu ressens, ta première réaction : comment réagis-tu ? fuite ou immobilité ? exploration ou retour en arrière ? appel à l'aide ou autonomie ? (Pense à toutes les parties de ton corps : cœur, jambes, yeux, visage, bras…)

• Organise ces premières idées et rédige la suite du texte sur ton cahier.

Objectif

Cette séance est de type « récit à terminer ». Il s'agit d'un atelier d'écriture plus long que la moyenne des autres activités de ce cahier. Plusieurs conditions pour le mener à son terme :
• étayer l'imaginaire des élèves, par des échanges oraux collectifs ;
• préparer la rédaction elle-même par l'écriture préalable de mots, d'idées, d'expressions qui viendront soutenir le travail d'écriture.
Les programmes nous invitent à considérer l'écriture « comme un processus inscrit dans la durée ». La mise à distance est permise ici par un temps de maturation entre l'organisation et la planification du récit et sa rédaction.

1. Faites lire le texte de la p. 52. Cahiers fermés, procédez à un rapide rappel de récit.

2. Évoquez oralement quelques pistes pour poursuivre l'écriture du texte, et les univers de référence possibles : fantastique, science-fiction, univers onirique… Précisez aux élèves que, même si l'illustration représente une fille, ils écriront leur texte de leur point de vue de fille ou de garçon, selon le cas.

3. Chaque élève note pêlemêle ses idées, sans rédiger : mots, expressions, idées, éventuellement schéma ou dessin. Les questions posées les aideront à donner du corps et de l'épaisseur à leur idée principale (description du paysage imaginé ; évocation des bruits, odeurs, sensations ; mise en mots des émotions et sentiments).

4. L'organisation sur une feuille de ces premières idées constitue le canevas du texte. Il peut

prendre la forme d'une carte heuristique.

Exemple

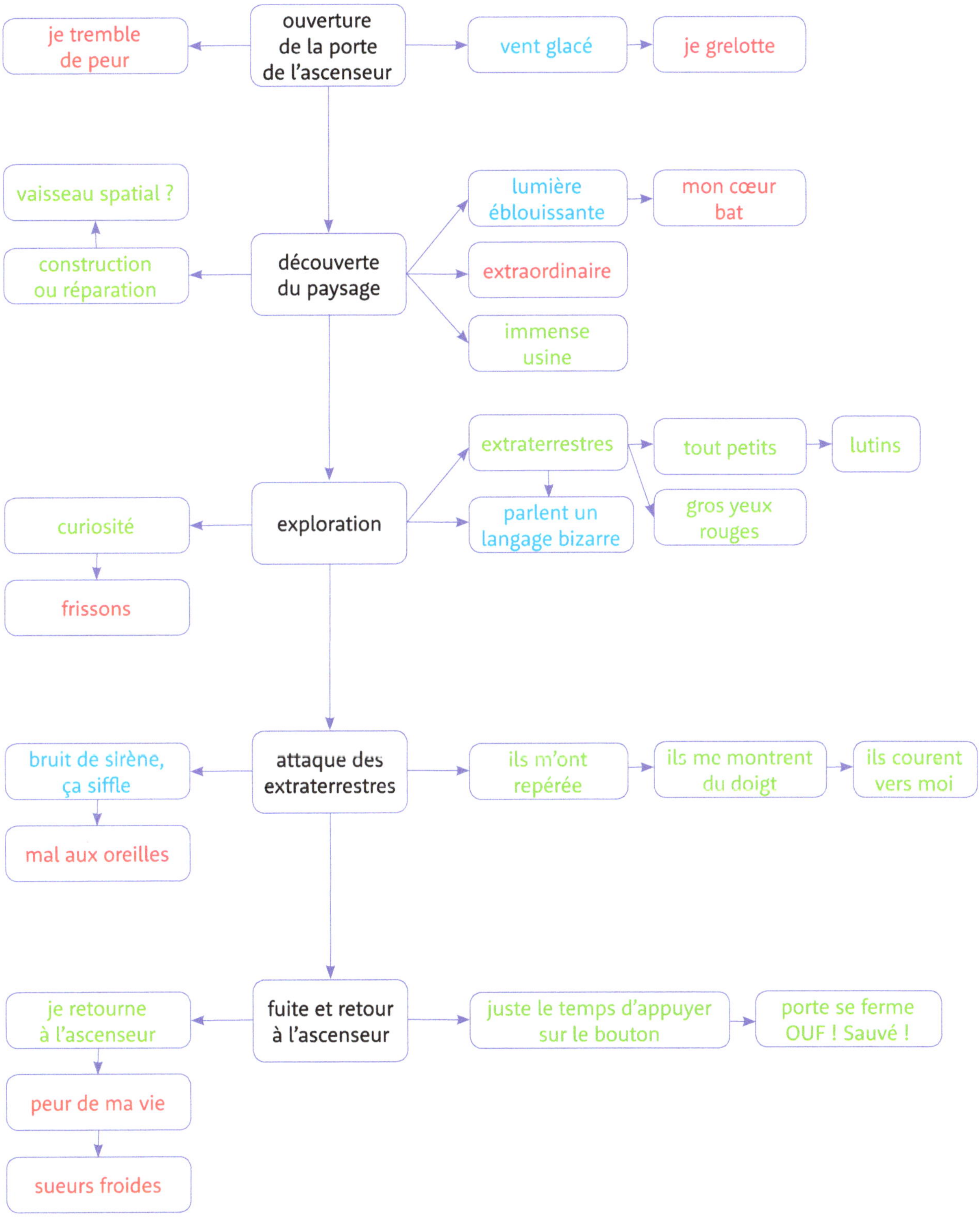

La rédaction elle-même fera l'objet d'une ou de deux séances à distance de la première. Ce temps de maturation du scénario permet souvent aux élèves d'avoir une écriture plus efficace, avec moins de problèmes de cohérence du texte.

Photo-choc - p. 54

Objectif

Cette activité, qui s'appuie sur une lecture d'image, permet d'aborder le thème de l'impact parfois désastreux des activités humaines sur l'environnement.

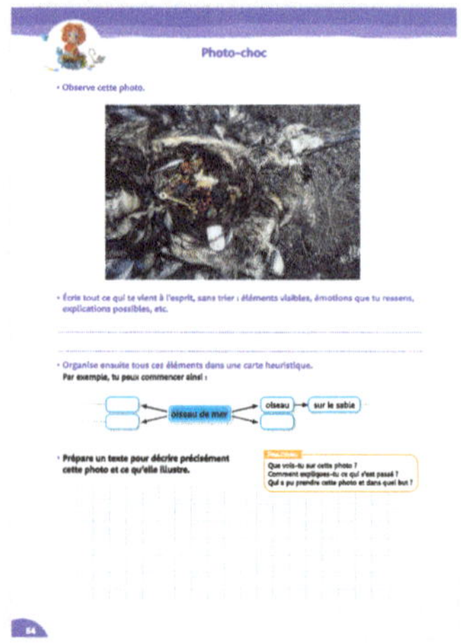

programmes 2016

Extrait du programme de Sciences du cycle 3 :

Identifier des enjeux liés à l'environnement.

Suivre et décrire le devenir de quelques matériaux de l'environnement proche.

Relier les besoins de l'être humain, l'exploitation des ressources naturelles et les impacts à prévoir et gérer (risques, rejets, valorisations, épuisement des stocks).

La photo présente le cadavre décomposé d'un albatros sur une plage. L'oiseau a avalé des objets en plastique, flottant dans les eaux de l'Océan Pacifique, qu'il a confondus avec de la nourriture et qui ont fini par le tuer.

1. Lors de la première étape d'écriture, encouragez vos élèves à écrire tout ce qui leur vient à l'esprit quand ils observent cette photo. Cette première phase individuelle peut être immédiatement suivie d'une phase collective où vous recueillerez au tableau leurs propositions. L'intérêt de les présenter au tableau est double : enrichir les textes à venir par des propositions multiples et donner une forme orthographiquement correcte.

2. Les élèves, individuellement ou par binômes, organisent tout ou partie des éléments au tableau sous forme de carte heuristique. Selon leur degré de familiarité avec ce mode d'organisation, aidez-lez plus ou moins dans l'établissement de catégories possibles : éléments de description de la photo, éléments d'explication du phénomène, éléments de réaction vis-à-vis de cette triste réalité, éléments de solutions possibles à ce problème.

3. La rédaction d'un texte organisé s'appuie sur la carte heuristique produite. Chaque thème traité par le texte fait l'objet d'un paragraphe. Il est souvent efficace de préparer à l'oral, par binômes ou en collectif, ce que l'on s'apprête à rédiger. N'hésitez pas à étayer fortement les propositions des élèves les plus fragiles, en les aidant par exemple à formuler oralement une phrase « prête à écrire ».

Prolongements

D'autres ateliers de lecture d'images sont disponibles sur le CD (« Activités d'écriture ») :
Fables en images / Trompe-l'œil / Enfants du monde.
(Voir également p. 89-93 de ce guide.)

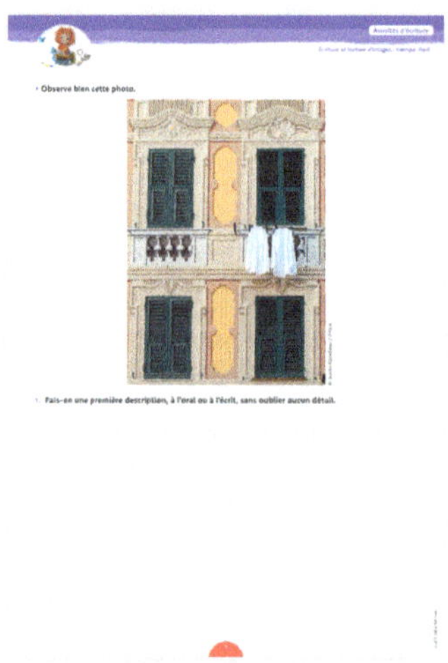

Paysages de France - p. 55

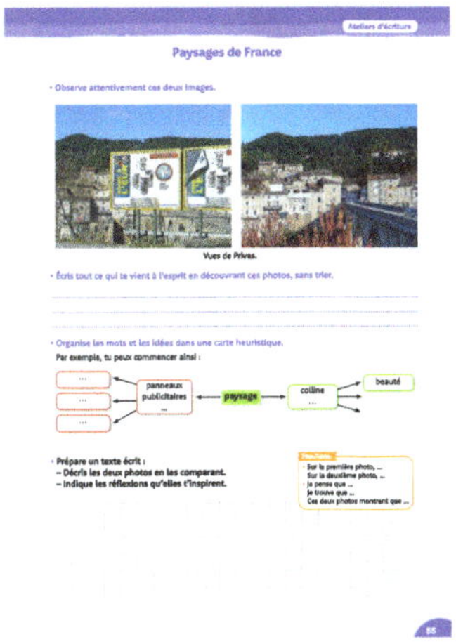

Objectif

Les programmes indiquent, dans le domaine lecture/compréhension : « *Comprendre des textes, des documents et des images et les interpréter.* »
Les deux photos présentées dans cette séance racontent une histoire. Leur compréhension est donc dynamique : comment est-on passé de l'une à l'autre ? L'effet avant/après permet des comparaisons et l'émission d'hypothèses. On comprend que l'action des riverains (et de l'association « Paysages de France ») a eu pour effet de supprimer les deux panneaux publicitaires qui défiguraient un magnifique point de vue sur la ville de Privas.
Cette séance transdisciplinaire est en phase avec un thème que le programme de géographie propose au CM2 :

programmes 2016

Thème 3 - Mieux habiter
Améliorer le cadre de vie et préserver l'environnement sont au cœur des préoccupations actuelles. Il s'agit d'explorer, à l'échelle des territoires de proximité (quartier, commune, métropole, région), des cas de réalisations ou des projets qui contribuent au « mieux habiter ». La place réservée dans la ville aux espaces verts, aux circulations douces, aux berges et corridors verts, au développement de la biodiversité, le recyclage au-delà du tri des déchets, l'aménagement d'un écoquartier sont autant d'occasions de réfléchir aux choix des acteurs dans les politiques de développement durable.

1. La séance commence directement sur le cahier d'activités : les élèves sont invités à écrire tout ce qui leur vient à l'esprit, pêlemêle.

2. *Phase collective orale :* les élèves mutualisent leurs réflexions. L'enseignant peut commencer à organiser quelques éléments dans une carte heuristique au tableau.

3. En binômes ou individuellement, les élèves continuent la carte heuristique (de préférence sur une feuille A4). Selon leur familiarité avec cette démarche, l'enseignant peut prévoir un ou deux courts moments collectifs pour faire le point, au tableau, sur l'avancement du travail.

4. Les élèves passent ensuite à la rédaction de leur texte, en suivant le plan détaillé au bas de la p. 54. L'enseignant précisera les attentes : organisation du texte en paragraphes, par exemple.

Prolongements

On peut demander aux élèves d'apporter des photos en classe, prises dans l'environnement proche, témoignant d'un cadre de vie dégradé (affichage publicitaire ou autres causes).
La classe cherche alors des solutions pour l'amélioration de l'environnement et rédige un courrier adressé aux autorités compétentes.

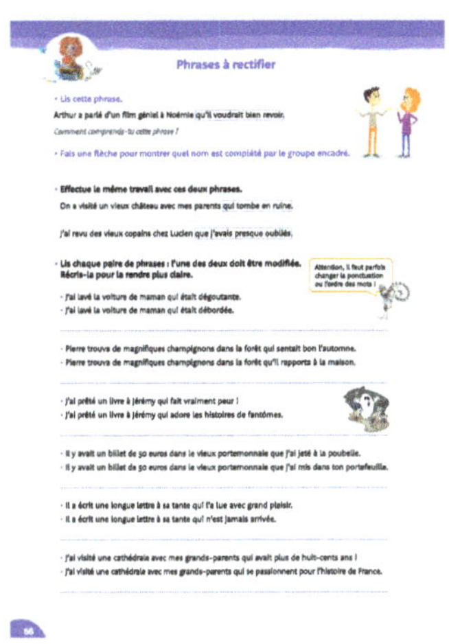

Phrases à rectifier - p. 56

Objectif

Cette séance un peu atypique permet de proposer un type d'activité qui tient davantage de l'entrainement que de la production d'écrit.
En se focalisant sur la compréhension et l'amélioration de phrases, on répond à ce point des programmes :

programmes 2016

Prendre en compte les normes de l'écrit pour formuler, transcrire et réviser.
En lien avec la lecture, prise de conscience des éléments qui assurent la cohérence du texte (connecteurs logiques, temporels, reprises anaphoriques, temps verbaux) pour repérer des dysfonctionnements.

On travaille ici sur le versant langagier et non linguistique de l'écrit :

programmes 2016

Au cycle 3 comme au cycle 2, les activités langagières sont constitutives de toutes les séances d'apprentissage et de tous les moments de vie collective qui permettent, par leur répétition, un véritable entrainement si l'attention des élèves est mobilisée sur le versant langagier ou linguistique de la séance.

Cela signifie qu'on ne travaille pas sur la proposition relative du point de vue grammatical, mais sur la correction de la phrase dans laquelle une relative est insérée. Ce faisant, les élèves manipulent, déplacent, transforment des relatives ; ils sont amenés à repérer leur antécédent, mais sans que ces activités donnent lieu à de l'analyse grammaticale ou à un étiquetage (pronom relatif, antécédent, relative…). L'étude de la proposition relative est du ressort du cycle 4. Cela n'empêche en rien, dès le cycle 3, de la manipuler sans la nommer, ni d'assurer certains accords entre verbe de la relative et antécédent.

1. L'activité 1 de la p. 55 permet de repérer une ambigüité dans la phrase : Arthur souhaite-t-il revoir le film, ou Noémie ? Les deux options étant plausibles, les élèves proposeront à l'oral deux réécritures possibles, de nature différente :
– Déplacement d'un complément dans un cas :
Arthur a parlé à Noémie d'un film génial qu'il voudrait bien revoir.
– Récriture en deux phrases dans l'autre :
Arthur a parlé d'un film génial à Noémie. Il voudrait bien la revoir.
Ces transformations seront écrites au tableau.

2. Dans l'activité 2, le cas est différent : l'ambigüité existe, mais c'est le verbe de la relative (au singulier ou au pluriel) qui permet de la faire disparaitre :
– On a visité un vieux château qui tombe en ruine avec mes parents.
– J'ai revu des vieux copains que j'avais presque oubliés chez Lucien. / J'ai revu chez Lucien des vieux copains que j'avais presque oubliés.

Les élèves modifient les deux phrases sur leur cahier d'essais.

3. La 3e activité est constituée de deux étapes : d'abord déterminer laquelle des deux phrases pose un problème de compréhension ou de correction, puis modifier cette phrase pour qu'elle soit correcte et compréhensible sans ambigüité.

Corrigé (d'autres possibilités existent)
– La voiture de maman était dégoutante : je l'ai lavée.
– Pierre trouva dans la forêt de magnifiques champignons qu'il rapporta à la maison.
– J'ai prêté un livre qui fait vraiment peur à Jérémy !
– Dans le vieux portemonnaie, il y avait un billet de 50 euros que j'ai mis dans ton portefeuille.
– Il a écrit à sa tante une longue lettre qui n'est jamais arrivée.
– Avec mes grands-parents, j'ai visité une cathédrale qui avait plus de huit cents ans !

Prolongements

On peut demander aux élèves de créer eux-mêmes des phrases comportant des ambigüités. Bien sûr, ici, l'humour et la facétie sont de puissants moteurs d'écriture !
On peut fournir le canevas de phrases qui offrent des possibilités intéressantes.

Exemple

J'ai vu [quelque chose] chez [quelqu'un] qui [groupe verbal]
→ J'ai vu un lézard chez Hector qui avalait un moustique.

J'ai mangé [quelque chose] chez [quelqu'un] qui [groupe verbal]
→ J'ai mangé du fromage chez ma tante Suzanne qui sentait les pieds.

Voilà [quelque chose] de [quelqu'un] qui [groupe verbal].
→ Voilà une vieille chaussette de Samuel qui trainait sous le canapé.

Etc.

Sens dessus dessous ! - p. 57

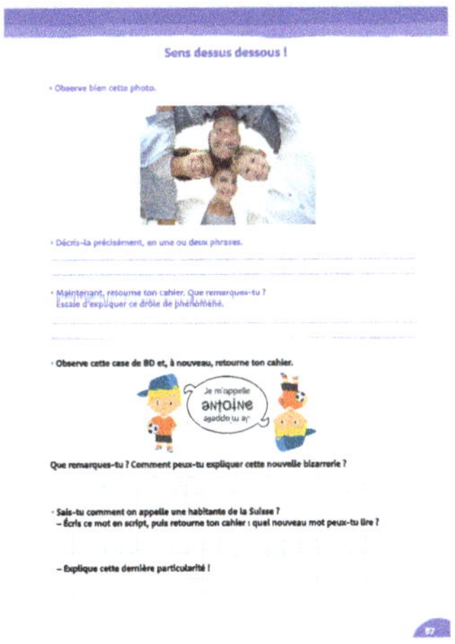
Sens dessus dessous !

• Observe bien cette photo.

• Décris-la précisément, en une ou deux phrases.

• Maintenant, retourne ton cahier. Que remarques-tu ?
Essaie d'expliquer ce drôle de phénomène.

• Observe cette case de BD et, à nouveau, retourne ton cahier.

Que remarques-tu ? Comment peux-tu expliquer cette nouvelle bizarrerie ?

• Sais-tu comment on appelle une habitante de la Suisse ?
– Écris ce mot en script, puis retourne ton cahier : quel nouveau mot peux-tu lire ?

– Explique cette dernière particularité !

57

Objectif

Cette séance explore l'univers fascinant des ambigrammes, palindromes et autres illusions d'optique.

1. La 1re activité est une illusion d'optique : c'est notre cerveau qui recompose un visage normal à partir d'éléments dont certains sont à l'envers.

2. La 2e activité est un exemple d'ambigramme : le prénom Antoine, typographié selon certains principes, est lisible à l'endroit et à l'envers.

3. Dans cette activité, l'ambigramme lu à l'envers se transforme en un autre mot que celui lu à l'endroit :
suissesse → *assassins*

Prolongements possibles

Il y a de nombreuses façons de jouer avec les lettres.
Les palindromes sont des mots (ou des phrases) qu'on peut lire de droite à gauche ou de gauche à droite. Certains gardent le même sens, d'autres non.

Exemples

– Laval, Senones, Aziza, etc.
– Un lama a mal, nu.

La réalisation d'ambigrammes par les élèves s'avère difficile.
Malgré tout, on peut s'y essayer en proposant des mots courts, par exemple :

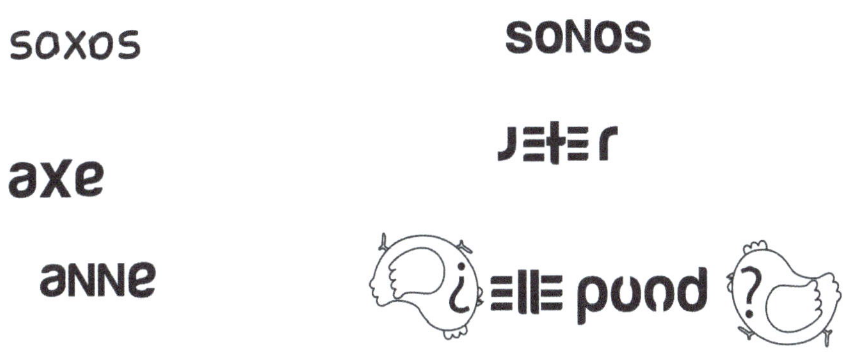

Les cinq sens - p. 58

Les Cinq Sens, Lubin Baugin, 1630

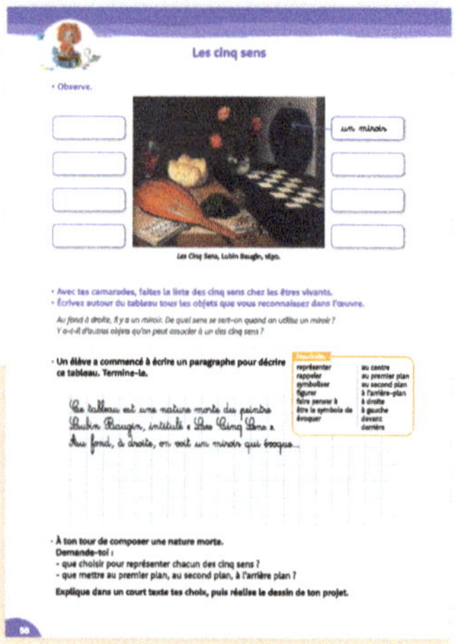

Objectifs

– Découvrir le genre pictural de la nature morte.
– Développer la capacité d'observation d'une œuvre d'art.
– Utiliser un langage descriptif adapté et précis.
– Réinvestir ses connaissances sur la nature morte dans un écrit plus personnel.

Éléments d'information sur la nature morte et la vanité

La nature morte est un genre pictural qui représente des objets inanimés (une corbeille de fruits, un bouquet de fleurs, les éléments d'un repas, des ustensiles de cuisine, etc.).
Même si on trouve des natures mortes dès l'Antiquité, ce n'est qu'à partir du XVIIe siècle que ce genre prend véritablement son essor. La nature morte permet aux peintres de mettre en valeur leur capacité à reproduire le réel, de rendre compte des différentes matières et textures des objets. Elle permet très souvent de faire passer un message ; les objets représentés ont alors une fonction symbolique. Quand ces derniers évoquent de manière allégorique le caractère vain et éphémère de la vie, de ses plaisirs, et ce face à la mort inéluctable, on parle de vanité.
C'est le cas de cette peinture de Baugin où tous les objets ont une double fonction symbolique : ils sont à la fois une allégorie des cinq sens mais expriment aussi une opposition entre l'amour profane (les plaisirs de la vie, du jeu, la richesse) et l'amour divin (la quête spirituelle exprimée par la présence du pain et du vin, évocation de l'eucharistie).
Avec les élèves, on se limitera à l'interprétation des cinq sens.

1. Pour faciliter le repérage (lors de la recherche puis de la mise en commun), projeter l'œuvre à partir du CD-Rom.

Identification des cinq sens

Collectivement, faire retrouver les cinq sens et les écrire au tableau. Il peut être intéressant ensuite de demander aux élèves de se mettre par binômes pour repérer tous les objets représentés dans l'œuvre, de les écrire au brouillon puis de leur demander d'y associer un des sens. La mise en commun permettra de confronter les différents points de vue.
Chaque élève peut ensuite écrire seul les noms des objets représentés sur le fichier.

Association des cinq sens aux objets du tableau :

La vue	le miroir, le vase*
L'ouïe	le luth (instrument de musique), la partition de musique
Le toucher	la bourse en velours, le jeu de cartes, la perle, l'échiquier**
Le gout	le pain, le vin
L'odorat	le bouquet de fleurs

* Le vase peut éventuellement être associé au sens de la vue par la présence des reflets.
** L'échiquier en noir et blanc peut également être associé au sens du toucher du fait de sa texture lisse.

2. Passez par une étape orale sous forme de questions afin de s'assurer de la compréhension des termes proposés comme aide aux élèves. Ceux-ci peuvent également s'interroger entre eux.

Exemples

– Quel est l'objet qui se trouve au premier plan ? à l'arrière-plan ?
– Qu'évoque le bouquet de fleurs ?
– Quel sens est symbolisé par le luth ? Etc.

3. La dernière activité doit permettre à l'élève d'entrer dans une activité d'écriture plus autonome. Il peut cependant être utile de proposer des thèmes pour les élèves qui n'ont pas d'idée. Par exemple : les objets de l'école, de la cuisine, de la chambre, d'un(e) grand(e) sportif(ve), d'un(e) voyageur(se)...
Demandez aux élèves d'écrire dans un premier temps leur texte puis d'en faire une interprétation dessinée au crayon sur une demi-feuille.
Regroupez d'un côté les textes et de l'autre les dessins. Distribuez à chaque élève un texte qui n'est pas le sien ; il doit ensuite retrouver le dessin correspondant.

Remarque : Ce type d'activité graphique ne vise pas à développer des compétences en art (il ne s'agit surtout pas de dire si le dessin est bien fait ou pas !), mais il permet de faire comprendre aux élèves l'intérêt d'une description claire et précise pour bien se faire comprendre par un camarade.

Variante

Un élève pioche un texte et doit à son tour en faire une interprétation dessinée avant de comparer avec le dessin de son camarade.

Prolongements en arts plastiques

- Inviter les élèves à faire une interprétation plastique colorée de leur texte sur un format A3 ou A4 :
– avec des papiers de couleur, par découpage ou déchirage et collage ;
– avec de la gouache, des pastels...
- Mettre en place une mini-exposition avec les textes des élèves (éventuellement saisis à l'ordinateur) et les productions plastiques qui sont associées.

Poésie de neige - p. 59

La Pie, Claude Monet, 1868-1869

Ateliers art et écriture

Poésie de neige

• Observe.

une barrière | la tranquillité

La Pie, Claude Monet, 1868-1869.

• Avec tes camarades, commentez oralement ce tableau de Claude Monet en vous aidant des questions suivantes.

Quelle est la saison évoquée ? Quelles sont les couleurs du tableau ? À quel moment de la journée la scène a-t-elle été peinte ? Sur quels indices pouvez-vous vous appuyer ?

• Complète les cases vides :
- à gauche, pour décrire ce que tu vois ;
- à droite, pour exprimer ce que tu ressens (tes sensations et émotions).

• Décris en quelques mots ce que tu pourrais entendre si tu te trouvais réellement dans ce paysage.

Si je me trouvais vraiment dans ce paysage, je pourrais entendre

• Voici un court texte, appelé haïku, du grand poète japonais Matsuo Basho (1644-1694).
– Avec tes camarades, observez comment il est écrit.
– Puis écris un haïku à ton tour, en t'aidant des mots récoltés précédemment et en t'inspirant du tableau de Monet.

Désolation hivernale
Dans le monde monochrome
Le bruit du vent

59

Objectifs

– Développer ses capacités d'observation en employant un langage plastique précis.
– Rendre compte de ses sensations et émotions par rapport à une œuvre d'art.
– Les traduire dans une forme poétique traditionnelle : le haïku.

Éléments d'information sur le haïku

Le haïku est un poème court d'origine japonaise très codifié qui traditionnellement célèbre des choses simples et éphémères de la vie de tous les jours.
L'évocation des sensations et la référence aux saisons ou à un évènement naturel étaient la règle.
Il était organisé en 17 mores (découpage des sons plus fins que les syllabes), avec une césure, et était écrit verticalement.
Aujourd'hui, il s'est démocratisé et sa traduction en occident prend le plus souvent la forme d'un tercet de 5/7/5 pieds et s'écrit au présent.
Avec les élèves, on n'imposera pas forcément le découpage en 5/7/5 syllabes mais on les rendra sensibles à la structure rythmique court/long/court et à « l'esprit » du haïku qui a recours aux sens pour évoquer des émotions en lien le plus souvent avec la nature.

1. La première étape est orale ; des questions en gris offrent une aide à l'observation en groupes puis collective. Pour faciliter l'analyse, projeter l'œuvre à partir du CD-Rom.

Description de l'œuvre

La saison évoquée est l'hiver. Pour cela, Monet a peint son tableau dans un camaïeu de blanc : crème, beige, jaune paille, gris clair, rosé, bleuté... Ces couleurs créent un contraste avec les teintes sombres de la haie, des troncs d'arbres et de la barrière.
Nous sommes probablement en fin de journée car l'ombre de la haie est déjà grande et la lumière jaune du coucher de soleil est basse, presque au niveau de la ligne d'horizon.

2. Il s'agit d'aider les élèves à bien faire la distinction entre ce que l'on voit (ce qui est *objectif*) et ce que l'on ressent (ce qui est *subjectif*).
Laissez les élèves écrire leurs propres mots puis comparez collectivement les résultats : cela permettra de mettre en évidence des ressentis différents par rapport à une même œuvre.

Exemples de réponses

Ce que l'on voit	Ce que l'on ressent
une pie	le calme
une barrière	la paix
une haie	le silence
des arbres	le froid
une maison	la solitude
de la neige	la tristesse

3. Pour la description de « *ce que l'on pourrait entendre* », commencez par une phase orale : à partir d'un exemple, montrez comment on peut enrichir une réponse par des compléments du nom et extensions de phrase.

Exemples de ce que l'on pourrait entendre

– Je pourrais entendre une pie → je pourrais entendre le jacassement d'une pie → je pourrais entendre le jacassement solitaire d'une pie → je pourrais entendre le jacassement solitaire d'une pie dans le silence du soir.
– Le bruit mou de la neige qui tombe des branches...
– Le grincement de la barrière vermoulue...
– Le vent léger dans les branches des arbres...
– L'aboiement d'un chien au loin...

4. Faites lire le haïku du cahier et demandez aux élèves ce qu'il suggère : quelle saison ? quelles couleurs ? quel son ? ambiance triste ou gaie ?
Expliquez éventuellement le terme monochrome (d'une seule couleur).
Repérez ses caractéristiques formelles : trois groupes de mots mais pas de verbe, rythme.
Comparez avec deux autres haïkus de Matsuo Basho :

Un matin de neige
Seuls les oignons du jardin
Marquent le sentier.

Qu'il est beau
Le corbeau d'ordinaire haïssable
Ce matin de neige !

Repérez les caractéristiques communes aux trois haïkus et ce qui les différencie : présence d'un groupe verbal ou pas, forme exclamative...
Demandez aux élèves de fermer les yeux et d'imaginer les scènes décrites :
– Le corbeau, seule présence vivante dans le paysage immaculé, le contraste entre son plumage noir et le blanc de la neige, peut-être son cri.
– Les tiges des oignons qui dépassent, comme une pure ligne graphique sur la neige, témoignage à peine perceptible d'une activité humaine qui a eu lieu la saison précédente, maintenant tout apparait calme et au repos.
Demandez aux élèves de s'inspirer de ce qui a été écrit dans les activités précédentes pour composer leur propre haïku.

Différenciation

– Les élèves les plus en difficulté peuvent reprendre la structure d'un des haïkus de Matsuo Basho en modifiant seulement quelques mots.

– Les élèves plus à l'aise peuvent produire plusieurs écrits en imaginant une saison différente de ce même paysage : « Quels animaux pourrait-on voir ou entendre ? Quelles seraient les couleurs de la nature ? »

Prolongement en arts plastiques

Demander aux élèves de réaliser un paysage imaginaire de neige puis de le présenter associé à son propre haïku.

Techniques possibles :

– Gouache : en travaillant tous les nuances possibles de blanc et par petites touches successives, comme dans le tableau impressionniste de Monet.

– Par découpage/collage de matériaux blancs tels que coton, gaze, papier, sucre, calque, papier de soie, etc.

Quelle charmeuse ! - p. 60

La Charmeuse de serpent, Henri Rousseau, 1907

Objectifs

– Développer ses capacités d'observation à partir de l'univers artistique du peintre Henri Rousseau.

– Réinvestir ses connaissances sur les accords dans le groupe nominal.

– Réinvestir ses connaissances sur le conte en tirant parti des caractéristiques plastiques des œuvres du peintre.

Éléments d'information sur Henri Rousseau

Le peintre Henri Rousseau, appelé aussi Le Douanier Rousseau du fait de ses fonctions à l'octroi de Paris (sorte de péage), n'a pas voyagé dans les tropiques mais ses visites au Jardin des Plantes de Paris et au zoo lui servaient de source d'inspiration pour ses tableaux qualifiés d'art naïf.

1. La première étape est orale ; des questions en gris offrent une aide à l'observation en groupes puis collective. Pour faciliter l'analyse, projeter l'œuvre à partir du CD-Rom.

Le lieu

Dans ce tableau, on imagine qu'il s'agit d'une jungle qui pourrait être l'Amazonie. En effet, on observe la présence de plantes exotiques (des sortes d'agaves, de yuccas…), celle d'un fleuve représenté en arrière-plan qui évoque le fleuve Amazone, celle d'un oiseau, la spatule rosée (du fait de son bec en forme de spatule) qui se reproduit essentiellement en Amérique du Sud et de la présence d'une femme à la peau et à la chevelure très foncées.

Le moment

On se trouve soit au crépuscule, soit au milieu de la nuit car la tonalité générale du tableau est sombre… Seule la présence de la pleine lune éclaire le paysage d'une faible lueur, ce qui accentue l'effet mystérieux de la scène.

Le personnage principal

Le personnage représenté est une femme qui évoque les Indiens indigènes d'Amérique du Sud. Sa peau foncée et sa longue chevelure sombre font ressortir ses yeux brillants ce qui la rend étrange, voire menaçante. Elle joue de ce qui semble être une flute de roseau.

2. Rappelez aux élèves que la règle des accords permet de trouver des associations pertinentes et que certains termes peuvent être utilisés plusieurs fois.
On obtient :

Une forêt profonde ou dense	Une flute en roseau
Un serpent venimeux	Une chevelure épaisse ou sombre
Un corps massif	Une jungle épaisse ou sombre
Une végétation dense ou profonde	Un clair de lune
Une silhouette mystérieuse	Des plantes grimpantes

3. Avant d'engager les élèves dans l'écriture individuelle, il peut être utile de faire un premier temps oral sur les différents personnages de conte connus par les élèves, puis d'essayer de répondre collectivement aux questions posées.

Différenciation
• Pour les élèves en difficulté d'écriture : limiter le nombre de questions, leur rappeler de se servir de la banque de mots des activités précédentes, les faire travailler en binômes.
• Pour les élèves plus à l'aise : inciter à prendre appui sur les caractéristiques du conte en composant le texte : formule d'ouverture (il était une fois, en ce temps-là…), quête ou épreuve, auxiliaire magique, combat, fin heureuse et formule de clôture…
On peut également leur demander d'intégrer dans leur récit un autre tableau du peintre Henri Rousseau, par exemple : *Le Rêve*, 1910 ; *Le Lion ayant faim se jette sur l'antilope*, 1905 ; *La Bohémienne endormie*, 1897.

Prolongements en arts plastiques

• Imaginer la première page du conte à partir de papiers de couleur peints puis déchirés qui évoquent l'univers de la jungle (travail sur les couleurs : nuances, camaïeux…).
• À partir d'images de plantes exotiques (prélevées dans des magazines ou via un support numérique), saturer par collage l'espace de la feuille de dessin afin d'évoquer l'univers dense de la forêt vierge. Y dissimuler quelques animaux ou personnages à peine visibles… (travail d'intégration, de liaison, de superposition entre les images).

À table ! - p. 61

***Restaurant de la city Galerie*, Daniel Spoerri, 1965**

Ateliers art et écriture

À table !

• Observe et lis.

Restaurant de la city Galerie, Daniel Spoerri, 1965.

L'artiste Daniel Spoerri a réalisé des œuvres, dans les années 1960, en fixant des objets réels sur des panneaux qu'il dressait ensuite à la verticale et qu'il appelait des « tableaux-pièges ».

• Avec tes camarades, commentez oralement ce tableau en vous aidant des questions suivantes.
Dans cette œuvre, quel moment précis de la vie quotidienne Spoerri a-t-il piégé ? Quels indices le montrent ?

• Note autour du tableau les différents objets que tu parviens à identifier.
• D'après toi, pourquoi y a-t-il des assiettes de taille différente ? Propose deux possibilités.
Possibilité 1 : ……
Possibilité 2 : ……

• Dans son tableau, Spoerri a fixé les objets dans un désordre apparent. Mais la table n'était certainement pas comme ça avant l'arrivée des convives ! Imagine et décris comment celle-ci était dressée.

à côté de, en face de, symétrique, au milieu, au centre, à l'opposé, perpendiculaire à, au bord, devant, derrière, de chaque côté
disposer, aligner, poser, déposer, mettre

Avant l'arrivée des convives,

61

Objectifs

– Développer ses capacités d'observation et d'analyse à partir d'une œuvre de Daniel Spoerri.
– Réinvestir le vocabulaire faisant référence à l'univers de la table.
– Imaginer des hypothèses à partir d'une situation ordinaire.
– Utiliser un lexique spatial dans un texte descriptif.

Éléments d'information sur D. Spoerri

Daniel Spoerri s'inscrit dans le mouvement du Nouveau réalisme qui, dans les années 60, cherche à rendre compte de la vie réelle, telle qu'elle se présente dans le quotidien, sans forcément passer par sa transcription picturale.
Le Nouveau Réalisme regroupe des artistes comme Raysse, Klein, Arman, César, Villeglé, Hains... La grande époque du Nouveau réalisme se situe entre les années 1960 et 1970.
Spoerri « a piégé » ici la fin d'un repas à la « city Galerie », une galerie à Zurich transformée pour l'occasion en restaurant, dans laquelle Spoerri a invité ses amis.
Pour lui, il s'agit à la fois d'une démarche sociologique, témoignage d'une manière de vivre et de manger de l'époque, mais aussi d'une nouvelle forme artistique où l'art ne prétend plus « représenter » le réel, mais directement le « présenter » par ses objets.
En fixant les éléments tels qu'ils ont été laissés à la fin du repas, Spoerri intègre le hasard dans sa démarche, mais il fait aussi un clin d'œil à l'art du passé en accrochant ensuite le support à la verticale comme une peinture.

1. Pour faciliter le repérage, projeter l'œuvre à partir du CD-Rom.
Dans un premier temps, demandez aux élèves quelle est la différence majeure entre l'œuvre de Daniel Spoerri et celles vues précédemment, en particulier *Les Cinq Sens* de Baugin (p. 57 du cahier d'activités) : leur faire prendre conscience que ce sont des objets réels qui ont été fixés sur un support et non pas peints.

Description de l'œuvre

Il s'agit de la fin d'un repas :
– couverts, assiettes et verres sont en désordre, rien n'est aligné ;
– les serviettes sont chiffonnées et tachées ;
– on devine des restes de repas, peut-être un dessert, dans certaines assiettes ;
– on voit des tasses qui évoquent la prise d'un café à la fin d'un repas.

2. Les élèves travaillent individuellement avant une mise en commun.
– Les objets que l'on reconnait : assiette, tasse, sous-tasse, verre, cuillère, fourchette, couteau, set de table, bouquet de roses, salière, boite d'allumettes, bouteille (de bière ?).
– La différence de taille des assiettes : il n'y a pas une réponse attendue à cette question, ne pas hésiter à inciter les élèves à trouver des réponses drôles ou surprenantes.

Exemples

– Il y a des assiettes grandes pour le plat principal et des assiettes plus petites pour le dessert.
– Il n'y avait plus assez d'assiettes de même taille dans le restaurant.
– Il y avait des nains et des géants à ce repas.
– Chaque convive a apporté sa propre assiette au restaurant de la galerie.
– La personne qui a mis la table trouvait cela plus joli.

3. Dans la dernière activité, il s'agit de mobiliser les connaissances qu'ont les élèves sur la manière habituelle de dresser une table tout en les amenant à employer un vocabulaire spatial précis.
Les habitudes culturelles et familiales peuvent influer sur la disposition des couverts. Passez par une phase orale pour vérifier les connaissances des uns et des autres.
Il n'est pas demandé non plus une réponse unique de la part des élèves, mais il peut être intéressant de compléter les réponses en évoquant les règles traditionnelles de l'art de dresser une table, qui s'appliquent encore souvent dans les restaurants ou quand on veut faire un « grand diner ».

Différenciation

• Demander aux élèves en difficulté de faire un dessin de leur plan de table : cela leur servira de point d'appui pour l'emploi du vocabulaire spatial.
• Demander aux élèves plus à l'aise dans l'écriture d'imaginer les convives qui participent au repas : Leur nombre ? L'âge ? À quelle occasion ? Leur tenue ? Etc.

Prolongements

• En français : comparer deux œuvres et exprimer son point de vue

Comparer l'œuvre de Spoerri avec celle de Baugin. Faire établir une liste de points communs et de différences. Demander aux élèves l'œuvre qu'ils préfèrent en faisant justifier leur point de vue.

Les similitudes
- Ce sont des natures mortes avec des représentations d'éléments inanimés.
- On trouve dans les deux tableaux de la nourriture.
- Il y a une apparence de désordre sur chacune des tables.
- On a une dominante de couleurs chaudes dans les deux tableaux.
- Les sens de la vue, de l'odorat (fleurs) et du gout sont évoqués.

Les différences
- L'une est une peinture représentant des objets, l'autre est un collage d'objets réels.
- L'une date du XVIIe et l'autre du XXe.
- Chez Baugin, les objets sont là pour évoquer les cinq sens. Chez Spoerri, les objets ont une valeur presque ethnographique et constituent une sorte de portrait de la société de l'époque.

• En arts plastiques : notion de trompe-l'œil et exploration du matériau papier

Représenter en peinture son plat préféré en travaillant le support papier pour suggérer du relief (papier froissé, découpé, trempé, chiffonné, en lanières, déchiré, gratté, etc.), puis déposer sa réalisation sur une assiette en carton pour accentuer l'illusion du réel.

Quelle star ! - pp. 62 et 63

***Marilyn*, Joana Vasconcelos, galerie des Glaces, 2012**

Objectifs

– Développer ses capacités d'observation et d'analyse à partir d'une œuvre de Joana Vasconselos.
– Manipuler des groupes nominaux et un lexique varié en lien avec l'œuvre étudiée.
– Exprimer son point de vue sur une œuvre de manière argumentée.
– Développer son autonomie et un esprit critique.
– Apprendre à écrire un article sous forme journalistique.

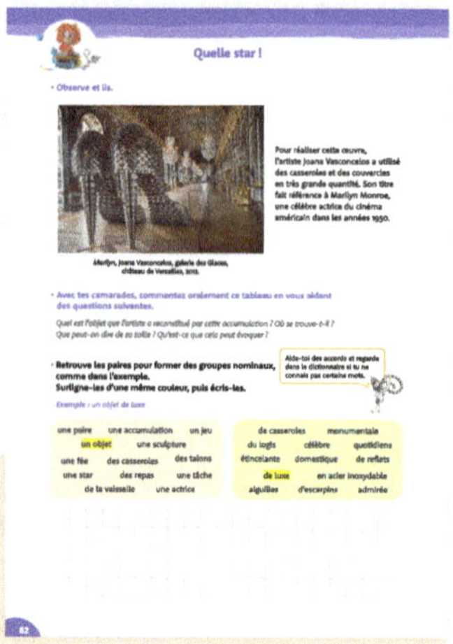
Quelle star !

• Observe et lis.

Pour réaliser cette œuvre, l'artiste Joana Vasconcelos a utilisé des casseroles et des couvercles en très grande quantité. Son titre fait référence à Marilyn Monroe, une célèbre actrice du cinéma américain dans les années 1950.

Marilyn, Joana Vasconcelos, galerie des Glaces, château de Versailles, 2012.

• Avec tes camarades, commentez oralement ce tableau en vous aidant des questions suivantes.

Quel est l'objet que l'artiste a reconstitué par cette accumulation ? Où se trouve-t-il ? Que peut-on dire de sa taille ? Qu'est-ce que cela peut évoquer ?

• Retrouve les paires pour former des groupes nominaux, comme dans l'exemple. Surligne-les d'une même couleur, puis écris-les.

Aide-toi des accords et regarde dans le dictionnaire si tu ne connais pas certains mots.

Exemple : un objet de luxe

une paire, une accumulation, un jeu, un objet, une sculpture, une fée, des casseroles, des talons, une star, des repas, une tâche, de la vaisselle, une actrice

de casseroles, monumentale, du logis, célèbre, quotidiens, étincelante, domestique, de reflets, de luxe, en acier inoxydable, aiguilles, d'escarpins, admirée

62

Éléments d'information sur J. Vasconcelos

De juin à septembre 2012, l'artiste contemporaine Joana Vasconcelos a été invitée au château de Versailles pour exposer ses œuvres. Plusieurs lieux du palais furent investis par l'artiste qui a installé des sculptures ayant toutes les points communs suivants :
- la prise en compte de l'espace dans lequel est exposée la sculpture (ce que l'on appelle des installations *in situ*) ;
- l'utilisation d'objets ou de techniques traditionnellement associés à l'univers de la femme mais détournés de leur fonction (la couture, le crochet, le textile, les objets de la cuisine, etc.). Vasconcelos se réapproprie cet univers, dit féminin, de manière humoristique pour nous amener à nous réinterroger sur nos habitudes culturelles.

1. Pour faciliter le repérage, projeter l'œuvre à partir du CD-Rom.

Description de l'œuvre

• Joana Vasconselos représente une immense paire d'escarpins, attribut féminin très élégant, portés généralement pour de grandes occasions.

• La paire d'escarpins se trouve au centre de la galerie des Glaces, ce qui la met en valeur en produisant un intense jeu de reflet entre l'éclat des casseroles et couvercles en inox et celui des miroirs qui tapissent la galerie.
• La taille des escarpins est gigantesque comme si les chaussures étaient celles d'une géante et que nous nous trouvions soudain avec Gulliver parmi le peuple des géants (*Les Voyages de Gulliver* de Jonathan Swift). On peut aussi penser à la chaussure de Cendrillon qu'elle perd en s'enfuyant du fameux bal où le prince tombe amoureux d'elle. Le bal ne se déroulait-il pas lui aussi dans un palais ?
• La sculpture *Marilyn* accentue la mise en valeur de ce lieu prestigieux qu'est Versailles, en particulier la galerie des Glaces qui, à l'époque de Louis XIV, avait surtout comme fonction d'éblouir les visiteurs.
• Pour l'artiste, le caractère monumental et éblouissant de sa sculpture est aussi une manière de rendre hommage à l'ensemble des femmes : les célèbres, comme l'actrice Marilyn, mais aussi toutes les femmes anonymes qui sont très souvent associées à l'univers domestique.

2. Rappeler aux élèves qu'ils doivent s'aider des accords pour trouver des associations grammaticalement correctes mais qu'ils doivent aussi s'appuyer sur le sens des mots pour trouver les associations pertinentes.
Travailler d'abord au brouillon pour trouver la bonne association car chaque nom n'a droit qu'à un seul adjectif ou complément du nom.

Réponses
Une paire d'escarpins
Des repas quotidiens
Une accumulation de casseroles
De la vaisselle étincelante
Des talons aiguilles
Un objet de luxe
Les feux de la rampe
Une tâche domestique
Des casseroles en acier inoxydable
Un jeu de reflets
Une actrice admirée (ou célèbre)
Une fée du logis
Une star célèbre (ou admirée)

Prolongement
Demander aux élèves de se mettre par binômes, de comparer leurs réponses respectives, puis de faire trois colonnes dans leur cahier pour classer les groupes nominaux :

GN qui évoquent l'univers de la maison	GN qui évoquent l'univers du cinéma	GN qui évoquent l'œuvre de Vasconcelos

Ce travail de classement permet aux élèves d'approfondir les différents sens véhiculés par l'œuvre de Vasconcelos.

3. Dans cette activité (p. 62), il s'agit d'amener les élèves à s'interroger plutôt sur la relation entre le lieu et l'œuvre que sur l'œuvre elle-même.

Bon à savoir

Depuis 2008, l'intervention d'artistes contemporains au château de Versailles fait très souvent l'objet de polémiques, et l'artiste J. Vasconcelos n'y a pas échappé. Sans rentrer dans les détails avec des élèves encore jeunes, il est important de les amener à prendre conscience des points de vue différents qui s'opposent afin qu'ils puissent petit à petit développer leur propre autonomie et leur sens critique.

Avant de rentrer dans l'écrit individuel, il peut être utile de proposer un débat : la moitié de la classe doit trouver des arguments en faveur de l'œuvre de Vasconcelos à Versailles, l'autre moitié doit trouver des arguments contre.

Chaque groupe a 10 minutes pour lister des arguments. Puis chacun les expose oralement et en alternance, et un secrétaire de chaque groupe les note au tableau (avec l'aide de l'enseignant, au besoin).

Au final, le but n'est pas qu'un groupe l'emporte sur l'autre ; il s'agit de permettre à chaque élève de piocher dans les arguments évoqués pour donner et écrire son avis personnel.

Exemples de réponses

– Ce n'est pas la même époque et Versailles n'est pas un musée d'art contemporain.
– On est dans un lieu chargé d'histoire qu'il ne faut pas dénaturer mais respecter.
– On est dans un palais, pas dans une cuisine !
– Une chaussure géante n'a rien à faire là !
– Les casseroles ne sont pas des objets de valeur et dévalorisent le lieu.
– C'est drôle et ça met en valeur le lieu.
– Ça brille comme si c'était une chaussure en diamant qui se reflète à l'infini dans les glaces.
– Cela redonne une place à la femme dans un lieu où elle n'en a pas beaucoup.
– Ça donne une nouvelle vie à ce lieu ancien.
– Cela attire un nouveau public dans ce château.
– Cela crée un effet de surprise chez le spectateur qui ne s'attend pas à trouver cela ici.
– Vasconcelos montre que l'on peut faire de l'art avec n'importe quel objet.
– ...

4. Cette dernière activité d'écriture, la plus exigeante, incite l'élève à réinvestir tout ce qu'il a déjà vu précédemment. Il est donc important de la présenter en fin de parcours.
Si les élèves peuvent se servir de tous les mots et expressions précédents, ils doivent cependant les reformuler au sein d'un article de journal. Il peut être utile au préalable de faire lire certains articles de presse et de les commenter oralement : « De quoi parle l'article ? De quelle manière en parle le journaliste ? De manière neutre ? Avec humour ? Quel en est le titre ? Nous accroche-t-il ? » Etc.

On donnera aux élèves les conseils d'écriture suivants :
– Commencez par une description précise de l'œuvre de Vasconcelos, de façon à permettre à quelqu'un qui ne l'a pas vue de se faire une idée la plus claire possible.
– Décrivez les matériaux qui la constituent, sa taille, ses caractéristiques plastiques : forme, couleur, matière, lumière... Indiquez le lieu où elle se trouve, son titre...
– Ajoutez ensuite votre point de vue personnel sur l'œuvre, en le justifiant.
– Donnez un titre « accrocheur » à votre article.
– Enfin, relisez votre texte en vous posant les questions suivantes :

- *Mon texte permet-il d'imaginer précisément l'œuvre ?*
- *Son titre provoque-t-il l'intérêt du lecteur ?*
- *Mon texte est-il élogieux ou critique de manière argumentée ?*
- *Donne-t-il au lecteur envie de venir voir l'œuvre ou au contraire de s'en abstenir ?*

Différenciation

Pour les élèves qui ont du mal à entrer dans l'activité, on peut leur proposer de commencer leur article par la phrase suivante : *En ce moment, dans la galerie des Glaces du château de Versailles, vous pouvez voir, observer, découvrir, constater...*

Autres ateliers d'écriture à partir d'œuvres d'art

Voici des propositions d'ateliers d'écriture à partir d'œuvres d'art qui viennent compléter celles du cahier d'activités (pp. 57-62). La plupart sont disponibles dans le CD-Rom ; quand c'est le cas, elles sont présentées en vignette dans ce chapitre[1].

Réparties par grands domaines d'écriture (description, narration, dialogue, poésie...), les pistes sont décrites succinctement : l'enseignant pourra y puiser librement en fonction de ses objectifs pour construire son propre scénario pédagogique.

Décrire et comparer des paysages

Œuvres support :
- **J.-B. Corot, *L'Église de Marissel*, 1866**
- **V. van Gogh, *Jardin de maraichers* dit aussi *La moisson*, 1888**

Objectifs visés
– Employer le vocabulaire descriptif et comparatif.
– Utiliser les connecteurs spatiaux.
– Exprimer son point de vue.

Pistes d'activités d'écriture
– Établir la liste des similitudes et des différences entre ces trois tableaux.
– Décrire son tableau préféré et justifier son choix.
– Faire la description écrite précise d'un des tableaux et la transmettre à un camarade qui doit en faire le dessin. Comparer les résultats entre le texte, le dessin et l'œuvre originale.

Prolongement en arts plastiques

Coller sur une feuille de dessin un détail d'un de ces paysages et compléter l'espace libre au moyen de la peinture ou des pastels en imaginant un autre paysage. Chercher une cohérence plastique.

1. Le cas échéant, un site de la National Gallery of Art de Washington propose plus de 35 000 tableaux à télécharger légalement en haute définition : https://images.nga.gov/en/page/show_home_page.html

Décrire et comparer des oiseaux

Œuvres support :

- Dieu faucon Horus au temple d'Edfou, Égypte
- Masque cimier, culture Baga (Guinée)
- Laurie Simonson, *The Curlew*, 1996
- Niki de Saint Phalle, *Oiseau de feu* (fontaine Stravinsky)
- C. Brancusi, *Oiseau dans l'espace*, 1923

Objectifs visés

– Employer le vocabulaire descriptif et comparatif.
– Exprimer son point de vue et argumenter.
– Écrire un dialogue, employer la forme interrogative.

Pistes d'activités d'écriture

– Comparer les représentations d'oiseau, décrire les similitudes et les différences.
– Présenter l'oiseau que l'on préfère, justifier son choix.
– Imaginer un dialogue entre deux personnes qui ont vu ces mêmes œuvres mais qui ne sont pas d'accord...

Décrire et comparer des portraits, exprimer des émotions (1)

Œuvres support :

Whistler :
- *La Mère de l'artiste* ou *Arrangement en gris et noir*
- *Symphonie en blanc* ou *Jeune fille en blanc*

Objectifs visés

– Utiliser un lexique descriptif et comparatif.
– Utiliser le vocabulaire des émotions.
– Exprimer un ressenti.

Pistes d'activités d'écriture

– Comparer les deux portraits, identifier les similitudes et les différences.
– Imaginer ce que ressentent les personnages.
– Présenter le portrait pour lequel on éprouve le plus d'émotion, expliquer son choix.

Prolongement en arts plastiques

Découper l'une des silhouettes, puis l'intégrer dans un fond coloré abstrait en choisissant des couleurs et des formes qui accentuent l'émotion évoquée

Décrire et comparer des portraits, exprimer des émotions (2)

Œuvres support :
- E. Carrière, *Méditations*, 1892
- M. Laurencin, *La Songeuse*, 1910
- J.-B. Greuze, *L'Oiseau mort*, 1800
- B. E. Murillo, *Garçon riant avec un chapeau à plumes*
- E. Munch, *Le Cri*, 1893
- F. Hals, *La Bohémienne*, 1628
- D. Lange, *Migrant Mother*, 1936

Objectifs visés

– Utiliser un lexique descriptif et comparatif.
– Utiliser le vocabulaire des émotions.
– Exprimer un ressenti.

Pistes d'activités d'écriture

– Comparer les portraits, décrire pour chacun les émotions et les sentiments perçus.
– Imaginer les causes des émotions de certains personnages.
– Choisir un des tableaux et décrire son émotion devant l'un des tableaux.

Prolongement en arts plastiques

Découper l'un des portraits puis l'intégrer dans un fond coloré abstrait à la gouache en choisissant des couleurs et des gestes qui accentuent l'émotion ressentie.

Décrire une sculpture, exprimer des émotions

Œuvre support : Duane Hanson, *Les Touristes*, 1970

Objectifs visés
– Utiliser le vocabulaire spécifique du portrait (physique et psychologique) dans un texte descriptif.
– Construire une fiche d'identité.
– Utiliser des compléments de phrase.
– Exprimer des émotions en utilisant la forme exclamative.
Pistes d'activités d'écriture
– Décrire les personnages et leurs caractéristiques (physiques, psychologiques...).
– Leur créer une identité (nom, âge, lieu de résidence...) et une « fiche de voyage » (motif de leur voyage, leurs destinations, ce qu'ils observent...).
– Imaginer ce qu'ils observent et ressentent, en utilisant la forme exclamative.

Prolongement en arts plastiques
Utiliser la technique du photomontage (papier ou numérique) pour situer les touristes dans un environnement inattendu tout en cherchant une cohérence plastique.

Décrire des sculptures, exprimer des sensations

Œuvres support :
- Man Ray, *Cadeau*, 1936
- Meret Oppenheim, *Le Déjeuner en fourrure*, 1936

Objectifs visés
– Utiliser le vocabulaire des sensations tactiles et visuelles dans un texte descriptif.
– Défendre un point de vue qui n'est pas le sien.
Pistes d'activités d'écriture
– Comparer les deux œuvres, repérer les similitudes et les différences.
– Exprimer les sensations tactiles et visuelles perçues pour chacune des sculptures.
– Présenter et « défendre » l'œuvre que l'on aime le moins.

Prolongement en arts plastiques
Inventer son propre objet surréaliste à partir d'un objet du quotidien détourné.

Exprimer une émotion, raconter un cauchemar

Œuvres support :
- O. Redon, *L'Araignée souriante*, 1881
- O. Redon, *La Nuit : la Chimère*, 1886
- Le Caravage, *Tête de méduse*, v. 1597
- A. Böcklin, *La Peste*, 1898

Objectifs visés
– Utiliser le champ lexical de la peur et de l'effroi dans un texte descriptif.
– Écrire un récit au passé.
Pistes d'activités d'écriture
– Comparer ces œuvres : repérer les éléments plastiques qui suggèrent la peur.
– Décrire l'œuvre qui fait personnellement le plus peur et dire pourquoi.
– Imaginer un cauchemar dans lequel apparait une de ces images.

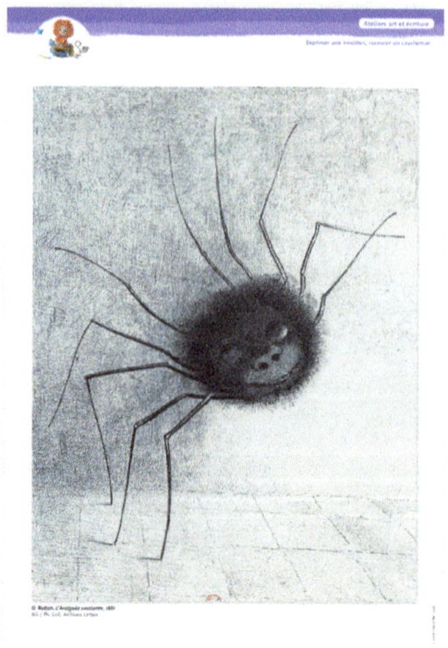

Prolongement en arts plastiques

Transformer des taches d'encre noire produites au hasard pour y faire surgir des formes cauchemardesques…

Décrire une scène, inventer un dialogue (1)

Œuvre support : G. Ter Borch, *L'Éplucheuse de pommes*, 1660

Objectifs visés

– Décrire une œuvre en employant des compléments du verbe.
– Exprimer des sentiments différents.
– Écrire un dialogue en utilisant les tournures interrogatives et négatives.

Pistes d'activités d'écriture

– Décrire la scène : les personnages, leur activité, leur attitude…
– Imaginer les sentiments de chacun des personnages.
– Inventer un dialogue entre les personnages : l'enfant demande quelque chose, la mère refuse dans un premier temps.

Prolongements

En français : Inventer la suite du dialogue en intégrant cette fois l'œuvre suivante :
G. Ter Borch, *Enfants dans une porte avec bâtons,* 1658

En arts plastiques : Changement de décor !
Découper les personnages du tableau et les situer dans un autre lieu mais en recherchant une cohérence spatiale.

Décrire une scène, inventer un dialogue (2)

Œuvre support : G. Seurat, *Un dimanche à l'île de la Grande Jatte*, 1884-1886

Objectifs visés
– Décrire une œuvre en employant des compléments du verbe.
– Établir des fiches d'identité de personnages.
– Écrire un dialogue.
Pistes d'activités d'écriture
– Décrire la scène et identifier les personnages, décrire leur posture.
– Faire « une fiche d'identité » pour les personnages ou animaux les plus visibles (donner leur nom, âge, profession, particularité, relation ou non avec les autres personnages...).
– Imaginer une rencontre entre des personnages que tout semble opposer.

Prolongement en arts plastiques : Un dimanche à...

Découper un (ou des) personnage(s) de la scène et, au moyen de la peinture, du dessin et du collage, l'(les) installer dans un contexte radicalement différent. Chercher une cohérence plastique pour rendre crédible ce changement de décor.

Écrire un texte poétique (1)

Œuvre support : C. D. Friedrich, *Le Voyageur au-dessus de la mer de nuages*, 1818

Objectifs visés
– Décrire une œuvre en employant des compléments du verbe et les connecteurs spatiaux.
– Évoquer des sentiments sous une forme poétique.
– Réinvestir des structures poétiques connues.
Pistes d'activités d'écriture
– Décrire la position du personnage, sa posture, le paysage en arrière-plan.
– Caractériser l'ambiance du tableau et imaginer les sentiments du personnage représenté.
– Traduire sous une forme poétique ce que ressent le personnage à partir de structures de poèmes connues par les élèves (haïku, poème en vers, acrostiche...).

Prolongement en arts plastiques

Créer un fond coloré comme support au poème inventé. Utiliser la technique du lavis d'encre et des couleurs en lien avec le sentiment exprimé.

Écrire un texte poétique (2)

Œuvre support :
M. Rothko, *Blanc, jaune, rouge sur jaune*, 1958 (ou *Blanc et verts sur bleu*, 1957 ou *Rouge, orange, orange on red*, 1962)

Objectifs visés
– Utiliser les figures de la comparaison et de la métaphore.
– Rédiger un texte sous forme d'acrostiche.
Pistes d'activité d'écriture
– Décrire les couleurs du tableau et les associer par comparaison à des objets, des lieux, des émotions…
– Inventer un poème sous forme d'acrostiche à partir des couleurs du tableau.

Prolongement en arts plastiques

Créer un fond coloré avec des pastels gras afin de pouvoir graver ensuite son poème (technique de la carte à gratter).

Écrire un texte poétique (3)

Œuvre support : R. Magritte, *La Grande famille*, 1963

Objectifs visés
– Utiliser le champ lexical de l'oiseau.
– Écrire un calligramme.
Pistes d'activités d'écriture
– Écrire tous les mots qui viennent à l'esprit à propos de cette image.
– À partir de cette liste de mots, composer un calligramme en reprenant le profil de l'oiseau.

Prolongement en arts plastiques

Créer un fond coloré pour son calligramme en utilisant la technique du lavis d'encre.

Décrire une scène, imaginer un scénario de film

Œuvre support : G. Caillebotte, *Place de l'Europe (Paris), temps de pluie*, 1877

Objectifs visés
– Utiliser les connecteurs spatiotemporels dans un texte
descriptif.
– Construire une fiche d'identité.
– Écrire un scénario.
Pistes d'activités d'écriture
– Décrire la scène.
– Inventer une identité pour les personnages du premier plan et les raisons de leur présence dans cet espace.
– Imaginer le début d'un scénario de film en faisant intervenir au moins trois personnages du tableau.

Prolongement en arts plastiques : changement de temps

À partir de l'image de départ, proposer une variation chromatique pour situer la scène sous d'autres conditions atmosphérique (neige, chaleur, petit matin, crépuscule…).

Décrire une scène, imaginer une pièce de théâtre

Œuvre support : H. Matisse, *La Famille du peintre* ou *Portrait de famille,* 1911

Objectifs visés
– Utiliser des connecteurs spatiaux et des adjectifs variés dans un texte descriptif.
– Employer un langage théâtral : didascalies, répliques, formes verbales au présent...
Pistes d'activités d'écriture
– Décrire la scène et situer les personnages par rapport à l'espace.
– Caractériser l'ambiance de la scène.
– Imaginer le début d'une pièce de théâtre : construire les répliques et donner des indications scéniques.

Prolongements
En français : Comparer avec d'autres œuvres en réseau sur le même thème :
• F. Pascucci, *Portrait du baron M. Isnard et de sa famille,* 1804
• E. Degas, *La famille Bellelli,* achevé en 1867
Observer les similitudes et différences. Par groupes, choisir un des tableaux pour le mettre en scène.
En arts plastiques : Changement de déco !
Imaginer un intérieur radicalement différent pour la famille (contemporain, design, rustique, zen...), puis placer et coller les personnages en cherchant une cohérence spatiale.

Écrire un conte

Œuvres support :
Deux miniatures persanes illustrant le poème de Nézâmi :
• *Khosrow découvrant Shirin à la rivière*
• *Le Mariage de Khosrow et Shirin*

Objectifs visés
– Utiliser un vocabulaire descriptif et des connecteurs spatiaux.
– Employer un lexique des sentiments.
– S'exercer à l'écriture d'un conte merveilleux (emploi des temps du récit, élément magique, fin heureuse...).
Pistes d'activités d'écriture
– Décrire les deux illustrations, observer la relation texte / image.
– Imaginer les sentiments des personnages.
– Inventer le début ou la fin d'un conte à partir d'une de ces images.

Prolongement en arts plastiques
Illustrer le conte en cherchant une relation texte / image comme dans les miniatures persanes.

Écrire une légende

Œuvre support : P. Klee, *La Légende du Nil,* 1937

Objectifs visés
– Utiliser un vocabulaire descriptif.
– Employer les formes verbales adaptées dans un court récit.
– Développer son imagination.
Pistes d'activités d'écriture
– Décrire l'œuvre, identifier certains graphismes à des éléments du paysage.
– Inventer une légende se rapportant à l'œuvre, en sept phrases.

Prolongement en arts plastiques

Créer un support par découpage et collage de papiers de couleur sur lequel écrire sa légende du Nil en utilisant une nouvelle gamme chromatique.

Écrire un récit de sciences-fiction

Œuvres support :
• Y. Tanguy, *Jour de lenteur,* 1937
• S. Dali, *Persistance de la mémoire,* 1931

Objectifs visés
– Utiliser le vocabulaire de l'étrange et du fantastique dans un texte descriptif.
– Utiliser les temps et les formes du récit.
Pistes d'activités d'écriture
– Décrire et comparer chacun des tableaux surréalistes.
– Repérer les éléments qui créent un caractère étrange dans les deux tableaux.
– Imaginer le début d'un récit de science-fiction à partir d'une de ces œuvres.

Prolongement en arts plastiques : Paysage fantastique

Transformer la photo d'un paysage réel pour produire un paysage fantastique en découpant et en collant d'autres éléments prélevés dans des magazines. Rechercher une cohérence spatiale.

Écrire un article de journal

Œuvre support : Les frères Lumière, *L'Arrivée d'un train en gare de la Ciotat* (extrait), 1895

Objectifs visés
– Décrire un extrait d'œuvre cinématographique en employant le vocabulaire adapté.
– Utiliser le vocabulaire des émotions.
– Adopter un style journalistique.
Pistes d'activités d'écriture
– Situer et décrire la scène : l'emplacement de la caméra, le déplacement des personnages, l'arrivée du train…
– Imaginer l'effet produit chez les spectateurs de l'époque et les sentiments suscités.
– Décrire l'évènement dans un journal fictif : *La gazette de la Ciotat*.

Prolongement en arts plastiques : Moteur !

Par équipes, réaliser de courtes vidéos pour présenter le déplacement d'un élève d'un espace à un autre en variant le cadrage et l'angle de vue. Comparer les résultats et les effets produits.

Écrire une lettre

Œuvre support : F. T. Marinetti, *Les Mots en liberté*, 1919

Objectifs visés
- Interpréter des onomatopées.
- Utiliser le vocabulaire des émotions.
- Pratiquer le genre épistolaire.

Pistes d'activités d'écriture
- Identifier et décrire la cause probable des onomatopées.
- Imaginer les sentiments de la jeune femme en train de lire.
- Inventer le contenu de la lettre qui lui est adressée.

Prolongement en arts plastiques

Traduire plastiquement l'environnement sonore d'une cour d'école en ayant recours uniquement à des mots ou à des onomatopées.

Présentation du CD-Rom

Contenu

Organisé par chapitres et par types d'activité, le CD-Rom contient tous les éléments nécessaires pour mener les séquences d'apprentissage en classe, ainsi que des ressources pour l'enseignant.

Activités d'entrainement supplémentaires

À imprimer et à distribuer, ces activités sont accessibles au clic sur le bouton « Entrée par chapitre ».

Elles ont un format qui leur permet d'être facilement collées dans le cahier des élèves.

N.B. : Les textes de la séquence « Je maitrise la ponctuation » sont également disponibles.

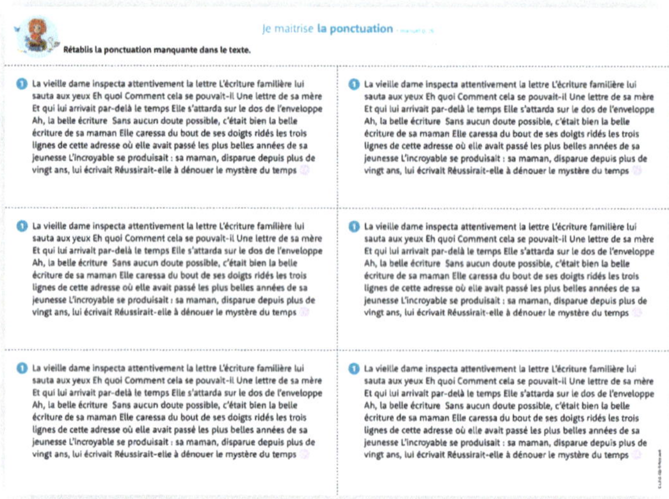

Je maitrise **la ponctuation**

Rétablis la ponctuation manquante dans le texte.

1 La vieille dame inspecta attentivement la lettre L'écriture familière lui sauta aux yeux Eh quoi Comment cela se pouvait-il Une lettre de sa mère Et qui lui arrivait par-delà le temps Elle s'attarda sur le dos de l'enveloppe Ah, la belle écriture Sans aucun doute possible, c'était bien la belle écriture de sa maman Elle caressa du bout de ses doigts ridés les trois lignes de cette adresse où elle avait passé les plus belles années de sa jeunesse L'incroyable se produisait : sa maman, disparue depuis plus de vingt ans, lui écrivait Réussirait-elle à dénouer le mystère du temps

1 La vieille dame inspecta attentivement la lettre L'écriture familière lui sauta aux yeux Eh quoi Comment cela se pouvait-il Une lettre de sa mère Et qui lui arrivait par-delà le temps Elle s'attarda sur le dos de l'enveloppe Ah, la belle écriture Sans aucun doute possible, c'était bien la belle écriture de sa maman Elle caressa du bout de ses doigts ridés les trois lignes de cette adresse où elle avait passé les plus belles années de sa jeunesse L'incroyable se produisait : sa maman, disparue depuis plus de vingt ans, lui écrivait Réussirait-elle à dénouer le mystère du temps

1 La vieille dame inspecta attentivement la lettre L'écriture familière lui sauta aux yeux Eh quoi Comment cela se pouvait-il Une lettre de sa mère Et qui lui arrivait par-delà le temps Elle s'attarda sur le dos de l'enveloppe Ah, la belle écriture Sans aucun doute possible, c'était bien la belle écriture de sa maman Elle caressa du bout de ses doigts ridés les trois lignes de cette adresse où elle avait passé les plus belles années de sa jeunesse L'incroyable se produisait : sa maman, disparue depuis plus de vingt ans, lui écrivait Réussirait-elle à dénouer le mystère du temps

1 La vieille dame inspecta attentivement la lettre L'écriture familière lui sauta aux yeux Eh quoi Comment cela se pouvait-il Une lettre de sa mère Et qui lui arrivait par-delà le temps Elle s'attarda sur le dos de l'enveloppe Ah, la belle écriture Sans aucun doute possible, c'était bien la belle écriture de sa maman Elle caressa du bout de ses doigts ridés les trois lignes de cette adresse où elle avait passé les plus belles années de sa jeunesse L'incroyable se produisait : sa maman, disparue depuis plus de vingt ans, lui écrivait Réussirait-elle à dénouer le mystère du temps

1 La vieille dame inspecta attentivement la lettre L'écriture familière lui sauta aux yeux Eh quoi Comment cela se pouvait-il Une lettre de sa mère Et qui lui arrivait par-delà le temps Elle s'attarda sur le dos de l'enveloppe Ah, la belle écriture Sans aucun doute possible, c'était bien la belle écriture de sa maman Elle caressa du bout de ses doigts ridés les trois lignes de cette adresse où elle avait passé les plus belles années de sa jeunesse L'incroyable se produisait : sa maman, disparue depuis plus de vingt ans, lui écrivait Réussirait-elle à dénouer le mystère du temps

1 La vieille dame inspecta attentivement la lettre L'écriture familière lui sauta aux yeux Eh quoi Comment cela se pouvait-il Une lettre de sa mère Et qui lui arrivait par-delà le temps Elle s'attarda sur le dos de l'enveloppe Ah, la belle écriture Sans aucun doute possible, c'était bien la belle écriture de sa maman Elle caressa du bout de ses doigts ridés les trois lignes de cette adresse où elle avait passé les plus belles années de sa jeunesse L'incroyable se produisait : sa maman, disparue depuis plus de vingt ans, lui écrivait Réussirait-elle à dénouer le mystère du temps

Activités orales

Elles sont de deux types :
– images à projeter ;
– images à distribuer.

Se référer aux pp. 67-74 de ce guide.

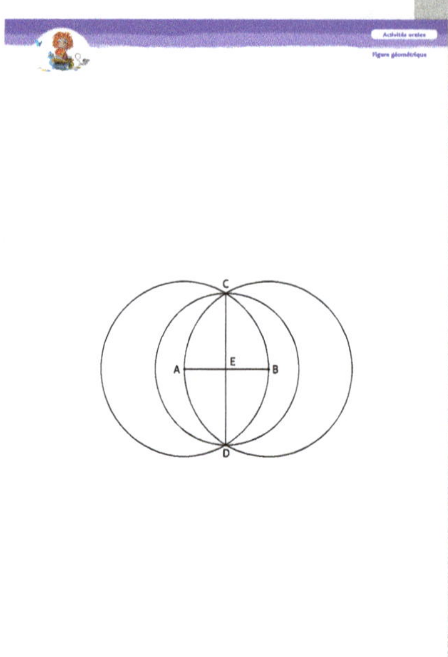

Activités d'écriture

• Des activités d'écriture inédites sont ici proposées, à imprimer et à distribuer aux élèves :
– Écriture et lecture d'images : question de cadre ;
– Écriture et lecture d'images : déforestation en Afrique ;
– Écriture et lecture d'images : produire de l'électricité ;
– Écriture et lecture d'images : enfants du monde ;
– Écrire « à la manière de » : Quels sont les mots qui te font vivre ? ;
– Écriture et lecture d'images : trompe-l'œil ;
– Écriture et lecture d'images : fables en images.

• Toutes les photos des activités d'écriture sont à projeter, ainsi que 4 inédites pour faire des prolongements.

• C'est ici que l'on trouvera également :
– les œuvres d'art des pp. 57-62 du cachier d'activités C.L.É.O. CM2 (guidage pédagogique en pp. 242 et suiv.) à projeter ;
– les œuvres d'art pour les propositions d'activités des pp. 263 et suiv. de ce guide, à projeter.

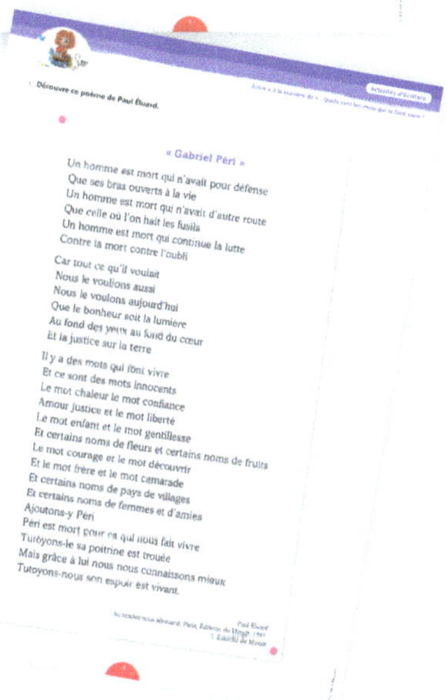

Matériel pour la classe

– Affichages référents :

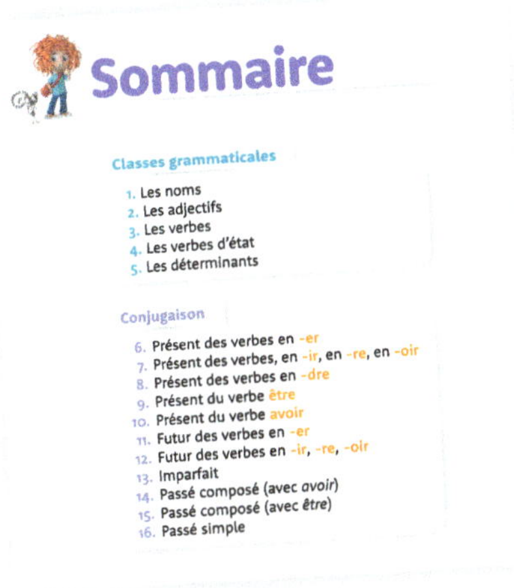

– Activités « 5 minutes chrono » : liste des mots proposés en pp. 28 et suiv. de ce guide ;

– Dictées : reprise des dictées proposées en pp. 51 et suiv. de ce guide.

Évaluation

- Scoromatic ;
- graphiques pour mesurer ses progrès (version A4 ou livret A5).

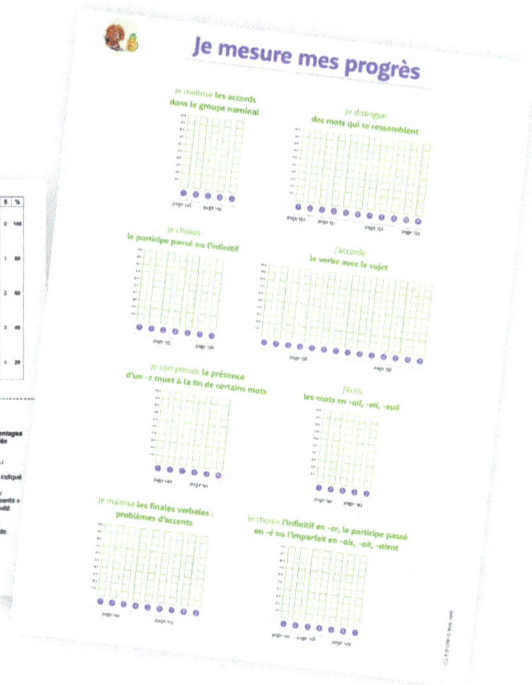

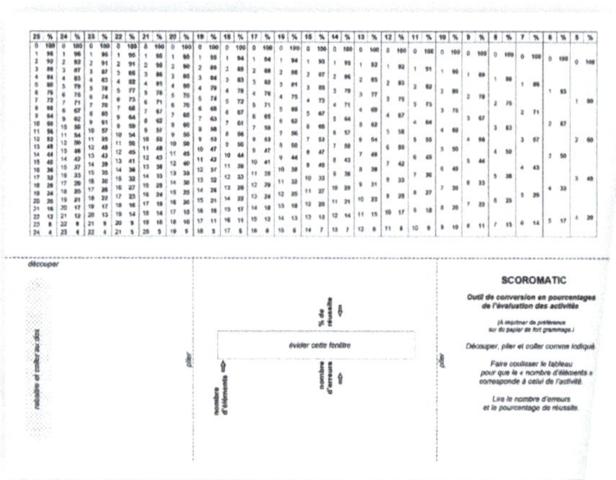

Programmation

- Programmation CM1-CM2 ;
- grille vierge de programmation.

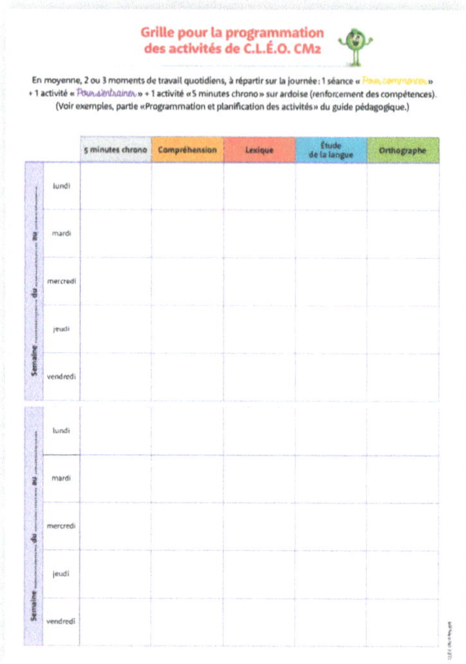

Installer le CD-Rom

Sur PC : Insérer le disque dans votre lecteur. L'installation se lance automatiquement. Si ce n'est pas le cas, aller dans « Poste de travail » (menu « Démarrer »), cliquer sur le fichier « CLEO_CM2_PC.exe » et suivre les étapes d'installation jusqu'à la fin. Un icone s'affiche alors sur le « Bureau » : double-cliquer dessus pour lancer le CD.

Sur Mac : Insérer le disque dans votre lecteur et double-cliquer sur l'icone pour l'ouvrir. Double-cliquer sur « CLEO_CM2_MAC.dmg » puis glisser l'application dans le dossier « Applications ». Aller dans le dossier « Applications » et double-cliquer sur « CLEO_GP_CM2_Retz ».

Sur Linux : Insérer le disque dans votre lecteur et double cliquer sur « Grandeurs_formes_linux64.tar.gz » puis décompresser le dossier. Double cliquer sur l'application pour l'ouvrir. »

L'insertion du CD n'est plus nécessaire une fois l'application installée sur l'ordinateur (PC et Mac).

Configuration requises
PC : Windows XP, 7, 8, 10
Mac : IOS 10.6, 10.7, 10.8, 10.9, 10.10, 10.11, 10.12, 10.13, 10.14
Linux : Ubuntu 16.04 – 64 bits
Flash Player 11
Internet Explorer, Firefox, Chrome, Safari, Opera toutes versions
Acrobat Reader

Naviguer dans le CD-Rom

- Cliquer sur le logo pour accéder au site des éditions Retz
- Cliquer sur la rubrique souhaitée pour accéder aux ressources associées

- Cliquer sur le bandeau supérieur pour retourner à l'écran d'accueil
- Le nom de la rubrique sélectionnée s'affiche en bleu

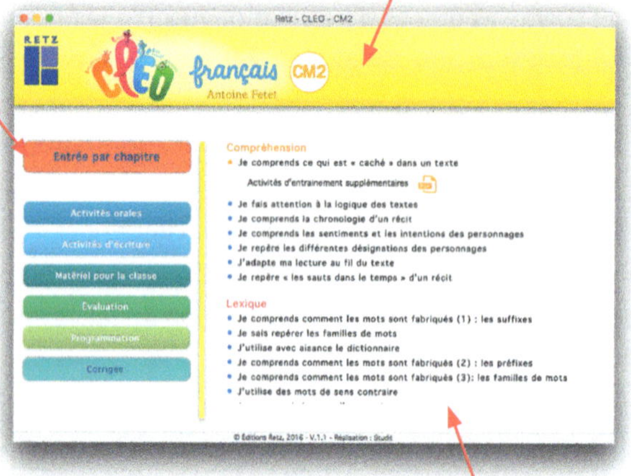

- Cliquer sur les boutons de gauche pour accéder directement aux autres rubriques, sans repasser par l'écran d'accueil
- L'ensemble des ressources associées à la rubrique s'affiche dans la partie droite de l'écran

- Cliquer sur le nom du document que l'on souhaite visionner, imprimer ou vidéoprojeter…

… le document s'affiche dans une nouvelle fenêtre :

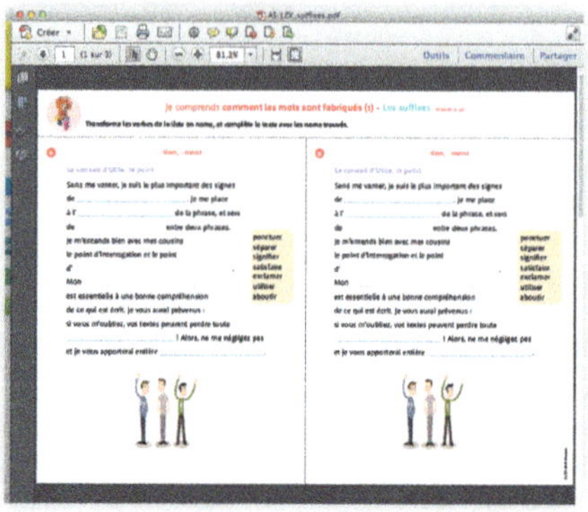

Le logiciel automatiquement utilisé par votre ordinateur pour cet affichage (Adobe Reader, Aperçu…) permet d'agir sur le document : zoom, rotation, impression…

Rendez-vous sur le site compagnon CLÉO CM2

https://cleo-francais.editions-retz.com

Pour consulter ou télécharger :

- le guide pédagogique (PDF) ;
- le manuel numérique pour l'enseignant et une version numérique multisupport (PC/MAC et tablettes) pour l'élève ;
- une programmation avec un logiciel organiseur ;
- des activités d'entrainement supplémentaires ;
- le Scoromatic et le livret « Je mesure mes progrès » ;
- des affiches ;
- les corrigés du manuel.

MISE À JOUR AJUSTEMENTS 2018	10
TABLEAU DE CORRESPONDANCE 2016-2019	1
PROGRAMMATION	8
ACTIVITES SUPPLEMENTAIRES	10
EVALUATION	3
AFFICHAGES	1
CORRIGES	4

Rendez-vous sur la page Facebook « Le monde de CLÉO »

https://www.facebook.com/groups/231891960695753/

Pour échanger et partager autour de la méthode

À propos de ce groupe

Description

Bienvenue dans le groupe « Le monde de Cléo » !

Vous avez été nombreux à souhaiter voir éclore un lieu de partage autour de Cléo. Aussitôt demandé, aussitôt fait, ou presque 🙂

Nous avons créé ce groupe afin de vous permettre d'échanger autour de la méthode, partager votre expérience, vos astuces et interrogations.

Cléo n'attend plus que vous !

Rendez-vous sur le blog d'Antoine Fetet, instit'auteur

http://blogs.editions-retz.com/antoine-fetet/

Découvrez « **Sur le bout de la langue** », « **Bain de langue** », « **Ma langue au chat** » et « **Docteur Languedingue** », les rubriques originales du blog d'Antoine Fetet, auteur de CLÉO !

Conseils, idées, humour... sont au rendez-vous.

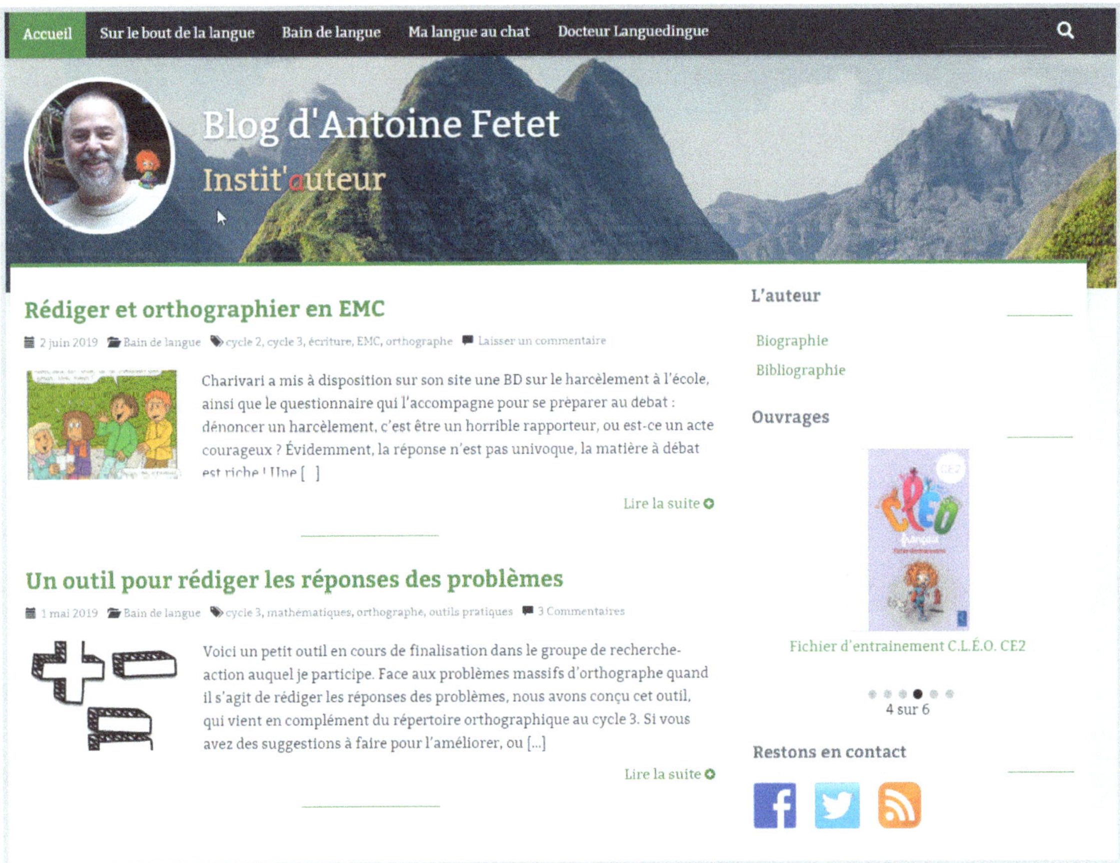

MISE À JOUR 2018
CM2
Lexique
Étude de la langue
Compréhension
Orthographe
CLEO
français
Manuel d'entrainement
RETZ

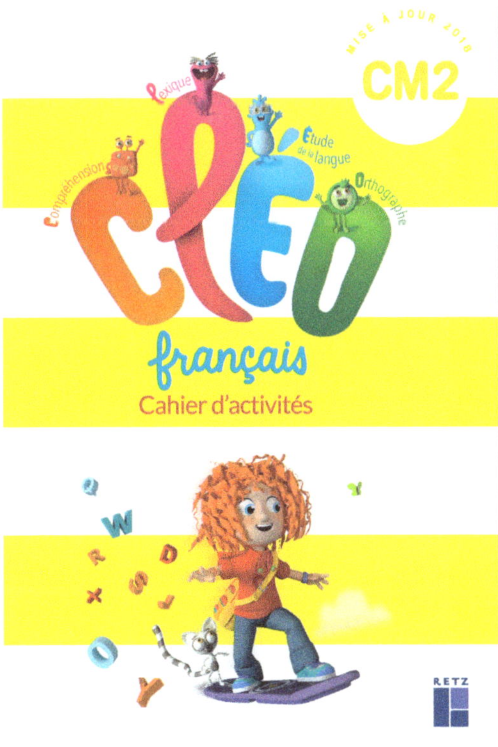
MISE À JOUR 2018
CM2
Lexique
Étude de la langue
Compréhension
Orthographe
CLEO
français
Cahier d'activités
RETZ

Découvrez également les deux répertoires orthographiques pour écrire

Une réponse concrète à une exigence cruciale : installer ***le plus tôt possible*** des habitudes chez l'élève pour qu'il soit conscient que ***l'orthographe ne s'invente pas***, et qu'il ait à sa disposition une palette d'outils et de stratégies pour s'assurer de l'orthographe des mots qu'il souhaite écrire !

Crédits photographiques

CD et pp. 72-74 : Frontière entre le Mexique et les États-Unis © Hector Mata / AFP ; CD et p. 89 : Érosion du sol après la déforestation, près du lac Baringo (Kenya) © Mark Boulton / Biosphoto - Reforestation d'une dune par Richard's Bay Mineral (Afrique du sud) © Tim Jackson / Oxford Scientific / Getty Images - Champ d'éoliennes © Elxeneize / Fotolia.com – Pylônes électriques © HUANG Zheng / Shutterstock - Mains d'enfants africains © Sophie Dauwe / Istock (et p. 250) - Écoliers levant la main © AVAVA / Istock (et p. 250) ; p. 90 : Enfant au travail (c) Nicola Asfouri / AFP Creative / Photononstop ; Enfant qui ramasse des déchets (c) Georges Stenmetz / Cosmos ; CD et p. 91 : Surfeur à Haïti (c) Corentin Fohlen / Divergence Millepatte transporté par des fourmis © Islandboy-Stocker / Shutterstock (et p. 239) - Combat de loups pour une proie © Lori Labrecq / Shutterstock ; CD et p. 92-93 : Trompe-l'oeil sur une façade © Guido Nardacci / Istock (et p. 239) - Paris Plage en 2013 © LP / Thomas Morel-Fort / PHOTOPQR / LE PARISIEN / Maxppp ; CD et p. 250 : Photo-choc © Yves Lefèvre / Bisophoto ; CD et p. 251 : Vues de Privas © Paysages de France ; CD et p. 254 : *Les Cinq Sens*, Lubin Baugin, 1630. Musée du Louvre, Paris. BIS / © Archives Nathan ; CD et p. 255 : *La Pie*, Claude Monet, 1868-1869. Musée d'Orsay, Paris. BIS / © Archives Larbor ; CD et p. 257 : *La Charmeuse de serpent*, Henri Rousseau, 1907. Musée d'Orsay, Paris. BIS / Ph. H. Josse © Archives Larbor ; CD et p. 258 : *Restaurant de la city Galerie*, Daniel Spoerri, 1965. BIS / Ph. Luc Joubert © Archives Larbor © ADAGP, Paris 2016 ; CD et p. 260 : *Marilyn*, Joana Vasconcelos, galerie des Glaces, château de Versailles, 2012 Raphaël Gaillarde / Gamma-Rapho © Joana Vasconcelos / ADAGP, Paris, 2016 ; CD et p. 263 : J.-B. Corot, *L'Église de Marissel*, 1866. BIS / Ph. H. Josse © Archives Larbor - V. Van Gogh, *Jardin de maraichers* dit aussi *La moisson*, 1888. BIS / Ph. © Archives Nathan - Dieu faucon Horus au temple d'Edfou, Égypte. © Heckepics / iStock - Masque cimier, culture Baga (Guinée). BIS / Ph. J.M. Labat © Archives Larbor ; CD et p. 264 : Lawrie Simonson, The Curlew, 1996 © Bridgeman Images - Whistler, *La Mère de l'artiste* ou *Arrangement en gris et noir* © Photo Josse / Leemage - Whistler, *Symphonie en blanc n°1* ou *Jeune fille en blanc*, 1862 © DeAgostini / Leemage - E. Carrière, Méditations, 1892 © FineArtImages / Leemage - J.-B. Greuze, *L'Oiseau mort*, 1800. BIS / Ph. Hubert Josse © Archives Larbor - B. E. Murillo, *Garçon riant avec un chapeau à plumes* © Oronoz / Photo12 - E. Munch, *Le Cri*, 1893. BIS / Ph. Vaering © Archives Larbor ; CD et p. 265 : F. Hals, *La Bohémienne*, 1628. BIS / Ph. H. Josse © Archives Larbor - D. Lange, Migrant Mother, 1936 © Library of Congress, prints & photographs Division, FSA/OWI Collection (LC-USF34-9058-C) ; CD et p. 266 : O. Redon, *L'Araignée souriante*, 1881. BIS / Ph. Coll. Archives Larbor - O. Redon, *La Nuit : la chimère*, 1886. BIS / Ph. © Coll. Archives Nathan - Le Caravage, *Tête de méduse*, 1597 © Electa / Leemage - A. Böcklin, *La Peste*, 1898 © SuperStock / Leemage - G. Ter Borch, *L'Éplucheuse de pommes*, 1660 © Erich Lessing / akg-images - G. Seurat, *Un dimanche à l'ile de la Grande Jatte*, 1884-1886. BIS / Ph. © Coll. Archives Nathan ; CD et p. 268 : C. D. Friedrich, *Le Voyageur au-dessus de la mer de nuages*, 1818. BIS / Ph. Ralph Kleinhempel © Archives Larbor ; CD et p. 269 : G. Caillebotte, *Place de l'Europe (Paris), temps de pluie*, 1877. BIS / © Archives Larbor – CD et p. 270 : F. Pascucci, *Portrait du baron M. Isnard et de sa famille*, 1804. BIS / Ph. Michel de Lorenzo © Archives Larbor - E. Degas, *La famille Bellelli*, achevé en 1867. BIS / Ph. © Archives Nathan - CD et p. 271 : Tapisserie (1971) d'après P. Klee, *La Légende du Nil*, 1937 © Bridgeman Images ; CD et p. 272 : F. T. Marinetti, *Les Mots en liberté*, 1919. BIS / Ph. © Coll. Archives Larbor.

Édition : Charlotte Aussedat, Joëlle Gardette, Marine Estève
Création maquette : Jean-François Saada
Adaptation maquette et réalisation : Langage Graphique, Anne-Danielle Naname, Laurine Caucat
Création des mascottes : Nikao
Retouche photo pp. 72-74 et livret A5 des grilles de progrès : Stella Palabost
Réalisation du CD : Studit
Corrections : Florence Richard
Recherche iconographique : Laurence Vacher

N° de projet : 10270103
Dépôt légal : juillet 2019
Impression : Sepec-Numérique - Novembre 2020 - N° d'impression : N06801201212